中国铁建股份有限公司
科技研发重大项目(2021-A03)

Theory and Practice
of High-speed Railway
Track Intelligent Monitoring

高速铁路
轨道智能监测理论与实践

孙立　王森荣　林超　梅琴　编著

人民交通出版社股份有限公司
北　京

内 容 提 要

本书针对国内高速铁路轨道主要结构形式的服役状态，在对现有监测技术吸收、优化的基础上，针对轨道监测的不适应性进行改进和创新，提出基于光纤传感技术和视觉测量技术的轨道服役状态综合监测技术，并对监测数据进行分析，初步掌握了各种类型轨道结构的变化规律，确定了轨道状态预警限值。通过建立轨道智能监测平台实现了预警预报，对轨道状态进行实时评估，对轨道结构发展趋势及病害实时向运营维护和养护部门进行预报，有效地提升了高速铁路轨道养护维修管理水平。本书研究成果已应用于京沪、京广、京福、哈齐等高速铁路工程中，并取得了良好的社会效益。

本书可供铁道工程专业的科研和设计人员参考，亦可供高等院校相关专业师生学习使用。

图书在版编目(CIP)数据

高速铁路轨道智能监测理论与实践／孙立等编著
. — 北京：人民交通出版社股份有限公司，2021.7
ISBN 978-7-114-17064-5

Ⅰ．①高… Ⅱ．①孙… Ⅲ．①高速铁路—轨道(铁路)
—智能系统—监测系统—研究 Ⅳ．①U238

中国版本图书馆 CIP 数据核字(2021)第 025290 号

Gaosu Tielu Guidao Zhineng Jiance Lilun yu Shijian

书　　名：	高速铁路轨道智能监测理论与实践
著 作 者：	孙　立　王森荣　林　超　梅　琴
责任编辑：	李　梦
责任校对：	孙国靖　魏佳宁
责任印制：	张　凯
出版发行：	人民交通出版社股份有限公司
地　　址：	(100011)北京市朝阳区安定门外外馆斜街 3 号
网　　址：	http://www.ccpcl.com.cn
销售电话：	(010)59757973
总 经 销：	人民交通出版社股份有限公司发行部
经　　销：	各地新华书店
印　　刷：	北京印匠彩色印刷有限公司
开　　本：	787×1092　1/16
印　　张：	24.25
字　　数：	530 千
版　　次：	2021 年 7 月　第 1 版
印　　次：	2021 年 7 月　第 1 次印刷
书　　号：	ISBN 978-7-114-17064-5
定　　价：	168.00 元

(有印刷、装订质量问题的图书由本公司负责调换)

作者简介

孙立，1969年出生，现任中铁第四勘察设计院集团有限公司线站院副总工程师，正高级工程师，享受湖北省政府专项津贴专家。作为主管总工程师，先后负责了武广、京沪（徐沪段）、广深港等高速铁路及长沙、昆明、深圳等城市地铁项目和中国第一条中低速磁浮项目——长沙南站至机场磁浮交通项目轨道专业设计；主持了"新型无砟轨道系统关键技术研究与示范"等20多项科技项目研究；主编了《铁路轨道设计规范》等6部行业标准。共获得省部级科技进步奖20多项，其中主持获得湖北省科技进步一等奖1项、铁道部科技进步一等奖2项、湖北省技术发明二等奖1项；出版专著1本；获得国家发明和实用新型专利40多项；发表论文20多篇。

王森荣,1980年出生,现任中铁第四勘察设计院集团有限公司轨道所所长、铁路轨道安全服役湖北省重点实验室副主任、中国铁道学会标委会轨道专委会秘书长,正高级工程师,入选湖北省高层次人才,获詹天佑铁道科学技术青年奖和茅以升铁道工程师奖。主要从事高速铁路、城市轨道交通等轨道工程设计技术、智能建造、健康监测等研究和应用,参与设计完成了京沪、武广等高速铁路项目。主持完成省部级科研项目十余项,参与制定行业标准规范10项。共获得省部级科技进步奖20多项,其中主持获得湖北省科技进步一等奖1项,全国职工优秀技术创新成果二等奖1项、国家管理创新奖1项。

林超,1989年出生,工程师,"湖北五一劳动奖章"获得者。主要从事高速铁路轨道工程设计、健康监测等研究工作,先后承担了高速铁路轨道监测项目16项,授权专利24项。获全国职工优秀技术创新成果二等奖1项、湖北省职工技术创新成果特等奖1项、湖北省技术发明奖二等奖1项、中国铁道学会科技进步奖二等奖1项、中国施工企业协会科技进步奖一等奖1项等多项省部级科技奖励。

梅琴,1989年出生,工程师。主要从事高速铁路轨道工程设计、健康监测平台开发等研究工作,获国家授权专利15项、软件著作权1项。荣获全国职工优秀技术创新成果二等奖1项、湖北省科技进步一等奖1项、湖北省第七届全省职工技术创新成果特等奖1项、中国铁道学会科学技术奖二等奖1项等多项省部级科技奖励。

序

  我国已建成世界领先的铁路网,截至2020年底,全国铁路营业里程达到14.63万km,其中高速铁路3.8万km,位居世界第一。高速铁路不仅提高了人们的出行效率,更成为社会经济发展的强大推动力。

  目前京沪、武广等高速铁路已建成通车十余年,我国高速铁路从大规模建设向运营维护过渡已经是一个不争的事实。轨道是保障高速铁路列车运行安全、稳定和平顺的核心技术之一。高速铁路轨道结构在长期服役过程中受到自然环境、动静力荷载以及材料内部因素的作用,不可避免地发生材料性能劣化、结构损伤累积,最终造成结构承载力下降、可靠性降低、使用寿命缩短。因此,建立高速铁路轨道结构智能监测系统,实时识别结构受力状态及其安全性能的长期变化规律,全面掌握高速铁路轨道的安全服役动态,对我国高速铁路智能化运营维护工作具有重要意义。

  我国高速铁路主要采用移动车载、人工巡检等手段来检测轨道结构状态,由于缺少相关技术与装备,无法实现轨道结构状态全面精确的长久监测。轨道监测面临的主要技术瓶颈包括:广袤区域、多种响应、经时演变监测指标选择难,高频振动、微弱变形、非接触式监测技术研发难,海量数据、多维信息收集难,智能决策监测平台研发难。

  近年来,中铁第四勘察设计院集团有限公司(以下简称铁四院)孙立及其研究团队在中国国家铁路集团有限公司的领导,建设、管理相关单位和国内相关高校的支持下,针对高速铁路轨道智能监测的技术难点,先后开展了轨道服役状态演变和评估理论、轨道服役状态长期监测方法、高速铁路轨道监测安全预警系统等研究,构建了高速铁路轨道服役监测成套技术体系。研究成果已应用到京沪、武广、沪昆、京福、哈齐等高速铁路轨道监测项目中,连续监测时间最长达8年以上,及时处置了轨道病害发展和突发事件,在此期间未出现运营安全事故,验证了研究成果的科学性、安全性和长期稳定性。

  本书总结了铁四院轨道团队在高速铁路轨道智能监测方面近十年的创新成果,记录了"铁四院轨道人"在我国高速铁路由大规模建设向运营维护过渡过程中的积极探索和刻苦奋斗,是我国高速铁路轨道监测从无到有、不断发展的一个缩影。期待我国科技工作者不断增强自主创新能力,进一步开展高速铁路轨道智能监测新技术的研究与实践,满足高速铁路轨道智能运营维护的需要,为我国高速铁路的健康发展做出更大贡献。

中国工程院院士:

2021 年 3 月

前言

大力发展我国高速铁路事业是中华民族伟大复兴和我国综合国力提升的重要标志之一,是我国社会经济发展的强大引擎和支撑。截至2020年底,我国高速铁路营业里程已达到3.8万km,超过世界高速铁路运营总里程的2/3以上,位居世界第一。

党的十九大报告提出"交通强国"战略,2019年党中央和国务院制定了《交通强国建设纲要》,提出到本世纪中叶,全面建成人民满意、保障有力、世界前列的交通强国,基础设施规模质量、技术装备、科技创新能力、智能化与绿色化水平位居世界前列,交通安全水平、治理能力、文明程度、国际竞争力及影响力达到国际先进水平,全面服务和保障社会主义现代化强国建设,人民享有美好交通服务。针对智能交通技术提出要瞄准新一代信息技术、人工智能、智能制造、新材料、新能源等世界科技前沿,加强对可能引发交通产业变革的前瞻性、颠覆性技术研究;提出要大力发展智慧交通,推动大数据、互联网、人工智能、区块链、超级计算等新技术与交通行业的深度融合。针对监测和安全保障方面提出要强化交通基础设施养护,加强基础设施运行监测检测,提高养护专业化、信息化水平,提高设施耐久性和可靠性,保障运输装备安全;提出要完善网络安全保障体系,增强科技兴安能力,加强交通信息基础设施安全保护,切实提高交通安全水平。

我国铁路"十三五"发展规划中提出要实现安全监控自动化,进一步完善高速铁路、城际铁路和重要干线路基沉降及轨道变形监测系统,加强高速铁路运行监测、监控、防灾预警等安全保障系统建设,强化设备运行状态检测,加强对运行数据采集分析和安全风险研判,实现可视、可监、可控,夯实安全保障基础。应用物联网、移动互联和智能感知等技术,深化专业安全监测监控应用,建立集监测、监控和管理于一体的安全监管信息系统,实现安全生产动态信息实时监测监控,全面提升高速铁路安全管理水平。

由于高速铁路行车速度快、密度大,轨道结构直接作用在路基、桥梁、隧道等下部基础结构物上,故下部基础的变形将直接影响轨道的平顺性和稳定性,影响高速铁路列车运行的安全性及舒适性。轨道结构作为引导高速动车行走并直接设置在下部基础上的结构,需直接承受列车荷载并保障列车高速、平稳运行。我国高速铁路以无砟轨道结构为主,铺设跨区间无缝线路(钢轨连续焊接为长钢轨),长大桥梁、高架段多,行车速度快。除受线下基础变形影响外,环境温度、结构变形、桥梁墩台刚度、扣件阻力等因素也会影响无砟轨道线形保持、结构稳定性和耐久性。开展高速铁路轨道智能监测,对高速铁路轨道结构进行实时健康监测,及时识别结构变形和累积伤损并评估其使用状况,对可能出现的结构病害和安全影响提前预警,建立相应的预警机制,对高速铁路的安全运营具有重要意义。同时开展健康监测可进一步降低结构的运行和维护费用,具有良好的社会和经济效益,已成为轨道工程安全运营维护的必然要求。我国高速铁路轨道结构在每年夏季和冬季、每天下午和凌晨受温度等影响最大,通过综合检测车、钢轨探伤车、高速铁路首趟确认车、夜间人工巡检等方式检测轨道结构运行状态的同时,建立以轨道结构为主要对象的全天候实时监控系统,可进一步提升轨道结构的运营维护水平,对实现我国高速铁路智能运营维护现代化具有重要意义。

高速铁路轨道智能监测主要需解决以下两项关键技术。

1) 轨道工程监测前端智能采集技术

基于轨道工程特点,对监测前端传感集采技术要求非常高,具体体现在以下几个方面:

(1) 绝缘性要求高:由于高速铁路采用 ZPW2000 轨道电路,要求监测传感器具有绝缘性,不能对轨道电路产生影响。

(2) 稳定性和安全性要求高:高速铁路列车直接作用在钢轨上运行,高速列车通过时产生的诱导气流会对监测传感设备产生负面影响,高速列车风的气动作用力会危及传感器的稳定性,对传感器的质量和安装要求非常高,一旦出现问题会危及列车运行安全。

(3) 采集精度要求高:高速铁路轨道结构精度控制要求为 ±1mm,要求采集精度在毫米级以上。

(4) 对环境的适应性要求高:轨道结构(钢轨)温度夏季可达 80℃,冬季在北方可达 -40℃,受限界影响传感器安装空间小,受列车动荷载影响传感器长期经受高频振动,要求传感器对环境的适应能力强。

(5) 耐久性要求高:采集传感器需满足长期监测要求。

此外,由于高速铁路列车直接行走在钢轨面上,轨道状态监测存在以下特殊性:

(1) 接触式传感器安装在轨道表面需牢固稳定,否则将对列车运营产生安全隐患;

(2) 钢轨作为轨道电路的传输载体,电类传感器在使用时容易受到电磁干扰,同时电类传感器本身也有可能对轨道电路产生影响;

(3) 传感器需经受强电磁干扰、高温、雨雪、振动冲击等因素的影响,故对传感器质量和安装要求高。

针对上述监测前端采集传感要求,从安全性角度来说应首选非接触式传感器。针对激光、北斗等非接触式采集技术,目前国内部分学者已开展了系列研究工作,但应用于高速铁路轨道工程中还不够成熟、稳定。铁四院通过前期研究探索,在位移监测中提出采用视觉测量技术,目前已在合福高速铁路铜陵长江大桥、宁安铁路安庆长江大桥、昌赣高速铁路赣州赣江特大桥上进行了应用,效果良好。

在接触式传感采集方面,目前满足轨道监测要求相对安全、稳定、可靠的传感采集技术主要是光纤光栅监测传感技术。光纤光栅监测传感器抗电磁干扰能力强,一根光纤可串联多个传感器,可很好地应用于带状轨道结构的监测,损耗低,固有的自参考能力、自绝缘性,监测精度高,能满足温度、应变、压力、位移、加速度、频率等参数监测要求,技术相对成熟。光纤光栅监测传感技术自2009年在武广高速铁路雷大桥轨道监测项目开始应用,并逐渐成熟,已在广深港沙湾水道特大桥、合福高速铁路金寨路小半径曲线等项目进行轨道工程监测推广。

2) 轨道服役状态监测数据智能分析和评估技术

通过对轨道结构状态监测,可得到沿线路各断面、各轨道部位的温度、位移、应力和应变等大量实时数据,同时综合检测车等每隔一段时间对轨道平顺性等状态进行检测。对轨道监测和检测数据需进行深度分析,掌握轨道结构变化规律,评估轨道状态,及时对异常状态分析评估。实现多源数据全天候采集后,应建立高速铁路轨道服役状态演变数据库,构建轨道结构可靠性评估体系,提出轨道结构安全预警值,建立自分析、自诊断、自决策的高速铁路轨道服役状态预警系统。

在高速铁路轨道结构疲劳寿命预测和评估方面,基于现场海量的无砟轨道实测数据,结合目前已有相关疲劳寿命的研究成果,通过采用深度学习算法建立疲劳寿命预测模型,不断调整模型参数和训练模型,并对预测结果进行评价和验证,将监测数据与轨道结构疲劳寿命建立关联关系,进而能够直接通过监测数据对轨道结构的疲劳寿命进行实时预测。当现场轨道结构监测数据较少或所得到的监测数据与疲劳寿命预测相关性较小时,通过将既有监测数据、数值仿真分析和疲劳损伤本构理论三者相结合,利用现场轨道结构的监测数据,建立能反映现场实际情况的数值分析模型,得到现场的轨道结构受力变形时程曲线,进一步利用疲劳损伤本构理论,实现对轨道结构疲劳寿命的预测和评估。

随着当前新一轮科技革命和产业变革孕育兴起,人工智能(AI)、大数据、云计算、物联网(IOT)、建筑信息模型(BIM)等新技术加速突破应用,高速铁路轨道智能监测技术应用将会越来越广。结合高速铁路设计、制造和施工的信息化和智能化,通过监测和检测相结合,实现轨道工程全生命周期信息化和智能化,将为我国高速铁路的建设和现代化管理提供强有力的支撑。

本书共分为九章,第一章对我国高速铁路轨道监测系统及其应用案例进行总体介绍;第二章针对我国高速铁路各种类型无砟轨道结构的敏感区域及服役状态存在问题进行分析,提出轨道结构的主要监测内容;第三章从前端智能感知、多维数据存储和结构健康评估三个方面提出轨道智能监测理论;第四章~第九章分别针对CRTS Ⅰ型板式无砟轨道、CRTS Ⅱ型板式无砟轨道、CRTS Ⅲ型板式无砟轨道、大跨度桥上的钢轨伸缩调节器和无缝道岔等已开展的轨道监测项目进行工程应用实例介绍,对监测数据进行分析,对轨道状态进行评估,对轨道监测技术进行总结。

  本书是作者及其团队主要成员李秋义、杨艳丽、朱彬等多年研究和工程实践工作的总结,同时依托铁四院轨道工程实验室(中国铁建股份有限公司轨道工程实验室、铁路轨道安全服役湖北省重点实验室)对开展的武广高速铁路雷大桥、广深港高速铁路沙湾水道特大桥、哈齐高速铁路大庆东站路桥过渡段、杭长高速铁路金华江特大桥、合福高速铁路金寨路小半径曲线段、宁安铁路安庆长江大桥、合福铁路铜陵长江大桥、昌吉赣高速铁路赣江特大桥、商合杭高速铁路裕溪河特大桥等20余个项目轨道监控测试工作进行总结。

  在开展高速铁路轨道工程服役状态监测和智能化研究的过程中,得到了中国国家铁路集团有限公司科技发展计划项目、湖北省重大科技专项、中国铁建股份有限公司科技发展计划项目、铁四院科技开发计划项目等资助,得到了中国国家铁路集团有限公司、中国铁路上海局集团有限公司、中国铁路广州局集团有限公司、中国铁路南昌局集团有限公司、中国铁路武汉局集团有限公司、中国铁路郑州局集团有限公司、武广铁路客运专线有限责任公司、京福铁路客运专线安徽有限责任公司、广深港客运专线有限责任公司、昌九城际铁路股份有限公司、西南交通大学、武汉理工大学等单位和专家们的大力支持和帮助。同时,在本书撰写过程中,作者参考了大量文献资料,使本书的结构更加合理,内容更加丰富。在本书出版之际,谨向有关单位、专家和学者表示衷心的感谢!

  限于作者水平,书中难免存在疏漏和不妥之处,恳请各位专家和读者不吝批评指正。

孙　立
2020 年 6 月于武汉

目录

第一章 绪论 ... 1
第一节 引言 ... 1
第二节 基于物联网的高速铁路轨道智能监测系统 ... 2
第三节 应用实践 ... 3

第二章 无砟轨道结构及敏感参数研究 ... 9
第一节 国内高速铁路无砟轨道主要结构类型 ... 9
第二节 国内高速铁路轨道服役状态现状 ... 15
第三节 高速铁路轨道结构敏感区域及监测内容 ... 22

第三章 智能监测理论 ... 25
第一节 基于光纤传感和视觉测量的智能感知理论 ... 25
第二节 基于多维数据仓库的存储理论 ... 52
第三节 基于机器学习的结构健康评估理论 ... 62

第四章 高速铁路大跨度桥梁 CRTS Ⅰ 型板式无砟轨道服役状态监测 ... 78
第一节 监测工点介绍 ... 78
第二节 监测内容与监测方法 ... 79
第三节 测点布置方案 ... 84
第四节 监测系统 ... 86
第五节 监测数据分析 ... 92
第六节 结构服役状态分析 ... 151
第七节 CRTS Ⅰ 型板式无砟轨道现场监测经验总结 ... 159

第五章 高速铁路小半径曲线地段 CRTS Ⅱ 型板式无砟轨道服役状态监测 ... 163
第一节 监测工点介绍 ... 163
第二节 监测内容与监测方法 ... 164
第三节 测点布置方案 ... 171
第四节 现场监测数据分析 ... 172
第五节 结构服役状态分析 ... 215
第六节 小半径曲线无砟轨道现场监测经验总结 ... 234

第六章 高速铁路路桥过渡段 CRTS Ⅱ 型板式无砟轨道服役状态监测 ... 238

- 第一节 监测工点介绍 ... 238
- 第二节 监测内容与监测方法 ... 238
- 第三节 测点布置方案 ... 242
- 第四节 现场监测数据分析 ... 243
- 第五节 结构服役状态分析 ... 253
- 第六节 路桥过渡段无砟轨道现场监测经验总结 ... 257

第七章 高速铁路 CRTS Ⅲ 型板式无砟轨道服役状态监测 ... 259

- 第一节 监测工点介绍 ... 259
- 第二节 监测内容与监测方法 ... 260
- 第三节 测点布置方案 ... 263
- 第四节 现场监测数据分析 ... 267
- 第五节 轨道结构服役状态分析 ... 290
- 第六节 CRTS Ⅲ 型板式无砟轨道现场监测经验总结 ... 304

第八章 高速铁路大跨度桥梁钢轨伸缩调节器服役状态监测 ... 305

- 第一节 监测工点介绍 ... 305
- 第二节 监测内容与测点布置 ... 307
- 第三节 监测设备现场安装方案 ... 310
- 第四节 现场监测数据分析 ... 326
- 第五节 结构服役状态分析 ... 331
- 第六节 大跨度桥梁钢轨伸缩调节器现场监测经验总结 ... 340

第九章 高速铁路大跨度桥梁无缝道岔服役状态监测 ... 344

- 第一节 监测工点介绍 ... 344
- 第二节 监测内容与监测方法 ... 345
- 第三节 测点布置方案 ... 346
- 第四节 现场监测数据分析 ... 346
- 第五节 结构动力学仿真分析 ... 352
- 第六节 大跨度桥梁无缝道岔监测经验总结 ... 367

展望 ... 370

参考文献 ... 372

第一章 绪论

第一节 引 言

我国高速铁路正线主要采用无砟轨道结构,无砟轨道类型主要包括 CRTS 双块式、CRTS Ⅰ型板式、CRTS Ⅱ型板式以及 CRTS Ⅲ型板式等。由于高速铁路列车运行速度快,故对轨道系统的平稳性、安全性及养护维修提出了更高的要求:一方面,由于线路利用率高、行车密度大、天窗时间短,要求轨道结构及线下基础少维修或免维修;另一方面,由于列车冲击、疲劳效应、温度效应、基础沉降、材料老化等因素的综合作用,轨道结构不可避免会产生损伤积累、承载能力退化,一旦发生破坏,严重时甚至影响到列车的平稳、安全运行。

目前我国铁路部门主要通过综合检测车、钢轨探伤车、确认列车、线路沉降监测评估等,同时配合临时添乘、外部巡检和人工静态检查等方法保障高速铁路动车组运行安全。随着现代通信、计算机、视觉测量等技术的发展,这些安全措施在时效性、先进性等方面不可避免会出现一定的不适应性:

(1)高速铁路采用无缝线路,一般情况下,在每年夏季和冬季、每天中午和凌晨轨道结构受温度影响最大;但目前的检测方式难以在温度最高的中午和温度最低的夜间及时进行测量。

(2)线路状态是连续变化的,在非天窗时间,目前的监测和检测方法主要通过间接方式实时确定线路状态。

(3)针对轨道结构受力复杂和变形较大的部件,如钢轨伸缩调节器、特殊结构上无砟轨道如特大跨度桥上无砟轨道、病害整治地段、新技术新应用等重点地段,应梳理出其服役状态演化规律,指导运营维护工作,对于新技术及整治方案进一步验证其可靠性,指导优化设计。

针对高速铁路轨道系统监测和检测技术的研究,国内外已经开展了相关工作,但仍然存在以下问题:

(1)测试的主要目的是获取结构参数或其变化规律,一般测试周期较短,对象单一。

(2)轨道监测尚未形成统一的技术标准。由于高速铁路轨道监测环境恶劣,长期监测安全性、精确度、稳定性和耐久性难以保证。

（3）国内既有的铁路数据管理信息系统主要用于数据存储和显示，大多无数据自动分析、预测功能，不能完全满足轨道服役状态评估的实际需要。

因此，开展全天候监测并建立安全评估、预警体系是对现有高速铁路监测和检测体系的有效补充，对加快高速铁路智能运营维护的现代化进程具有重要意义。

第二节　基于物联网的高速铁路轨道智能监测系统

物联网作为一种发展迅速的信息物理社会网，由传统的无线传感器网络发展而来，拥有更加智能的传感器和智能设备，将信息服务、物理对象和社会关系完美地结合起来，成为"智能感知＋多维度数据仓库＋机器学习"的高速铁路轨道智能监测系统搭建的桥梁和纽带。

物联网是通过信息传感设备，按照约定的协议，把前端传感设备与互联网连接起来，进行信息交换和通信，以实现智能化识别、监控和管理的一种网络。根据监测信息的生成、传输和应用的原则，可以把物联网技术构架分为三层：感知层、传输存储层和应用层。

（1）感知层通过智能感知技术，将物理世界的信号通过摄像头、光纤传感器或者其他传感器的硬件设备，映射到数字世界，再将这些数字信息进一步提升至可认知的层次，比如分析、评估、决策等等。物联网是感知技术最大的应用平台，要实现轨道服役状态的实时监测，比如钢轨应力、轨枕间距、轨道板温度等，均需要感知技术来实时获取，并且保证毫米级的精度及准确性。

（2）传输存储层主要由互联网、有线和无线通信网、数据存储中心和云计算平台等组成，负责传递和处理感知层获取的信息。传输层通过各种网络与互联网的融合，将网络感知的监测信息实时、准确地传递出去，实现监测信息的可靠传输。海量数据通过关系型数据库和多维度数据仓库进行存储。关系型数据库存储的二维数据，通过数据清洗、抽取、转换等预处理后，建立多维数据仓库，经数据切片、切块、钻取、旋转等操作，分析和挖掘多维监测信息，为轨道监测及运营维护管理提供决策支持。

（3）应用层利用机器学习方法，对监测对象实施智能化专家分析。机器学习致力于通过计算的手段，利用经验来改善系统自身的性能，而"经验"通常以"数据"形式存在。应用层是物联网和用户的接口，实现物联网的智能应用，从而真正实现运营维护人员与铁路现场的实时沟通。

物联网体系的感知、传输存储、应用三层构架涵盖了监测所需的各个环节，包括智能感知、可靠传输、多维度数据仓库和基于机器学习的智能专家分析，高速铁路轨道智能监测系统如图1-1所示。物联网目前已经在高速铁路轨道智能监测中获得了广泛的应用，可以实现轨道服役状态监测信息的在线采集、实时传输和动态关联分析，有效地提升了轨道服役状态监测的质量和效率，对加快高速铁路轨道结构智能运营维护的现代化进程具有重要意义。

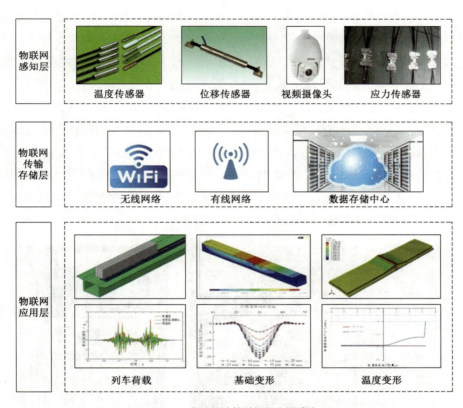

图 1-1　高速铁路轨道智能监测系统

第三节　应 用 实 践

一、某高速铁路特大桥道岔区板式无砟轨道远程监测系统——国内首个采用光纤传感监测系统进行高速铁路轨道服役状态监测的工点

该监测工点道岔梁桥梁全长 593.1m，桥跨布置为 1-24m 简支梁＋2-32.7m 简支梁＋(40＋64＋40)m 连续梁＋5-32.7m 简支梁＋6×32.7m 预应力混凝土连续梁，其中 18 号道岔板式无砟轨道位于 6×32.7m 连续梁上，如图 1-2 所示。该监测工点是国内第一次在高速铁路桥梁上铺设道岔区板式无砟轨道的工程案例。

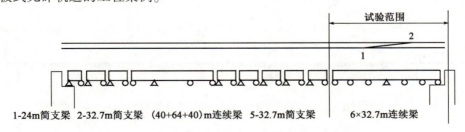

图 1-2　6×32.7m 连续梁监测工点范围

道岔梁上铺设道岔区板式无砟轨道,综合了桥上无缝线路、无缝道岔、纵连底座板结构的技术特点和难点,是桥上无缝道岔发展中遇到的一个重大技术难题。国内外没有对在桥上铺设无缝道岔板式无砟轨道进行过系统的研究,也没有在桥上铺设板式道岔的应用经验。

为研究桥上板式无砟道岔系统中无缝道岔、无砟轨道与桥梁纵向相互作用机理和纵向力传递规律,在开展桥上道岔区板式无砟轨道监测试验研究基础上,中铁第四勘察设计院集团有限公司(以下简称铁四院)于2009年7月建立了该工点特大桥纵连底座桥上道岔区板式无砟轨道远程监测系统,如图1-3所示。该监测系统采用光纤光栅传感器和振弦式传感器对钢轨温度、钢轨应力、钢轨与轨道板或道岔相对位移、底座板与桥梁之间相对位移、纵连底座板内混凝土温度、混凝土受力及钢筋应力和端刺受力进行了监测,监测数据验证了计算理论和设计方法的正确性,论证了结构设计的可靠性和安全性。

图1-3 特大桥道岔区板式无砟轨道远程监测系统

二、某高速铁路特大桥连续梁梁端无缝线路无砟轨道远程监测系统——国内首个高速铁路大跨度桥梁上 CRTS Ⅰ 型板式无砟轨道监测工点

某高速铁路全线桥梁占比55%以上,区间正线桥上主要铺设 CRTS Ⅰ 型框架板式无砟轨道,大跨度桥梁结构(温度跨度 $L \geq 200\text{m}$)主要集中于某座特大桥,其中典型桥跨包括112m提篮拱+(104+2×168+112)m连续刚构桥、(112+2×168+104)m连续刚构桥、(76+160+76)m连续梁,如图1-4所示。全桥温度跨度大于200m的工点达8处之多,最大温度跨度为312m,位于平坡且半径 $R=7000\text{m}$、实设超高175mm的圆曲线地段。

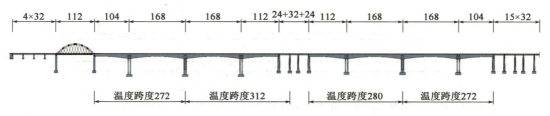

图1-4 某高速铁路特大桥桥跨布置图(尺寸单位:m)

为保证大跨度桥梁结构及无砟轨道、无缝线路运营安全,铁四院于2014年1月建立了该工点长大桥梁无缝线路无砟轨道远程监测系统(图1-5),首次针对时速350km高速铁路大跨度桥梁(温度跨度312m)CRTS I型框架板式无砟轨道系统进行了温度、应力和变形的长期监测,为我国大跨度桥上无砟轨道的结构设计积累了重要数据,为该桥无砟轨道的安全、平稳运行提供了重要保障。

 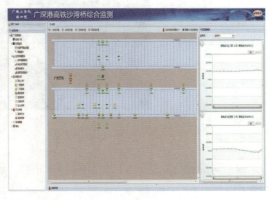

图1-5　高速铁路长大桥梁无缝线路无砟轨道远程监测系统

三、某高速铁路特大桥小半径曲线地段无缝线路无砟轨道远程监测系统——国内CRTS II型板式无砟轨道曲线半径最小的轨道监测工点

某高速铁路联络线特大桥桥台台尾86m摩擦板及台前15孔32m简支梁均处于半径仅为550m的圆曲线上,如图1-6所示。

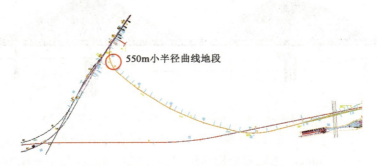

图1-6　某高速铁路联络线特大桥小半径曲线段平面设计图

该特大桥小半径圆曲线范围内均采用CRTS II型板式无砟轨道,在曲线范围内,轨道板均按照曲线制造成扇形,每块轨道板与底座板均有4根植筋锚固,曲线范围内的简支梁上和摩擦板处的侧向挡块均加密布置。

为确保该桥桥梁结构及无砟轨道、无缝线路运营安全,铁四院于2015年1月建立了该工点小半径曲线无缝线路无砟轨道远程监测系统,如图1-7所示。该监测系统监测的范围为联络线特大桥桥台台尾86m摩擦板及台前6孔32m简支梁,监测的内容为桥梁、无砟轨道、无缝线路的位移、应力以及加速度情况。

图 1-7　高速铁路联络线特大桥小半径曲线段无缝线路无砟轨道远程监测系统

四、某高速铁路长江大桥钢轨伸缩调节器视频监测系统——国内首个采用视觉测量技术进行钢轨伸缩调节器变形监测工点

该高速铁路公铁两用长江大桥主桥为双塔三索面三主桁斜拉桥,主跨为(90 + 240 + 630 + 240 + 90)m 的钢桁梁,温度跨度为 645m,如图 1-8 所示。在主桥两端分别设置钢轨伸缩调节器及抬轨装置,钢轨伸缩调节器伸缩量程达到 ±600mm,是目前我国乃至世界上的最大伸缩量程。

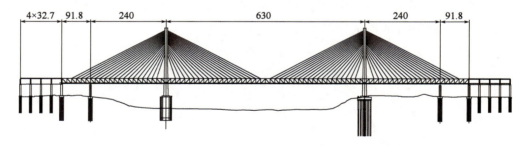

图 1-8　某高速铁路公铁两用长江大桥纵断面设计图(尺寸单位:m)

由于该公铁两用长江大桥主桥钢桁梁长达 1290m,受温度荷载等因素综合作用导致梁缝的伸缩量达到 ±600mm,同时考虑轨道结构每组扣件安装时扭矩存在一定偏差,以及梁轨相互作用力也比一般情况大。为了全天候有效监测该公铁两用长江大桥钢轨伸缩调节器及梁缝处的抬轨装置服役状态,减小人工测量工作量,指导轨道及桥梁结构后期养护维修,有必要对该桥重要区段桥梁及轨道结构受力及变形规律进行监测。

铁四院于 2017 年 3 月建立了该工点长江大桥钢轨伸缩调节器视频监测系统(图 1-9),对钢轨伸缩调节器的基本轨伸缩位移、尖轨伸缩位移、轨枕间距、剪刀叉变形、桥梁梁缝值等进行实时监测。

表 1-1 为自 2009 年开始,铁四院在国内高速铁路轨道结构远程监测系统典型应用工点。

图 1-9 高速铁路公铁两用长江大桥钢轨伸缩调节器视频监测系统

铁四院高速铁路轨道结构远程监测系统现场典型应用工点   表 1-1

序号	监测工点类型	监测工点名称	监测系统建立时间	监测系统服役时间
1	CRTS I 型板式无砟轨道	某高速铁路特大桥连续梁梁端轨道状态监测	2014 年 1 月	5 年
2		某我国最严寒地区高速铁路 CRTS I 型板式无砟轨道状态监测	2015 年 1 月	4 年
3	CRTS II 型板式无砟轨道	某高速铁路车站站端路桥过渡段轨道状态监测	2013 年 8 月	3 年
4		某高速铁路特大桥 CRTS II 型板式无砟轨道状态监测	2014 年 3 月	3 年
5		某高速铁路隧道入口 CRTS II 型板式无砟轨道状态监测	2014 年 6 月	4 年
6		某高速铁路特大桥铺设 CRTS II 型板最大温度跨度桥梁轨道状态监测	2014 年 8 月	4 年
7		某高速铁路车站道岔区板式无砟轨道状态监测	2014 年 8 月	4 年
8		某高速铁路特大桥铺设 CRTS II 型板式无砟轨道最小曲线半径地段轨道状态监测	2015 年 1 月	4 年
9		某高速铁路车站 CRTS II 型板式无砟轨道状态监测	2015 年 6 月	3 年
10		某高速铁路车站轨下基础沉降变形整治地段无砟轨道状态监测	2019 年 1 月	1 年

7

续上表

序号	监测工点类型	监测工点名称	监测系统建立时间	监测系统服役时间
11	CRTS Ⅲ 型板式无砟轨道	某高速铁路跨京杭运河特大桥 CRTS Ⅲ 型板式无砟轨道状态监测	2016 年 4 月	4 年
12		某高速铁路路基地段 CRTS Ⅲ 型板式无砟轨道状态监测	2016 年 4 月	4 年
13		某高速铁路特大跨度桥梁（主跨 300m）铺设 CRTS Ⅲ 型板式无砟轨道状态监测	2019 年 7 月	1 年
14		某高速铁路特大跨度桥梁（主跨 324m）铺设 CRTS Ⅲ 型板式无砟轨道状态监测	2020 年 3 月	1 年
15	道岔区板式无砟轨道	某高速铁路特大桥首次铺设道岔区板式无砟轨道状态监测	2009 年 7 月	3 年
16	道岔区轨枕埋入式无砟轨道	某高速铁路道岔区大跨度连续梁拱桥（跨度 102m）无缝道岔结构状态监测（铺设无砟轨道最大跨度道岔梁）	2014 年 12 月	4 年
17	桥梁—轨道一体化综合监测	某高速铁路长江大桥桥梁与轨道结构状态一体化监测	2016 年 9 月	3 年
18	有砟轨道	某高速铁路长江大桥钢轨伸缩调节器结构状态监测	2017 年 5 月	2 年

第二章
无砟轨道结构及敏感参数研究

我国高速铁路正线采用跨区间无缝线路,设计时速300km及以上项目正线主要铺设无砟轨道。高速铁路无砟轨道结构主要包括CRTS双块式、CRTS I 型板式、CRTS II 型板式以及CRTS III 型板式等类型,特殊轨下结构包含特大跨度(含温度跨度)桥梁、不良地质地段等。本章主要介绍了国内高速铁路无砟轨道的主要结构类型及其服役状态,提出了高速铁路无砟轨道结构监测敏感区域、敏感参数及主要监测内容。

第一节 国内高速铁路无砟轨道主要结构类型

一、CRTS 双块式无砟轨道

高速铁路 CRTS 双块式无砟轨道是将预制的双块式轨枕组装成轨排,以现场浇筑混凝土方式将轨枕浇筑到钢筋混凝土道床内,并适应 ZPW-2000 轨道电路的无砟轨道结构形式。

CRTS 双块式无砟轨道由钢轨、弹性扣件、钢筋桁架双块式轨枕、道床板、底座板/支承层等组成,结构组成如图2-1所示。

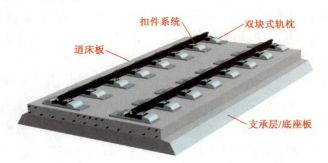

图 2-1 CRTS 双块式无砟轨道结构断面图

CRTS 双块式无砟轨道现场应用效果如图2-2所示。
CRTS 双块式无砟轨道结构的主要特点为:
(1)长大路基、隧道地段双块式无砟轨道主要为连续结构,结构整体性及横向稳定性强、轨道平顺性较好;

图 2-2　CRTS 双块式无砟轨道应用效果图

(2)双块式无砟轨道结构分层设计,受力明确;

(3)道床板、支承层或底座板采用现场浇筑,施工灵活,适应性强;

(4)双块式轨枕采用桁架钢筋连接,工厂化生产,精度高,产品质量稳定可靠;

(5)路基上钢筋混凝土道床板下支承层采用水硬性材料,轨道结构刚度从上至下逐层递减,结构设计合理;

(6)路基上支承层可采用滑模摊铺机摊铺,施工效率高;

(7)桥上双块式无砟轨道,道床板为单元分块结构,道床板与底座板间设置中间隔离层,并采用凸台结构限位,可维修性好;

(8)无砟轨道结构主要包含道床板与底座板/支承层二层,造价相对较低。

二、CRTS Ⅰ 型板式无砟轨道

CRTS Ⅰ型板式无砟轨道是在现场浇筑的钢筋混凝土底座板上铺装预制轨道板,通过水泥乳化沥青砂浆进行调整,并适应 ZPW-2000 轨道电路的单元板式无砟轨道结构形式。

CRTS Ⅰ型板式无砟轨道由钢轨、扣件系统、轨道板、水泥沥青砂浆(CA 砂浆)调整层、混凝土底座板、凸形挡台及其周围填充树脂等组成。其中,扣件采用无挡肩弹性分开形式。CRTS Ⅰ型板式无砟轨道结构组成见图 2-3。

CRTS Ⅰ型板式无砟轨道板包括平板和框架板两种,其现场应用效果如图 2-4 所示。

CRTS Ⅰ型板式无砟轨道板采用工厂化生产,并提前预制存储。在线下基础沉降稳定后,进行底座板及凸形挡台混凝土的灌筑,利用运板车及门式起重机将轨道板运输并铺设至线路上,再对轨道板进行精确调整后灌注 CA 砂浆,完成无砟轨道道床施工。

CRTS Ⅰ型板式无砟轨道结构的主要特点为:

(1)施工精度高。将预制好的轨道板直接"放置"在混凝土底座板上,通过轨道板与底座板之间充填水泥乳化沥青砂浆调整轨道板,确保铺设精度。

(2)施工性能良好。轨道板采用工厂高精度批量生产,现场组装铺设,可有效减少现场施工混凝土圬工方量,提高机械化作业水平,加快施工进度。

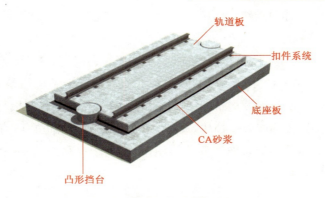

图 2-3 板式无砟轨道结构组成图

a)平板

b)框架板

图 2-4 CRTS Ⅰ型板式无砟轨道应用效果图

(3)可修复性好。轨道几何形位不仅可以通过扣件调整,也可以通过调整 CA 砂浆和凸形挡台周围树脂厚度来适应线下基础垂向和横向变形,可调整性强。采用全单元板式结构,在轨道板发生损坏或线下基础发生变形时,可通过更换轨道板及重新灌筑砂浆来进行快速修复,对线路运营的干扰相对较小。

(4)弹性合理。在具有减振需求的桥梁及隧道地段,可以在轨道板下设置弹性垫层,使结构具有良好的减振能力。

(5)经济性较差。轨道板在轨道板场生产,需要专用制造设备和运输机具;结构中包含造价较高的 CA 砂浆,需要配备 CA 砂浆的现场配置、运输和灌筑等成套设施,工程造价相对 CRTS 双块式无砟轨道较高。

(6)CA 砂浆耐久性相对较差。CA 砂浆的质量稳定性受原材料、施工质量、工程环境等影响大,而其质量稳定性又直接影响其结构服役的耐久性。目前国内高速铁路运营实践证明,CA 砂浆已经成为影响 CRTS Ⅰ型板式无砟轨道结构安全服役耐久性的薄弱环节。

三、CRTS Ⅱ型板式无砟轨道

CRTS Ⅱ型板式无砟轨道是将预制轨道板通过水泥沥青砂浆调整层,铺设在现场摊铺的混凝土支承层或现场浇筑的钢筋混凝土底座板（桥梁）上，适应 ZPW-2000 轨道电路的纵连板式无砟轨道结构形式。

路基、隧道地段 CRTS Ⅱ 型板式无砟轨道主要由钢轨、弹性扣件、预制轨道板、CA 砂浆充填层及支承层等部分组成。CRTS Ⅱ 型板式无砟轨道在桥上轨道结构与路基地段有所不同，轨道板仍进行纵向连接，下部设连续浇筑的钢筋混凝土底座板，并在底座板与梁面保护层之间设置滑动层，底座板两侧设置侧向限位挡块。CRTS Ⅱ 型板式无砟轨道在所有桥梁上均采用轨道板纵连结构，可以有效地减少钢轨伸缩调节器使用，有利于提高线路平顺性。CRTS Ⅱ 型板式无砟轨道结构组成见图 2-5。

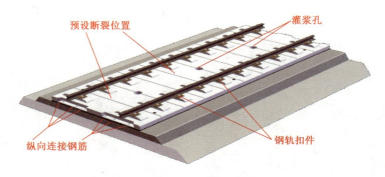

图 2-5　CRTS Ⅱ 型板式无砟轨道示意图

CRTS Ⅱ 型板式无砟轨道现场应用效果如图 2-6、图 2-7 所示。

图 2-6　路基地段 CRTS Ⅱ 型板式无砟轨道应用效果图　　图 2-7　桥梁地段 CRTS Ⅱ 型板式无砟轨道应用效果图

CRTS Ⅱ 型板式无砟轨道的主要结构特点为：

（1）轨道板采用工厂化预制，通过布板软件计算出轨道板布设、制作、打磨、铺设等工序所需的全部轨道几何数据，实现了设计、制造和施工的数据共享。

（2）路基、桥梁及隧道地段无砟轨道道床均采用纵向连续结构，尤其是在长度大于 25m 的桥梁地段，纵连无砟道床结构更是世界首创，也是目前世界上唯一一种采用全纵连设计理念的高速铁路无砟道床轨道结构。

（3）将机械工程的制造理念引入轨道板生产工艺。轨道板采用数控机床打磨工艺，打磨精度可达 0.1mm，通过高精度的测量和精调系统，轨道板铺设后即可获得高精度的轨道几何形位，最大限度减少铺轨精调工作，大幅度加快综合施工进度。

（4）轨道板相互之间通过纵向精轧螺纹钢筋紧密连接，较好地解决了板端变形问题，改善了轨道板对下面结构的作用力，提高了行车舒适度。

（5）桥上底座板不受桥跨的限制，为跨越梁缝的纵向连续结构；桥上的轨道板与路基、隧道内的一致，除极少数补偿板等非标准板外，均为标准预制轨道板，利于工厂化、标准化生产，便于质量控制，同时简化轨道板的安装和铺设。

（6）摩擦板、端刺结构是桥上 CRTS Ⅱ 型板式无砟轨道系统的锚固体系，通过摩擦板和端刺将温度力和制动力传递到路基。

（7）梁面设置滑动层，隔离桥梁与轨道间的相互作用，以减小桥梁伸缩引起的钢轨和无砟道床内纵向附加力，在一定范围内可实现较大跨度连续梁上避免安装钢轨伸缩调节器。

（8）一般情况下，在桥梁固定支座上方，桥梁和底座板间设置剪力齿槽、预埋件，将制动力和温度力及时传递给桥梁墩台。

（9）在梁缝处设置高强度挤塑板，减小了梁端转角对无砟轨道结构的影响。

（10）在底座板两侧设置侧向挡块进行底座板横向、竖向限位。

（11）支承层采用水硬性材料或素混凝土，不需要配筋，结构简单，施工方便。

四、CRTS Ⅲ 型板式无砟轨道

CRTS Ⅲ 型板式无砟轨道是国内原创、具有完全自主知识产权的一种结构形式，可以适用于包括高速铁路、城际铁路、市域铁路在内的所有客运专线铁路。CRTS Ⅲ 型板式无砟轨道是在现场浇筑的钢筋混凝土底座板上铺装带挡肩的预制轨道板，通过自密实混凝土进行调整，并适应 ZPW-2000 轨道电路的单元板式无砟轨道结构形式。

CRTS Ⅲ 型板式无砟轨道结构由钢轨、弹性扣件、预制轨道板、配筋的自密实混凝土、限位凸台或凹槽及周围缓冲垫层、中间隔离层（土工布）和钢筋混凝土底座板等部分组成，其横断面结构如图 2-8 所示。

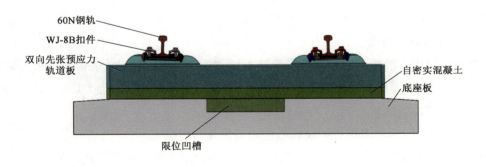

图 2-8　CRTS Ⅲ 型板式无砟轨道典型横断面结构图

CRTSⅢ型板式无砟轨道道床在路基、桥梁、隧道范围均采用全单元分块式结构,其平面结构如图 2-9 所示。

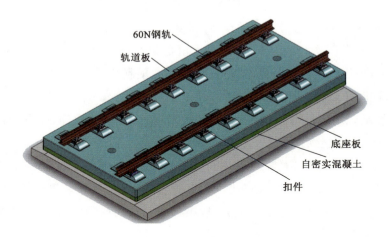

图 2-9　CRTS Ⅲ型板式无砟轨道结构平面图

CRTSⅢ型板式无砟轨道现场应用效果如图 2-10、图 2-11 所示。

图 2-10　路基地段 CRTSⅢ型板式无砟轨道应用效果图

图 2-11　桥梁地段 CRTSⅢ型板式无砟轨道应用效果图

CRTSⅢ型板式无砟轨道的主要结构特点为:

(1)复合结构设计理念

轨道板与自密实混凝土间采用门形钢筋连接,在结构受力方面,轨道板与自密实混凝土很好地形成一个整体,即复合结构体系。复合结构设计系统可以有效增加无砟道床结构重量,有利于降低轨道结构的振动。

(2)小半径曲线地段采用可调模板适应轨道板几何形位

采用可调模具对承轨槽几何形位进行调整。相较于 CRTSⅡ型板式无砟轨道采用模具对轨道板承轨槽进行打磨,采用可调模具方法生产的轨道板可施工性、经济性更好。

采用可调模板的几何形位调整方法对于轨道板在施工、存放过程中的防变形要求更高,否则容易导致轨道板几何形位不满足设计要求,影响后期的轨道精调,导致在施工过程中异形调高垫板应用较多。

(3) 采用自密实混凝土作为结构调整层

① 相比水泥乳化沥青砂浆,自密实混凝土结构耐候性、质量稳定性等相对较好,可以有效提高轨道结构的耐久性;

② 自密实混凝土可施工性好,其结构性能对于施工质量的依赖性相对较低,有利于保证铁路运营的安全性;

③ 工程造价相对较低,结构的全寿命周期经济性较好。

(4) 全单元设计理念

路基、桥梁和隧道范围全部为单元结构,结构受力简单、力学传递机理清晰、结构安全可靠,一方面,避免了桥梁变形和温度效应的叠加影响;另一方面,有效提高了轨道结构的可维修性。

第二节 国内高速铁路轨道服役状态现状

一、CRTS 双块式无砟轨道

目前我国高速铁路双块式无砟轨道总体使用情况良好,武广、郑西等高速铁路的运营实践证明了 CRTS 双块式无砟轨道结构实现了无砟轨道"高稳定性、高平顺性和少维修性"的设计和应用目的。但由于缺乏长期的运营实践经验,在结构设计、预制件制造和施工过程控制等一些技术细节,尤其是无砟轨道及相关工程排水设施上仍有不足,导致个别地段无砟轨道结构出现了一些缺陷。CRTS 双块式无砟轨道的主要病害及原因见表 2-1。

CRTS 双块式无砟轨道的主要病害及原因分析　　表 2-1

序号	现象	原因	现场照片
1	路基上出现翻浆、析浆	防水密封材料劣化失效,级配碎石不透水,导致轨面积水渗透到轨道支承层与路基级配碎石之间聚集	

续上表

序号	现象	原因	现场照片
2	路基上纵连道床板端部局部上拱	支承层表面拉毛质量不合格,施工过程中施工机具行走等原因导致拉毛破坏而没有修复,道床板施工前支承层表面没有清理干净	
3	隧道内纵连道床板局部上拱	隧道漏水等导致仰拱回填层或底座板上拱引起无砟轨道上拱,由于道床板为纵向连续结构存在拱形效应,道床板与隧道回填层、底座板跟随性差	
4	双块式轨道在预制轨枕与现浇道床板接触面间出现裂缝、道床板面混凝土掉块、轨枕松动等现象	道床板施工时轨枕周边和下部混凝土振捣不密实,扣件松开不及时,施工过程中忽视了成品的保护等	
5	轨枕两端八字形裂纹、道床板表面横向裂纹	道床板混凝土施工过程中混凝土坍落度过大、施工温度过高、扣件松开不及时、混凝土养护不满足要求等	

续上表

序号	现　象	原　因	现场照片
6	支承层横向切缝或裂缝导致上部道床板反射裂纹	与支承层横向切缝对应的附近位置道床板产生了反射裂纹；或支承层本来没有横向切缝，但是支承层在施工过程中产生了横向的非贯通或贯通裂纹，与该裂纹对应的附近位置道床板产生了反射裂纹	
7	道床板轨枕端部纵向连续贯通裂纹	道床板轨枕端部纵向连续贯通裂纹是指连续几根轨枕端部，一般是外端部混凝土发生纵向连续的裂纹，其主要产生原因是在混凝土施工过程中没有及时松开扣件	
8	道床板上龟裂纹	施工过程中由于采用泵送混凝土、水灰比过大、施工温度过高、混凝土养护不当等原因造成	

二、CRTS Ⅰ型板式无砟轨道

目前我国高速铁路铺设 CRTS Ⅰ型板式无砟轨道的项目主要包括沪宁城际、哈大客专和广深港客专等，轨道结构总体服役状态良好。在应用实践中，CRTS Ⅰ型板式无砟轨道结构损伤主要有轨道板开裂、后张法预应力钢棒窜出、砂浆层空吊、离缝、凸台树脂离缝及底座板拉裂等,在对不同类型无砟道床结构损伤原因进行分析的基础上,重点对结构温度荷载作用下大跨梁端凸台树脂离缝、底座板拉裂等温度荷载效应进行梳理分析。CRTS I 型板式无砟轨道的主要病害及产生原因见表 2-2。

CRTS I 型板式无砟轨道的主要病害及原因分析　　　　表 2-2

序号	现　象	原　　因	现场照片
1	预应力钢棒折断	一方面部分产品存在耐久性不足的质量问题,另外一方面无黏结工艺未按设计要求采用连续涂油热挤塑成型工艺,而是采用后穿套管方式	
2	底座板与路基级配碎石之间的翻浆、析浆	CRTS I 型板式无砟轨道道床路基地段采用单元不连续结构,其对于防、排水的要求更加严格。如果排水措施不到位,尤其是板缝之间存在积水情况更容易出现翻浆病害	
3	大跨度桥梁地段局部凸形挡台与底座板连接处破损,凸形挡台破损	凸形挡台施工质量对 CRTS I 型板式无砟轨道稳定性影响大,尤其是没有铺设钢轨伸缩调节器的大跨度桥梁地段,实际工程应用中部分工点凸形挡台凿除发现其钢筋混凝土存在一定的质量缺陷;小阻力扣件复合垫板不锈钢板锈蚀	
4	轨道板与砂浆层之间出现离缝	国外水泥乳化沥青砂浆层使用寿命和钢筋混凝土轨道板、底座板结构一致,均为 50 年。而国内对于 CA 砂浆使用寿命没有明确的规定,CA 砂浆层劣化导致砂浆层离缝	

三、CRTS Ⅱ型板式无砟轨道

目前我国高速铁路铺设 CRTS Ⅱ型板式无砟轨道的项目主要包括京沪、沪杭、杭长高速铁路等,轨道结构总体服役状态满足高速行车要求。在应用实践中,CRTS Ⅱ型板式无砟轨道结构伤损主要有轨道板上拱、轨道板与砂浆层离缝、宽窄接缝破损等。CRTS Ⅱ型板式无砟轨道的主要病害及原因见表 2-3。

CRTS Ⅱ型板式无砟轨道的主要病害及原因分析　　　　　　表 2-3

序号	现　象	原　因	现场照片
1	轨道板宽窄接缝破损;轨道板与 CA 砂浆离缝	华东片区持续高温;CRTS Ⅱ型板式无砟轨道板稳定性主要依靠轨道板与 CA 砂浆黏结作用,实际工程中 CA 砂浆劣化导致轨道板与 CA 砂浆黏结力下降	
2	轨道板局部工点出现了分层病害	华东片区持续高温;CA 砂浆劣化导致轨道板受温度力影响大;轨道板采用免箍筋设计	
3	底座板局部工点出现道床混凝土露筋病害	施工时梁面高程过大,底座板钢筋网片未调整,导致混凝土保护层不满足设计及标准要求;或施工过程中进行了打磨抹面修补	

续上表

序号	现象	原因	现场照片
4	底座板后浇带混凝土个别工程的局部项目出现劣化病害	后浇带混凝土施工质量存在缺陷	
5	极个别工点出现路基地段底座板上拱病害	(1) 受工期影响，未能严格按轨道板设计合龙温度进行纵连； (2) 轨道板间宽、窄接缝施工质量不良或在低温季节对轨道板间接缝位置出现的较大离缝采用非弹性材料进行充填修补，造成板端接缝截面上下刚度差异，在升温荷载下，板端轨道板与砂浆层拉应力超过黏结力	

四、钢轨伸缩调节器

目前我国大跨度桥梁上铺设的钢轨伸缩调节器，比较典型的有南京大胜关长江大桥、武汉天兴洲长江大桥、铜陵公铁两用长江大桥等项目铺设的伸缩量为 1200mm 钢轨伸缩调节器，在梁缝处均设置了抬轨伸缩装置。

大跨度钢桥上铺设的伸缩量为 1200mm 的钢轨伸缩调节器及抬轨装置现场效果图如图 2-12 所示。调节器尖轨长 10.2m，基本轨长 15.15m，处于伸缩量中间位置时钢轨伸缩调节器整体结构长 17.55m；尖轨设置在混凝土梁侧，基本轨设置在钢桁梁侧。为保持梁缝处轨枕间距的均匀，钢轨伸缩调节器内设置交叉杆机械的抬轨装置（简称"剪刀叉"），钢枕梁端剪刀叉与梁缝两侧边缘混凝土枕相连；在梁缝中设置 2 根悬挂式钢枕，钢枕悬挂在两根纵向钢梁下，采用扣板式扣件连接；钢轨伸缩调节器在钢桁梁上与混凝土梁上的轨枕两端分别采用钢板条纵连。

当梁缝变化时，通过剪刀叉的剪切运动，使悬挂式钢枕之间的间距、钢枕与梁缝左右侧边混凝土枕的间距始终保持相等，以达到梁缝处扣件支点间距相等、支承刚度均匀的目的，进而保证轨面平顺。

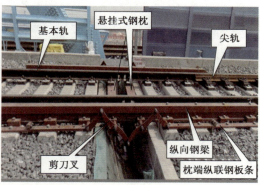

图 2-12 大跨度钢桥上钢轨伸缩调节器及梁缝处抬轨装置

铺设钢轨伸缩调节器相对其他无缝线路地段，轨道结构较为薄弱，但总体来说目前服役状态良好，能够满足列车高速、安全运行的要求。但是由于钢轨伸缩调节器区域轨道结构综合受力及梁轨相互作用复杂，对运营养护要求非常高，轨道结构出现病害的概率也相对较高。根据目前我国大跨度桥梁上钢轨伸缩调节器区轨道服役状况调研，其主要病害及原因分析见表 2-4。

钢轨伸缩调节器主要病害及原因分析　　　　　　　　　　　　　表 2-4

序号	现象	原因	现场照片
1	尖轨顶面光带出现突变	突变处基本轨顶面略高于尖轨轨顶	
2	混凝土轨枕歪斜及拉裂	由抬轨装置造成，伸缩调节器轨枕两端采用钢板条纵连的结构，一旦轨枕发生歪斜，则连接在一起的所有轨枕均出现歪斜。变形量较大时导致混凝土轨枕被拉裂，裂纹一般从连接钢板条的螺栓孔开始发展	

续上表

序号	现象	原因	现场照片
3	扣件纵向阻力增大	钢轨及扣件生锈,增大了扣件纵向阻力,增加了无缝线路纵向力,加剧了轨道结构的破坏	
4	剪刀叉不能均匀分配轨枕间距,剪刀叉自身出现较大变形(弯曲或扭曲)	随着轨排框架发生歪斜成平行四边形,钢梁也发生歪斜,伸缩位移不能均匀进行分配,使剪刀叉受力不均,导致剪刀叉发生弯曲或扭曲	

第三节　高速铁路轨道结构敏感区域及监测内容

一、CRTS双块式无砟轨道

CRTS双块式无砟轨道结构的一个主要特征就是在长大路基地段道床板采用连续不间断结构。相比较单元结构,纵连混凝土结构温度效应明显;而CRTS双块式无砟轨道纵连道床板的竖向稳定性主要依靠道床板和支承层的黏结作用及道床板的整体效应,因此CRTS双块式无砟轨道道床对于支承层表面的拉毛质量、道床板施工前支承层表面的洁净度要求高。

同时,在实际工程中,双块式轨枕预制混凝土和道床板现浇混凝土界面存在新老混凝土的结合问题,如果轨枕周围及轨枕下混凝土振捣不密实,则在新老混凝土分界面容易出现离缝,影响结构耐久性。

根据表2-1所列主要病害及原因分析,CRTS双块式无砟轨道结构应重点监测以下内容:
(1)轨道结构温度;
(2)道床板与支承层的纵向相对位移;
(3)道床板与支承层的垂向相对位移;
(4)植筋受力;
(5)轨道结构表面状态(双块式轨枕是否松动,道床板表面是否出现大面积裂纹)。

二、CRTS Ⅰ型板式无砟轨道

凸形挡台是 CRTS Ⅰ型板式无砟轨道的限位结构，主要功能是限制轨道板的纵、横向移动，保证轨道结构稳定性。凸形挡台主要承受温度力、轨道横向阻力、轮轨横向力、制动/牵引力等水平荷载；对于温度跨度较大的桥梁，由于环境温度变化所产生的梁轨相互作用对梁端凸形挡台限位结构受力的影响较大。

根据 CRTS Ⅰ型板式无砟轨道的现场排查资料，温度跨度较大的连续梁梁端凸形挡台与底座连接处容易发生拉裂情况，因此对于 CRTS Ⅰ型板式无砟轨道，大跨度连续梁梁端是无砟轨道监测的一个重点区域。

梁端限位结构受力主要与轨道结构的温度、扣件阻力等因素有关。结合表 2-2 所列主要病害及原因分析，CRTS Ⅰ型板式无砟轨道结构应重点监测以下内容：

(1) 轨道结构温度；
(2) 钢轨—轨道板纵向相对位移；
(3) 凸形挡台与轨道板纵向相对位移；
(4) 轨道板—底座板纵向相对位移；
(5) 凸台内混凝土和钢筋应力。

三、CRTS Ⅱ型板式无砟轨道

砂浆层与轨道板或底座板（支承层）之间出现离缝伤损是 CRTS Ⅱ型板式无砟轨道结构中较为常见的伤损形式之一。尤其是在夏季持续高温作用下，离缝严重地段会产生轨道板上拱病害，影响行车安全，因此轨道板的离缝上拱是 CRTS Ⅱ型板式无砟轨道结构监测的重点。

CRTS Ⅱ型板式无砟轨道结构的受力变形主要与轨道结构的温度、砂浆层的离缝状态、宽窄接缝状态、侧向挡块的受力等因素有关。结合表 2-3 所列主要病害及原因分析，对 CRTS Ⅱ型板式无砟轨道结构应重点监测以下内容：

(1) 轨道结构温度；
(2) 钢轨—轨道板纵向相对位移；
(3) 轨道板—底座板纵向、横向相对位移；
(4) 宽窄接缝内张拉锁件和混凝土受力；
(5) 底座板内混凝土和钢筋应力。

四、钢轨伸缩调节器

由于特大跨度桥梁梁端的钢轨伸缩调节器是轨道结构的薄弱环节之一，养护维修量较大。根据大跨度桥梁上钢轨伸缩调节器区轨道运营状态和可能出现的病害，结合表 2-4 所列主要病害及原因分析，钢轨伸缩调节器轨道结构应重点监测以下主要内容：

(1) 尖轨尖端与基本轨相对位移；
(2) 基本轨跟端与尖轨相对位移；
(3) 桥梁梁缝伸缩情况；
(4) 剪刀叉的歪斜及连接点位移；
(5) 抬轨装置钢枕歪斜情况；
(6) 轨枕框架的变形情况，特别是梁缝两侧轨枕的歪斜情况。

第三章

智能监测理论

第一节 基于光纤传感和视觉测量的智能感知理论

一、国内高速铁路轨道监测技术研究现状

目前,对于高速铁路轨道结构的检测与监测方法,国内外专家学者以及铁路工作者做了大量的探索,取得了一定的研究成果,并有相当一部分成果在铁路系统中得到了实践检验或应用,其中包括光纤传感技术、振弦式监测方法等。

1. 铁路轨道检测技术

在铁路轨道检测方面,我国目前主要采用静态检测和轨检车动态检测相结合的方式(图3-1、图3-2)。轨道静态检测指在没有列车荷载作用下,利用道尺、弦线以及轻型线路检查仪等检测工具或设备对轨道进行检查。对于轨道几何状态的动态检测,目前采用的设备主要是轨检车。轨检车可检测左右轨的高低、轨向、水平及钢轨不平顺、车体振动加速度等。由于高速铁路行车速度高、密度大、天窗时间短,难以在一天中温度最高的中午和温度最低的夜间及时进行测量,不能保证轨道三维几何状态的完全实时监测。人工静态检测测试精度相对较低,而且测试内容少、周期也较长,功效较差。轨检车虽然检测速度快,精度高,但间隔周期长,很难对轨道的不利状态进行全时段实时检测。

图 3-1 轨检车

图 3-2 高速综合检测车

2. 电气参数测试技术

在轨道结构测试技术方面,国内外轨道受力和变形的测试多基于电阻、电容、电感、压电及光电效应的电气参数测试技术,例如电阻应变片、应变计、压力盒、加速度计等传统的传感器件,以电缆作为模拟信号传输载体,以静态、动态应变仪为数据采集系统,以计算机为操作和存储装置,构成测试网络进行现场测试。这种测试方法在长期监测中,受到铁路现场的强电磁干扰、温湿度交替变化、侵蚀、老化、雨雪雾等因素的影响,难以实现长期、远距离、自动化的稳定监测。

3. 振弦式传感器技术

振弦式通常包括固定在端块或被测元件之间的钢弦,通过测量张紧钢弦的频率变化来测量钢弦的张力或应变等物理量。由于传感器为电类传感器,为避免对轨道电路产生影响,与钢轨接触部分需做绝缘处理,故长期使用稳定性一般。

4. 光纤传感器技术

光纤传感器能在极限温度、腐蚀、真空和危险的环境中正常工作,为以前诸多极为棘手的监测、监控难题的解决提供了新的技术手段。光纤光栅测试和监控方法是利用光纤材料的光敏性(外界入射光子和纤芯内锗离子相互作用引起的折射率永久性变化)进行数据采集,可进行静态或动态应变测试,以及结构物的长期应变监测。

与传统的监测传感器相比,光纤传感器具有以下优点:

(1)抗电磁干扰、电绝缘、耐腐蚀、本质安全,适合轨道结构的长期健康监测;
(2)重量轻、体积小、外形可变;
(3)对被测介质影响小;
(4)具有极高的灵敏度和分辨率;
(5)便于复用,便于成网,有利于与现有光通信技术组成遥测网和光纤传感网络;
(6)使用期限内维护费用低;
(7)传输频带较宽,便于实现时分或者频分多路复用,可进行大容量信息的实时测量,使大型结构的健康监测成为可能;
(8)使用光纤传输,适合远距离监测;
(9)可以制备成应力、应变、温度、振动等多种传感器;
(10)波长编码,不受光源的光强波动影响,稳定性好。

5. 远程视频监测

远程视频监测系统主要由网络摄像机、硬盘录像机、视频服务器组成。网络摄像机通过电话线、网络、移动宽带等连接,通过硬盘录像机储存视频图像,并传输至视频服务器。视频服务器将输入的模拟视频信号进行数字化处理后,以数字信号的模式传送至网络上,通过云台镜头,可实现长时间录像、录音、远程监视和控制。目前视频图像识别技术在市政、公安、商务等领域的应用相对成熟,但是高速铁路轨道结构中利用摄像机进行图像智能分析,并进行结构状态变化或外物入侵的分析还未得到广泛应用。

6. 激光测距法

激光测距以激光器作为光源进行测距,单色性好、方向性强、测量精度高,可昼夜进行作业,被广泛用于地形测量、战场测量,坦克、飞机、舰艇和火炮对目标的测距,云层、飞机、导弹以及人造卫星的高度测量等。随着激光测距设备价格不断下降,工业上也逐渐开始使用激光测距,国内外出现了一批具有测距快、体积小、性能可靠等优点的新型微型测距仪,已广泛应用于工业测控、矿山、港口等领域。由于在目标靶距离较远时,监测误差会迅速增大,且复杂环境下系统稳定性降低,目前在高速铁路轨道结构监测领域中暂未广泛应用。

7. 北斗系统监测法

北斗卫星导航系统(以下简称北斗系统)由空间段、地面段和用户段三部分组成,可在全球范围内全天候、全天时为各类用户提供高精度、高可靠定位。在高速铁路监测中,可利用北斗系统进行三维位移信息全天候实时监测。北斗系统适用于大跨度桥梁挠度等测量面积大、精度要求 10m 级的监测场景,而高速铁路轨道结构监测精度要求为 1mm 级,故北斗系统暂时不能够满足相关精度要求。

8. 无人机航测

无人机航测是传统航空摄影测量手段的有力补充,具有机动灵活、高效快速、精细准确、适用范围广、生产周期短等特点,对获取数据时的地理空域以及气象条件要求较低,能够解决人工探测无法达到的地区监测功能问题。但无人机航测一般不能够在夜间进行作业,而且目前技术精度也相对较低,不能够满足高速铁路无砟轨道结构监测要求。

铁路基础设施主要监测方法见表 3-1。

二、光纤光栅基本理论

1. 光纤基本结构与传输原理

光纤是光导纤维的简称。光纤是工作在光波波段的一种介质导波,一般为圆柱形状。光纤把以光形式出现的电磁波能量利用全反射的原理约束在其界面内,并引导光波沿着光纤轴线的方向前进。光纤的传输特性由其结构和材料决定。

如图 3-3 所示,光纤的基本结构是两层圆柱状媒质,内层为纤芯、外层为包层;纤芯的折射率 n_1 比包层的折射率 n_2 稍大。当满足一定的入射条件时,光波就能沿着纤芯向前传播。实际的光纤在包层外面还有一层保护层,其用途是保护光纤免受环境污染和机械损伤。

光波在光纤中传输时,由于纤芯边界的限制,其电磁场解即模式是不连续的。光纤的分类方法有以下几种:

(1)按照传输的模式数量分为单模光纤和多模光纤。

只能传输一种模式(一个信息通道)的光纤称为单模光纤,能同时传输多种模式的光纤称为多模光纤。单模光纤和多模光纤的主要差别是纤芯的尺寸和纤芯—包层的折射率差值。

铁路基础设施主要监测方法

表 3-1

监测方法		测试指标	安装方式	精度	干扰	优点	缺点
电气参数监测法	电阻	温度,应变,位移等	粘贴,焊接,螺栓	较高	电磁,雨雪	精度高;频率响应特性较好;轻薄;价格低廉品种多样,可单独定制;数据采集较方便	抗干扰能力差,不耐高温
	电容	加速度等	粘贴,焊接,螺栓	较高	电磁,雨雪		
	电感	位移	可移动,螺栓	较高	电磁		
	电磁	应变,位移等	可移动,螺栓	较高,约0.5V/(m·s)	电磁		
	振弦传感器	应变,温度	埋入	相对误差小于0.1%	电磁	不需单独安装传感器	雨雪天气干扰出现红光带
	轨道电路	断轨	—	较低	雨雪		
电磁参数监测法	磁栅	温度力锁定轨温	螺栓	温度力测试精度达到10kN,锁定轨温达0.5℃	电磁	无损,非接触	电磁干扰
	电磁位移	位移	螺栓	±0.05mm	电磁	无损,非接触	电磁干扰
	磁粉	位移	非接触	—	电磁	无损,非接触	电磁干扰
	电磁噪声	锁定轨温,缺陷	非接触	—	电磁	无损,非接触	电磁干扰
	地质雷达	轨道板离缝等缺陷	非接触	定性检测缺陷	电磁	非接触,深度探测	设备较大
声测法	超声波探伤	钢轨缺陷	非接触	定性检测缺陷	振动	非接触,深度探测	传输距离有限
	超声波测试	应变	非接触	较低	振动	非接触,深度探测	
光测法	光纤光栅	温度,应变,位移等	粘贴,焊接埋入	高	抗干扰	抗电磁干扰,电绝缘,耐腐蚀	成本较高,安装工艺高
	分布式光纤	温度,应变	粘贴		抗干扰	连续性较好	精度不高,受温度影响较大

续上表

监测方法		测试指标	安装方式	精度	干扰	优点	缺点
光测法	图像	位移、廓形等	可移动、非接触	0.1mm	高压电流	非接触、鲁棒性	需专业数据处理
	红外	温度、测距	非接触	—	高压电流	无损	指标少
	激光	测距、廓形	可移动、非接触	0.1mm	无	无损	指标少
	X射线	缺陷、应力	可移动、非接触	—	金属材质	非接触	成本较高
人工测试法	观测桩	锁定轨温	埋设	较低	无	成本低、通用性好	精度低
	弦线	几何形位	可移动	较低	无	成本低、通用性好	精度低
	轨检小车	几何形位	可移动	较高	无	连续性、通用性好	价格高
	道尺等其他工具	几何形位	可移动	可移动	无	成本低、通用性好	精度低
	塞尺等	损伤	可移动	可移动	无	成本低、通用性好	精度低

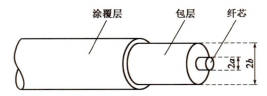

图 3-3 光纤基本结构示意图
a-纤芯半径；b-包层半径

（2）按纤芯折射率分布方式分为阶跃折射率光纤和梯度折射率光纤。

阶跃折射率光纤纤芯折射率是均匀的，在纤芯和包层的分界面处，折射率发生突变；梯度折射率光纤是按一定的函数关系随光纤中心径向距离而变化的光纤。

（3）按制造材料分为：

①高纯度熔石英光纤，其特点是材料的光传输损耗低，有的波长可低至 0.2 dB/km，一般小于 1 dB/km；

②多组分玻璃纤维，其特点是芯—包层折射率可在较大范围内变化，因而有利于制造大数值孔径的光纤，但材料损耗大，在可见光波段波长一般为 1 dB/m；

③塑料光纤，其特点是成本低，缺点是材料损耗大，温度性能较差。

光纤的基本工作原理是基于光的全反射现象，即由于纤芯折射率 n_1 大于包层折射率 n_2，当满足数值孔径 $N_A = n_0 \sin\varphi_0 = (n_1^2 - n_2^2)^{1/2}$（$n_0$ 为空气折射率，φ_0 为孔径角）要求的光线传播到光纤界面时，根据菲涅尔折射定律，当入射角 $\varphi > \varphi_0$ 时，入射光将不发生折射，全部沿着纤芯反射向前传播。

2. 光纤光栅传感基本原理

光纤光栅是一段光纤，其纤芯是具有折射率周期性变化的结构。根据模耦合理论，$\lambda_B = 2n\Lambda$ 的波长就被光纤光栅反射回去（λ_B 为光纤光栅中心波长，Λ 为光栅周期，n 为纤芯有效折射率）。

反射的中心波长信号 λ_B 与光栅周期 Λ、纤芯的有效折射率 n 有关，所以外界测量引起光纤光栅温度、应力以及磁场的改变，都会导致反射的中心波长变化，即光纤光栅中心波长的变化反映了外界被测信号的变化情况。

如图 3-4 所示，光纤光栅传感器的原理为：宽谱光源将有一定带宽的光通过环形器射入光纤光栅中，由于光纤光栅的波长选择性作用，符合条件的光被反射回来，再通过环形器送入解调装置测出光纤光栅的发射波长变化。当光纤光栅做探头测量外界的温度、压力或应力时，光栅自身的栅距发生变化，从而引起反射波长的变化，解调装置即通过检测波长的变化推导出外界温度、压力或应力。

光纤光栅传感器具有很强的兼容性，可以在一根光纤中写入多个光栅，从而构成传感阵列。与此同时，光纤光栅传感器可以组成波分复用和时分复用系统相结合的形式，实现分布式传感。相对于一些常规的无损检测传感器,如压电传感器,其自身具有非传导性,易受到电磁干扰。光纤光栅传感器具有抗电磁干扰、抗腐蚀等优点,能够广泛应用于高速铁路轨道结构野外差异性大的服役环境。

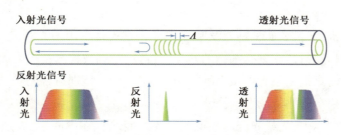

图 3-4 光纤光栅技术原理图

3. 光纤光栅轨道监测传感器设计

(1) 位移传感器

如图 3-5 所示,轨道结构监测的位移传感器主要由弹簧、位移应变片(在上、下表面均粘贴光纤光栅)、壳体组成。推(拉)动拉杆,弹簧被压缩(拉伸),位移片受推(拉)后,安装在位移片上的两根光纤光栅的中心波长就会向着相反的方向漂移,两光栅之间的中心波长变化的差值随之变化,通过检测波长差的变化就可实现位移量的测量。

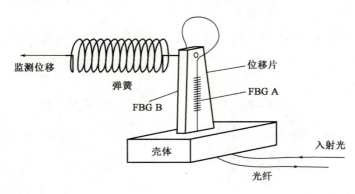

图 3-5 光纤光栅位移传感器结构图

假设梁的厚度为 h,其平均宽度为 W,测量位移为 ΔL,则光纤光栅的中心波长漂移量 $\Delta \lambda$ 为:

$$\Delta \lambda = \frac{hWKR}{EI + W^3 R} \Delta L \tag{3-1}$$

式中:R——弹簧的刚度;

K——由弹光效应引起的光栅轴线应变波长漂移系数;

E——等效梁的弹性模量;

I——等效梁的转动惯量。

由式(3-1)可知,波长漂移 $\Delta\lambda$ 和位移片机械位置的位移 ΔL 具有线性关系。

轨道结构监测的光纤光栅位移传感器可以通过改变弹簧的刚度系数,来改变测量的精度和量程,利用该结构可以实现精度(不确定度)达到 0.05mm 的位移测量。

(2)应变传感器

结构表面应变检测时,表面粘贴式及基片式封装方式是常用的光纤光栅封装方式。基片式是将光纤光栅用粘胶封装在刻有细槽的基片上,再粘贴到被检测结构表面进行检测;表面粘贴式是将裸光纤光栅直接粘贴到被检测结构表面进行测量,特别适合船舶、航空器等面形结构的应变监测或空间狭窄的测量场合。

上述两种封装方式中,光纤光栅与被检测结构之间均存在中间层,表现为基片和粘胶,或只有粘胶。由于中间层材质的弹性模量与光纤光栅的弹性模量的差别,使得光纤光栅所测得的应变并非检测结构的实际应变量。为减少应变传递损耗,对粘胶的品质、粘贴工艺要求较高。

为了解决上述问题,铁四院联合武汉理工大学设计了一种环形变形体结构的基体来封装光纤光栅,即将刻有光纤光栅的光纤预拉伸并悬空固化于环形变形体径向上,封装成 FBG 应变片。用这种光纤光栅应变片检测轴向应变时,待测结构表面的应变会通过环形变形体传递给光纤光栅。

为了分析封装在环形变形体的光纤光栅受轴向力作用时的应变特性,下面对环形变形体进行受力分析。如图3-6所示,环形变形体可简化为变形环,其径向上对称的 A、B 两点假设为光纤光栅两端的固化点。

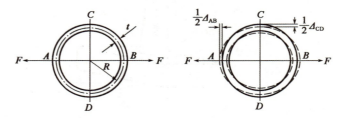

图3-6 环形变形体受力前后示意图

当一对大小相等、方向相反的力 F 沿径向作用于 A、B 两点时,环形体将发生形变。根据材料力学知识可知,径向上 A、B 两点间的位移量 Δ_{AB} 为:

$$\Delta_{AB} = \frac{\pi^2 - 8}{4\pi} \cdot \frac{FR^3}{EI} \tag{3-2}$$

式中:F——沿 AB 径向的作用力;

R——环形变形体的平均半径;

E——环形变形体材料的杨氏弹性模量;

I——环形变形体的惯性模量,其计算公式为:

$$I = \frac{1}{12}ht^3$$

其中:h——环形变形体的厚度;
t——环形变形体的径向宽度。

则环形变形体受力后的应变量 ε 为:

$$\varepsilon = \frac{\Delta_{AB}}{2R} = \frac{\pi^2 - 8}{8\pi} \cdot \frac{FR^2}{EI} \tag{3-3}$$

由于光纤光栅悬空于环形变形体径向上,不受胶粘对应变传递的影响。该应变量 ε 就是固化在 AB 两端的光栅光纤要感应的应变量,即要引起光纤光栅中心波长漂移的应变量。由于结构的对称性,当环形变形体 CD 径向上受外力作用时,位移量 Δ_{CD} 及相应的应变量可同理分析。

将光纤光栅的相对轴向应变灵敏度系数用 K_ε 表示,则光纤光栅中心波长变化与外力的关系为:

$$\Delta\lambda = \frac{(\pi^2 - 8)R^2\lambda}{8\pi K_\varepsilon EI} F \tag{3-4}$$

最终加工成形的环形变形体的结构示意图如图 3-7 所示,两侧的 4 个圆孔起安装固定作用,沿其径向封装裸光纤光栅后便构成 FBG 应变片。

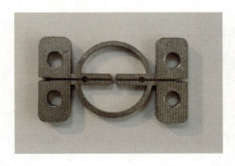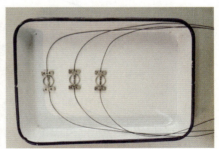

图 3-7　光纤光栅应变检测传感器

(3)温度传感器

如图 3-8a)所示,轨温检测用光纤光栅传感器采用了金属化封装的方式,将光纤光栅固化在铝制基片上。由于采用了铝制基片材料进行封装,可增大温度灵敏系数。如图 3-8b)所示,光纤光栅传感器的灵敏度可达 20pm/℃,温度分辨率达 0.05℃,在温度范围为 -20~80℃ 的条件下具有良好的线性。

4. 光纤光栅轨道监测传感器现场安装标准

(1)光纤光栅传感器组网方法

轨道状态监测工程应用中要对多种物理参量进行监测,包括垂向力、轨温、温度力、结构间位移等,故需要布局多个监测点,进而综合利用这些信息了解轨道结构状态的演变规律。如果每个监测点用一个监测设备,则整个监测系统将会变得复杂和昂贵,这显然是不可取的。为此，必须将光纤传感复用技术引入其中。光纤光栅传感器的一个显著优点就是易复用，可实现准分布式传感监测。迄今的研究成果中，已经提出了多种复用方案，其中代表性方案有波分复用（WDM）、时分复用（TDM）、空分复用（SDM）以及它们的混合运用。

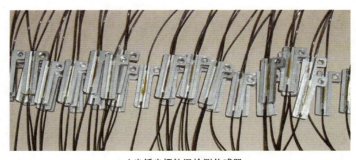

a) 光纤光栅轨温检测传感器

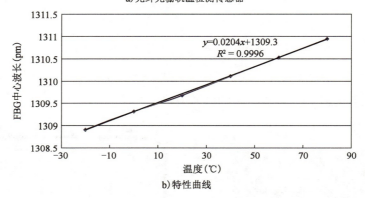

b) 特性曲线

图 3-8　光纤光栅轨温传感器及其特性曲线

如图 3-9 所示，利用 WDM 和 SDM 的组网方法，通过光纤接续盒将监测现场中的所有光纤传感器信号汇聚起来，再将汇聚的传输光纤连接至光纤光栅解调仪表，解调仪表将通道数以及光栅波长等信息实时地通过 RJ45 网络接口传送到计算机中，利用计算机对数据进行分析和处理，提取相应的轨道状态信息，从而实现轨道状态的实时在线监测。图 3-9 中光纤光栅传感网络逻辑拓扑清晰简单，但在光纤光栅传感网络工程化实施过程中，应注意以下几点：

① 传感器的布局

由于需将多个钢轨线路分支监测点中的传感器串接起来，必然会出现连接线路跨钢轨的现象，在保护传输光纤的同时，要严格保证轨道信号的稳定性，其中最重要的一点就是确保跨轨时的绝缘满足要求。因此，铁四院研究将传输光缆穿入橡胶管进行绝缘防护，如图 3-10 所示。

② 传感器波长安排

光纤光栅传感器是整个系统的基础，轨道服役状态监测系统采用了 WDM 技术，传感器波长的确定对于 WDM 技术的应用影响较大。在采用 WDM 复用技术时，传感器复用数量受到解调仪表的波长扫描范围以及被测物理参量变化范围的限制。假定解调仪表的波长扫描量程为 $D_\lambda(\mathrm{pm})$,光纤光栅传感器的灵敏度为 $\kappa(\mathrm{pm})$,被测物理量的变化幅度为 y,则 WDM 中传感器复用数目为:

$$n = \mathrm{int}\left(\frac{D_\lambda}{\kappa \cdot y}\right) \tag{3-5}$$

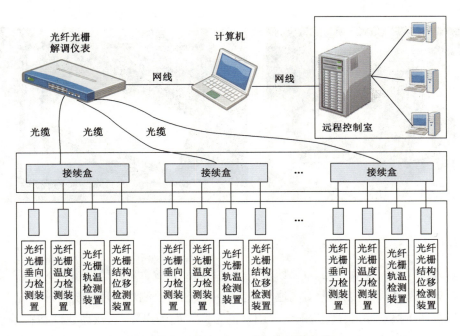

图 3-9　轨道结构状态监测光纤光栅组网拓扑图

图 3-10　传输光缆跨轨绝缘方法

考虑光纤光栅应变检测设计量程大于 2000με（对应波长变化 2000pm）,轨道结构温度变化幅度一般不超过 100℃,对应波长偏移数 100pm,工程常用的解调仪表扫描范围为 40nm,因此,工程实施时单根光纤波分复用数量一般不超过 20 个。

③传输光缆铺设

光纤光栅传感轨道监测系统目前尚未成为铁路的标准设备,也没有制定专项的传输光缆铺设技术标准,传输光缆铺设只能参考相关现行铁路监测装置工程规范。为了满足铁路监测装置相关工程规范要求,采取的措施主要包括:参照传输电缆的铺设方法,利用现有的各种汇集、铺放设施,对传输光缆的铺设进行安排;利用现有的轨旁箱,安置接续盒,完成传感光纤的汇集和接续,如图3-11所示。

图3-11　利用轨旁箱汇集传感光纤跨接线

(2)安装工艺及方法

在光纤光栅传感器封装工艺方面,轨道服役状态监测系统针对传感器增敏封装、消除交叉敏感等内容开展了系列研究,尤其针对高速铁路轨道工程结构监测现场环境复杂的情况下,传感器需要频繁经受列车振动冲击、高温、雨雪等因素的考验方面的研究,以及高速铁路轨道结构监测装备受到相应安装规范的约束和限制等问题。因此,光纤光栅传感器在面向轨道工程结构监测应用时,应将光纤光栅传感器的特点和安装规范统筹考虑,形成新的工程实施技术规程。通过现场实测效果分析,项目组对传感器安装工艺进行优化和迭代设计,形成了一系列的安装工艺和方法,为建立光纤光栅传感技术面向轨道工程结构安全监测的规程提供依据和指导。

①应变传感器工艺和方法

钢轨应变监测的最佳位置为轨腰和轨底,这两处便于安装且具有较高的应变响应。针对这两处安装位置,设计了2种安装工艺和结构,即轨腰处采用粘贴工艺,轨底采用夹持结构。轨腰粘贴的实物效果如图3-12所示,安装工艺流程简单便捷。安装过程中,首先将监测点处钢轨表面打磨除锈,再利用丙烯酸结构胶将所设计的光纤光栅应变片的两端固化在监测点处。

轨腰粘贴工艺在实测中取得了良好的应用效果,钢轨纵向力和钢轨温度随时间变化曲线如图3-13所示。从图中可知,钢轨纵向力和钢轨温度具有明显的负相关特性,与理论分析结果一致。

为了定量分析应变测量效果,通过仿真建模与实测值进行对比分析,结果见表3-2。从表中可以看出,钢轨纵向力实测结果与理论模型数据十分吻合,表明轨腰处粘贴式应变测量方法在工程应用中符合性较高,满足高速铁路轨道结构状态监测要求。

a) 定位打磨　　　　　　　　　b) 粘贴固化

图 3-12　轨腰处光纤光栅粘贴固化工艺

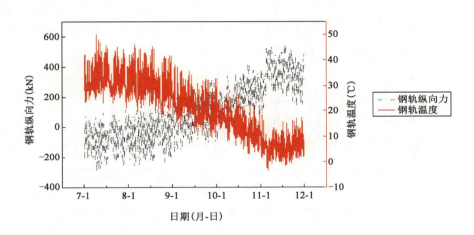

图 3-13　钢轨纵向力和钢轨温度随时间变化曲线

钢轨纵向力的理论值与实测值对比结果　　　　　　　　　表 3-2

温度变化幅值(℃)	30	40	50
理论模型数据(kN)	680.26	895.25	1151.66
现场实测结果(kN)	699.37	856.6	1041.70
误差率	2.71%	4.32%	9.55%

根据钢轨结构的特点,轨道服役状态监测系统设计了轨底应变检测装置,该传感装置包括传感部件、固定部件和保护部件三部分,如图 3-14 所示。其中传感部件是一块固化有光纤光栅传感器的钢板,置于钢轨底部以感知钢轨受到车轮载荷作用时的弯曲变形;固定部件将传感部件固定在钢轨上,结构组成包括 4 个夹块和 2 组螺栓:4 个夹块将传感部件夹住,并利用螺栓的预紧力将传感部件固定牢靠,这样传感部件就能很好感知钢轨应变变化;保护部件保护传感部件以及传输光纤,主要包括罩在光纤光栅传感元件上的金属罩、焊接在钢板上的金属导管以及保护光纤的钢丝管,可保证光纤光栅传感装置经受住监测现场恶劣环境的考验。

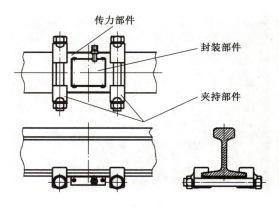 

图 3-14　光纤光栅轨底应变检测装置

实际工程应用中,可以利用列车通过时实测轨道结构应变曲线实现车轮识别、称重、测速、车轮踏面损伤探测等功能。京广高速铁路上"和谐号"动车组通过轨底应变监测点的实测曲线如图 3-15 所示,图中轮轨产生的应变曲线非常明显。

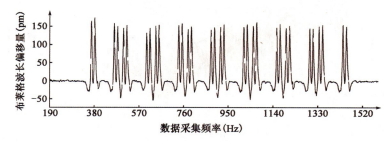

图 3-15　武昌—长沙"和谐号"动车组通过检测点的实测曲线(32 轴速度 165km/h)

②温度传感器工艺和方法

轨温监测采用粘贴式安装工艺,如图 3-16 所示,该安装方法与轨腰应变监测的方法类似。

图 3-16　轨温监测安装工艺现场图

针对轨道板的温度监测,采取打孔施工的安装方法,如图 3-17 所示,在轨道板上打孔并将光纤光栅温度传感器插入其中即可。

图 3-17　轨道板温度监测安装方法

③位移传感器安装方法

如图 3-18 所示,钢轨相对道床结构位移监测传感器的安装方法为:将光纤光栅位移传感器底座用地脚螺栓固定在道床表面,位移传感器的拉杆与固定在钢轨上的夹持块相连。当钢轨与道床结构之间发生位移时,位移传感器的拉杆将发生移动,通过监测光纤光栅位移传感器中光纤光栅波长的变化,即可得到钢轨和道床结构间的位移量。

图 3-19 为监测道床相对桥梁表面位移监测的位移传感器,其安装方法与钢轨相对道床结构位移监测传感器安装方法类似,仅需把拉杆连接并固定在道床侧面的支座上。

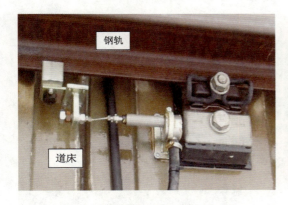
图 3-18　钢轨相对道床位移监测传感器

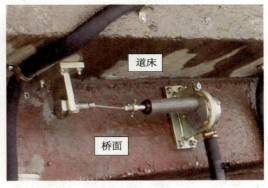
图 3-19　道床相对桥梁表面位移监测传感器

(3) 防护结构设计

高速铁路轨道结构安全监测光纤光栅传感器的安装设计,不仅需要满足监测功能的设计需求,同时也要确保其使用或失效时不影响高速铁路的运营安全。

①防护装置

由于轨道结构监测环境恶劣,传感器不管采用何种安装结构和工艺,都不排除有失效的可能性。如果传感器安装结构失效,导致传感器松动脱落,会直接威胁到列车的运营安全,因此需对传感器设计失效防护装置。

钢轨应变和轨温传感器可将其相邻监测点利用同一个保护装置覆盖 2 个传感器,同时进行失效防护,如图 3-20 所示。结构间相对位移监测传感器防护装置如图 3-21 所示。

图 3-20　钢轨应变和温度传感器防护结构

图 3-21　位移传感器的防护装置

两轨间保护罩高度差不应超高 8cm,表面应进行开孔,以减少列车风对保护罩的吸附力。保护罩本身同样不允许与钢轨部件接触,如图 3-22 所示。

a) 传感器表面开孔　　　　　　　　　　b) 保护罩不与钢轨部件接触

图 3-22　保护罩安装标准

传感器安装结构大多都是由金属加工制作,由于其具有金属光泽,如果表面未经处理,当夜间列车车灯照射到结构表面时,会产生强烈反射光线,容易导致列车乘务人员误判,影响列车正常运营。在传感器安装完毕后,应用喷漆涂黑,以防事故发生,如图3-23所示。

图3-23 安装结构表面喷漆涂黑处理现场效果图

②绝缘处理

钢轨作为牵引回路的组成部分,在传感器与钢轨连接时,为保护传感装置,需要进行绝缘处理。图3-24为钢轨与轨道板间位移监测传感器的绝缘处理方法,该位移传感器金属拉杆内衬及拉杆尾端连接头采用塑料材质,以防止牵引电流进入传感器内部,击穿烧毁传感装置。

图3-24 钢轨与轨道板连接的绝缘处理

传感器安装位置应符合设计要求,固定可靠,且不得侵入限界。钢轨—轨道板相对位移传感器安装在线路外侧,安装时需保证传感器与钢轨和无砟道床结构接触部位绝缘,如图3-25所示。禁止将钢轨与无砟道床结构通过传感器连通,以免形成红光带。

三、视觉测量基本理论

根据摄像机获得的视觉信息对目标位置和姿态进行的测量称为视觉测量。本书中轨道结构变形的视觉测量主要是平面内坐标的二维测量。

图 3-25 传感器绝缘测试

1. 平面坐标的视觉测量原理

要想准确获得待测对象的平面坐标,首先需要对安装在现场的摄像机进行参数标定。摄像机的参数标定是根据给定的摄像机模型求取摄像机的内部参数、外部参数。

(1)摄像机模型

①小孔模型

所有景物通过摄像机光轴中心点投射到成像平面上的摄像机模型,称为小孔模型。摄像机光轴中心点,是指摄像机镜头的光心。如图 3-26 所示,O_c 为摄像机的光轴中心点,Π_2' 为摄像机的成像平面。成像平面上分布着感光器件,将照射到该平面的光信号转变为电信号,经过放大处理得到数字图像。由小孔成像的原理可知,物体在成像平面 Π_2' 上的像是倒实像。物体的像与原物体相比较,比例缩小,上下和左右方向相反。在将摄像机成像平面上的倒实像转换成数字图像时,将图像进行了放大,将图像的方向进行了转换,使其与原物体的上下和左右方向相反。可以认为,成像平面 Π_2' 等效成像平面 Π_2',成像平面 Π_2' 的正像到数字图像的转换等效成放大环节。

在摄像机的光轴中心建立坐标系,Z 轴方向平行于摄像机光轴,并以从摄像机到景物的方向为正方向,X 轴方向取坐标沿水平增加的方向。在摄像机的笛卡尔空间,设景物点 P_1 的坐标为 (x_1,y_1,z_1),P_1 在成像平面 Π_2' 的成像点 P_2 的坐标为 (x_2,y_2,z_2),则:

$$\begin{cases} \dfrac{x_1}{z_1} = \dfrac{x_2}{z_2} = \dfrac{x_2}{f} \\ \dfrac{y_1}{z_1} = \dfrac{y_2}{z_2} = \dfrac{y_2}{f} \end{cases} \tag{3-6}$$

式中:f——摄像机的焦距,$f = z_2$。

②摄像机内参数模型

式(3-6)反映了笛卡尔空间的景物点与成像点之间的关系,摄像机的内参数模型描述的是景物点与图像点之间的关系。成像平面上的像经过放大处理到数字图像,成像平面上的成像点(x_2, y_2)转换为图像点(u, v)。将光轴中心线在成像平面的交点的图像坐标记为(u_0, v_0),则:

$$\begin{cases} u - u_0 = a_x x_2 \\ v - v_0 = a_y y_2 \end{cases} \tag{3-7}$$

式中:a_x、a_y——分别为成像平面到图像平面在 X 轴和 Y 轴方向的放大系数。

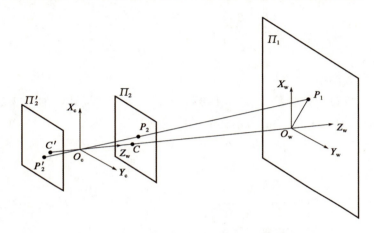

图 3-26 小孔成像原理

将式(3-6)代入式(3-7),得:

$$\begin{cases} u - u_0 = a_x f \dfrac{x_1}{z_1} \\ v - v_0 = a_y f \dfrac{y_1}{z_1} \end{cases} \tag{3-8}$$

将式(3-8)改写成矩阵形式,则有:

$$\begin{bmatrix} u \\ v \\ 1 \end{bmatrix} = \begin{bmatrix} k_x & 0 & u_0 \\ 0 & k_y & v_0 \\ 0 & 0 & 1 \end{bmatrix} \begin{bmatrix} x_1/z_1 \\ y_1/z_1 \\ 1 \end{bmatrix} = M_{\text{in}} \begin{bmatrix} x_1/z_1 \\ y_1/z_1 \\ 1 \end{bmatrix} \tag{3-9}$$

式中: k_x——X 轴方向的放大系数,$k_x = a_x f$;

k_y——Y 轴方向的放大系数,$k_y = a_y f$;

M_{in}——内参数矩阵;

(x_1, y_1, z_1)——景物点在摄像机坐标系的坐标。

在式(3-9)中,内参数矩阵 M_{in} 含有 4 个参数。因此,式(3-9)被称为摄像机的四参数模型。一般地,景物点在摄像机坐标系的坐标用(x_c, y_c, z_c)表示,式(3-9)可改写为:

$$\begin{bmatrix} u \\ v \\ 1 \end{bmatrix} = \begin{bmatrix} k_x & 0 & u_0 \\ 0 & k_y & v_0 \\ 0 & 0 & 1 \end{bmatrix} \begin{bmatrix} x_c/z_c \\ y_c/z_c \\ 1 \end{bmatrix} \tag{3-10}$$

如果不考虑放大系数 k_x 和 k_y 的差异，构成的摄像机内参数模型只有 3 个参数，称为摄像机的三参数模型：

$$\begin{bmatrix} u \\ v \\ 1 \end{bmatrix} = \begin{bmatrix} k & 0 & u_0 \\ 0 & k & v_0 \\ 0 & 0 & 1 \end{bmatrix} \begin{bmatrix} x_c/z_c \\ y_c/z_c \\ 1 \end{bmatrix} \tag{3-11}$$

式中：k——放大系数。

③摄像机外参数模型

摄像机的外参数模型是景物坐标系在摄像机坐标系中的描述。如图 3-28 所示，坐标系 $O_w X_w Y_w Z_w$ 在坐标系 $O_c X_c Y_c Z_c$ 中的表示构成摄像机的外参数矩阵：

$$\begin{bmatrix} x_c \\ y_c \\ z_c \\ 1 \end{bmatrix} = \begin{bmatrix} n_x & o_x & a_x & p_x \\ n_y & o_y & a_y & p_y \\ n_z & o_z & a_z & p_z \\ 0 & 0 & 0 & 1 \end{bmatrix} \begin{bmatrix} x_w \\ y_w \\ z_w \\ 1 \end{bmatrix} = M_w \begin{bmatrix} x_w \\ y_w \\ z_w \\ 1 \end{bmatrix} \tag{3-12}$$

式中：(x_c, y_c, z_c)——景物点在摄像机坐标系 $O_c X_c Y_c Z_c$ 中的坐标；

(x_w, y_w, z_w)——景物点在坐标系 $O_w X_w Y_w Z_w$ 中的坐标；

M_w——外参数矩阵；

$\vec{n} = [n_x, n_y, n_z]^T$——$X_w$ 轴在摄像机坐标系 $O_c X_c Y_c Z_c$ 中的方向向量；

$\vec{o} = [o_x, o_y, o_z]^T$——$Y_w$ 轴在摄像机坐标系 $O_c X_c Y_c Z_c$ 中的方向向量；

$\vec{a} = [a_x, a_y, a_z]^T$——$Z_w$ 轴在摄像机坐标系 $O_c X_c Y_c Z_c$ 中的方向向量；

$\vec{p} = [p_x, p_y, p_z]^T$——$O_w X_w Y_w Z_w$ 的坐标原点在摄像机坐标系 $O_c X_c Y_c Z_c$ 中的位置。

(2) 单目二维视觉测量的摄像机标定

对于单目二维视觉测量，其摄像机垂直于工作平面安装，摄像机的位置和内外参数固定。如图 3-27 所示，在摄像机的光轴中心建立坐标系，Z_c 轴方向平行于摄像机光轴，并以从摄像机到景物的方向为正方向，X_c 轴的方向取图像坐标沿水平增加的方向。景物坐标系原点 O_w 可选择光轴中心线与景物平面的交点，Z_w 轴方向与 Z_c 轴方向相同，X_w 轴方向与 X_c 轴方向相同。d 是光轴中心点 O_c 到景物平面的距离。在工作平面上，景物坐标可以表示为 $(x_w, y_w, 0)$。由式(3-13)可以获得景物点在摄像机坐标系下的坐标为：

$$\begin{bmatrix} x_c \\ y_c \\ z_c \\ 1 \end{bmatrix} = \begin{bmatrix} 1 & 0 & 0 & 0 \\ 0 & 1 & 0 & 0 \\ 0 & 0 & 1 & d \\ 0 & 0 & 0 & 1 \end{bmatrix} \begin{bmatrix} x_w \\ y_w \\ 0 \\ 1 \end{bmatrix} = \begin{bmatrix} x_w \\ y_w \\ d \\ 1 \end{bmatrix} \tag{3-13}$$

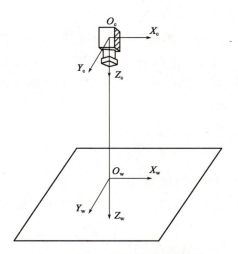

图 3-27 单目二维视觉测量的坐标系

若摄像机的畸变可以忽略不计,内参数采用四参数摄像机模型,对于工作平面上的两点 $P_1 = (x_{w1}, y_{w1}, 0)$ 和 $P_2 = (x_{w2}, y_{w2}, 0)$,将式(3-13)代入式(3-10)并整理得:

$$\begin{cases} u_2 - u_1 = \dfrac{k_x}{d}(x_{w2} - x_{w1}) \\ v_2 - v_1 = \dfrac{k_y}{d}(y_{w2} - y_{w1}) \end{cases} \quad (3\text{-}14)$$

$$\begin{cases} k_{xd} = \dfrac{u_2 - u_1}{x_{w2} - x_{w1}} \\ k_{yd} = \dfrac{v_2 - v_1}{y_{w2} - y_{w1}} \end{cases} \quad (3\text{-}15)$$

式中:(u_1, v_1)——点 P_1 的图像坐标;

(u_2, v_2)——点 P_2 的图像坐标;

k_{xd}、k_{yd}——标定出的摄像机参数,$k_{xd} = k_x/d$,$k_{yd} = k_y/d$。

由此可见,对于单目二维视觉,在不考虑畸变的情况下,其摄像机参数可以利用平面上两个坐标已知的点实现标定。

进行视觉测量时,可以选择任意一个平面坐标和图像坐标已知的点作为参考点,利用任意点的图像坐标可以计算出该点相对于参考点的位置。例如,选择 P_1 点作为参考点,对于任意点 P_i,其位置可由下式获得:

$$\begin{cases} x_{wi} = x_{w1} + \dfrac{u_i - u_1}{k_{xd}} \\ y_{wi} = y_{w1} + \dfrac{v_i - v_1}{k_{yd}} \end{cases} \quad (3\text{-}16)$$

式中:(u_i, v_i)——点 P_i 的图像坐标。

基于上述分析结果,我们在进行现场轨道结构变形识别时,首先利用外形参数已知的标识牌,对现场安装的摄像机参数进行标定;参数标定完成后,利用标识牌上某一已知的点作为参考点,可以分别计算出待测物体上的点(如钢轨伸缩调节器基本轨上的点和尖轨上的点)相对于这一参考点的位置,进而通过位置的坐标差值换算得到待测点间的距离,最后通过对比不同时刻的距离差值得到相对位移量。

2. 基于视觉测量技术的识别算法

(1)软件识别程序

视觉测量软件的自动化识别过程如下:

①判断当前时间是否为用户设置的开始识别时刻,如是,则开始识别图片。

②对二维码进行识别。

③图像分割:将图像分割为二值黑白图像。

④疑似光点提取(含质心计算):将疑似特征点从周围环境中自适应识别出来。

⑤特征点匹配:根据几何关系,设定一定的约束条件,剔除伪点,识别特征点。

⑥识别不成功时,进行二次光点提取和匹配。

⑦距离计算:根据标示牌自身已知的几何参数,计算两点间距离,并采用已知值进行算法精度评估。

⑧二维码再次识别:如第二步中二维码没有识别成功,则根据光点识别结果对图像进行处理后再次识别标识牌信息。

⑨将识别结果导入指定数据库。

(2)二维码识别

二维码识别算法技术较为成熟,先通过全图识别二维码,识别后,缩小识别区域范围,这有利于后续标志点的准确识别。

铁四院研究采用的 QR(Quick Response)二维码是二维码的一种,如图 3-28 所示。QR 二维码比普通条码能够储存更多资料,又因其数据冗余量较大,识别时不需要像普通条码严格对准扫描器,容忍度较高。QR 码呈正方形,仅识别黑白两色(识别前需先进行自适应阈值分割)。在 QR 码 4 个角的其中 3 个角上有"回"字的正方图案,其主要目的是更好地帮助解码定位。

图 3-28 典型的 QR 二维码

(3)图像分割

图像分割主要有阈值分割法和梯度分割法。

①阈值分割法

阈值分割法是一种传统的常用图像分割方法,其实现简单、计算量小、性能较稳定,特别适用于目标和背景灰度值范围区别较大的图像。图像阈值化的基本原理为:通过设定不同的特征阈值,把图像素点分为若干类。阈值分割的优点是计算简单、运算效率较高、速度快,故在重视运算效率的应用场合得到了广泛应用。目前,图像的阈值分割技术已被应用于很多的领域:

红外无损检测中红外热图像的分割、合成孔径雷达图像中目标的分割、水果品质无损检测过程中水果图像与背景的分割等。但是，根据分析和实际试验，由于轨道监测中光点照度工况较多，且很多情况下光点周围易出现灰度值和光点接近的像素，很难设置很合适的阈值将特征点分割出来。

②梯度分割法

不同物体成像一般会有明显的边界灰度跳跃，利用此特征可以分割图像。在实际的图像分割中，一般用一阶和二阶导数表达灰度突变的类型。在有些情况下，如灰度变化均匀的图像，只利用一阶导数可能找不到边界，此时二阶导数就能提供很有用的信息，各种边缘算子的存在就是对这种导数分割原理进行的实例化计算，常见的算子有 Sobel 算子、Roberts 算子、Prewitt 算子、Laplacian 算子、Canny 算子等。Canny 算子功能相比其他几种优越，但实现起来相对难度高。

Canny 算子是一个具有滤波、增强、检测的多阶段优化算子，在进行处理前，Canny 算子先利用高斯平滑滤波器来平滑图像以除去噪声。Canny 分割算法采用一阶偏导有限差分来计算梯度幅值和方向，在处理过程中，Canny 算子将经过一个非极大值抑制的过程，最后采用两个阈值来连接边缘。Canny 边缘检测算法检测步骤如下：

a. 用高斯滤波器平滑图像。

b. 用一阶偏导的有限差分来计算梯度的幅值和方向。

c. 对梯度幅值进行非极大值抑制。

d. 用双阈值算法检测和连接边缘：图像分割中特征光点与背板间的灰度梯度跳跃较明显，因此采用 Canny 算子求解原始图像的边缘轮廓。

e. 疑似标示点提取。

图像分割的主要作用是将疑似特征点从周围环境中自适应识别出来，并进行质心计算。该模块包括三个子模块：根据自适应梯度算法计算原 JPEG 图像对应的边界图、对边界图进行滤波、自动光点搜索。

3. 基于视觉测量技术的轨道变形监测方法

(1) 钢轨伸缩调节器钢轨位移监测

钢轨伸缩调节器钢轨位移的监测内容包括尖轨尖端伸缩位移、基本轨跟端伸缩位移、伸缩调节器区及两端一定范围内钢轨与轨枕的相对位移等。下面以尖轨尖端伸缩位移监测为例说明钢轨位移的监测原理。

在尖轨尖端和对应的基本轨轨腰处设置标识点，如图 3-29 所示。通过识别位于尖轨尖端的标识点 1 和位于基本轨上的标识点 2 之间的距离来测量两者之间的相对位移，标识点 2 和 3 之间为标准距离，在视频图像中获取 1 和 2 之间的长度可通过参照 2 和 3 之间的长度来换算。

图 3-30 为现场用于识别尖轨伸缩位移的效果图，图中点 B 和点 C 圆心间的距离是固定值，为 10cm；点 A 和点 B 间的水平距离为需要通过软件获取的值。

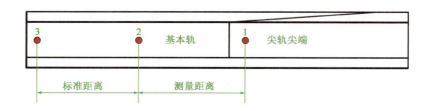

图 3-29　尖轨伸缩位移识别方法

图 3-30　尖轨尖端伸缩位移图片

图 3-31 为现场用于识别基本轨跟端伸缩位移的效果图,图中点 B 和点 C 圆心间的距离是固定值,为 10cm;点 A 和点 B 间的水平距离为需要通过软件获取的值。

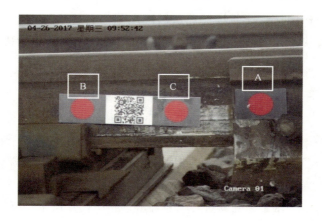

图 3-31　基本轨跟端伸缩位移图片

图 3-32 为现场用于识别钢轨—轨枕相对位移的效果图,图中点 B 和点 C 圆心间的距离是固定值,为 16cm;点 A 和点 B 间的水平距离为需要通过软件获取的值。

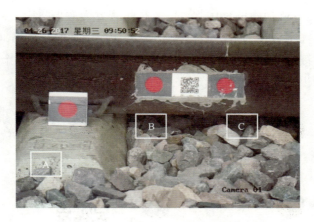

图 3-32 钢轨—轨枕相对位移图片

(2) 轨枕位移及歪斜监测

在钢枕和混凝土枕上布置标识点，如图 3-33 所示。通过拍摄视频图片获取标识点的圆心位置；通过测量圆心间的距离即可获得轨枕的间距；通过圆心连线即可定量判断出轨枕的歪斜程度；通过加密标识点，可以提高视频识别精度。图 3-34 为轨枕位移标识牌现场效果图。

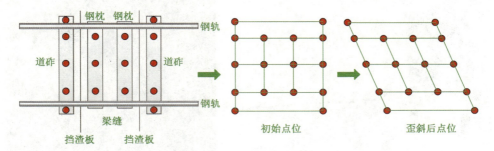

图 3-33 轨枕位移及歪斜监测方法

图 3-34 轨枕间距图片

(3) 轨道板—底座板垂向相对位移

为了从视频截图中精确识别轨道结构之间的相对错动位移或离缝大小，在目标结构上粘贴固定如图 3-35 和图 3-36 所示的标示牌。一套标示牌分为大小两块,其中大块标示牌上有 4 个反色标示点和两个固定钉孔,并且刻有测点编号和相应信息的二维码,可为后续视频截图信息的提取和识别提供极大便利。小块标示牌上有 2 个反色标示点和 1 个固定钉孔,并且可以根据需要刻录相关标识。

图 3-35　轨道离缝测点标示牌

图 3-36　轨道离缝标示牌现场安装

对两块标示牌上的标示点进行编号,其中 1、2、3、4 号标示点的圆心连线确定一个已知边长的标准矩形,根据矩形的形状和边长变化来判断标示牌偏转的角度和缩放的倍数,进行摄像机机位校核。轨道离缝识别方法如图 3-37 所示。

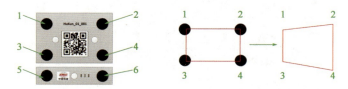

图 3-37　轨道离缝识别方法

编号为 1 和 5 的标示点圆心距离可以用来计算结构之间的相对位移变化,编号为 2 和 6 的标示点圆心距离可以用来校核相对位移计算是否正确,同时增加测量数据可提高识别精度。目前采用 300W 像素的红外摄像头,识别精度可达 0.02mm。

4. 视觉测量轨道监测传感器现场安装标准

目前视觉测量监测技术已在铁四院承担监测任务的多个钢轨伸缩调节器监测工点中应用,根据现场经验,铁四院提出了针对现场传感器、采集机柜和信号线缆的硬件及安装要求,形成了一套钢轨伸缩调节器监测系统现场安装标准。

(1) 视频摄像头

①视频摄像头立杆的高度不得超过其与线路外轨间的最短距离,同时立杆顶端与接触网的距离应大于3m。

②固定立杆底座的膨胀螺栓其抗拔力应达到设计要求,现场宜进行抗拔力测试。

③在混凝土桥上立杆应浇筑混凝土底座板,底座板的厚度不应小于10cm。混凝土底座板应在立杆固定当天进行浇筑。

④建议立杆增加斜拉索锚固,斜拉索背离线路方向。

(2) 仪器机柜

①机柜应采用具备散热、防风、防雨和防雷功能的室外专用机柜。

②机柜表面应进行防锈处理,喷涂监测系统管理单位名称和联系方式。若机柜数量较多,为方便后期管理,还应进行编号。

③机柜不得侵入限界。安装于桥梁梁面上时,机柜应布置在桥梁防撞墙外侧的走行道上,避开桥梁伸缩梁缝,机柜宽度不应大于走行道宽度,高度不宜大于800mm,并预留走行位置,不妨碍作业人员通过。安装于路基上时,机柜应固定在路肩防水封闭层区域。安装于岔区时,机柜不应遮挡行车标志。

④机柜应安装牢固,所有紧固件应拧紧且采取防松措施。

⑤机柜的开门方向应与列车运行方向相反,防止列车风吹开机柜门。

⑥机柜内应设置防雷器和空气开关。

(3) 信号传输线缆

①线缆无压扁、护套损伤、表面严重划伤等缺陷。

②线缆表面宜打上"××监测专用"等字样,方便与线缆槽内其他线缆进行区分。

③敷设于线路表面的线缆必须牢固固定,并采取防松措施。若线缆存在过轨的情况,应用聚氯乙烯管(PVC管)或橡胶管做绝缘处理,两轨间的不锈钢卡扣个数不应少于5个。

④用于数据传输的线缆应放置在桥上的弱电电缆槽里。

⑤线缆外护层(套)不得有破损,接头处应密封良好。

⑥线缆应加套管保护,无套管保护的部分宜用扎带绑扎且不宜过紧。

⑦线缆弯曲半径应符合下列要求:光缆的弯曲半径不小于光缆外径的15倍;铝护套电缆不小于电缆外径的15倍;铅护套电缆不小于电缆外径的7.5倍。

⑧光缆接续应符合下列要求:光纤收容时的弯曲半径不小于40mm;光缆接头处的弯曲半径不应小于护套外径的20倍;光缆接续后应预留2~3m。

第二节　基于多维数据仓库的存储理论

一、数据存储与管理

(一)轨道监测数据特征

在高速铁路轨道监测中,通常依据监测工点的轨道结构特性和力学性能分析,兼顾考虑轨道日常运营环境,形成定制化测点布置方案和技术指标,采用光纤光栅、视觉测量等监测手段,构成高速铁路轨道监测智能感知终端系统。监测现场安装的成套传感设备和视频监测设备,如温度传感器、位移传感器、数据采集仪以及高清摄像球机等,监测设备类型众多,监测指标多样,数据呈现海量性、多样性、时空性的特点。

(1)海量性

在数据采集过程中,监测设备采集频率设定是数据采集系统的关键问题之一,采样时间间隔过短,将造成大量的冗余数据堆积,若时间间隔过长,采集的数据则不能准确反映轨道结构的日常服役状态。采样频率具体设定根据监测需求和功能定位而定,一般情况下,对于温度、应变等时间强相关的参数,采样时间间隔为5min,针对变形、位移等徐变参数,采样时间间隔为30min,按此频率,平均每天每个监测工点产生的数据量达数万条。

(2)多样性

在监测设备方面,监测设备由多个厂商生产,数据格式、接口不一;在监测参数方面,监测参数涵盖了各种轨道结构形式以及大跨度桥梁、高架站、小半径曲线等敏感区域和安全指标监测;从数据类型方面,源数据包含了.txt、.csv、视频、图片等多种类型。

(3)时空性

监测数据在时间维度和空间维度上各有特点:在时间维度上,数据往往具有季节性、周期性、趋势性等特点;在空间维度上,从我国最严寒地区到亚热带地区,从轨道结构整体断面到细化分层,具有气候、地理、测点定位等空间属性。

(二)数据存储与管理系统

1. 数据结构

根据监测数据类型,数据结构划分为不同的类型,不同的数据结构类型采用不同的方式进行监测。数据结构主要分为结构化数据、半结构化数据、非结构化数据。

(1)结构化数据

结构化数据能够用数据或统一的结构加以表示,数据存储和排列具有规律性,一般采用关系型数据库存储,数据以行为单位,一行数据表示一个实体的信息,每一行数据的属性相同。监测数据中.txt、.csv等源文件数据可通过MySQL、Oracle、SQL Server等关系型数据库进行存储和管理。

(2) 半结构化数据

半结构化数据是结构化数据的一种形式,但并不符合关系型数据库或其他数据表的模型结构;其中包含相关标记,用来分隔语义元素以及对记录和字段进行分层,主要为 JSON、XML、HTML 等计算机交互格式,监测系统中的网络(Web)服务器响应数据,则为 JSON 数据格式。

(3) 非结构化数据

即没有固定结构的数据,监测文档、图片、视频等属于非结构化数据,通过转换为二进制的数据流进行存储。

2. 数据存储与管理

(1) 数据库与数据仓库

数据库是一个长期存储在计算机内、有组织、可共享、统一管理的大量数据的集合,主要用于新增、查询、更新、删除等事务操作;数据仓库是一个面向主题、集成、相对稳定、反映历史变化的数据集合,主要用于支持管理决策。数据仓库是数据库概念的升级,数据仓库并不能取代数据库,二者相辅相成,构成了轨道监测数据存储的重要组成部分。

(2) OLTP 与 OLAP

根据数据处理方式,主要分为两大基本类型:联机事务处理系统(Online Transaction Processing,OLTP)和联机分析处理系统(Online Analytical Processing,OLAP)。

①OLTP 主要用于事务处理,根据不同监测工点,建立并维护若干个数据库,保存日常操作数据,如监测数据录入、温度数据查询和预警值设置更新等。OLTP 是关系型数据库的主要应用,在数据库逻辑设计上一般采用规范化设计方法,满足第三范式,最大限度地降低数据冗余,并提供更高效的方式执行数据库操作。

②OLAP 主要用于数据分析,以支持决策管理为主要目的,通过多维的方式来对数据进行分析、查询和生成报表。所涉及的数据操作主要是数据查询,如统计某监测工点 2015 年至今的钢轨温度最值报表。OLAP 是数据仓库系统的主要应用,支持复杂的分析操作,侧重决策支持,并且提供直观易懂的查询结果。

本项目结合现场采集数据特点,针对数据的海量性,建立以关系型数据库为基础的数据库,作为系统数据中心;针对数据的多样性,通过数据标准化处理和异常识别、处理进行数据预处理;针对数据的时空性,通过关系型数据库抽取、转换、清洗,形成多维数据仓库,进行 OLAP 分析处理,为养护维修提供决策支持,总体框架如图 3-38 所示。

二、轨道监测数据模型设计

(一) 关系型数据库设计

数据库设计主要分为需求分析、概念设计、逻辑设计和物理设计四个阶段,设计原则如下:

（1）数据库范式标准：设计关系数据库时，应遵从不同的规范要求，设计合理的关系型数据库，这些不同的规范要求被称为不同的范式，各种范式呈递次规范，越高的范式数据库冗余越小。

（2）一定程度上增加冗余字段：考虑到系统需要进行较多的多表查询，如果完全严格地遵守数据库三范式，会给系统的开发带来比较大的难度以及不必要的工作量，因此需要适当地给数据库的某些表增加冗余字段。

（3）增加外键约束：数据库中所有表的关系都尽可能地添加外键约束，由数据库来完成数据完整性检查。

根据以上设计原则，针对监测工点的测点、传感器位置、传感器类型和温度、位移、应力等监测数据，以及用户管理信息等进行关系型数据结构存储，系统数据库中数据表主要分为三部分：

①轨道结构监测数据存储（大跨度桥梁数据表、简支梁数据表、路桥过渡段数据表、路隧过渡段和路基数据表）；

②监测设备台账（传感器测点布置表、采集仪通道字典表）；

③多级用户权限存储（工点信息表、组织结构表、权限树字典表）。

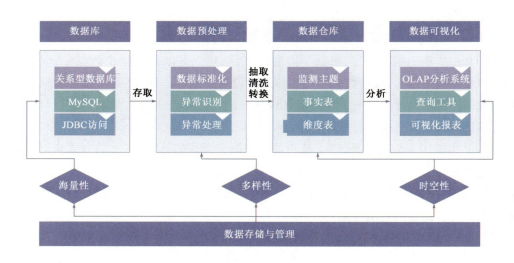

图 3-38　轨道监测数据存储与管理框架图

以轨道结构监测数据存储为例，数据表的数据结构见表 3-3。

考虑系统需要处理大量监测数据，相比于同类型数据库软件 Oracle、SQL Server，MySQL 具有开源性、高性能和高可靠性，因此系统采用 MySQL 作为数据库管理软件。数据库采用 MySQL 5.7 Community Edition，数据库管理工具采用 Navicat for MySQL，通过 JDBC 访问数据库应用程序接口。

监测数据表结构设计　　　　　　　表 3-3

字　段　名	字段类型	字段说明	备　　注
c_id	varchar(40)	记录 ID	主键,唯一确定监测数据记录
c_mpoints	varchar(40)	监测点编号	如上行 1 号,下行 2 号
c_mtype	tinyint	监测类型	(1)0 表示大气温度; (2)1 表示轨道板—底座板纵向位移; (3)2 表示植筋应力; (4)3 表示轨道板—底座板垂向位移; (5)4 表示轨道板温度; (6)5 表示接缝宽度; (7)6 表示底座板—桥梁纵向位移
c_time	datetime	监测时间	格式为 2017-01-15 14:59:00
c_value	varchar(80)	监测数值	保留小数点后 1 位
c_unit	varchar(40)	单位	监测值的单位

(二) 多维数据仓库设计

数据库主要以生产数据(即现场采集数据)为核心,用于增删改查等业务处理,通过数据规则、范式约束等,使数据在完整性等方面得到有效的保证。而数据仓库主要以"事实表""维度表"为核心,通过对生产数据进行抽取、清洗、转换,形成稳定的庞大的数据集合。"维"是观察数据的特定角度,如描述时间维时,可以按"日期""月份""季度""年"等不同规则来描述,则"日期""月份""季度""年"等就是时间维的层次。同样轨道结构监测的高速铁路线路、测点、截面、部位等构成了一个地理维的多个层次。数据的多维视图使用户能从多个角度、多层次地考察数据库中的数据,从而能更深入、全面、科学地掌握轨道结构演变规律。

虽然高速铁路轨道监测中的数据量庞大,但是其数据结构较为简单,故数据仓库模型利用 ROLAP 方式建立,以测点监测情况这一主题为例,选定与之相关的时间维、地理维、类型维、设备维,其星形模型如图 3-39 所示。

在图 3-39 中,中间事实表为监测情况,周围分别表示阈值相关的信息(时间、测点位置、类型、设备)。每个维度表有各自的属性,通过关键字,将事实表和维度表进行连接,得到"星形结构"的数据仓库模型。在星形结构中,各个维度表描述同一主题相关的各个因素,而事实表是星形结构的核心,反映了这些因素限定下对主题观测的结果。

对于同一主题的数据查询,数据库需要利用多表之间的关联才能找到所有需要的数据,在效率上会相对低下。相比之下数据仓库通过事实表、维度表把这些关联关系转化成重复数据,记录到同一张数据表上,查询效率相对较高,并且星型模型方便设计者根据需要组合处理各种查询,进而形成各种因素的管理分析,为轨道结构的科学养护提供决策支持。

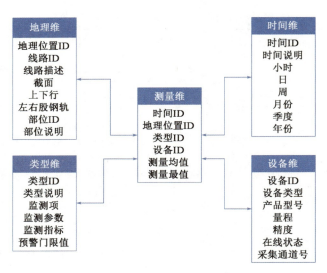

图 3-39　基于事实表和维度表的星形模型

三、多维数据处理与分析

(一) 数据预处理

1. 个别异常数据处理

目前,已有多种基于统计学的方法应用于安全监测数据异常值判别中,异常值剔除方法的基本思想为:通过规定一个判别异常值的标准,确立一个置信区间,凡是超过该区间限度的值,就认为是异常值,进行剔除。常用的异常值检测方法主要有莱因达准则、格拉布斯准则、肖维纳准则等。其中莱因达准则适用于测量次数 $n>10$ 的大样本数据情况;格拉布斯准则适用于测量次数较少的情况($n<100$),肖维纳准则是建立在频率 $p=m/n$ 趋近于概率 $P\{|X_i-X|>W_n\sigma\}$ 的前提下(其中 m 为测量结果的误差可能发生的次数;W_n 为肖维纳系数,由序列的样本量确定;σ 为样本标准差)。结合监测数据采集频率和样本量级,采用莱因达准则进行异常数据判别。

(1) 莱因达准则

对于一个等精度独立测量数据系列(监测中为同一测点的数据)$X_i(i=1,2,3\cdots,n,n>10)$,首先计算其平均值:

$$\overline{X}=\frac{\sum_{i=1}^{n}X_i}{n} \tag{3-17}$$

然后用贝塞尔公式计算其标准差:

$$\sigma=\sqrt{\frac{1}{n-1}\sum_{i=1}^{n}(X_i-\overline{X})^2} \tag{3-18}$$

最后分别计算残余误差系列:

$$R_i=X_i-\overline{X} \quad (i=1,2\cdots,n) \tag{3-19}$$

判断$|R_i|>3\sigma$是否成立,若成立,则数据X_i即为异常值。在正态分布的假设下,距离平均值3σ之外的值出现的概率$P\leqslant0.003$。

(2)基于残差高斯拟合的莱因达准则优化

在具体的监测工作中,结构温度虽与气温变化密切相关,但也存在一定的滞后性;变形监测和应力、应变监测均存在随着时间的推移趋于稳定、处于临界状态或变化加速过程。监测成果并非总是围绕平均值上下波动,故用莱茵达准则进行异常值判别时,偏离较大的正常数据易被判别为异常值,同时偏离较小的异常值反而易被判别为正常值。

为了进一步减少数据误判的发生,在实际应用过程中对该方法进行优化:基于残差高斯拟合和莱茵达准则的异常值处理方法。

第一步:对同一测点按采集时间顺序排列成时间序列$T_i(i=1,2\cdots,n)$及监测数据序列$X_i(i=1,2\cdots,n)$,计算得到监测时长序列$t_i=T_i-T_1(i=1,2\cdots,n)$。

第二步:对t_i、X_i进行回归拟合,设置拟合公式为$f(t_i)=at_i^2+bt_i+c$,得出a、b、c值。

第三步:求监测序列残差$R_i=X_i-f(t_i)$,对残差序列进行高斯拟合,求出σ值。

第四步:求出残差序列的平均值$\overline{R_i}$,对残差序列进行莱茵达准则判别,如果$|R_i-\overline{R_i}|>3\sigma$,则原监测序列$X_i$为异常值,进行剔除。

由于莱茵达准则假设数据残差服从正态分布,所以在异常值判定中,并不是采用直接残差标准差进行判定,而是首先通过高斯拟合来估计服从正态分布的残差标准差σ,再根据莱茵达准则的3σ阈值来确定并移除异常值。

2. 连续异常数据处理

在传感器的采集过程中,由于人为触碰、自身故障等原因,可能导致传感器采集的数据连续为异常值。由于连续异常值其变化率用莱因达准则无法识别出,因此单个数据异常的识别方法对连续异常数据并不完全适用。

(1)数据缺失

如图3-40所示,因设备软件更新调试,采集系统关闭,导致当日上午9时~晚上20时数据缺失,缺失时间段长11h17min,仅就某一项指标而言,连续缺失45个数据。

由于数据丢失过程中其变化率始终为零,因此采用单个异常数据处理的方法很可能会忽视掉这一特殊情况。因此,除了要对变化率突变进行关注外,由于采集频率是固定的,所以还要注意相邻采集数据的时间差大于采集间隔时间的情况。

(2)传感器数据异常

监测数据中,偶然会连续产生异常值,分析大量异常值产生的原因是解决连续异常值的根本。

图3-41为在监测现场房间内安装的温度传感器在2016年10月1日—30日采集到的数据,从图中可以看出,在10月14日前机房的温度在-26℃附近波动。实际情况为由于传感器参数设置错误,导致监测数据异常,10月14日数据的突然增大即为发现异常后对传感器参数的修正。因此,对于10月1日—14日的监测数据,如果只看变化率,则很难发现数据的错误。

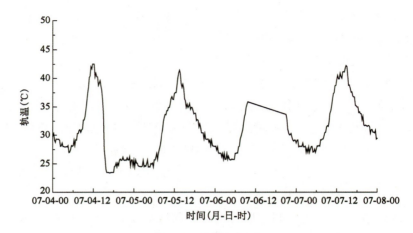

图 3-40 数据缺失曲线

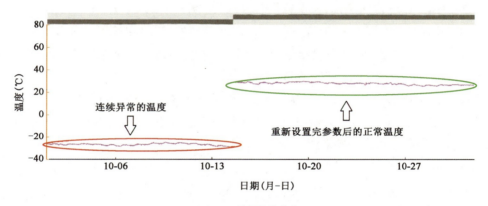

图 3-41 数据异常曲线

由于监测传感器处在同一监测环境中,因此传感器之间存在或强或弱的相关性,比如轨温就与气温密切相关。因此可以比较相关性较强的传感器。当原本相关性很高的传感器突然采集到相关性降低的数据时,监测数据就有可能出现异常。

(3)传感器故障

传感器故障的主要表现形式为传感器松脱、传感器破坏、传感器超出量程等。如图 3-42 所示,数据波幅度突然降低乃至消失,往往意味着传感器故障。

(二)多维数据分析

基本的多维数据分析包括切片、切块、旋转等,数据仓库中的事实表和维度表虽是按照测量分析主题来组织数据的,但仍以二维表的形式存储在传统的关系型数据库中。多维数据模型可以看作维度扩展后的二维表格,也就是数据立方体,图 3-43 即为时间、监测参数、测点位置三维数据立方体。数据分析的角度有很多个,数据分析的对象就是逻辑概念上的数据立方体。多维数据分析主要包括切片、切块、旋转、钻取等操作。

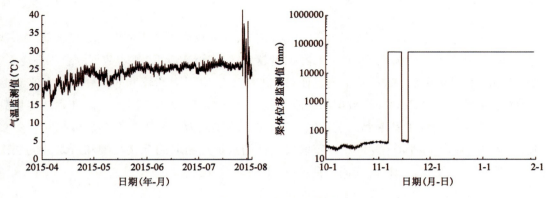

图 3-42　传感器故障表现

1. 数据切片和切块

选定数据立方体多维数组的一个二维子集的操作叫作切片,即选定多维数组(维 1、维 2…维 n 变量)中的两个维,如维 i 和维 j,在这两个维上取某一个区间或任意维成员,而将其余的维都取定一个维成员,则得到的就是多维数组在维 i 和维 j 上的一个二维子集,称这个二维子集为多维数组在维 i 和维 j 上的一个切片,表示为(维 i、维 j、变量)。

切块可以看作是在切片的基础上,进一步确定各个维成员的区间得到的片段体,即是由多个切片叠合起来。对于时间维上的切片(时间取一个确定值),如果将时间维上的取值设定为一个区间(例如,取 2017—2019 年),当包含其他维两个及以上的维成员时,就得到一个数据切块,它可以看成是由 2017—2019 年的多个切片叠合而成。

在多维数据结构中,按二维进行切片或按三维进行切块,即可得到所需的数据;如在"时间、监测参数、测点位置"数据立方体中进行切片和切块,可得到各截面、各监测参数的测量信息,如图 3-44、图 3-45 所示。

图 3-43　三维数据立方体　　图 3-44　在"时间、监测参数"　　图 3-45　在"监测参数、测点位置"
　　　　　　　　　　　　　　　两个维度上的数据切片　　　　　　两个维度上的数据切块

从图 3-44、图 3-45 可以看出,选取不同的维,就可以得到不同的信息,对用户来说,就可以从不同的角度进行分析,全面地了解各种信息。

2. 钻取

维度具有层次性，如时间维可能由年、月、日构成，从而反映了数据的综合程度。维度层次越高，代表数据综合程度越高，细节越少，数据量越少；维度层次越低，代表数据综合程度越低，细节越充分，数据量越大。数据钻取就是使较高的维度层次下降到较低的维度层次上来观察多维数据。钻取是用户获得详细数据的手段，一层一层的钻取使用户能快速而准确地定位到问题所在。钻取包含向下钻取和向上钻取操作，向下钻取是为了使用户在多层数据获得更多的细节性数据，而向上钻取是为使用户获取概括性的数据。钻取的深度与维和所划分的层次相对应，图 3-46、图 3-47 为按时间向下钻取、向上钻取示意图。

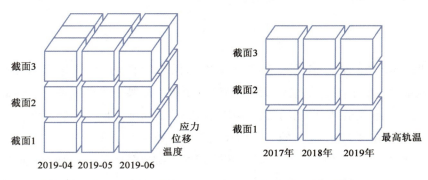

图 3-46　按时间维向下钻取　　　　图 3-47　按时间维向上钻取

从图 3-46、图 3-47 可以看出，通过钻取，用户不仅可以迅速得到一年的监测资料，而且还可以直接得到每个季度的具体监测资料，这样铁路工务养护管理人员就可以快速而精确地得到轨道状态各种具体的信息，及时了解、掌握轨道结构服役状态。

3. 旋转/转轴

数据旋转是改变维度的位置关系，最终使得用户可以从其他视角来观察多维数据。旋转操作相当于平面数据将坐标轴旋转，图 3-48、图 3-49 为旋转操作示意图。

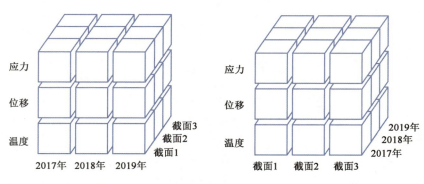

图 3-48　原数据立方体　　　　图 3-49　旋转后数据立方体

旋转/转轴后可以改变报表的展示方向，比如将表格的横、纵坐标交换，因此，通过旋转可以得到不同视角的数据。

从表 3-4、表 3-5 可以看出,通过旋转,既可以快速地比较出各季度的不同年份的不同信息,又可以比较出各年份的不同季度的不同信息,从而满足监测系统不同角度要求。

数据旋转(1)　　　　　　　　　　　　　　　　　　　　表 3-4

截面编号	2018 年				2019 年			
	第 1 季度	第 2 季度	第 3 季度	第 4 季度	第 1 季度	第 2 季度	第 3 季度	第 4 季度
截面 1	25	20	22	17	23	18	31	31
截面 2	20	31	22	35	25	28	32	32
截面 3	35	22	32	25	22	21	18	18
截面 4	26	28	25	23	33	26	20	20
截面 5	20	26	21	22	19	20	19	19

数据旋转(2)　　　　　　　　　　　　　　　　　　　　表 3-5

截面编号	第 1 季度		第 2 季度		第 3 季度		第 4 季度	
	2018 年	2019 年	2018 年	2019 年	2018 年	2019 年	2018 年	2019 年
截面 1	25	25	20	18	22	31	17	31
截面 2	20	20	31	28	22	32	35	32
截面 3	35	35	22	21	32	18	25	18
截面 4	26	26	28	26	25	20	23	20
截面 5	20	20	26	20	21	19	22	19

4. 可视化报表

在高速铁路轨道监测的多维数据仓库是基于事实表和维度表,通过数据切片、切块、钻取、旋转等操作,采用 SQL 语言对相关字段和属性进行查询;再通过 Echarts 工具将查询结果分别以柱状图、饼图、曲线图等进行展示,提供统计分析报表。以某高速铁路特大桥轨道结构监测预警次数统计为例,从时间维度和预警类别维度分别挖掘监测数据,得到数据报表,如图 3-50、图 3-51 所示。

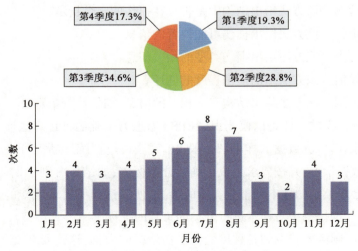

图 3-50　某高速铁路特大桥轨道结构监测预警次数统计图(按时间维度)

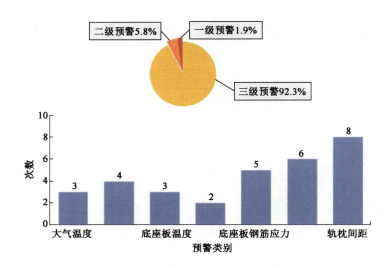

图 3-51　某高速铁路特大桥轨道结构监测预警次数统计图（按预警类别维度）

从图 3-50、图 3-51 可以看出，通过可视化分析工具，分别按时间维度和预警类别维度生成统计报表，可直观反映各季度、各月份以及各类别预警次数的具体数据。

第三节　基于机器学习的结构健康评估理论

一、智能损伤诊断

损伤诊断是损伤认知或损伤识别问题的一个分支。结构健康检查系统的目的是，对结构做出及时有效的养护、维修方案，故必须积累足够的损伤相关信息，以保证结构与系统的高质量运营。损伤诊断的层次结构为：

（1）第 1 级：检测。该方法给出结构中是否存在损伤的定性指示。

（2）第 2 级：定位。该方法给出损伤可能位置的信息。

（3）第 3 级：分类。该方法给出损伤类型的相关信息。

（4）第 4 级：评估。该方法给出损伤程度的估计。

（5）第 5 级：预测。该方法给出结构安全相关的信息，如估计剩余寿命。

结构健康监测分类的方法是以模式识别（PR）思想为基础的，PR 算法通常从有限数据集中，仅将分类标签赋给所测数据的样本。一般 PR 算法通过训练诊断而开展工作。例如神经网络能通过测试数据学习，并按要求生成正确的分类标签；如结果有别于期望标签，则纠正该网络。利用一组已知类别的样本调整分类器的参数，使其达到所要求性能的过程称为监督学习，其中分类器是数据挖掘中对样本进行分类的工具的统称。

若需监督学习，则需要获取到各种可能的损伤情况的数据，这需要耗费大量的时间，过程可能是很复杂的。

针对监督学习存在的问题,提出了替代监督学习的方法——无监督学习。但该学习模式几乎仅适用于第 1 级和某些第 2 级情况的诊断;即它只能用于检测损伤,也可能用于定位损伤。该技术通常称为异常检测方法;异常检测的思想在于,仅用结构或系统正常运营状态的训练数据来建立诊断。建立正常状态模型后,监测期间,用新获得的数据与该模型进行比较,如存在显著偏差,该算法就指示异常。这种方法的优点很明显,如果由模型生成训练数据,仅需完好状态的数据即可。但是由于结构通常在环境变化中运营,因此监测必须能够区分数据的统计波动和正常状态的真实偏移。

二、高速铁路轨道监测数据异常诊断方法

若拥有保证来自系统或结构正常状态下的数据,就可以构建该数据的统计模型。随后用该模型测试系统的任何后续数据,需在某些严格意义上确定,其是否与正常的模型相符,若不相符,则可推断出现了损伤。

1. 高斯分布的正常状态——孤立点分析

孤立点分析的基本思路是:计算数据的不一致性度量,并将其与阈值比较;若该度量超过阈值,就将数据标记为不一致或孤立点。不一致性度量是从正常状态数据中提取的统计量,适用于单变量数据的度量为偏差统计量:

$$Z = \frac{|x_\xi - \bar{x}|}{\sigma_x} \tag{3-20}$$

式中:x_ξ——待定孤立点;

$\bar{x}$、σ_x——分别为数据样本的均值和标准差。

例如,置信水平为 95% 的孤立点给定了 Z 的限制是 ±1.96。

不一致性检验,即式(3-20)的多元等价形式,由马氏平方距离给出:

$$D_\xi^2 = (\{x\}_\zeta - \{\bar{x}\})^T [\Sigma]^{-1} (\{x\}_\zeta - \{\bar{x}\}) \tag{3-21}$$

式中:$\{x\}_\zeta$——潜在孤立点;

$\{\bar{x}\}$——正常状态特征的均值;

$[\Sigma]$——正常状态特征的协方差矩阵。

在单变量情况下,为判断观察值是否为孤立点,需要某种阈值以便与不一致性度量进行比较。

下面以某高速铁路特大桥小半径曲线地段的温度、位移、应变等监测数据样本进行分布规律分析,分析监测数据是否符合高斯分布。

图 3-52 为该监测工点全年监测数据的分布直方图,从图中可以看出,若以全年的监测数据为基础,数据分布规律不明显。

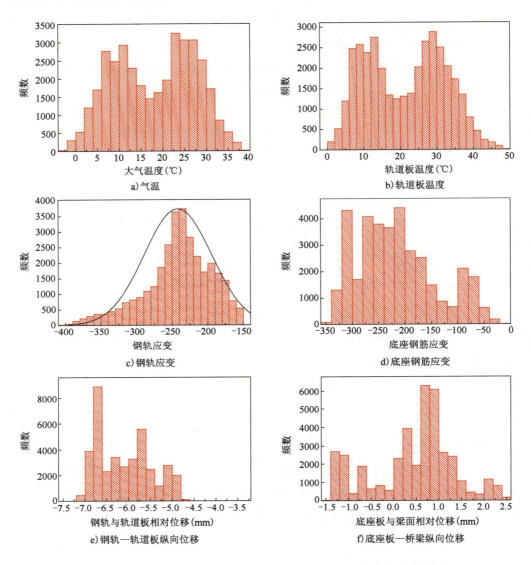

图 3-52 某高速铁路特大桥小半径曲线地段轨道结构全年监测数据频数分布直方图

图 3-53 为该工点夏季(6~8月)监测数据的分布直方图,从图中可以看出,部分监测数据,如气温、轨道板温度、钢轨—轨道板纵向位移、底座板—桥梁纵向位移等,近似服从正态分布,但是应变数据规律不明显。

图 3-54 为该工点 7 月监测数据的分布直方图,从图中可以看出,温度、位移和应变监测数据近似服从正态分布。该工点各监测分布特征见表 3-6。

常用的正态分布检验方法包括 Shapiro-Wilk、Kolmogorov-Smirnov、Lilliefors 等检验方法,其中 Shapiro-Wilk 正态检验方法较为常用。Shapiro-Wilk 检验方法是用于确定一组数据 X_i ($i=1,2,3\cdots N$)是否服从正态分布的一种工具,一般当样本量较少时,定义统计量 W 为:

$$W = \frac{\left(\sum_{i=1}^{N} A_i X_i\right)^2}{\sum_{i=1}^{N} \left(X_i - \overline{X}\right)^2} \tag{3-22}$$

式中：$\overline{X}$——样本均值；

A_i——权重因子；

N——样本规模。

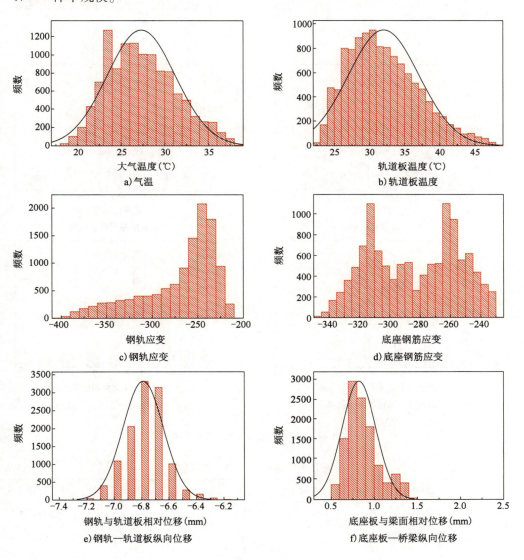

图3-53　夏季(6~8月)监测数据频数分布直方图

通过对各监测内容对应的监测数据进行正态分布检验，可知在置信度为0.05的条件下，温度、应变和位移均近似服从正态分布。

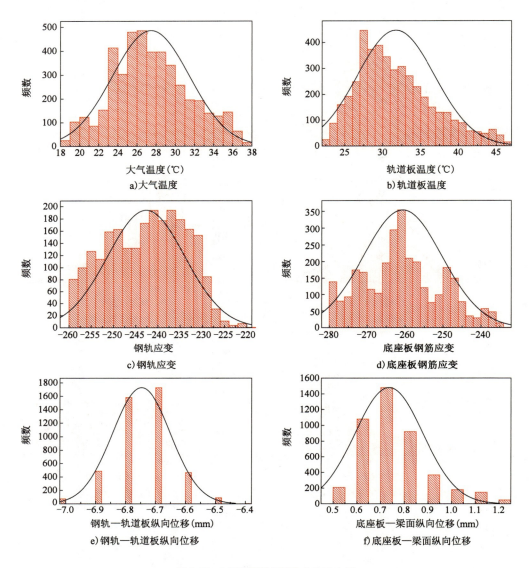

图 3-54 7 月监测数据频数分布直方图

合肥监测工点各监测项分布特征　　　　　　　表 3-6

监测项目	均 值	标 准 差	正态分布情况
气温（℃）	27.30	3.92	近似服从
轨道板温度（℃）	32.03	5.06	近似服从
钢轨应变（ε）	−242.67	8.75	近似服从
底座钢筋应变（ε）	−260.6	10.43	近似服从
钢轨—轨道板纵向位移（mm）	−6.75	0.1	近似服从
底座板—桥梁纵向位移（mm）	0.74	0.14	近似服从

为了验证按月为单位的监测数据是否都近似服从正态分布,分别选取了广东省某高速铁路水道特大桥监测工点和黑龙江省某高速铁路路桥过渡段监测工地的监测数据进行分析。

图3-55为广东省某高速铁路特大桥7月监测数据的分布直方图,表3-7为监测数据分布特征表。从图和表中可知,该监测工点温度、应力和位移均近似服从正态分布。

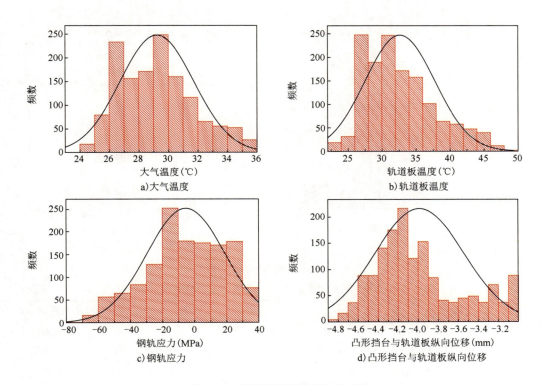

图3-55 7月监测数据频数分布直方图

广东省某高速铁路特大桥监测工点各监测项分布特征　　　　表3-7

监测项目	均　　值	标　准　差	正态分布情况
气温(℃)	29.22	2.50	近似服从
轨道板温度(℃)	32.64	5.14	近似服从
钢轨应力(MPa)	-5.36	24.17	近似服从
凸形挡台与轨道板纵向位移(mm)	-3.99	0.44	近似服从

图3-56为黑龙江省某高速铁路路桥过渡段7月监测数据的分布直方图,表3-8为监测数据分布特征表。从图和表中可知,该监测工点温度、应力和位移均近似服从正态分布。

综合上述3个监测工点的监测数据分布规律,可以得出,按照月份采集的监测数据近似服从正态分布。

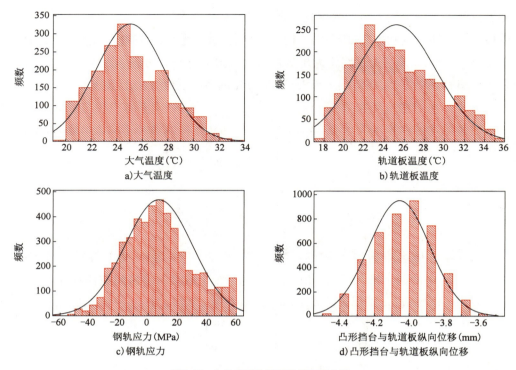

图 3-56 7 月监测数据频数分布直方图

黑龙江省某高速铁路监测工点各监测项分布特征　　　　表 3-8

监 测 项 目	均　　值	标　准　差	正态分布情况
气温（℃）	25.03	2.71	近似服从
轨道板温度（℃）	25.19	4.02	近似服从
钢轨应力（MPa）	7.00	23.06	近似服从
凸形挡台与轨道板纵向位移（mm）	－4.06	0.18	近似服从

2. 非高斯正常状态——神经网络方法

在马氏平方距离的使用和诊断阈值的构建中，包含"正常状态数据高斯性"的隐含假设。在多数情况下，该假设并不成立，此时异常值诊断方法就会失效。

一种能够应对非高斯正常状态的方法是基于自联想神经网络（AANN）的思路，自联想神经网络（图 3-57）是一种具有对称拓扑结构的五层前馈传递网络，其特点是有对称拓扑结构，即输出量等于输入量。神经网络将输入量（通常为损伤敏感特征向量）映射到某一输出量（如损伤类别），该映射由一组分层连接的处理单元（神经元）来实现。信息通过网络从输入层流到输出层。每一神经元利用上一层相关的特定输入，进行局部非线性计算，并将结果传递给下一层神经元。利用已知输入输出层的网络预测值，最小化其与期望输出值间的误差，通过这一迭代过程估计网络中的各参数，此参数估计阶段称为"学习"或"训练"。

采用该方法进行异常诊断，仅需用正常状态特征训练一个 AANN 即可。该训练由前馈多层感知器(MLP)网络来实现,这要求在输出层再现输入层所呈现的模式。该过程本是一个简单的练习,只是网络结构存在着一个"瓶颈",即特征是通过比输入层节点更少的隐藏层来传递的。这种架构迫使网络学习特征的显著特性,即最小中央层的输出值或激活值对应于一个输入特征量的压缩标示值。MLP 将正常状态对应的,多个噪声污染的特征或相同特征变化的其他数据源,输入给网络以实现网络的训练。

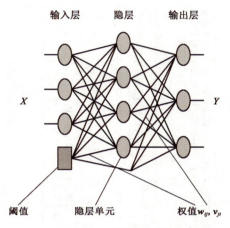

图 3-57　自联想神经网络

然后,将对应特征向量$\{x\}$的异常指标$v(\{x\})$定义为,特征向量与将其代入训练好的网络所得输出$\{\hat{x}\}$间的欧式距离。

$$v(\{x\}) = \| \{x\} - \{\hat{x}\} \| \tag{3-23}$$

若学习成功,则当特征向量$\{x\}$表征的是正常状态时,对训练集中的所有数据,均有$v(\{x\}) \approx 0$。当$\{x\}$对应的是损伤状态,则$v(\{x\}) \neq 0$。应当注意的是,随着损伤程度的增大,并不能保证$v(\{x\})$单调增加,这即是此类异常诊断为何仅能给出第 1 级诊断。还需注意的是,神经网络的通用逼近性,意味着异常诊断器可学习任何正常状态分布的特性,不一定必须是高斯分布或单峰分布。

三、高速铁路轨道疲劳寿命预测方法

基于现场海量的无砟轨道实测数据,结合目前已有相关疲劳寿命的研究成果,通过采用深度学习算法建立疲劳寿命预测模型,不断调节模型参数和训练模型,并对预测结果进行评价和验证,将监测数据与轨道结构疲劳寿命建立关联关系,进而能够直接通过监测数据对轨道结构的疲劳寿命进行实时预测。当现场轨道结构监测数据较少或所得到的监测数据与疲劳寿命预测相关性较小时,通过将既有可用的监测数据、有限元理论数值仿真计算分析和疲劳损伤本构理论三者相结合,利用现场轨道结构的监测数据,建立能反映现场实际情况的有限元数值仿真分析模型,得到现场的轨道结构受力变形时程曲线;并进一步利用疲劳损伤本构理论,借助疲劳分析软件,实现对无砟轨道结构疲劳寿命的预测和评估,如图 3-58 所示。

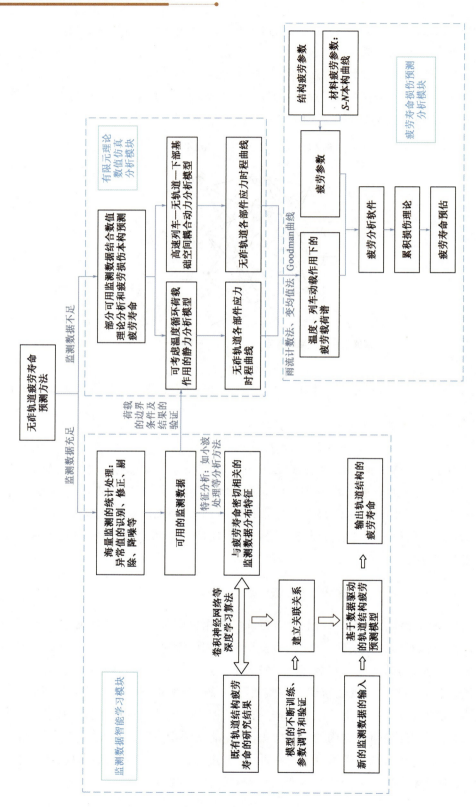

图3-58 高速铁路无砟轨道疲劳寿命预测方法的整体思路示意图

1. 监测数据智能学习模块

监测数据智能学习模块主要基于现场所得到的海量监测数据，结合目前已有相关疲劳寿命的研究成果，采用深度学习算法如卷积神经网络等建立疲劳寿命预测模型；不断调节模型参数和训练模型；并对预测结果进行评价和验证，将监测数据与轨道结构疲劳寿命建立关联关系，进而能够直接通过监测数据对轨道结构的疲劳寿命进行预测。

监测数据主要来源于现场无砟轨道采用振弦式监测技术、光纤光栅监测技术、视频感知图像识别技术以及激光测量技术等，以及对无砟轨道的服役状态包括温度场、受力变形特征等进行综合监测而得到。

监测数据包括：温度监测数据，如大气温度、无砟轨道各结构层温度；应力、应变监测数据，如钢轨、轨道结构内部钢筋和混凝土的应力、应变等；位移监测数据，如钢轨、轨道各结构层之间相对位移等；裂缝和界面离缝监测数据，包括裂缝和离缝的数量、结合尺寸、间距等。

对得到的海量监测数据进行统计处理，如异常值识别、剔除、修正、降噪等，得到可靠、准确、可用的监测数据。

在可用的监测数据足够多的基础上，采用小波处理等分析方法对监测数据进行特征分析，特别是直接影响轨道结构疲劳寿命相关的监测数据，如轨道结构应力、应变监测数据、裂缝监测数据等，从而得到与轨道结构疲劳寿命相关监测数据的频域、时域、幅值、波长等分布特征。

结合目前已有轨道结构疲劳寿命的相关研究成果，将监测数据与既有研究得到的相关疲劳寿命的研究成果建立关联关系，基于深度学习算法如卷积神经网络等，建立预测模型；将监测数据作为输入层，疲劳寿命作为输出层进行模型训练；训练过程中根据训练结果不断调整模型参数，训练模型，并对预测结果进行评价和验证，直到满足要求。

通过训练完成的模型，可直接利用后续其他新工点的监测数据，得到对应工点轨道结构的疲劳寿命，完成对轨道结构疲劳寿命的预测。

监测数据智能学习模块具体包括以下步骤：

（1）对现场实测的轨道结构各部件应力、应变、温度、位移、裂缝等监测数据进行异常值的识别、剔除、修正等，得到可用的监测数据；

（2）采用小波处理等分析方法对与轨道结构疲劳寿命密切相关的监测数据，如应力、应变、裂缝等，进行特征分析，得到轨道结构应力、应变、裂缝等监测数据的频域、时域、幅值、波长等分布特征；

（3）将步骤（1）和（2）处理得到的监测数据分布特征作为输入层输入到采用卷积神经网络等深度学习算法的自编程序中，建立疲劳寿命预测模型；

（4）结合现有的研究成果，将轨道结构处于不同应力水平或裂缝不同尺寸下轨道结构的疲劳寿命作为预测模型的输出层，通过对预测模型进行不断的训练以及参数调整和验证，使其达到预测效果，完成对疲劳寿命预测的训练；

（5）通过智能学习完成的基于监测数据驱动的轨道结构疲劳寿命预测模型，可实现通过监测数据输入，达到对轨道结构各部件疲劳寿命预测的目的。

监测数据智能学习模块流程如图 3-59 所示。

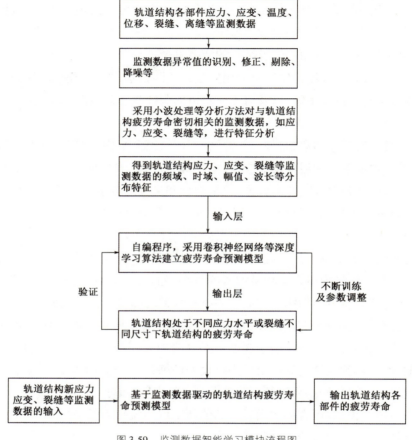

图 3-59　监测数据智能学习模块流程图

2. 有限元理论数值仿真分析模块

当现场轨道结构测点不足，或者由于现场条件、空间限制以及一些不可抗力因素的影响导致监测数据零散不全、部分缺失、可用监测数据较少或所得到的监测数据与疲劳寿命预测相关性较小，无法基于监测数据得到疲劳寿命预测模型时，可采用现场监测数据与有限元理论数值仿真分析相结合的方法。建立能反映现场实际情况的有限元数值理论仿真分析模型，并利用现场的监测数据对所建模型进行调整和验证，通过有限元模型数值仿真计算进一步得到轨道结构疲劳寿命预测所需的相关数据，为后续进行轨道结构疲劳寿命预测提供基础。

借助有限元数值仿真分析软件，如 ABAQUS、ANSYS 等，将部分有用的轨道结构监测数据（如温度、应力、应变等）作为有限元分析过程中的荷载边界条件，建立能够较为真实模拟现场轨道结构实际情况的有限元分析模型，进行有限元计算。并通过现场的监测数据对所建模型进行及时的调整和校正，验证所建模型以及模型所取参数的正确性，确保计算所得到的轨道结构受力变形数据准确可靠,且能反映现场轨道结构的实际受力变形情况。

有限元数值仿真分析模型主要包括可考虑温度循环荷载作用的静力分析模型和列车动载作用的动力分析模型。静力分析模型可以实现循环温度荷载的加载,分析轨道结构在循环温度荷载作用下的受力变形情况;动力分析模型可考虑列车动载作用下轨道结构动力响应情况。

在建立温度循环荷载作用下的静力分析模型时,结合轨道结构的实际参数,根据气象局气象数据,包括平均风速、平均气温、日照时数、日最高、最低气温、总辐射日总量等,利用有限元软件,如 ANSYS、ABAQUS 建立无砟轨道温度场分析模型,对计算模型施加上述气象边界条件,并求解。并结合无砟轨道现场温度监测数据,两者进行对比,及时调整模型参数,验证模型的可靠性,得到服役期间无砟轨道温度、温度梯度荷载时程曲线,以及无砟轨道的应力应变时程曲线。

在建立可考虑列车动载作用下的动力分析模型时,利用有限元软件,如 ANSYS、ABAQUS 建立高速列车—无轨道—下部基础空间耦合动力分析有限元模型。并对无砟轨道结构各部件施加边界条件和荷载,对空间耦合动力分析模型进行动力仿真计算。再结合部分监测结果,对所建立的有限元模型进行验证,得到服役期间列车动载作用下的无砟轨道各部件应力应变时程曲线。

有限元理论数值仿真分析模块具体包括以下步骤:

(1)利用有限元分析软件如 ABAQUS、ANSYS 等,按照现场轨道结构实际尺寸和材料参数建立无砟轨道三维几何分析模型。

(2)对三维几何分析模型进行网格划分,生成有限元分析模型。

(3)结合现场监测数据对生成的有限元分析模型施加边界条件和荷载,其中温度循环荷载作用的静力分析模型主要考虑温度场监测数据的输入;列车动载作用的动力分析模型主要考虑轨道实测不平顺数据以及轨道结构受力变形状态监测数据的输入。

(4)对有限元模型进行计算求解,并结合现场的监测数据,对模型进行调整和验证,确保有限元模型计算所得结果与现场监测结果相差不大,从而能较为准确地反映轨道结构的实际受力变形状态。

(5)最后通过数值仿真计算,得到无砟轨道各组成部件的应力时程曲线。

有限元理论数值仿真分析模块的流程图如图 3-60 所示。

3. 疲劳寿命损伤预测分析模块

疲劳寿命损伤预测分析模块主要通过将有限元理论数值仿真分析模块所得到的温度循环荷载和列车动载作用下的轨道结构应力时程曲线,利用本模块中的疲劳损伤理论,借助疲劳分析软件进行无砟轨道结构疲劳寿命预测。疲劳寿命分析包括温度循环荷载作用下的疲劳寿命分析和列车动载作用下的疲劳寿命分析。

将有限元理论数值仿真分析模块所得到的轨道结构应力时程曲线用雨流计数法和变均值法联合使用,对应力时程曲线进行计数,得到服役期间温度或列车动载作用下无砟轨道各部件二维疲劳应力谱;并用古德曼曲线(Goodman 曲线)考虑平均应力的影响,对既包含幅值又包含均值的无砟轨道各部件二维疲劳应力谱进行转换,得到仅含幅值的无砟轨道各部件的一维疲劳应力谱。

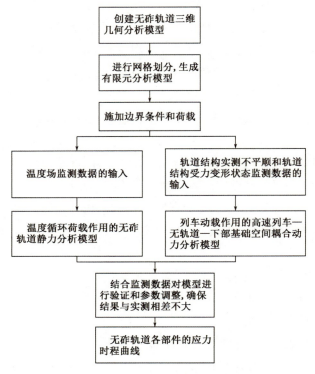

图 3-60　有限元理论数值仿真分析模块的流程图

基于雨流计数法和变均值法,将轨道结构应力数据转化为疲劳载荷谱作为疲劳寿命计算模型的输入,导入到疲劳分析软件中。并结合无砟轨道部件的疲劳参数,包括结构疲劳参数和材料疲劳参数。材料疲劳参数采用轨道结构实际材料的标准 $S-N$ 本构曲线,利用线性累积损伤理论,进行轨道结构的疲劳寿命预测分析,得到单次循环荷载作用下的轨道结构疲劳损伤。进而得到无砟轨道各部件在疲劳荷载作用下的可循环次数,最后将可循环次数转换为疲劳荷载作用下的寿命年限,得到轨道结构的疲劳寿命。

针对现场的实际情况,还需要特别注意某些物理和化学因素,如冻融循环、酸性物质侵蚀、氯盐侵蚀、碱骨料反应、碳化等,会影响无砟轨道的结构材料参数;如弹性模量、泊松比等,还会一定程度影响材料疲劳损伤本构($S-N$ 曲线);对此,可结合现场特殊环境进行相应的试验,并结合既有的相关研究确定对轨道结构疲劳寿命的影响。

对于已经存在离缝或裂缝的轨道结构可通过引入折算损伤当量,对存在裂缝或离缝的轨道结构的疲劳寿命预测进行进一步的修正。

疲劳寿命损伤预测分析模块具体包括以下步骤:

(1)将温度或列车动载作用下的无砟轨道各部件的应力时程曲线通过雨流计数法和变均

值法的联合使用,将其转化为对应的二维疲劳应力谱;

(2)通过 Goodman 曲线对二维疲劳应力谱进一步转化为一维疲劳应力谱;

(3)结合结构疲劳参数和混凝土的 S-N 本构曲线材料疲劳参数,将一维疲劳应力谱和疲劳参数输入到疲劳分析软件如 FE-safe、HBM ncode 中,利用线性累积损伤理论对单次循环荷载作用下的轨道结构疲劳损伤进行求解;

(4)通过疲劳分析软件的求解得到单次循环荷载作用下的轨道结构疲劳损伤值,进而得到疲劳荷载作用下的可循环次数,最后将可循环次数转化为疲劳寿命,得到轨道结构在温度循环荷载或列车动载作用下的疲劳寿命。

疲劳寿命损伤预测分析模块流程图如图 3-61 所示。

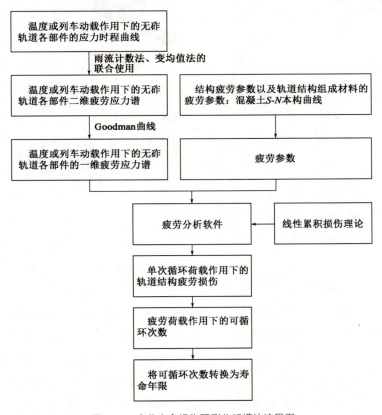

图 3-61　疲劳寿命损伤预测分析模块流程图

4. 应用实例

图 3-62、图 3-63 分别是按照有限元理论数值仿真分析模块的步骤建立的温度循环荷载作用下的静力分析模型和高速列车—无轨道—下部基础空间耦合动力分析模型。

当考虑列车动荷载作用时,可得出道床板的应力循环曲线,见图 3-64,通过 Tepfers 拉伸疲劳试验推导出的混凝土抗拉疲劳方程为:

$$S = 1 - 0.0685(1 - R)\lg N \tag{3-24}$$

$$S = \frac{\sigma_{\max}}{f_t} \quad R = \frac{\sigma_{\min}}{\sigma_{\max}}$$

式中：$\sigma_{\max}$、$\sigma_{\min}$——分别为疲劳应力的上限、下限；

f_t——混凝土在静载作用下的轴心抗拉强度；

N——疲劳寿命。

图 3-62 温度循环荷载作用的静力分析模型

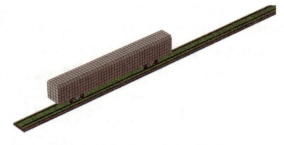

图 3-63 高速列车—无轨道—下部基础空间耦合动力分析模型

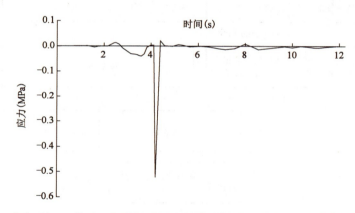

图 3-64 高速列车—无轨道—下部基础空间耦合动力分析模型计算的道床板顶面应力时程图

将道床板的应力时程曲线通过雨流计数法、变均值法和 Goodman 曲线转化为疲劳载荷谱，并结合 S-N 本构曲线，输入到疲劳分析软件如 FE-safe、HBM ncode 中，通过疲劳寿命计算得到单次疲劳损伤为 3.379×10^{-12}。由于一列列车有 8 个编组即 16 个转向架，因此单列列车通过时道床板疲劳损伤为 5.407×10^{-11}，假设列车每日通行 110 对即 220 辆，可得每日由列车荷载作用下疲劳损伤为 1.18954×10^{-8}。

温度荷载考虑为 45 ℃/m，即白天板面比板底高 9.8 ℃，夜晚板底比板面高 9.8 ℃的荷载作用。通过有限元数值仿真计算可得到道床板的应力循环曲线见图 3-65。由 Cornelissen 对混凝土轴心拉—压疲劳性能的试验研究得出 S-N 方程：

$$\lg N = 9.36 - 7.93 \frac{\sigma_{\max}}{f_t} - 2.59 \frac{\sigma_{\min}}{f_c} \tag{3-25}$$

式中：$\sigma_{\max}$、$\sigma_{\min}$——分别为疲劳应力的上限、下限；

f_t、f_c——分别为混凝土在静荷载作用下的轴心抗拉、抗压强度;
N——疲劳寿命。

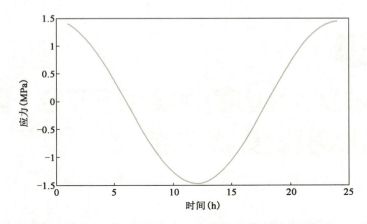

图 3-65 温度循环荷载作用的无砟轨道静力分析模型计算得到的道床板顶面应力时程图

同理将温度荷载作用下的道床板应力时程曲线通过雨流计数法、变均值法和 Goodman 曲线转化为疲劳载荷谱,并结合 S-N 本构曲线,输入到疲劳分析软件中计算可得到一天道床板的疲劳损伤为 4.22×10^{-5},由此可得在温度梯度荷载作用下的道床板疲劳寿命为 64.9 年。

第四章

高速铁路大跨度桥梁 CRTS I 型板式无砟轨道服役状态监测

大跨度桥上 CRTS I 型板式无砟轨道综合了大跨度桥梁、无砟轨道及无缝线路的技术特点和难点,是迄今为止无砟轨道、无缝线路方面难度较大的课题之一。虽然国内外对大跨度桥梁、无砟轨道、无缝线路做了较多的研究和应用,但对于大跨度桥上铺设 CRTS I 型板式无砟轨道进行桥梁、无砟轨道、无缝线路的长期综合监测,铁四院尚属首次。项目研究成果指导了国内后续高速铁路大跨度桥上铺设 CRTS I 型板式无砟轨道结构优化设计;项目组根据监测研究结论编制了国内大跨度桥梁无砟轨道结构加固方案,保证了轨道运营安全。

本章主要以某高速铁路 $(104+2\times168+112)$ m 连续刚构桥无砟轨道为工程应用实例,对高速铁路大跨度桥梁 CRTS I 型板式无砟轨道的监测内容、监测方案进行了介绍,并对采集到的监测数据进行了分析。

第一节 监测工点介绍

某高速铁路最高设计时速 300km 的桥梁占比 55% 以上,区间桥上主要铺设 CRTS I 型框架板式无砟轨道,大跨度桥梁结构(温度跨度 $L \geq 200$m)集中于某特大桥上,其中最典型的主要有 112m 提篮拱 + $(104+2\times168+112)$m 连续刚构桥、$(112+2\times168+104)$m 连续刚构桥、$(76+160+76)$m 连续梁拱桥(图 4-1、图 4-2),全桥温度跨度大于 200m 的工况有 8 处,最大温度跨度为 312m,位于平坡、半径 $R=7000$m、超高为 175mm 的圆曲线地段。

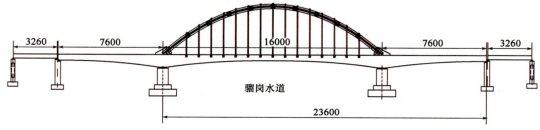

图 4-1 $(76+160+76)$m 连续梁拱桥立面图(尺寸单位:cm)

图 4-2　某特大桥现场效果图

由于(104+2×168+112)m、(112+2×168+104)m 两座连续刚构桥温度跨度较大,温度作用下梁端伸缩位移较大,故无砟轨道、无缝线路易出现病害。本线开通前,曾在大跨度梁端出现小阻力扣件锈蚀、扣件复合垫板窜出、凸台树脂离缝较大、半圆形凸台劈裂等轨道结构病害。

为了确保大跨度桥梁结构及无砟轨道、无缝线路运营安全,在大跨度桥上铺设 CRTS Ⅰ 型板式无砟轨道地段进行大跨度桥梁、无砟轨道、无缝线路的长期在线综合监测,实时监测桥梁、无砟轨道、无缝线路位移及受力情况,拟达到以下目的:

(1)对大跨度桥上 CRTS Ⅰ 型板式无砟轨道关键部位进行监测,确保大跨度桥梁结构及无砟轨道、无缝线路运营安全;

(2)掌握大跨度桥上无砟轨道和无缝线路受力和变形规律,为无砟轨道、无缝线路养护维护提供依据;

(3)实时监控关键部位无缝线路、无砟轨道受力及变形状态,建立安全预警机制,并及时反馈线路病害;

(4)进一步掌握大跨度桥梁铺设无砟轨道结构受力及变形规律,为我国攻克高速铁路更大跨度桥梁铺设无砟轨道技术难题积累基础数据。

第二节　监测内容与监测方法

一、监测内容

为保证大跨度桥梁结构及无砟轨道、无缝线路运营安全,在(104+2×168+112)m、(112+2×168+104)m 两座连续刚构桥两端设置监测点,对桥梁、无砟轨道、无缝线路位移及受力情况进行实时监测。大跨度连续梁上 CRTS Ⅰ 型板式无砟轨道关键部位监测内容主要包括:

(1)钢轨应力。

(2)温度监测:桥上大气温度、钢轨温度、轨道板温度、底座板温度、桥梁温度。

(3)位移监测:钢轨与轨道板相对位移、凸形挡台与轨道板相对位移、轨道板与底座板相对位移、梁端纵向相对位移。

二、监测方法

采用光纤传感器的监测方法,对轨道结构的温度、位移和应力等进行监测。

1. 温度监测

(1)钢轨温度监测

钢轨温度传感器见图4-3。钢轨温度监测是将光纤光栅温度传感器直接用导热硅胶粘贴在经打磨后的钢轨测点位置,如图4-4所示。导热硅胶确保了温度传感器的温度与钢轨温度基本一致,并将其固定在钢轨上。钢轨温度传感器主要技术指标见表4-1。

图4-3 钢轨温度传感器

图4-4 轨温检测安装工艺现场

钢轨温度传感器主要技术指标　　　　表4-1

参　　数	技　术　指　标
测量范围	-20~80℃
测量精度	±1℃
分辨率	1℃
温度探头标定	1℃的温差对应20.37pm的波长位移

(2)轨道板温度监测

针对CRTS Ⅰ型框架板式无砟轨道,为保证轨道板的安全性,轨道板上禁止出现较大型钻孔,因此轨道板板温测试采用表面钻小孔(深度4cm,孔径15mm)埋设传感器测量轨道板上层温度,在轨道板吊装孔埋设传感器测量轨道板中部温度,如图4-5、图4-6所示。

图4-5 轨道板温度监测点

图4-6 底座板温度传感器现场安装

(3)底座板温度监测

底座板温度监测是在框架板中间露出部分钻孔埋设温度传感器,并将光纤沿 CA 砂浆调整层内边缘和板缝引出并接入解调仪,如图 4-7、图 4-8 所示。

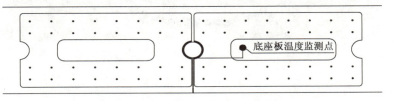

图4-7 底座板温度监测点示意图

图4-8 轨道板温度传感器现场安装

2. 钢轨应力监测

光纤光栅应变传感器如图4-9所示。安装时预先将FBG悬空粘贴在镂空的钢片槽内制成应变片(图4-10),再将应变片用抗老化的钢结构胶直接粘贴在经打磨后的钢轨轨腰中性轴测点处,最后用工装封装接入监测系统。经工装封装好的钢轨应力传感器见图4-11。应变传感器主要技术指标见表4-2。

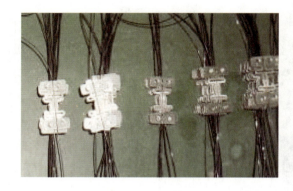
图4-9 应变传感器

图4-10 光纤光栅应变和温度传感器安装图

图4-11 光纤光栅钢轨标贴式应变计安装图

应变传感器主要技术指标　　　　　　　　　表4-2

参　数	技　术　指　标
测量范围	$-2000\mu\varepsilon \sim 2000\mu\varepsilon$
测量精度	$\pm 2\mu\varepsilon$
分辨率	$1\mu\varepsilon$
温度探头标定	$1\mu\varepsilon$的应变对应1.75pm的波长位移

3. 位移监测

测试方法是将位移传感器两端固定在所要测量的存在相对位移的结构物上,然后将传感器接入控制室的解调仪上,如图4-12~图4-15所示。位移传感器主要技术指标见表4-3。

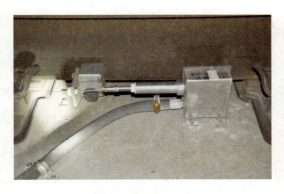
图 4-12　钢轨—轨道板相对位移传感器

图 4-13　轨道板—底座板相对位移传感器

图 4-14　凸形挡台—轨道板相对位移传感器

图 4-15　桥梁梁缝相对位移传感器

位移传感器主要技术指标　　　　表 4-3

参　　数	技　术　指　标
标准量程	100mm(可定制)
测量精度	<1%FS
分辨率	0.1%FS
线性度	线性拟合 $R^2>0.999$
波长范围	1500~1580nm
封装形式	不锈钢外壳封装
温度补偿	自带温度补偿
防护等级	IP67
出纤形式	双端出纤,长度可定制(标准配置为 1.2m)
抗拉强度	光缆至少可以承受 100N 的拉力
连接方式	选配 SC/APC(或 FC/APC)接头或者熔接
工作环境	温度 -30~+80℃,湿度无要求
存储环境	温度 -40~+80℃,湿度小于93%

第三节　测点布置方案

在系统完成(104+2×168+112)m、(112+2×168+104)m两座连续刚构桥上轨道结构变形及受力分析基础上,分别在两座连续刚构桥两端设置了4个典型监测点。各监测点的测试内容大致相同,以监测点2为主监测点,监测内容全面,其他监测点只含关键项的监测,各监测点的布置详见图4-16。

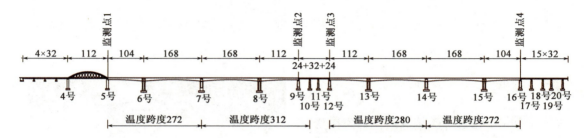

图4-16　(104+2×168+112)m连续刚构桥和(112+2×168+104)m连续刚构桥测点布置图(尺寸单位:m)

一、监测点1

监测点3、4的测点布置除温度测点外与监测点1相同,温度测点放在监测点1,其他监测点均无温度监测。

(1)钢轨应力监测

在钢轨应力较大部位布置测点,采用光纤光栅应变计,共10个测点。

①右线右侧股钢轨,连续刚构桥梁端布置5个测点,从梁缝开始往跨中布置,每间距两块轨道板布置一个测点,为1号~5号;简支梁上布置两个测点,间距一块轨道板,分别为6号、7号。

②右线左侧股钢轨梁缝处布置测点8号,左线两侧钢轨梁缝处分别布置测点9号、10号。

(2)位移监测

①钢轨与轨道板相对位移,共9个测点,采用光纤光栅位移传感器。

a.右线:连续刚构桥左梁端布置5个测点,梁缝处布置测点11号,距离一块板布置测点12号,分别间隔两块轨道板布置测点13号~15号;简支梁上梁缝处布置测点16号,间距一块轨道板布置测点17号。

b.左线:梁缝处连续梁和简支梁梁端布置测点18号、19号。

②凸形挡台与轨道板相对位移,共6个测点,采用光纤光栅位移传感器。

a.右线:连续刚构桥左梁端布置2个测点,右线每块轨道板板端设一个测点,分别为20号、21号;简支梁端布置2个测点,右线梁端处每块轨道板板端设一个测点,分别为22号、23号。

b. 左线:梁缝处连续梁和简支梁梁端布置测点 24 号、25 号。

③轨道板与底座板相对位移,共 7 个测点,采用光纤光栅位移传感器,分别为 26 号～32 号。

测点布置位置同右线钢轨与轨道板相对位移测点位置。

④桥梁纵向相对位移,共 2 个测点,左右线各 1 个,采用光纤光栅位移传感器,分别为 33 号、34 号。

(3)温度监测

①桥上气温:共 2 个测点,采用光纤光栅温度传感器,分别为 T16 号、T17 号。

②钢轨温度:共 2 个测点,采用光纤光栅温度传感器,分别为 T18 号、T19 号。

③轨道板温度:共 6 个测点,采用光纤光栅温度传感器,分别为 T 20 号～T25 号。T20 号～T22 号埋设于吊装孔中,用于监测板中温度;T23 号～T 25 号测点采用轨道板表面钻孔植入,用于监测板表温度。

④底座板温度:共 3 个测点,采用光纤光栅温度传感器,T26 号～T28 号,采用钻孔植入。

⑤桥梁温度:共 3 个测点,采用光纤光栅温度传感器,T29 号～T31 号,采用钻孔植入。

二、监测点 2

(1)钢轨应变监测

在钢轨应变较大的部位布置测点,采用光纤光栅应变计,共 15 个测点。

①右线右侧股钢轨:连续刚构桥梁端布置 10 个测点,从梁缝开始往跨中布置,间距一块轨道板一个测点,分别为 1 号～4 号;其次间距两块轨道板一个测点,分别为 5 号～7 号;然后间距 7 块轨道板布置测点 8 号,剩余两个测点间隔 50m 左右一直布置到跨中 7 号固定墩上方,分别为 9 号、10 号。简支梁上布置两个测点,间距一块轨道板,分别为 11 号、12 号。

②右线左侧股钢轨梁缝处布置测点 13 号,左线两侧钢轨梁缝处分别布置测点 14 号、15 号。

(2)位移监测

①钢轨与轨道板相对位移共布置 18 个测点,采用光纤光栅位移传感器。

a. 右线:连续刚构桥梁上布置 7 个测点,从梁缝开始,梁缝处布置测点 32 号,间距一块轨道板布置测点 33 号,间距两块轨道板布置测点 34 号,间距三块轨道板布置测点 35 号,剩余间隔 50m 左右布置 36 号～38 号;简支梁梁端布置 2 个测点,梁缝处布置测点 39 号,间隔一块轨道板布置测点 40 号。

b. 左线同右线:分别为 41 号～49 号。

②凸形挡台与轨道板相对位移共布置 8 个测点,采用光纤光栅位移传感器。

a. 右线:连续刚构桥梁端布置 2 个测点,右线每块轨道板板端设一个测点,分别为 50 号、51 号;简支梁梁端布置 2 个测点,右线每块轨道板板端一个测点,分别为 52 号、53 号。

b. 左线同右线：分别为 54 号～57 号。

③轨道板与底座板相对位移共布置 12 个测点，采用光纤光栅位移传感器。

a. 右线：连续刚构桥梁端布置 4 个测点，分别为 58 号～61 号，对应钢轨与轨道板相对位移 32 号～35 号测点布置；简支梁梁端布置 2 个测点，分别为 62 号、63 号，对应钢轨与轨道板相对位移 39 号、40 号测点布置。

b. 左线同右线：分别为 64 号～69 号。

④桥梁纵向相对位移共布置 2 个测点，左右线各 1 个，采用光纤光栅位移传感器，分别为 70 号、71 号。

（3）梁端无砟轨道、无缝线路视频监控

9 号桥墩处无砟轨道、无缝线路状态监控共布置 2 个测点，左右线各 1 个，采用球式网络高清摄像机，分别为 56 号、57 号。

三、测点类型与数量

测点类型与数量见表 4-4。

表 4-4 测点类型与数量

测点类型	测试项目	数量	采用仪器
钢轨应力监测	钢轨应变	45	光纤应变计
温度监测	桥上气温	2	光纤温度计
	钢轨温度	2	光纤温度计
	轨道板温度	6	光纤温度计
	底座板温度	3	光纤温度计
	桥梁温度	3	光纤温度计
位移监测	钢轨与轨道板相对位移	45	光纤位移计
	凸形挡台与轨道板相对位移	26	光纤位移计
	轨道板与底座板相对位移	33	光纤位移计
	梁端纵向相对位移	8	光纤位移计
视频监控	无砟轨道、无缝线路状态监控	2	高清摄像机

第四节　监　测　系　统

根据监测工点现场实际情况，建立远程在线实时监测系统。该系统由数据测量子系统、数据采集传输子系统、数据管理分析子系统和安全预警系统组成。该系统可实现大跨度桥梁、无砟轨道、无缝线路的温度、应变和位移信号的连续采集、无线传输、实时监测等功能。该系统自动化程度高，现场无须值守，人员及设备安全性高。系统拓扑图如图 4-17 所示。

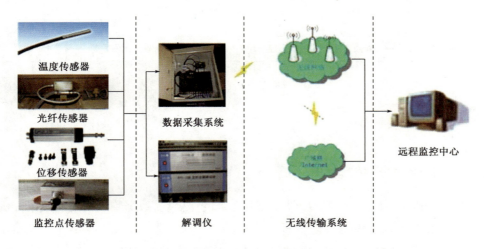

图 4-17 远程在线实时监测系统拓扑图

一、数据测量子系统

数据测量子系统由分布在现场的光纤光栅传感器组成,光纤光栅传感器主要包括应力传感器、温度传感器和位移传感器。

数据测量子系统通过对钢轨、轨道板、底座板和桥梁的温度、位移、应力等的实时测量,实现对轨道系统的实时在线监测。

二、数据采集传输子系统

数据采集传输子系统由光纤光栅解调仪、交换机、采集服务器和远程数据传输设备等组成。采集中心的宽带光源通过传输光缆传到各类传感器,入射光遇到传感器后发生反射,反射光再传回采集中心,经光纤光栅解调仪解调后连同摄像头图像信号被计算机采集,采集数据经过现场存储和初步处理后,由远程数据传输设备传输到后台处理服务器进行处理和分析。采集传输设备组成示意图见图4-18。

现场采集服务器到后台服务器的数据传输方式为:采集服务器在采集存储现场实时监测数据的同时,主动与后台处理服务器连接,处理服务器则时刻监测设施端口的连接。当连接建立后,由处理服务器主动获取采集服务器运行状态。当状态正常,监测通过后,处理服务器则发送获取数据的请求,其优点是处理服务器可控制数据传输频率,当请求速度快时,传输速度就快,无须在现场修改配置。采集服务器接收到请求后,将未发送的数据处理压缩后发送到处理服务器,处理服务器接收到数据包后将其解析、存储到数据库并返回处理过的数据唯一编码。采集服务器接收到数据唯一编码后,将对应的数据状态修改为已经发送并通知处理服务

图 4-18 采集传输设备

器已经准备就绪,可以发送请求信息。数据传输流程图见图4-19。

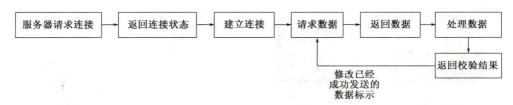

图4-19 数据传输流程图

三、数据管理分析子系统

数据管理分析子系统包括数据接收和控制命令发送模块、数据管理模块和数据分析模块。

数据接收和控制命令发送模块负责接收现场采集服务器通过无线网络传输来的原始数据;数据管理模块将原始数据解析处理为温度、应变等数据并将其转化为统一格式存储于数据库内;数据分析模块对数据库内的监测数据进行分析处理,通过管理信息系统实现数据查询和输出、数据对比分析、预测预警等功能。铁四院自主研发的特大桥上无砟轨道综合监测系统见图4-20。

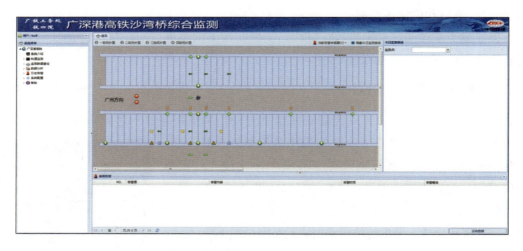

图4-20 高速铁路无砟轨道综合监测系统

监测系统平台的主界面见图4-21。平台的主界面主要分为4个区域:中间的区域1为功能数据和操作主显示区域;右侧区域2为当日监测数据显示区,在该区域可以查看当日各个测点的监测数据;左侧区域3为主菜单区域,包括系统介绍、轨道监测、监测数据查询、数据分析、日志告警、系统配置和帮助;区域4为系统警告区,提示用户现场是否有告警,以及告警的告警源、告警内容、时间和等级。

点击监测数据查询里的监测项(气温、轨温等),勾选对应的传感器和时间,主显示区域就能得到对应传感器的监测数据图,如图4-22所示。将鼠标光标移到监测数据线上,就会出现监测数据,点击左上角的数据列表或导出Excel按钮,就可以显示或导出监测数据列表。

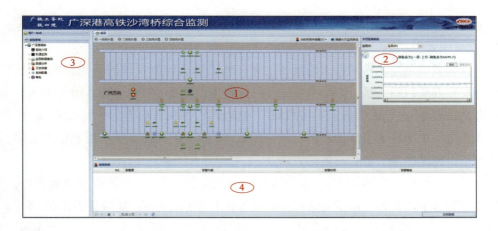

图 4-21　高速铁路大跨度桥上无砟轨道监测系统主界面

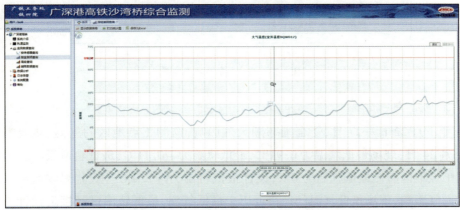

图 4-22　高速铁路大跨度桥上无砟轨道监测系统监测数据查询

四、安全预警系统

1. 安全预警系统介绍

安全预警系统是高速铁路特大跨度桥上无砟轨道综合监测系统的重要组成部分,常用的预警信息发布方法包括广播、电话、短信、通用分组无线服务(GPRS)等。随着中国移动通信技术的高速发展,手机已成为人们不可或缺的通信设备,手机短信作为一种实用、方便、经济的通信手段赢得了中国广大手机用户的青睐。因此,安全预警系统主要采用短信方式进行预警信息发布是一种最经济、实用、高效的方法。

安全预警系统的主要功能为:建立预警短信接收发送系统,建立预警对象数据库,系统能实现自动预警和手动预警。由于高速铁路轨道监测数据信息量大,数据复杂多变,考虑报警安全,不建议采用自动报警方式,以免发生频繁误报,影响高速铁路正常运营。手动预警方式,即系统在对监测的数据进行统计分析后,按照预警条件和级别在本地发出预警声警示,由系统管理人员根据对监测结果进行判定并确认后,再确定是否发送预警信息。安全预警系统流程图如图4-23所示。

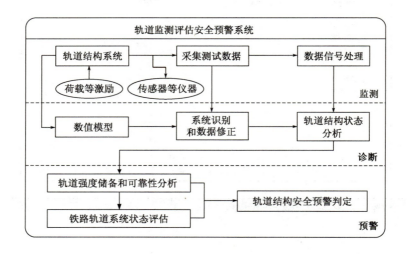

图4-23 安全预警系统流程图

2. 安全预警案例介绍

2016年1月22日—27日,受全国寒潮天气影响,监测工点地区的气温、轨温突然下降。2016年1月24日,现场最低气温为0.91℃,最低轨温为-0.11℃,最低轨道板温度为1.38℃。

监测工点地区历史最低气温为0℃,设计最低轨温为-1.9℃。从监测数据可以看出,受此次低温天气影响,现场最低气温已经接近历史最低气温,最低轨温已经接近设计最低轨温。监测系统监测的现场温度曲线见图4-24。

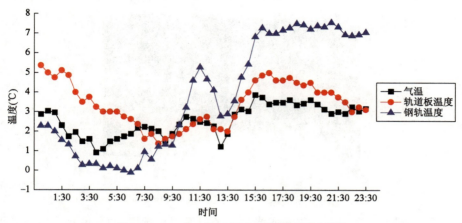

图 4-24　2016 年 1 月 24 日工点监测现场温度曲线

分析现场轨道结构位移监测资料，发现连续梁梁端钢轨—轨道板最大相对位移为 -15.1mm，连续梁梁端凸形挡台与轨道板最大相对位移为 -9.93mm，连续梁梁端纵向最大相对位移为 44.26mm。根据现场获取的监测照片，连续梁梁端扣件垫板已经窜出，如图 4-25 ~ 图 4-27 所示。

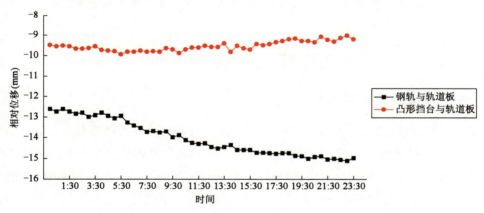

图 4-25　2016 年 1 月 24 日工点监测结构位移曲线

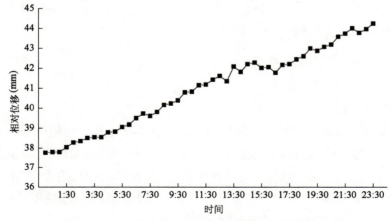

图 4-26　2016 年 1 月 24 日工点监测特大桥梁端纵向相对位移曲线

图 4-27　2016 年 1 月 25 日工点监测特大桥梁端扣件垫板窜出

根据上述监测情况,项目监测中心向当地工务段发出了预警通报,并提出以下几点建议:

①对梁端小阻力扣件进行检查,如发现扣件垫板窜出,应及时整治、更换,确保小阻力扣件处于正常工作状态;

②对连续梁梁端及相邻简支梁梁端的凸形挡台进行检查,确保凸形挡台工作状态正常;

③及时检查轨道几何状态,及时调整轨距、轨向、高低、水平等不良处所,确保轨道几何形位正确。

第五节　监测数据分析

一、温度场监测数据分析

根据《铁路无缝线路设计规范》(TB 10015—2012),最高轨温为当地有历史记录以来的最高气温加 20℃,最低轨温则和当地有历史记录以来的最低气温相同。事实上,在实际工程中,轨温和气温的关系复杂,受当地气候、工程环境影响较大。为了进一步掌握 CRTS Ⅰ 型板式无砟轨道地段轨温和气温的关系,铁四院结合现场实测数据,系统分析了钢轨温度和环境温度的量化关系,数据样本采集时间为 2014 年 6 月 18 日—2016 年 2 月 29 日。

为了能将监测工点一年四季的特点反映出来,本节在进行分析时先将全年采集到的数据分为 4 个季度单独分析,再对全年的数据进行归纳总结。

1. 钢轨温度与环境温度关系研究

(1)夏季(每年 6 月—8 月)

①2014 年监测数据

2014 年夏季钢轨温度(以下简称轨温)的变化趋势与气温的变化趋势相同,如图 4-28、图 4-29 所示,可以看出,最高气温出现在 2014 年 8 月 26 日,为 37.33℃;最高轨温出现在 2014 年 7 月 5 日,为 57.2℃;日最大轨温气温差出现在 2014 年 7 月 5 日,为 25.72℃。虽然 8 月 26 日气温最高,但当天的轨温为 52.15℃,即轨温差为 14.82℃,因此气温最高并不意味着轨温达到最大,但该季度最高轨温满足该季度最高气温加 20℃。

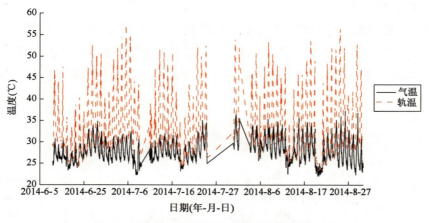

图 4-28　夏季钢轨温度与环境温度关系曲线

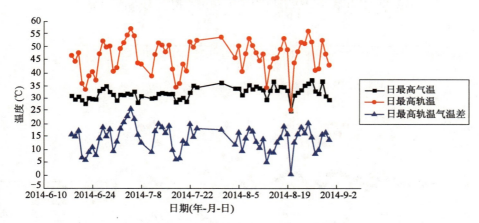

图 4-29　夏季日最高气温、轨温及其温差曲线

夏季日最高钢轨温度和日最高气温差值(以下简称日最高轨温气温差)分布图见图4-30。从图中可知,夏季日最高轨温气温差在 5～20℃ 占比90%,其在 15～20℃ 占比41%。

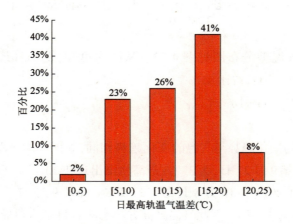

图 4-30　夏季日最高轨温气温差分布图

②2015 年监测数据

2015 年夏季轨温的变化趋势与气温的变化趋势相同,如图 4-31、图 4-32 所示,可以看出,最高气温出现在 2015 年 8 月 7 日,为 36.43℃;最高轨温出现在 2015 年 8 月 5 日,为 56.78℃;日最大轨温气温差出现在 2015 年 8 月 5 日,为 21.95℃;该季度最高轨温满足该季度最高气温加 20℃。

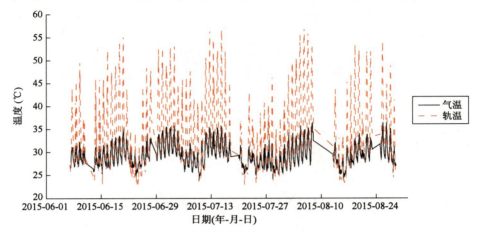

图 4-31 夏季钢轨温度与环境温度关系曲线

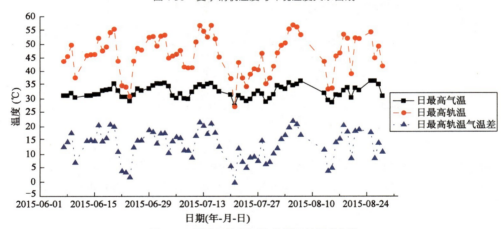

图 4-32 夏季日最高气温、轨温及其温差曲线

夏季日最高轨温气温差分布图见图 4-33。从图中可知,夏季日最高轨温气温差在 5~20℃占比 82%,其在 15~20℃占比 41%。

(2)秋季(每年 9 月—11 月)

①2014 年监测数据

2014 年秋季轨温的变化趋势与气温的变化趋势相同,如图 4-34、图 4-35 所示,可以看出,最高气温出现在 2014 年 9 月 27 日,为 37℃;最高轨温出现在 2014 年 9 月 3 日,为 56.26℃;日最大轨温气温差出现在 2014 年 10 月 8 日,为 23.96℃。虽然 9 月 27 日气温最高,但当天的轨温为 51.4℃,即轨温差为 14.4℃,因此气温最高并不意味着轨温达到最大,但该季度最高轨温满足该季度最高气温加 20℃。

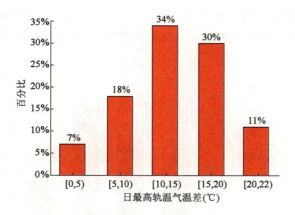

图 4-33　夏季日最高轨温气温差分布图

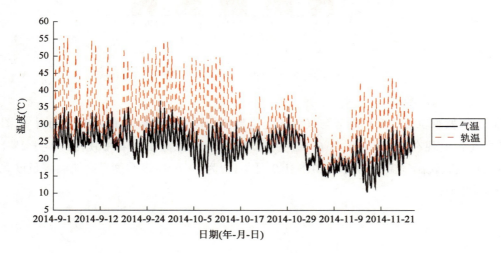

图 4-34　秋季钢轨温度与环境温度关系曲线

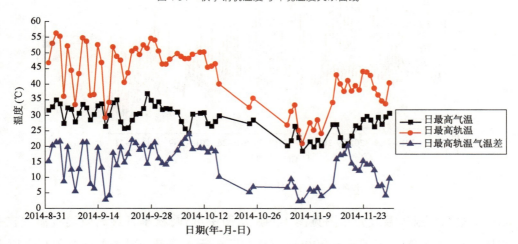

图 4-35　秋季日最高气温、轨温及其温差曲线

秋季日最高轨温气温差分布图见图4-36。从图中可知,秋季日最高轨温气温差在5～20℃占比79%,其在15～20℃占比31%。与夏季相比,日最高轨温气温差在15℃以上所占的比例有所减小。

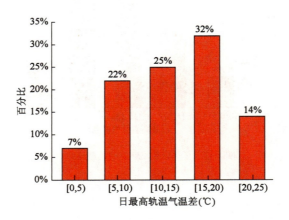

图4-36 秋季日最高轨温气温差分布图

②2015年监测数据

2015年秋季轨温的变化趋势与气温的变化趋势相同,如图4-37、图4-38所示。从图中可知,最高气温出现在2015年9月6日,为37.5℃;最高轨温出现在2015年9月25日,为53.0℃;日最大轨温气温差出现在2015年9月4日,为19.6℃;该季度最高轨温满足该季度最高气温加20℃。

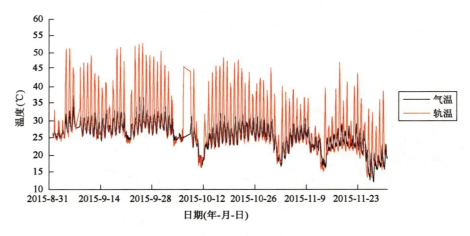

图4-37 秋季钢轨温度与环境温度关系曲线

秋季日最高轨温气温差分布图见图4-39。从图中可知,秋季日最高轨温气温差在5～20℃占比82%,其在15～20℃占比30%。与夏季相比,日最高轨温气温差在15℃以上所占的比例有所减小。

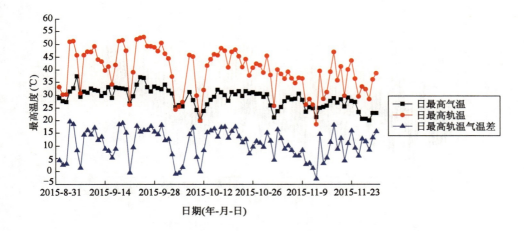

图 4-38　秋季日最高气温、轨温及其温差曲线

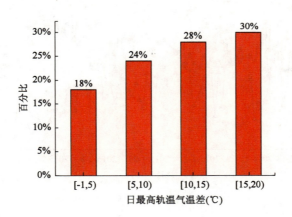

图 4-39　秋季日最高轨温气温差分布图

(3)冬季(每年 12 月—次年 2 月)

①2014 年 12 月—2015 年 2 月监测数据

2014 年冬季轨温的变化趋势与气温的变化趋势相同,如图 4-40、图 4-41 所示。从图中可以看出,最高气温出现在 2015 年 2 月 26 日,为 31.71℃;最高轨温出现在 2014 年 12 月 9 日,为 38.09℃;日最大轨温气温差出现在 2014 年 12 月 9 日,为 19.24℃。虽然 2 月 26 日气温最高,但当天的轨温为 26.92℃,即轨温差为 -4.79℃,因此气温最高并不意味着轨温达到最大,但该季度最高轨温满足该季度最高气温加 10℃。

冬季日最高轨温气温差分布图见图 4-42。从图中可知,冬季日最高轨温气温差在 5 ~ 20℃ 占比 87%,其在 5 ~ 15℃ 占比 46%;冬季日最高轨温气温差主要集中在 15℃ 以下。

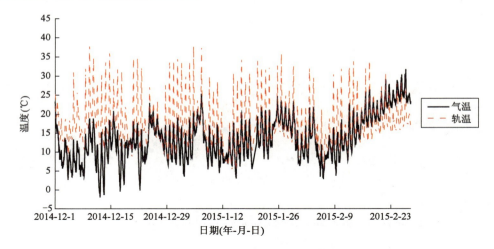

图 4-40　冬季钢轨温度与环境温度关系曲线

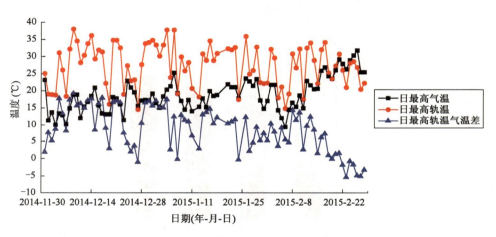

图 4-41　冬季日最高气温、轨温及其温差曲线

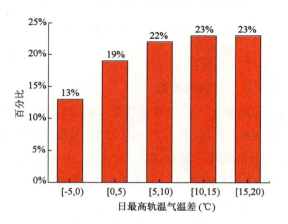

图 4-42　冬季日最高轨温气温差分布图

②2015年12月—2016年2月监测数据

2015年冬季轨温的变化趋势与气温的变化趋势相同,如图4-43、图4-44所示。从图中可以看出,最高气温出现在2015年12月2日,为24.52℃;最高轨温出现在2015年12月2日,为36.85℃;日最大轨温气温差出现在2016年2月7日,为17.69℃。2016年1月22日~27日,受全国寒潮天气影响,监测工点地区的气温、轨温突然下降,该季度最高轨温为该季度最高气温加12℃。

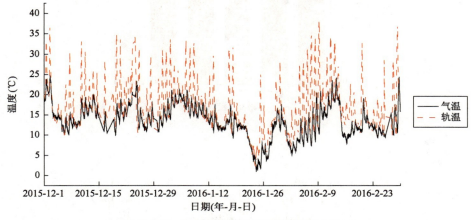

图4-43 冬季钢轨温度与环境温度关系曲线

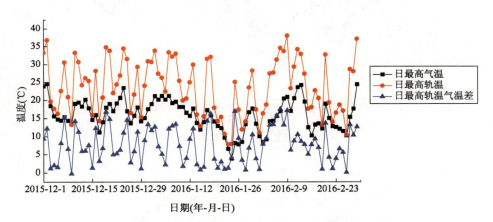

图4-44 冬季日最高气温、轨温及其温差曲线

冬季日最高轨温气温差分布图见图4-45。从图中可知,冬季日最高轨温气温差在0~15℃占比92%,其在6~15℃占比54%;冬季日最高轨温气温差主要集中在15℃以下。

(4)春季(每年3月—5月)

2015年春季轨温的变化趋势与气温的变化趋势相同,如图4-46、图4-47所示。从图中可以看出,最高气温出现在2015年5月15日,为32.89℃;最高轨温出现在2015年5月27日,为45.66℃;日最大轨温气温差出现在2015年4月14日,为19.24℃。虽然5月15日气温最高,但当天的轨温为37.77℃,即轨温差为7.49℃,因此气温最高并不意味着轨温达到最大,但该季度最高轨温满足该季度最高气温加15℃。

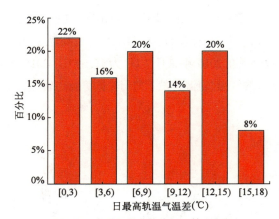

图 4-45 冬季日最高轨温气温差分布图

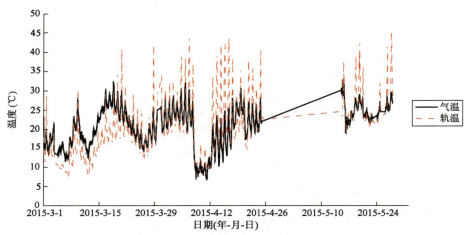

图 4-46 春季钢轨温度与环境温度关系曲线

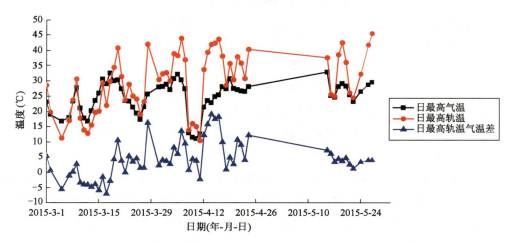

图 4-47 春季日最高气温、轨温及其温差曲线

春季日最高轨温气温差分布图见图4-48。从图中可知,春季日最高轨温气温差在-5~15℃占比84%,其在0~5℃占比40%;春季日最高轨温气温差主要集中在10℃以下。

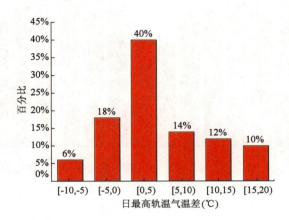

图4-48　春季日最高轨温气温差分布图

(5)全年数据统计分析

月最高轨温与气温分布图见图4-49,月最高轨温气温差分布图见图4-50。从图中可知,2014年6月—2016年2月期间,监测工点地区的最高气温为37.5℃;最高轨温出现在2014年7月份,为57.2℃;2016年1月份的最高轨温最小,为33.9℃;2014年7月份轨温气温差最大,为25.7℃;2015年2月份轨温气温差最小,为14.4℃。

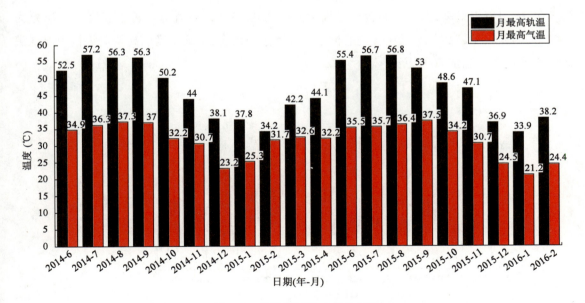

图4-49　月最高轨温与气温分布图

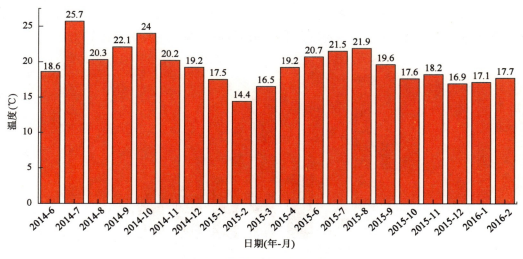

图 4-50　月最高轨温气温差分布图

2. 轨道板、底座板温度与环境温度关系研究

（1）夏季（每年 6 月—8 月）

①轨道板

a. 2014 年监测数据

2014 年夏季轨道板板中温度的变化趋势与气温的变化趋势相同，如图 4-51、图 4-52 所示。从图中可以看出，最高气温出现在 2014 年 8 月 26 日，为 37.33℃；最高轨道板板中温度出现在 2014 年 7 月 5 日，为 47.2℃；日最大轨道板温气温差出现在 2014 年 7 月 5 日，为 15.7℃。虽然 8 月 26 日气温最高，但当天的轨道板板中温度为 44.35℃，即轨道板板中温度与气温差为 7.02℃，因此气温最高并不意味着轨道板板中温度达到最大，但该季度最高轨道板板中温度满足该季度最高气温加 10℃。

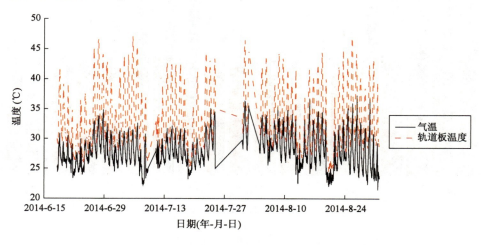

图 4-51　夏季轨道板温度与环境温度关系曲线

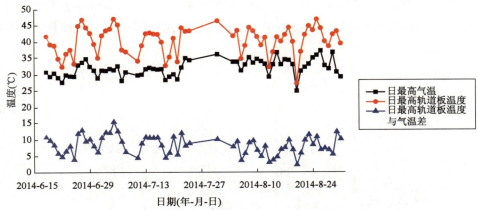

图 4-52 夏季日最高气温、轨道板温度及其温差曲线

夏季日最高轨道板板中温度与气温差分布图见图 4-53。从图中可知，夏季日最高轨道板板中温度与气温差在 4~14℃占比 92%，其在 6~12℃占比 64%。

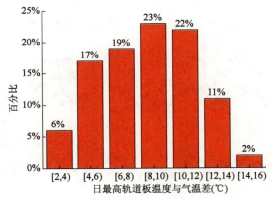

图 4-53 夏季日最高轨道板板中温度与气温差分布图

b. 2015 年监测数据

2015 年夏季轨道板板中温度的变化趋势与气温的变化趋势相同，如图 4-54、图 4-55 所示。从图中可以看出，最高气温出现在 2015 年 8 月 7 日，为 36.43℃；最高轨道板板中温度出现在 2015 年 7 月 15 日，为 48.12℃，日最大轨道板温气温差出现在 2015 年 7 月 15 日，为 12.5℃；该季度最高轨道板板中温度满足该季度最高气温加 12℃。

夏季日最高轨道板板中温度与气温差分布图见图 4-56。从图中可知，夏季日最高轨道板板中温度与气温差在 2~12℃占比 92%，其在 6~12℃占比 68%。

②底座板

a. 2014 年监测数据

2014 年夏季底座板板中温度的变化趋势与气温的变化趋势相同，如图 4-57、图 4-58 所示。从图中可以看出，最高气温出现在 2014 年 8 月 26 日，为 37.33℃；最高底座板板中温度出现在 2014 年 8 月 25 日，为 45.54℃；日最大底座板板温气温差出现在 2014 年 7 月 5 日，为 13.34℃。

虽然8月26日气温最高,但当天的底座板板中温度为43.3℃,即底座板板中温度与气温差为5.97℃,因此气温最高并不意味底座板板中温度达到最大,但该季度最高底座板板中温度满足该季度最高气温加8℃。

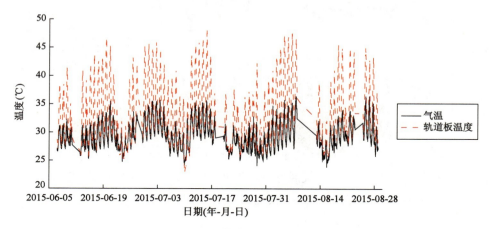

图4-54　夏季轨道板温度与环境温度关系曲线

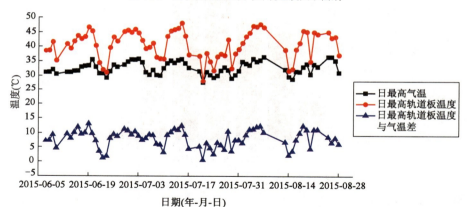

图4-55　夏季日最高气温、轨道板温度及其温差曲线

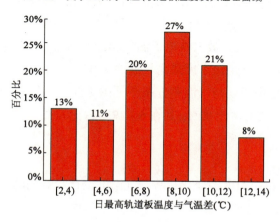

图4-56　夏季日最高轨道板板中温度与气温差分布图

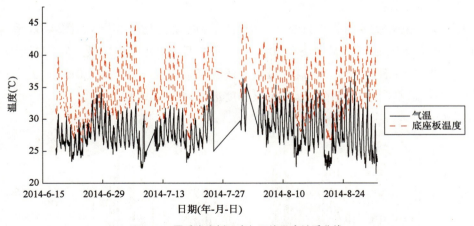

图 4-57　夏季底座板温度与环境温度关系曲线

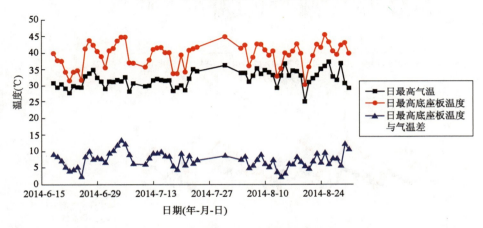

图 4-58　夏季日最高气温、底座板温度及其温差曲线

图 4-59 为夏季日最高底座板板中温度与气温差分布图。从图中可知,夏季日最大底座板板中温度与气温差在 4～12℃ 占比 82%,其在 6～10℃ 占比 60%。

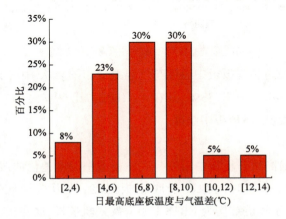

图 4-59　夏季日最高底座板板中温度与气温差分布图

b. 2015 年监测数据

2015 年夏季底座板板中温度的变化趋势与气温的变化趋势相同,如图 4-60、图 4-61 所示。从图中可以看出,最高气温出现在 2015 年 8 月 7 日,为 36.43℃;最高底座板板中温度出现在 2015 年 7 月 15 日,为 45.76℃;日最大底座板板温气温差出现在 2015 年 6 月 19 日,为 11.53℃;该季度最高底座板板中温度满足该季度最高气温加 10℃。

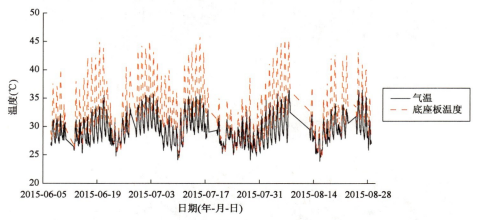

图 4-60 夏季底座板温度与环境温度关系曲线

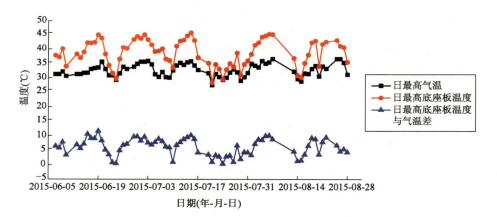

图 4-61 夏季日最高气温、底座板温度及其温差曲线

图 4-62 为夏季日最高底座板板中温度与气温差分布图。从图中可知,夏季日最大底座板板中温度与气温差在 2~10℃占比 83%,其在 4~10℃占比 69%。

③轨道板板中温度与底座板板中温度

a. 2014 年监测数据

图 4-63 为夏季日最高轨道板板中温度与底座板板中温度差值曲线。从图中可以看出,夏季轨道板板中温度在大多数时间内高于底座板温度,轨道板与底座板板中温差的范围为 -2.96~3.75℃。由于轨道结构为 CRTS Ⅰ 型框架式轨道板,底座板温度传感器埋置于框架轨道板中间外露部分,因此轨道板与底座板的温差不大。

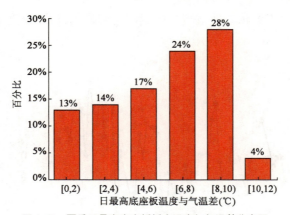

图 4-62　夏季日最高底座板板中温度与气温差分布图

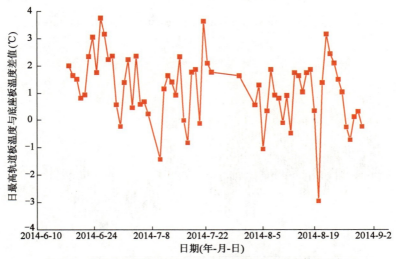

图 4-63　夏季日最高轨道板板中温度与底座板板中温度差值分布图

b. 2015 年监测数据

图 4-64 为夏季日最高轨道板板中温度与底座板板中温度差值曲线。夏季轨道板温度在大多数时间内高于底座板温度,轨道板与底座板温差的范围为 -0.29~4.06℃。由于轨道结构为 CRTS Ⅰ 型框架式轨道板,底座板温度传感器埋置于框架轨道板中间外露部分,因此轨道板与底座板的温差不大。

(2)秋季(每年 9 月—11 月)

①轨道板

a. 2014 年监测数据

2014 年秋季轨道板板中温度的变化趋势与气温的变化趋势相同,如图 4-65、图 4-66 所示。从图中可以看出,最高气温出现在 2014 年 9 月 27 日,为 37℃;最高轨道板板中温度出现在 2014 年 9 月 4 日,为 44.82℃;日最大轨道板温度与气温差出现在 2014 年 9 月 20 日,为 12.71℃。虽然 9 月 27 日气温最高,但当天的轨道板板中最高温度为 40.47℃,即轨温差为

3.47℃,因此气温最高并不意味着轨道板板中温度达到最大,但该季度最高轨道板板中温度满足该季度最高气温加8℃。

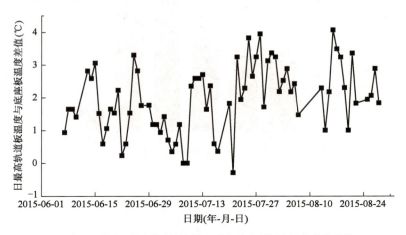

图4-64 夏季日最高轨道板板中温度与底座板板中温度差值曲线

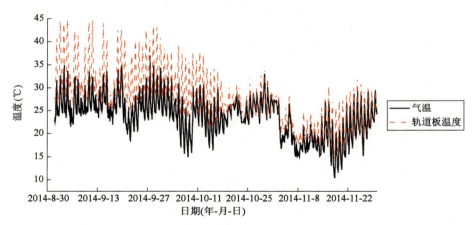

图4-65 秋季轨道板温度与环境温度关系曲线

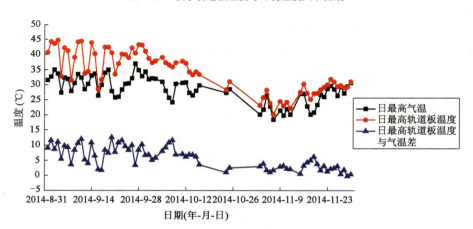

图4-66 秋季日最高气温、轨道板温度及其温差曲线

图 4-67 为秋季日最高轨道板板中温度与气温差分布图。从图中可知,秋季日最大轨道板板中温度与气温差在 2~12℃ 占比 81%。

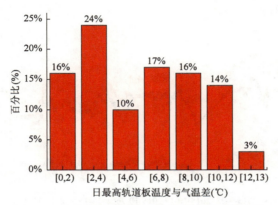

图 4-67　秋季日最高轨道板板中温度与气温差分布图

b. 2015 年监测数据

2015 年秋季轨道板板中温度的变化趋势与气温的变化趋势相同,如图 4-68、图 4-69 所示。从图中可以看出,最高气温出现在 2015 年 9 月 6 日,为 37.5℃;最高轨道板板中温度出现在 2015 年 9 月 3 日,为 50.4℃;日最大轨道板温度与气温差出现在 2015 年 9 月 23 日,为 16.1℃;该季度最高轨道板板中温度满足该季度最高气温加 13℃。

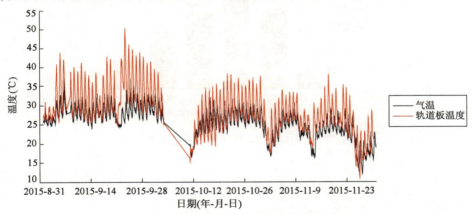

图 4-68　秋季轨道板温度与环境温度关系曲线

图 4-70 为秋季日最高轨道板板中温度与气温差分布图。从图中可知,秋季日最大轨道板板中温度与气温差在 2~10℃ 占比 89%。

②底座板

a. 2014 年监测数据

2014 年秋季底座板板中的温度变化趋势与气温的变化趋势相同,如图 4-71、图 4-72 所示。从图中可以看出,最高气温出现在 2014 年 9 月 27 日,为 37℃;最高底座板板中温度出现在 2014 年 9 月 4 日,为 43.89℃;日最大底座板温度与气温差出现在 2014 年 10 月 8 日,为

13.36℃。虽然9月27日气温最高,但当天的底座板板中最高温度为39.65℃,即轨温差为2.65℃,因此气温最高并不意味着底座板板中温度达到最大,但该季度最高底座板板中温度满足该季度最高气温加7℃。

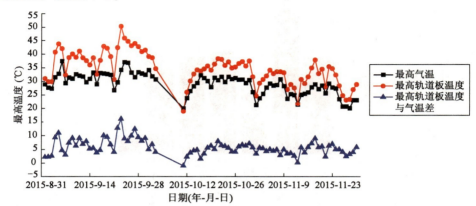

图4-69 秋季日最高气温、轨道板温度及其温差曲线

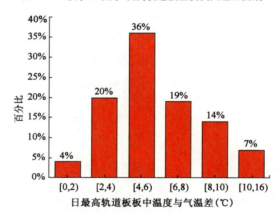

图4-70 秋季日最高轨道板板中温度与气温差分布图

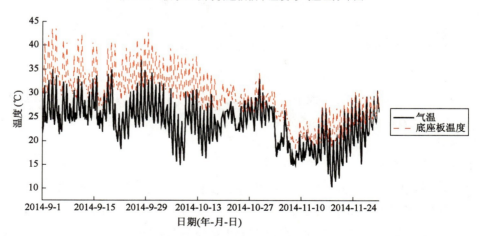

图4-71 秋季底座板温度与环境温度关系曲线

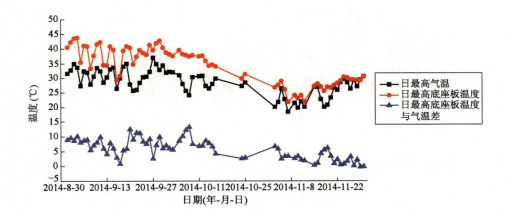

图 4-72 秋季日最高气温、底座板温度及其温差曲线

图 4-73 为秋季日最高底座板板中温度与气温差分布图。从图中可知,秋季日最大底座板板中温度与气温差在 -1~10℃ 占比 90%。

图 4-73 秋季日最高底座板板中温度与气温差分布图

b. 2015 年监测数据

2015 年秋季底座板板中的温度变化趋势与气温的变化趋势相同,如图 4-74、图 4-75 所示。从图中可以看出,最高气温出现在 2015 年 9 月 6 日,为 37.5℃;最高底座板板中温度出现在 2015 年 9 月 19 日,为 40.2℃;日最大底座板温度与气温差出现在 2015 年 9 月 27 日,为 8.5℃;该季度最高底座板板中温度满足该季度最高气温加 5℃。

图 4-76 为秋季日最高底座板板中温度与气温差分布图。从图中可知,秋季日最大底座板板中温度与气温差在 0~9℃ 占比 90%。

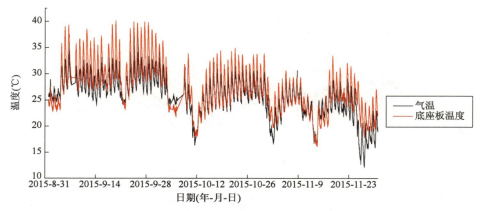

图 4-74 秋季底座板温度与环境温度关系曲线

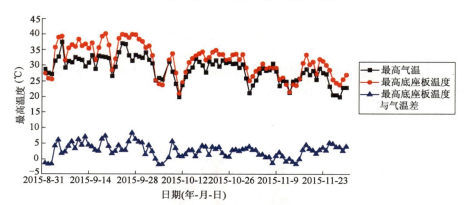

图 4-75 秋季日最高气温、底座板温度及其温差曲线

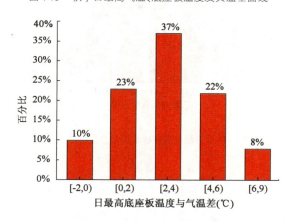

图 4-76 秋季日最高底座板板中温度与气温差分布图

(3)冬季(每年 12 月—次年 2 月)

①轨道板

a. 2014 年 12 月—2015 年 2 月监测数据

2014 年冬季轨道板板中温度的变化趋势与气温的变化趋势相同,如图 4-77、图 4-78 所示。

从图中可以看出，最高气温出现在 2015 年 2 月 26 日，为 31.71℃；最高轨道板板中温度出现在 2015 年 1 月 26 日，为 29.29℃；日最大轨道板板温气温差出现在 2014 年 12 月 11 日，为 9.04℃。虽然 2 月 26 日气温最高，但当天的轨道板板中温度为 28.82℃，即轨道板与气温差为 －2.89℃，因此气温最高并不意味着轨道板温度达到最大，但该季度最高轨道板温度满足该季度最高气温减 2℃。

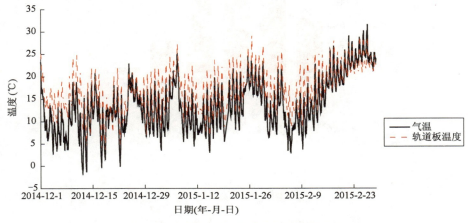

图 4-77　冬季轨道板温度与环境温度关系曲线

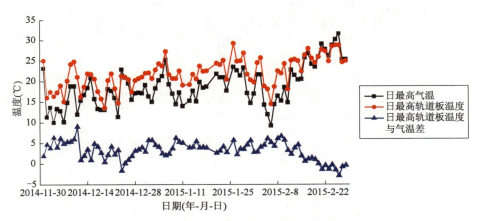

图 4-78　冬季日最高气温、轨道板温度及其温差曲线

图 4-79 为冬季日最高轨道板板中温度与气温差分布图。从图中可知，冬季日最大轨道板板中温度与气温差在 －3~6℃ 占比 92%，其在 0~6℃ 占比 80%。

b. 2015 年 12 月—2016 年 2 月监测数据

2015 年冬季轨道板板中温度的变化趋势与气温的变化趋势相同，如图 4-80、图 4-81 所示。从图中可以看出，最高气温出现在 2015 年 12 月 2 日，为 24.52℃；最高轨道板板中温度出现在 2016 年 2 月 13 日，为 35.62℃；日最大轨道板板温气温差出现在 2016 年 1 月 29 日，为 12.9℃。2016 年 1 月 22 日—27 日，受全国寒潮天气影响，广州地区的气温、轨道板温度突然下降。该季度最高轨道板温度满足该季度最高气温加 10℃。

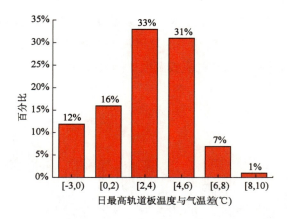

图 4-79　冬季日最高轨道板板中温度与气温差分布图

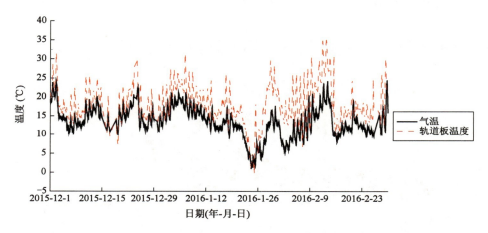

图 4-80　冬季轨道板温度与环境温度关系曲线

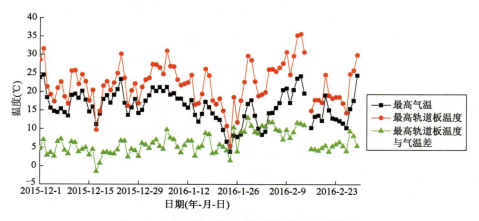

图 4-81　冬季日最高气温、轨道板温度及其温差曲线

图4-82为冬季日最高轨道板板中温度与气温差分布图。从图中可知,冬季日最大轨道板板中温度与气温差在3～13℃占比90%,其在3～9℃占比69%。

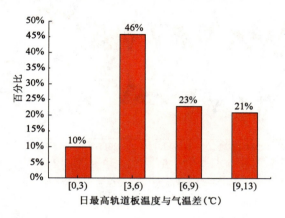

图4-82 冬季日最高轨道板板中温度与气温差分布图

②底座板

a. 2014年12月—2015年2月监测数据

2014年冬季底座板板中温度的变化趋势与气温的变化趋势相同,如图4-83、图4-84所示。从图中可以看出,最高气温出现在2015年2月26日,为31.71℃;最高底座板板中温度出现在2014年12月1日,为27.06℃;日最大底座板板温气温差出现在2014年12月11日,为10.57℃。虽然2月26日气温最高,但当天的轨道板板中温度为25.35℃,即轨道板与气温差为-6.35℃,因此气温最高并不意味着底座板温度达到最大,但该季度最高底座板温度满足该季度最高气温减4.5℃。

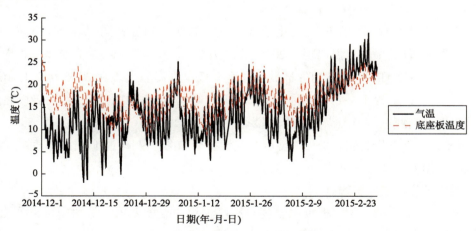

图4-83 冬季底座板温度与环境温度关系曲线

图4-85为冬季日最高底座板板中温度与气温差分布图。从图中可知,冬季日最大底座板板中温度与气温差在-4～8℃占比89%,其在-1～5℃占比63%。

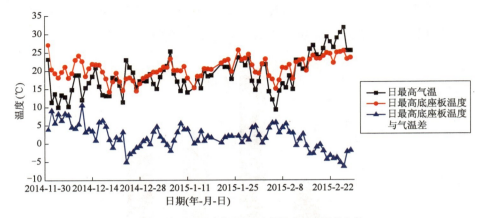

图 4-84　冬季日最高气温、底座板温度及其温差曲线

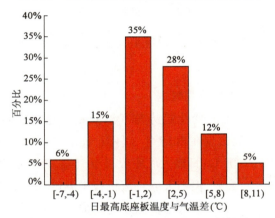

图 4-85　冬季日最高底座板板中温度与气温差分布图

b. 2015 年 12 月—2016 年 2 月监测数据

2015 年冬季底座板板中温度的变化趋势与气温的变化趋势相同,如图 4-86、图 4-87 所示。从图中可以看出,最高气温出现在 2015 年 12 月 2 日,为 24.52℃;最高底座板板中温度出现在 2015 年 12 月 2 日,为 28.82℃;日最大底座板板温气温差出现在 2016 年 2 月 16 日,为 7.70℃。2016 年 1 月 22 日—27 日,受全国寒潮天气影响,广州地区的气温、轨道板温度突然下降。该季度最高底座板温度满足该季度最高气温加 4℃。

图 4-88 为冬季日最高底座板板中温度与气温差分布图。从图中可知,冬季日最高底座板板中温度与气温差在 0 ~ 6℃占比 96%,其在 2 ~ 6℃占比 74%。

③轨道板温度与底座板温度

图 4-89 为冬季日最高轨道板板中温度与底座板板中温度差值。从图中可以看出,12 月份中旬后轨道板温度高于底座板温度,轨道板与底座板板温差的范围为 - 0.53 ~ 4.05℃,12 月份上旬轨道板与底座板板温差的范围为 - 4.37 ~ 1.28℃。由于沙湾大桥采用 CRTS Ⅰ 型框架板,底座板温度传感器埋置于框架板中间露出部分,因此轨道板与底座板温差不大。

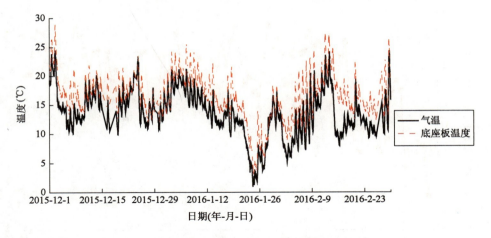

图 4-86 冬季底座板温度与环境温度关系曲线

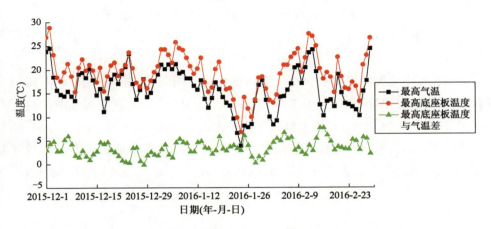

图 4-87 冬季日最高气温、底座板温度及其温差曲线

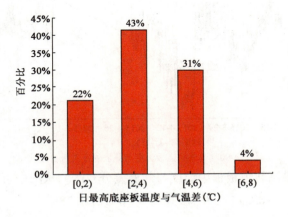

图 4-88 冬季日最高底座板板中温度与气温差分布图

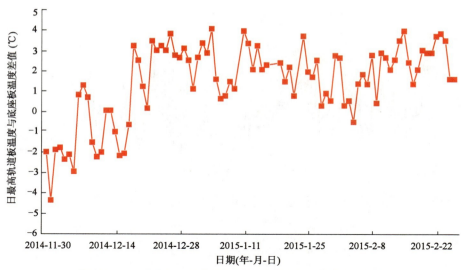

图 4-89　冬季日最高轨道板板中温度与底座板板中温度差值分布图

(4) 春季(每年 3 月—5 月)

①轨道板

春季轨道板板中温度的变化趋势与气温的变化趋势相同,如图 4-90、图 4-91 所示。从图中可以看出,最高气温出现在 2015 年 5 月 15 日,为 32.89℃;最高轨道板板中的温度出现在 2015 年 5 月 27 日,为 39.29℃;日最大轨温气温差出现在 2015 年 4 月 16 日,为 11.38℃。虽然 5 月 15 日气温最高,但当天的轨道板板中温度为 34.35℃,即轨道板板中温度与气温差为 1.46℃,因此气温最高并不意味着轨道板温度达到最大,但该季度最高轨道板板中温度满足该季度最高气温加 7℃。

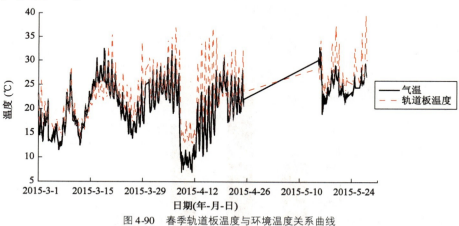

图 4-90　春季轨道板温度与环境温度关系曲线

图 4-92 为春季日最高轨道板板中温度与气温差分布图。从图中可知,春季日最大轨道板板中温度与气温差在 -3~8℃占比 88%,其在 0~8℃占比 78%。

②底座板

2015 年春季底座板板中温度的变化趋势与气温的变化趋势相同,如图 4-93、图 4-94 所示。

从图中可以看出,最高气温出现在 2015 年 5 月 15 日,为 32.89℃;最高底座板板中的温度出现在 2015 年 5 月 15 日,为 38.06℃;日最大底座板板温与气温差出现在 2015 年 4 月 14 日,为 10.48℃。虽然 5 月 15 日气温最高,但当天的底座板板中温度为 38.06℃,即底座板板中温度与气温差为 5.17℃,因此气温最高并不意味着底座板温度达到最大,但该季度最高底座板板中温度满足该季度最高气温加 8℃。

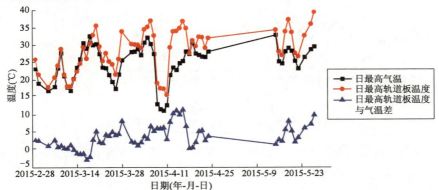

图 4-91 春季日最高气温、轨道板温度及其温差曲线

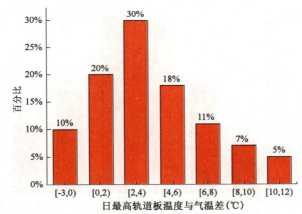

图 4-92 春季日最高轨道板板中温度与气温差值分布图

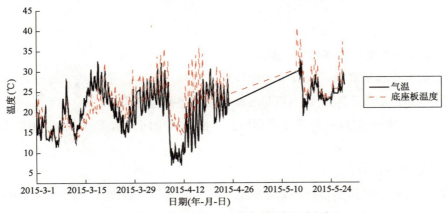

图 4-93 春季底座板温度与环境温度关系曲线

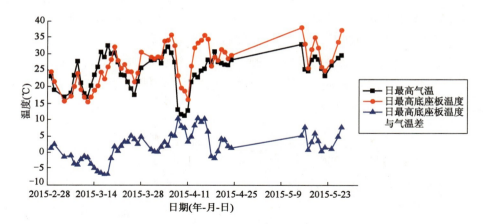

图 4-94　春季日最高气温、底座板温度及其温差曲线

图 4-95 为春季日最高底座板板中温度与气温差分布图。从图中可知,春季日最大底座板板中温度与气温差值在 -4~8℃ 占比 82%。

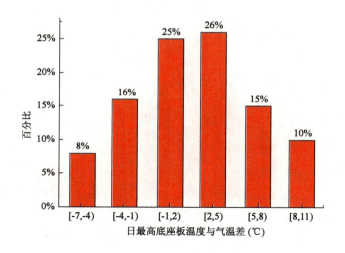

图 4-95　春季日最高底座板板中温度与气温差分布图

③轨道板板中温度与底座板板中温度

图 4-96 为春季日最高轨道板板中温度与底座板板中温度差值曲线。春季轨道板温度在大多数时间内高于底座板温度,轨道板与底座板板温差的范围为 -4.88~5℃。由于沙湾大桥采用 CRTS Ⅰ 型框架板,底座板温度传感器埋置于框架板中间露出部分,因此轨道板与底座板的温差不大。

(5)全年数据统计分析

图 4-97 为月最高轨道板、底座板温度分布图。从图中可知,2014 年 6 月—2016 年 2 月,广州地区轨道板最高温度为 50.4℃,底座板最高温度为 45.8℃。

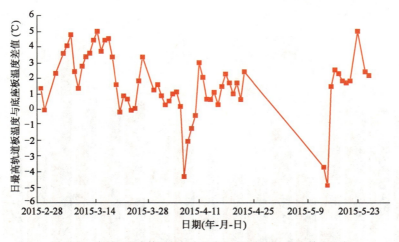

图 4-96　春季日最高轨道板板中温度与底座板板中温度差值曲线

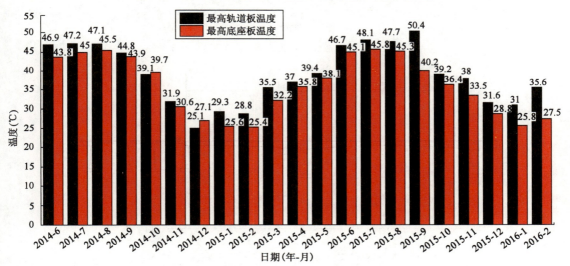

图 4-97　月最高轨道板温度、底座板温度分布图

图 4-98 为月最高轨道板、底座板温度与气温差分布图。从图中可知，2014 年 6 月—2016 年 2 月，广州地区最高轨道板温度与气温差最大值为 16.2℃，最高底座板温度与气温差最大值为 13.3℃。

二、温度变形监测数据分析

1. 钢轨与轨道板相对位移

（1）连续梁与简支梁梁端

图 4-99 为连续梁与简支梁上的测点布置示意图。图 4-100 为全年梁端钢轨与轨道板相对位移随时间变化曲线，图中的两个测点分别位于连续梁和简支梁上，距离梁端的距离均为 4.8m。连续梁与简支梁上的钢轨与轨道板相对位移的变化趋势正好相反，这主要是由于两个

传感器的安装方向相反。

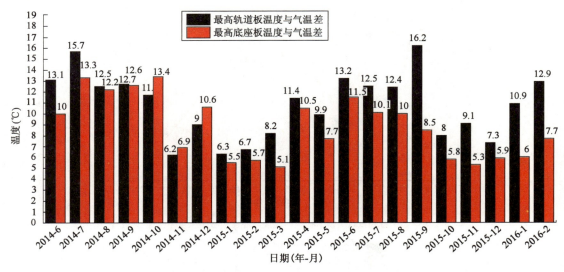

图 4-98　月最高轨道板温度、底座板温度与气温差值分布图

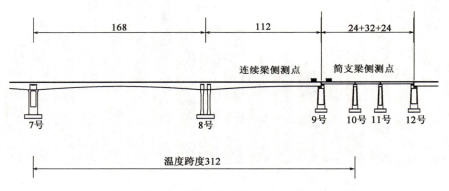

图 4-99　梁端钢轨与轨道板相对位移测点布置示意图(尺寸单位:m)

连续梁侧全年钢轨与轨道板的相对位移从夏季的 28.61mm 变化到冬季的 -4.18mm，变化量为 32.79mm；简支梁侧全年钢轨与轨道板的相对位移从夏季的 -8.77mm 变化到冬季的 1.68mm，变化量为 10.45mm。

①夏季(每年 6 月—8 月)

a. 2014 年监测数据

图 4-101 为夏季梁端钢轨与轨道板相对位移随时间变化曲线。从 6 月到 8 月，梁端连续梁侧钢轨与轨道板相对位移的季度变化量为 11.3mm，简支梁侧为 2.8mm。梁端两侧的钢轨与轨道板相对位移季度变化量相差较大。

表 4-5 列出了夏季某两天的桥梁最高温度及钢轨与轨道板最大相对位移值，简支梁的长度为 24m。根据 6 月 27 日和 8 月 20 日的梁温差，简支梁的自由伸缩位移量为 $24m \times 1.0 \times 10^{-5}/℃ \times 25.34℃ = 6.08mm$，与连续梁及简支梁侧的钢轨与轨道板最大相对位移差 6.54mm

较为接近,因此可知,夏季梁端两侧钢轨与轨道板相对位移季度变化量相差较大是简支梁的自由伸缩引起的。

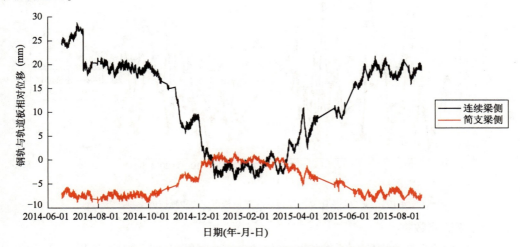

图 4-100　全年梁端钢轨与轨道板相对位移随时间变化曲线

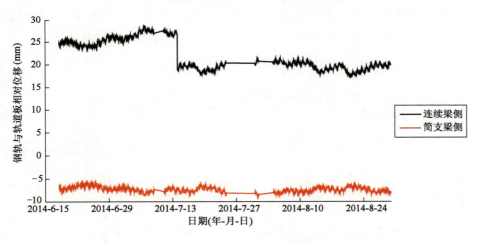

图 4-101　夏季梁端钢轨与轨道板相对位移随时间变化曲线

夏季桥梁最高温度及钢轨与轨道板相对位移　　表 4-5

日　　期	桥梁最高温度(℃)	钢轨与轨道板最大相对位移(mm)	
		连续梁侧	简支梁侧
6月27日	50.35	26.06	-7.54
8月20日	25.01	19.08	-7.09
差值	25.34	6.98	0.45

图 4-102 为夏季梁端钢轨与轨道板相对位移日变化量随时间变化曲线。从 6 月到 8 月,梁端连续梁侧钢轨与轨道板相对位移的日变化量为 0.57 ~ 1.85mm,简支梁侧为 0.54 ~ 1.5mm。梁端两侧的钢轨与轨道板相对位移日变化量较为接近。

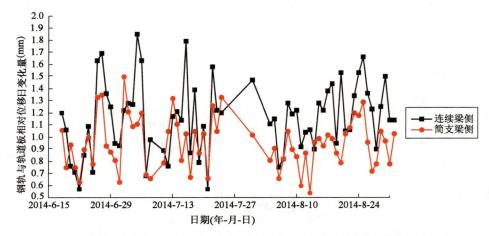

图 4-102　夏季梁端钢轨与轨道板相对位移日变化量随时间变化曲线

b. 2015 年监测数据

图 4-103 为夏季梁端钢轨与轨道板相对位移随时间变化曲线。从 6 月到 8 月,梁端连续梁侧钢轨与轨道板相对位移的季度变化量为 7.01mm,简支梁侧为 3.12mm。梁端两侧的钢轨与轨道板相对位移季度变化量相差较大。

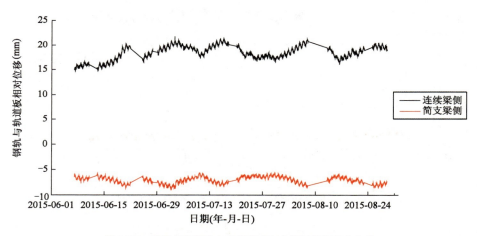

图 4-103　夏季梁端钢轨与轨道板相对位移随时间变化曲线

图 4-104 为夏季梁端钢轨与轨道板相对位移日变化量随时间变化曲线。从 6 月到 8 月,梁端连续梁侧钢轨与轨道板相对位移的日变化量为 0.68～2.3mm,简支梁侧为 0.54～1.54mm。梁端两侧的钢轨与轨道板相对位移日变化量较为接近。

②秋季(每年 9 月—11 月)

图 4-105 为秋季梁端钢轨与轨道板相对位移随时间变化曲线。从 2014 年 9 月到 11 月,梁端连续梁侧钢轨与轨道板相对位移的季度变化量为 15.05mm,简支梁侧为 5.52mm。梁端两侧的钢轨与轨道板相对位移季度变化量相差较大。

第四章 高速铁路大跨度桥梁CRTSⅠ型板式无砟轨道服役状态监测

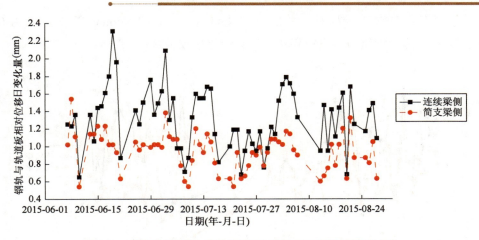

图 4-104　夏季梁端钢轨与轨道板相对位移日变化量随时间变化曲线

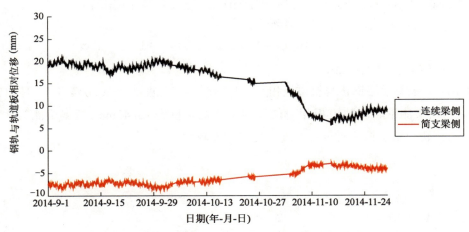

图 4-105　秋季梁端钢轨与轨道板相对位移随时间变化曲线

表 4-6 列出了秋季某两天的桥梁最高温度及钢轨与轨道板最大相对位移值,简支梁的长度为24m。根据 2014 年 9 月 4 日和 2014 年 11 月 7 日的梁温差,简支梁的自由伸缩位移量为 $24\mathrm{m} \times 1.0 \times 10^{-5}/℃ \times 26.73℃ = 6.42\mathrm{mm}$,与连续梁及简支梁侧的钢轨与轨道板最大相对位移差 6.11mm 较为接近,因此可知,秋季梁端两侧钢轨与轨道板相对位移季度变化量相差较大是简支梁的自由伸缩引起的。

秋季桥梁最高温度及钢轨与轨道板相对位移　　　　表 4-6

日　　期	桥梁最高温度(℃)	钢轨与轨道板最大相对位移(mm)	
		连续梁侧	简支梁侧
2014 年 9 月 4 日	47.91	20.98	-8.41
2014 年 11 月 7 日	21.18	11.14	-4.68
差值	26.73	9.84	3.73

图 4-106 为秋季梁端钢轨与轨道板相对位移日变化量随时间变化曲线。从 9 月到 11 月,

梁端连续梁侧钢轨与轨道板相对位移的日变化量为 0.46~1.74mm,简支梁侧为 0.23~1.44mm。梁端两侧的钢轨与轨道板相对位移日变化量较为接近。

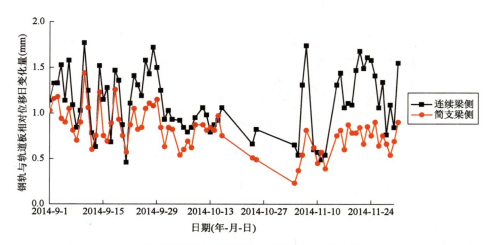

图 4-106　秋季梁端钢轨与轨道板相对位移日变化量随时间变化曲线

③冬季(2014 年 12 月—2015 年 2 月)

图 4-107 为冬季梁端钢轨与轨道板相对位移随时间变化曲线。从 2014 年 12 月到 2015 年 2 月,梁端连续梁侧钢轨与轨道板相对位移的季度变化量为 13.45mm,简支梁侧为 5.61mm。梁端两侧的钢轨与轨道板相对位移季度变化量相差较大。

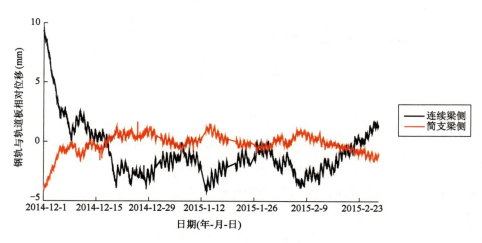

图 4-107　冬季梁端钢轨与轨道板相对位移随时间变化曲线

表 4-7 列出了冬季某两天的桥梁最高温度及钢轨与轨道板最大相对位移值,简支梁的长度为 24m。根据 2014 年 12 月 10 日和 2015 年 2 月 6 日的梁温差,简支梁的自由伸缩位移量为 $24m \times 1.0 \times 10^{-5}/℃ \times 11.63℃ = 2.79mm$,与连续梁及简支梁侧的钢轨与轨道板最大相对位移差 3.42mm 较为接近,因此可知,冬季梁端两侧钢轨与轨道板相对位移季度变化量相差较大是简支梁的自由伸缩引起的。

冬季桥梁最高温度和钢轨与轨道板相对位移　　　　表 4-7

日　　期	桥梁最高温度(℃)	钢轨与轨道板最大相对位移(mm)	
		连续梁侧	简支梁侧
2014 年 12 月 10 日	25.60	2.64	-1.41
2015 年 2 月 6 日	13.97	-2.82	0.63
差值	11.63	5.46	2.04

图 4-108 为冬季梁端钢轨与轨道板相对位移日变化量随时间变化曲线。从 2014 年 12 月到 2015 年 2 月,梁端连续梁侧钢轨与轨道板相对位移的日变化量为 0.4~2.03mm,简支梁侧为 0.36~1.56mm。梁端两侧的钢轨与轨道板相对位移日变化量较为接近。

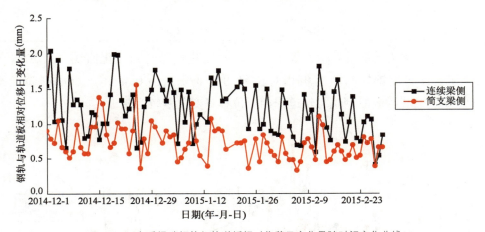

图 4-108　冬季梁端钢轨与轨道板相对位移日变化量随时间变化曲线

④春季(2015 年 3 月—5 月)

图 4-109 为春季梁端钢轨与轨道板相对位移随时间变化曲线。从 2015 年 3 月到 5 月,梁端连续梁侧钢轨与轨道板相对位移的季度变化量在 14mm,简支梁侧为 5.95mm。梁端两侧的钢轨与轨道板相对位移季度变化量相差较大。

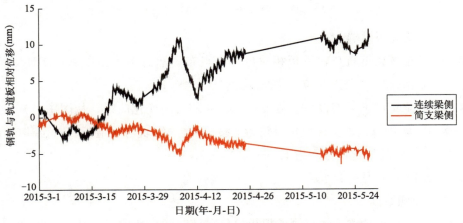

图 4-109　春季梁端钢轨与轨道板相对位移随时间变化曲线

表 4-8 列出了春季某两天的桥梁最高温度及钢轨与轨道板最大相对位移值,简支梁的长度为 24m。根据 2015 年 3 月 5 日和 2015 年 5 月 19 日的梁温差,简支梁的自由伸缩位移量为 $24\mathrm{m} \times 1.0 \times 10^{-5}/\text{℃} \times 23.87\text{℃} = 5.73\mathrm{mm}$,与连续梁及简支梁侧的钢轨与轨道板最大相对位移差 6.66mm 较为接近,因此可知,春季梁端两侧钢轨与轨道板相对位移季度变化量相差较大是简支梁的自由伸缩引起的。

春季桥梁最高温度和钢轨与轨道板相对位移　　　　表 4-8

日期	桥梁最高温度(℃)	钢轨与轨道板最大相对位移(mm)	
		连续梁侧	简支梁侧
2015 年 3 月 5 日	14.31	-1.28	-0.09
2015 年 5 月 19 日	38.18	11.06	-5.59
差值	23.87	12.34	5.68

图 4-110 为春季梁端钢轨与轨道板相对位移日变化量随时间变化曲线。从 2015 年 3 月到 5 月,梁端连续梁侧钢轨与轨道板相对位移的日变化量为 0.47~2.66mm,简支梁侧为 0.3~1.99mm。梁端两侧的钢轨与轨道板相对位移日变化量较为接近。

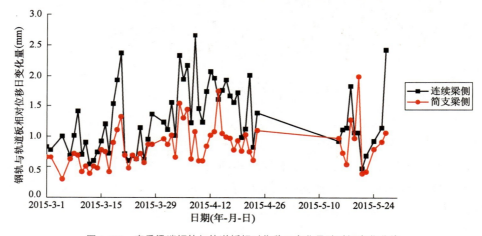

图 4-110　春季梁端钢轨与轨道板相对位移日变化量随时间变化曲线

(2) 连续梁支座至梁端

图 4-111 为连续梁钢轨与轨道板相对位移测点布置示意图。测点 1 位于连续梁支座上方,测点 2 距离梁端 30m,测点 3 位于梁端附近。

图 4-112 为全年连续梁钢轨与轨道板相对位移随时间变化曲线。从图中可知,连续梁支座附近的钢轨与轨道板相对位移变化得较为平缓,梁端的钢轨与轨道板相对位移变化得最为剧烈,三个测点全年的变化量分别为 1.8mm、13mm 和 32mm。

①夏季(2014 年 6 月—8 月)

a. 2014 年监测数据

图 4-113 为夏季连续梁钢轨与轨道板相对位移随时间变化曲线。从图中可知,三个测点

的相对位移变化量较为平稳。测点1的季度变化量为1.1mm,测点2的季度变化量为3mm,测点3的季度变化量为4.2mm。

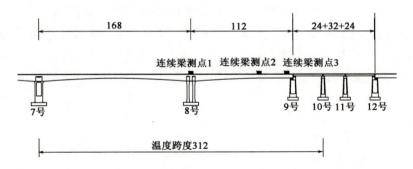

图4-111　连续梁钢轨与轨道板相对位移测点布置示意图(尺寸单位:m)

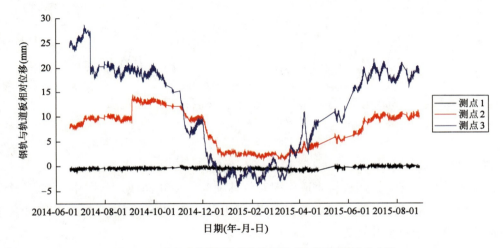

图4-112　全年连续梁钢轨与轨道板相对位移随时间变化曲线

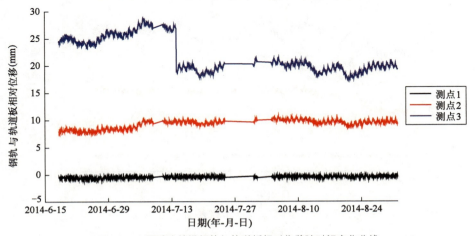

图4-113　夏季连续梁钢轨与轨道板相对位移随时间变化曲线

图4-114为夏季连续梁钢轨与轨道板相对位移日变化量随时间变化曲线,测点1的日变

化量为0.3~0.8mm,测点2的日变化量为0.45~1.3mm,测点3的日变化量为0.6~1.8mm。测点1距离固定墩(7号)的距离为168m,测点2距离固定墩(7号)的距离为250m,测点3距离固定墩(7号)的距离为280m,因此三个测点距离固定墩距离的比例关系为1∶1.49∶1.67。三个测点的日位移变化量比值为1∶(1.5~1.625)∶(2~2.25),因此相对位移的变化量比值与测点与固定支座的位移比值并不相同。这主要是由于钢轨与轨道板相对位移变化量除了与测点和固定支座间的距离有关外,还和轨道板与桥梁间的位移变化量有关。

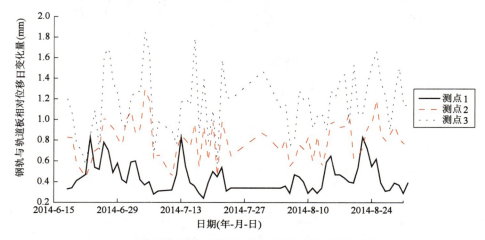

图4-114　夏季连续梁钢轨与轨道板相对位移日变化量随时间变化曲线

b. 2015年监测数据

图4-115为夏季连续梁钢轨与轨道板相对位移随时间变化曲线。从图中可知,三个测点的相对位移变化量较为平稳。测点1的季度变化量为1.06mm,测点2的季度变化量为5.19mm,测点3的季度变化量为7.01mm。

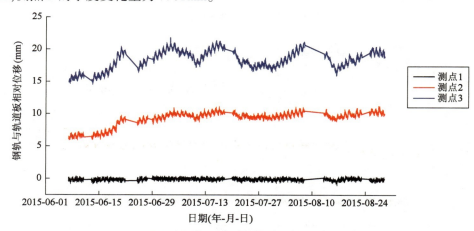

图4-115　夏季连续梁钢轨与轨道板相对位移随时间变化曲线

图4-116为夏季连续梁钢轨与轨道板相对位移日变化量随时间变化曲线,测点1的日变化量为0.28~0.75mm,测点2的日变化量为0.38~1.87mm,测点3的日变化量为0.65~

2.31mm。测点1距离固定墩(7号)的距离为168m,测点2距离固定墩(7号)的距离为250m,测点3距离固定墩(7号)的距离为280m,因此三个测点距离固定墩距离的比例关系为1∶1.49∶1.67。三个测点的日位移变化量比值为1∶(1.36~2.50)∶(2.43~3.08),因此相对位移的变化量比值与测点与固定支座的位移比值并不完全相同。这主要是由于钢轨与轨道板相对位移变化量除了与测点和固定支座间的距离有关外,还和轨道板与桥梁间的位移变化量有关。

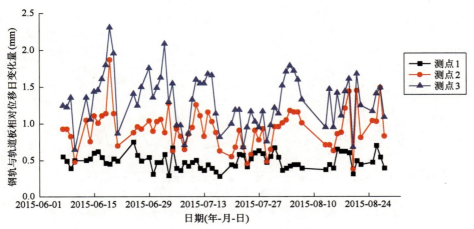

图4-116 夏季连续梁钢轨与轨道板相对位移日变化量随时间变化曲线

②秋季(2014年9月—11月)

图4-117为秋季连续梁钢轨与轨道板相对位移随时间变化曲线。从图中可知,三个测点的相对位移变化量较为平稳。测点1的季度变化量为1.2mm,测点2的季度变化量为5.2mm,测点3的季度变化量为15mm。

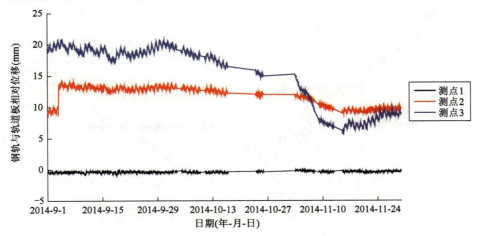

图4-117 秋季连续梁钢轨与轨道板相对位移随时间变化曲线

图4-118为秋季连续梁钢轨与轨道板相对位移日变化量随时间变化曲线,测点1的日变化量为0.26~0.75mm,测点2的日变化量为0.36~1.46mm,测点3的日变化量为0.46~

1.87mm。测点 1 距离固定墩（7 号）的距离为 168m，测点 2 距离固定墩（7 号）的距离为 250m，测点 3 距离固定墩（7 号）的距离为 280m，因此三个测点距离固定墩距离的比例关系为 1∶1.49∶1.67。三个测点的日位移变化量比值为 1∶(1.38～1.95)∶(1.77～2.49)，因此相对位移的变化量比和测点与固定支座的位移比并不完全相同。这主要是由于钢轨与轨道板相对位移变化量除了与测点和固定支座间的距离有关外，还和轨道板与桥梁间位移变化量有关。

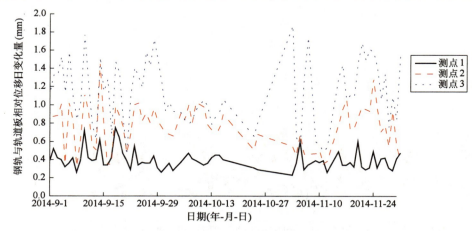

图 4-118　秋季连续梁钢轨与轨道板相对位移日变化量随时间变化曲线

③冬季（2014 年 12 月—2015 年 2 月）

图 4-119 为冬季连续梁钢轨与轨道板相对位移随时间变化曲线。从图中可知，三个测点的相对位移变化量较为平稳。测点 1 的季度变化量为 1.1mm，测点 2 的季度变化量为 8.7mm，测点 3 的季度变化量为 13.5mm。

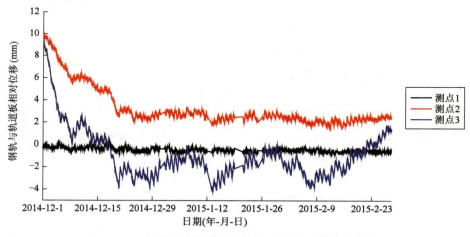

图 4-119　冬季连续梁钢轨与轨道板相对位移随时间变化曲线

图 4-120 为冬季连续梁钢轨与轨道板相对位移日变化量随时间变化曲线，测点 1 的日变化量为 0.3～0.89mm，测点 2 的日变化量为 0.25～1.3mm，测点 3 的日变化量为 0.45～2mm。测点 1 距离固定墩（7 号）的距离为 168m，测点 2 距离固定墩（7 号）的距离为 250m，测点 3 距

离固定墩（7号）的距离为280m，因此三个测点距离固定墩距离的比例关系为1∶1.49∶1.67。三个测点的日位移变化量比值为1∶(0.83~1.46)∶(1.5~2.25)，因此相对位移的变化量比值与测点与固定支座的位移比值并不完全相同，这主要是由于钢轨与轨道板相对位移变化量除了与测点和固定支座间的距离有关外，还和轨道板与桥梁间的位移变化量有关。

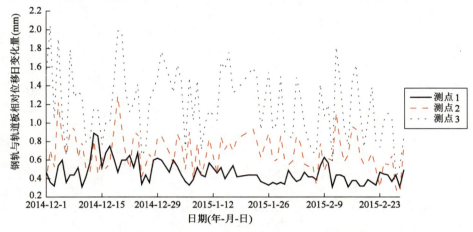

图4-120　冬季连续梁钢轨与轨道板相对位移日变化量随时间变化曲线

④春季（2015年3月—5月）

图4-121为春季连续梁钢轨与轨道板相对位移随时间变化曲线。从图中可知，三个测点的相对位移变化量较为平稳。测点1的季度变化量为1.64mm，测点2的季度变化量为5mm，测点3的季度变化量为14mm。

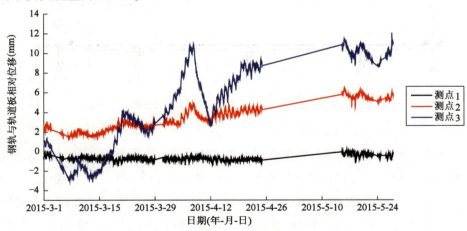

图4-121　春季连续梁钢轨与轨道板相对位移随时间变化曲线

图4-122为春季连续梁钢轨与轨道板相对位移日变化量随时间变化曲线，测点1的日变化量为0.26~1.19mm，测点2的日变化量为0.27~1.44mm，测点3的日变化量为0.5~2.66mm。测点1距离固定墩（7号）的距离为168m，测点2距离固定墩（7号）的距离为250m，测点3距离固定墩（7号）的距离为280m，因此三个测点距离固定墩距离的比例关系为

1∶1.49∶1.67。三个测点的日位移变化量比值为1∶(1.04~1.21)∶(1.92~2.23),因此相对位移的变化量比值与测点与固定支座的位移比值并不完全相同,这主要是由于钢轨与轨道板相对位移变化量除了与测点和固定支座间的距离有关外,还和轨道板与桥梁间的位移变化量有关。

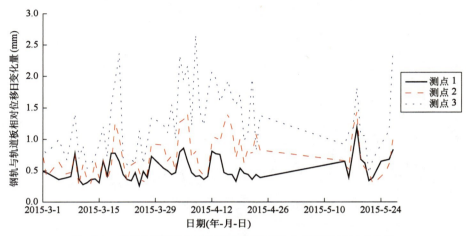

图4-122 春季连续梁钢轨与轨道板相对位移日变化量随时间变化曲线

(3)连续梁两侧梁端

图4-123为连续梁梁端钢轨与轨道板相对位移测点布置示意图。测点1位于连续梁的左侧梁端,测点2位于连续梁的右侧梁端。

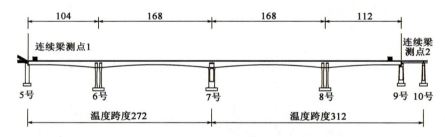

图4-123 连续梁梁端钢轨与轨道板相对位移测点布置示意图(尺寸单位:m)

图4-124为连续梁两端钢轨与轨道板相对位移随时间变化曲线,从图中可知,连续梁两侧的钢轨与轨道板相对位移变化趋势正好相反。连续梁左侧梁端全年的位移变化量为13.5mm,连续梁右侧梁端全年的位移变化量为32.79mm。连续梁左端钢轨与轨道板年变化量小于右端的主要原因在于连续梁左侧是112m长的提篮拱,右侧是24m长的混凝土简支梁,钢桥的伸缩变形量远大于混凝土简支梁,因此连续梁左侧的钢轨与轨道板相对位移年变化量远小于连续梁右侧。

①夏季(每年6月—8月)

a.2014年监测数据

图4-125为夏季连续梁两端钢轨与轨道板相对位移随时间变化曲线。测点1(连续梁左

端)的钢轨与轨道板季度相对位移变化量为3mm,测点2(连续梁右端)的钢轨与轨道板季度相对位移变化量为11.3mm,连续梁右端的钢轨与轨道板季度相对位移变化量明显高于左端。

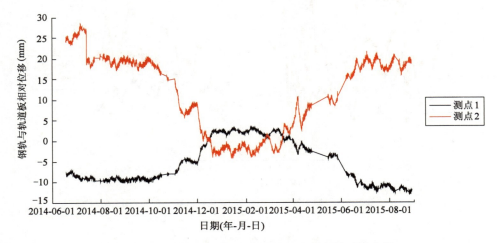

图4-124　连续梁两端钢轨与轨道板相对位移随时间变化曲线

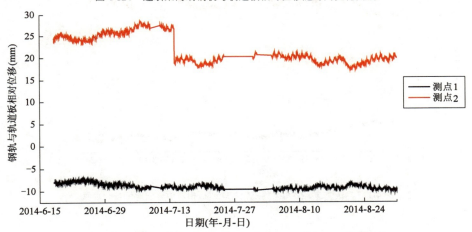

图4-125　夏季连续梁两端钢轨与轨道板相对位移随时间变化曲线

图4-126为夏季连续梁两梁端钢轨与轨道板相对位移日变化量随时间变化曲线。测点1的钢轨与轨道板相对位移日变化量为0.38~1.22mm,测点2的钢轨与轨道板相对位移日变化量为0.57~1.85mm。连续梁两端的钢轨与轨道板相对位移日变化量较为接近。

b. 2015年监测数据

图4-127为夏季连续梁两端钢轨与轨道板相对位移随时间变化曲线。测点1(连续梁左端)的钢轨与轨道板季度相对位移变化量为5.58mm,测点2(连续梁右端)的钢轨与轨道板季度相对位移变化量为7.01mm,连续梁右端的钢轨与轨道板季度相对位移变化量略高于左端。

图4-128为夏季连续梁两端钢轨与轨道板相对位移日变化量随时间变化曲线。测点1的钢轨与轨道板相对位移日变化量为0.45~1.33mm,测点2的钢轨与轨道板相对位移日变化量为0.65~2.31mm。连续梁两端的钢轨与轨道板相对位移日变化量较为接近。

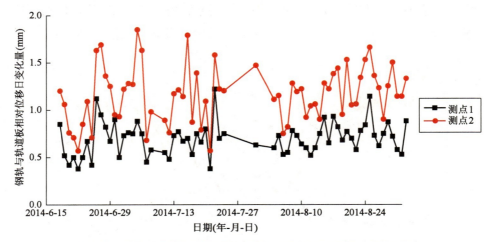

图 4-126　夏季连续梁两端钢轨与轨道板相对位移日变化量随时间变化曲线

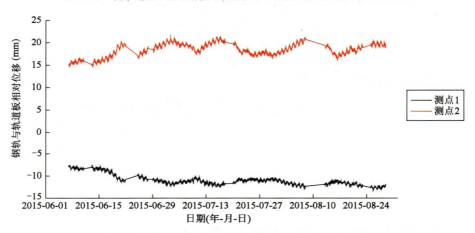

图 4-127　夏季连续梁两梁端钢轨与轨道板相对位移随时间变化曲线

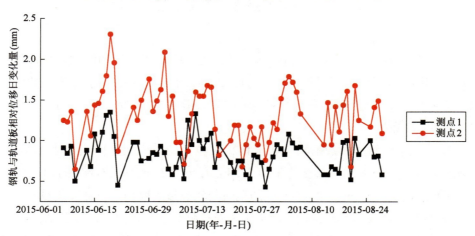

图 4-128　夏季连续梁两端钢轨与轨道板相对位移日变化量随时间变化曲线

②秋季(2014年9月—11月)

图4-129为秋季连续梁两端钢轨与轨道板相对位移随时间变化曲线。测点1(连续梁左端)的钢轨与轨道板季度相对位移变化量为6mm,测点2(连续梁右端)的钢轨与轨道板季度相对位移变化量为15.05mm,连续梁右端的钢轨与轨道板季度相对位移变化量明显高于左端。

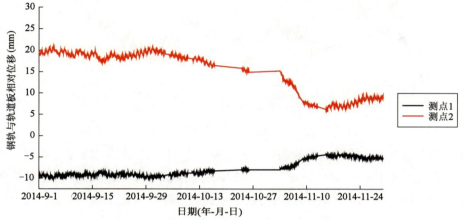

图4-129 秋季连续梁两端钢轨与轨道板相对位移随时间变化曲线

图4-130为秋季连续梁两端钢轨与轨道板相对位移日变化量随时间变化曲线。测点1的钢轨与轨道板相对位移日变化量为0.25~1.31mm,测点2的钢轨与轨道板相对位移日变化量为0.46~1.74mm。连续梁两端的钢轨与轨道板相对位移日变化量较为接近。

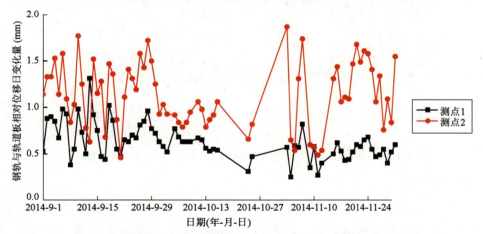

图4-130 秋季连续梁两端钢轨与轨道板相对位移日变化量随时间变化曲线

③冬季(2014年12月—2015年2月)

图4-131为冬季连续梁两端钢轨与轨道板相对位移随时间变化曲线。测点1(连续梁左端)的钢轨与轨道板季度相对位移变化量为8.75mm,测点2(连续梁右端)的钢轨与轨道板季度相对位移变化量为13.45mm,连续梁右端的钢轨与轨道板季度相对位移变化量明显高于左端。

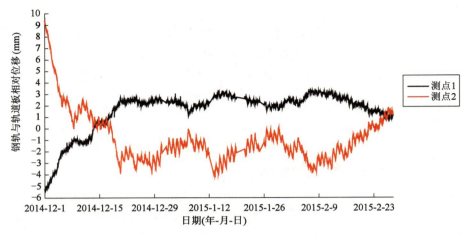

图4-131 冬季连续梁两端钢轨与轨道板相对位移随时间变化曲线

图4-132为冬季连续梁两端钢轨与轨道板相对位移日变化量随时间变化曲线。测点1的钢轨与轨道板相对位移日变化量为0.27~1.34mm,测点2的钢轨与轨道板相对位移日变化量为0.4~2.03mm。连续梁两端的钢轨与轨道板相对位移日变化量较为接近。

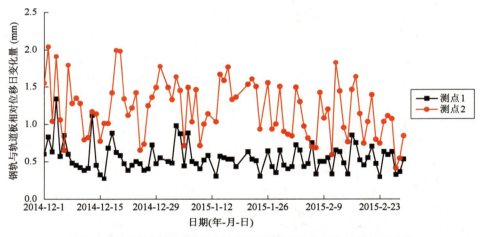

图4-132 冬季连续梁两端钢轨与轨道板相对位移日变化量随时间变化曲线

④春季(2015年3月—5月)

图4-133为春季连续梁两端钢轨与轨道板相对位移随时间变化曲线。测点1(连续梁左端)的钢轨与轨道板季度相对位移变化量为7.5mm,测点2(连续梁右端)的钢轨与轨道板季度相对位移变化量为14mm,连续梁右端的钢轨与轨道板季度相对位移变化量明显高于左端。

图4-134为春季连续梁两端钢轨与轨道板相对位移日变化量随时间变化曲线。测点1的钢轨与轨道板相对位移日变化量为0.27~1.74mm,测点2的钢轨与轨道板相对位移日变化量为0.47~2.66mm。连续梁两端的钢轨与轨道板相对位移日变化量较为接近。

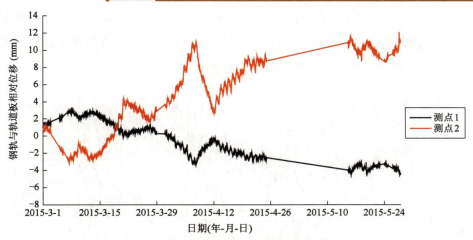

图 4-133　春季连续梁两端钢轨与轨道板相对位移随时间变化曲线

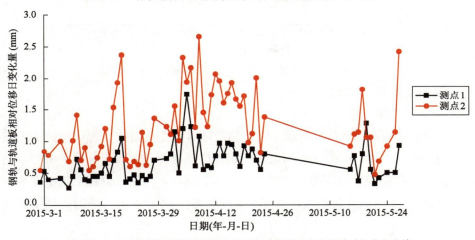

图 4-134　春季连续梁两端钢轨与轨道板相对位移日变化量随时间变化曲线

2. 凸形挡台与轨道板相对位移

图 4-135 为凸形挡台与轨道板相对位移测点布置图。从图中可知，测点 2 和 3 位于梁缝处，测点 1 和 4 与梁缝间隔 1 块轨道板。

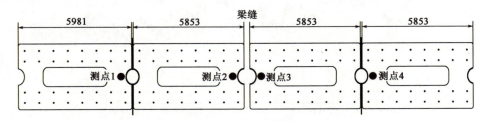

图 4-135　凸形挡台与轨道板相对位移测点布置图(尺寸单位:mm)

图 4-136 为 4 个测点全年的凸形挡台与轨道板相对位移量随时间变化曲线。从图中可知，4 个测点的相对位移变化趋势相同，均从正相对位移变成负相对位移，最后再回到正的相

对位移,即凸台与轨道板间由受拉变成受压再到受拉状态。其中测点 1 的相对位移年最大变化量为 5.88mm,测点 2 的相对位移年最大变化量为 10.88mm,测点 3 相对位移年最大变化量为 7.06mm,测点 4 相对位移年最大变化量为 9.67mm。

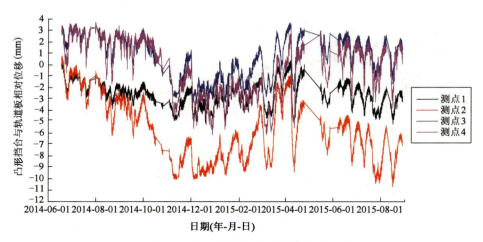

图 4-136　全年凸形挡台与轨道板相对位移量随时间变化曲线

(1)夏季(每年 6 月—8 月)

①2014 年监测数据

图 4-137 为夏季凸形挡台与轨道板相对位移量随时间变化曲线。连续梁侧的测点 1 的相对位移变化范围为 -3.78~0.62mm,测点 2 的相对位移变化范围为 -6.21~0.77mm;简支梁侧的测点 3 的相对位移变化范围为 -0.22~3.45mm,测点 4 的相对位移变化范围为 -1.67~3.59mm。连续梁上 2 个测点从受拉状态变成受压状态,简支梁上的 2 个测点则从受拉变成受压再过渡到受拉状态。

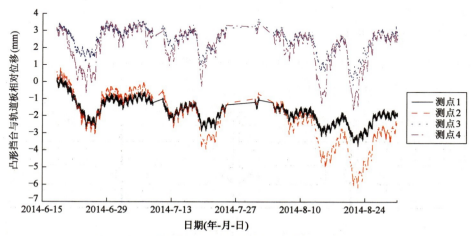

图 4-137　夏季凸形挡台与轨道板相对位移量随时间变化曲线

图 4-138 为夏季凸形挡台与轨道板相对位移日变化量随时间变化曲线。测点 1 的相对位移日变化量为 0.34~1.05mm,测点 2 的相对位移日变化量为 0.48~1.7mm,测点 3 的相对位

移日变化量为0.39~1.6mm,测点4的相对位移日变化量为0.45~2.6mm。故4个测点中测点4的相对位移日变化量最大,最大相对位移日变化量为2.6mm。

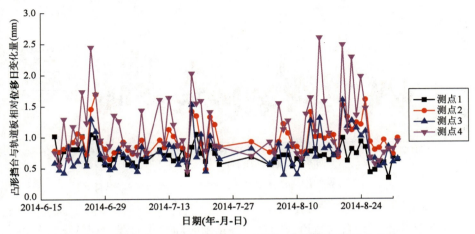

图4-138　夏季凸形挡台与轨道板相对位移日变化量随时间变化曲线

②2015年监测数据

图4-139为夏季凸形挡台与轨道板相对位移量随时间变化曲线。连续梁侧的测点1的相对位移变化范围为 -5.22~-1.13mm,测点2的相对位移变化范围为 -10.74~-4.41mm;简支梁侧的测点3的相对位移变化范围为 -1.67~2.99mm,测点4的相对位移变化范围为 -3.89~2.34mm。

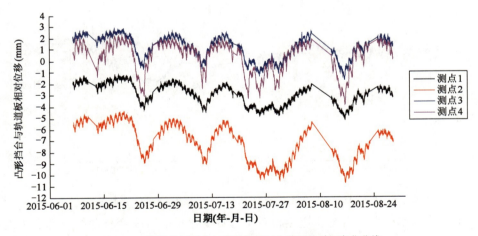

图4-139　夏季凸形挡台与轨道板相对位移量随时间变化曲线

图4-140为夏季凸形挡台与轨道板相对位移日变化量随时间变化曲线。测点1的相对位移日变化量为0.43~1.27mm,测点2的相对位移日变化量为0.56~2.01mm,测点3的相对位移日变化量为0.23~1.52 mm,测点4的相对位移日变化量为0.28~2.97mm。故4个测点中测点4的相对位移日变化量最大,最大相对位移日变化量为2.97mm。

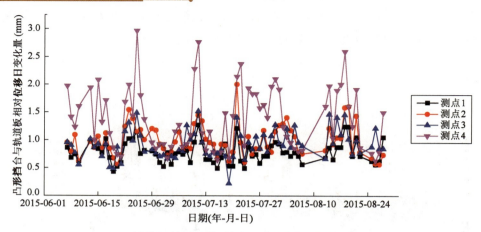

图 4-140　夏季凸形挡台与轨道板相对位移日变化量随时间变化曲线

（2）秋季（2014 年 9 月—11 月）

图 4-141 为秋季凸形挡台与轨道板相对位移量随时间变化曲线。连续梁侧的测点 1 的相对位移变化范围为 $-4.92 \sim -1.49$mm，测点 2 的相对位移变化范围为 $-10.03 \sim -2.35$mm；简支梁侧的测点 3 的相对位移变化范围为 $-2.88 \sim 3$mm，测点 4 的相对位移变化范围为 $-4.52 \sim 3$mm。连续梁侧的测点 1 和 2 均处在受压状态，并且受压状态逐渐增大，简支梁侧的测点 3 和测点 4 则从受拉状态过渡到受压状态。

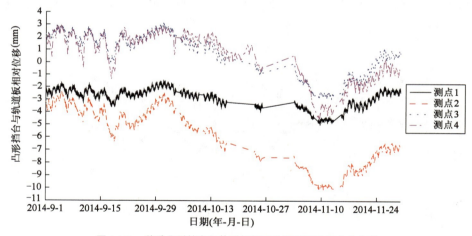

图 4-141　秋季凸形挡台与轨道板相对位移量随时间变化曲线

图 4-142 为秋季凸形挡台与轨道板相对位移日变化量随时间变化曲线。测点 1 的相对位移日变化量为 $0.44 \sim 1.09$mm，测点 2 的相对位移日变化量为 $0.28 \sim 1.75$mm，测点 3 的相对位移日变化量为 $0.25 \sim 1.75$ mm，测点 4 的相对位移日变化量为 $0.56 \sim 2.77$mm。故 4 个测点中测点 4 的相对位移日变化量最大，最大相对位移日变化量为 2.77mm。

（3）冬季（2014 年 12 月—2015 年 2 月）

图 4-143 为冬季凸形挡台与轨道板相对位移量随时间变化曲线。连续梁侧的测点 1 的相

对位移变化范围为 -5.26 ~ -1.89mm,测点 2 的相对位移变化范围为 -10.08 ~ -3.59mm;简支梁侧的测点 3 的相对位移变化范围为 -3.56 ~ 1.61mm,测点 4 的相对位移变化范围为 -6.16 ~ 0.2mm。连续梁侧的测点 1 和 2 均处在受压状态,并且受压状态逐渐增大,简支梁侧的测点 3 和测点 4 则从受压状态过渡到受拉状态。

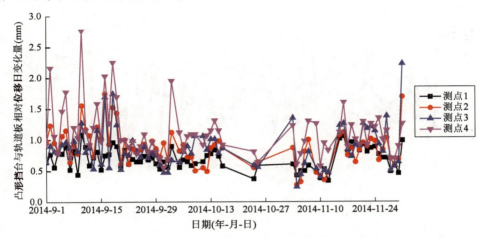

图 4-142　秋季凸形挡台与轨道板相对位移日变化量随时间变化曲线

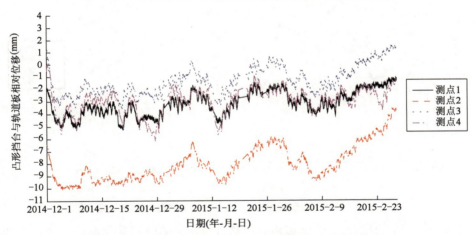

图 4-143　冬季凸形挡台与轨道板相对位移量随时间变化曲线

图 4-144 为冬季凸形挡台与轨道板相对位移日变化量随时间变化曲线。测点 1 的相对位移日变化量为 0.34 ~ 1.52mm,测点 2 的相对位移日变化量为 0.32 ~ 1.7mm,测点 3 的相对位移日变化量为 0.36 ~ 2.24 mm,测点 4 的相对位移日变化量为 0.48 ~ 2.31mm。故 4 个测点中测点 4 的相对位移日变化量最大,最大相对位移日变化量为 2.31mm。

(4) 春季(2015 年 3 月—5 月)

图 4-145 为春季凸形挡台与轨道板相对位移量随时间变化曲线。连续梁侧的测点 1 的相对位移变化范围为 -5.14 ~ 0.37mm,测点 2 的相对位移变化范围为 -9.44 ~ -0.82mm;简支梁侧的测点 3 的相对位移变化范围为 -2.82 ~ 3.7mm,测点 4 的相对位移变化范围为

$-6\sim2.8$mm。连续梁侧的测点 1 和 2 均处在受压状态,并且受压状态逐渐减小,简支梁侧的测点 3 和测点 4 则从受压状态过渡到受拉状态。

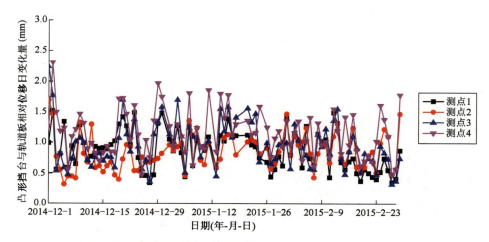

图 4-144　冬季凸形挡台与轨道板相对位移日变化量随时间变化曲线

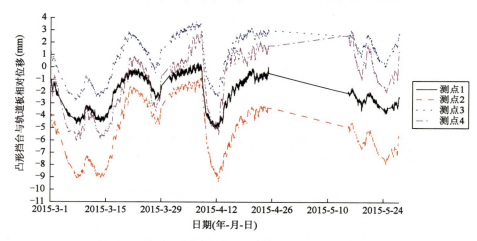

图 4-145　春季凸形挡台与轨道板相对位移量随时间变化曲线

图 4-146 为春季凸形挡台与轨道板相对位移日变化量随时间变化曲线。测点 1 的相对位移日变化量为 0.46~1.58mm,测点 2 的相对位移日变化量为 0.4~1.89mm,测点 3 的相对位移日变化量为 0.43~1.72 mm,测点 4 的相对位移日变化量为 0.5~2.34mm。故 4 个测点中测点 4 的相对位移日变化量最大,最大相对位移日变化量为 2.34mm。

三、温度应力监测数据分析

图 4-147 为夏季左侧梁端钢轨伸缩附加力随时间变化曲线。从图中可知,左右股钢轨的伸缩附加力随时间的变化趋势较为接近。由于夏季气温较高,钢轨处在受压状态,钢轨的最大压应力为 80.6MPa。

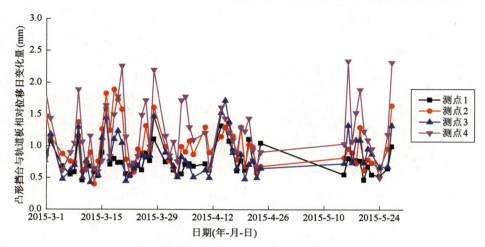

图 4-146 春季凸形挡台与轨道板相对位移日变化量随时间变化曲线

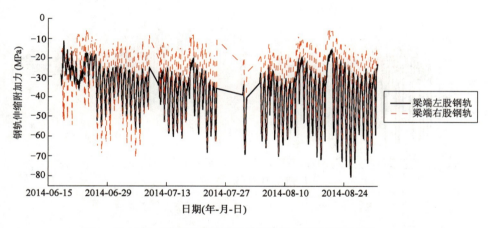

图 4-147 夏季左侧梁端钢轨伸缩附加力随时间变化曲线

图 4-148 为夏季左侧梁端钢轨日伸缩附加力变化量随时间变化曲线。从图中可知，左、右股钢轨伸缩附加力的日变化量趋势接近。夏季左股钢轨伸缩附加力日变化量为 9.4~56.0MPa，对应的钢轨日温度变化量为 3.79~22.58℃，右股钢轨伸缩附加力日变化量为 4.96~61MPa，对应的钢轨日温度变化量为 2.0~24.6℃。

图 4-149 为秋季左侧梁端钢轨伸缩附加力随时间变化曲线。从图中可知，左右股钢轨的伸缩附加力随时间的变化趋势接近。进入秋季后气温有逐渐减小的趋势，因此钢轨伸缩附加力由压应力逐渐转变成了拉应力。钢轨的最大拉应力为 11.3MPa。

图 4-150 为秋季左侧梁端钢轨日伸缩附加力变化量随时间变化曲线。从图中可知，左、右股钢轨伸缩附加力的日变化量趋势接近。秋季左股钢轨伸缩附加力日变化量为 9.0~67.3MPa，对应的钢轨日温度变化量为 3.63~27.14℃，右股钢轨伸缩附加力日变化量为 9.20~61.9MPa，对应的钢轨日温度变化量为 3.70~24.96℃。

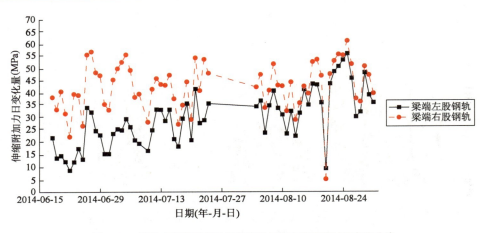

图 4-148 夏季左侧梁端钢轨日伸缩附加力变化量随时间变化曲线

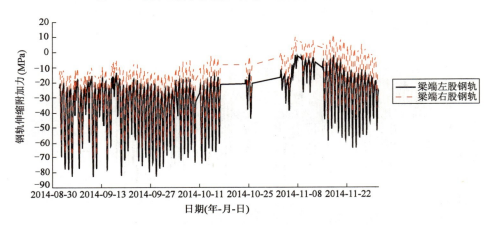

图 4-149 秋季左侧梁端钢轨伸缩附加力随时间变化曲线

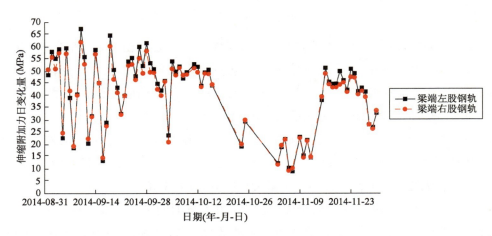

图 4-150 秋季左侧梁端钢轨日伸缩附加力变化量随时间变化曲线

图 4-151 为冬季左侧梁端钢轨伸缩附加力随时间变化曲线。左、右股钢轨的伸缩附加力

随时间的变化趋势接近。从图中可以看出,钢轨的应力在正负间交替变化,钢轨最大拉应力为 29.01MPa,最大压应力为 -55.29MPa。

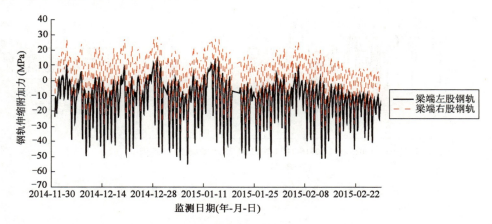

图 4-151　冬季左侧梁端钢轨伸缩附加力随时间变化曲线

图 4-152 为冬季左侧梁端钢轨日伸缩附加力变化量随时间变化曲线。从图中可知,左、右股钢轨伸缩附加力的日变化量趋势接近。冬季左股钢轨伸缩附加力日变化量为 8.47~58.90MPa,对应的钢轨日温度变化量为 3.42~23.75℃,右股钢轨伸缩附加力日变化量为 7.45~55.19MPa,对应的钢轨日温度变化量为 3.70~22.25℃。

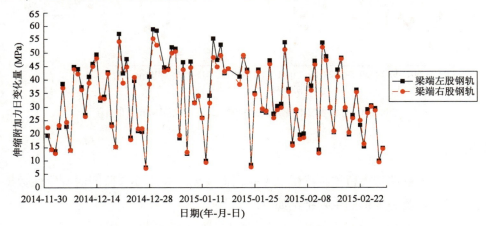

图 4-152　冬季左侧梁端钢轨日伸缩附加力变化量随时间变化曲线

图 4-153 为春季左侧梁端钢轨伸缩附加力随时间变化曲线。从图中可知,左右股钢轨的伸缩附加力随时间的变化趋势接近。随着气温的升高钢轨从拉应力状态转化为压应力状态。钢轨的最大拉应力为 26.37MPa,最大压应力为 -80MPa。

图 4-154 为春季左侧梁端钢轨日伸缩附加力变化量随时间变化曲线。从图中可知,左、右股钢轨伸缩附加力的日变化量趋势接近。春季左股钢轨伸缩附加力日变化量为 3.40~64.25MPa,对应的钢轨日温度变化量为 1.37~25.9℃,右股钢轨伸缩附加力日变化量为 4.40~62.10MPa,对应的钢轨日温度变化量为 3.70~25.04℃。

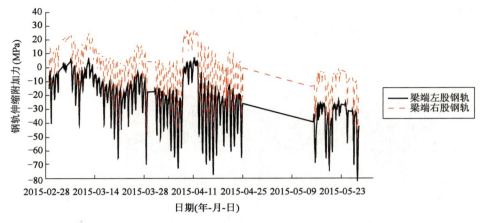

图 4-153　春季左侧梁端钢轨伸缩附加力随时间变化曲线

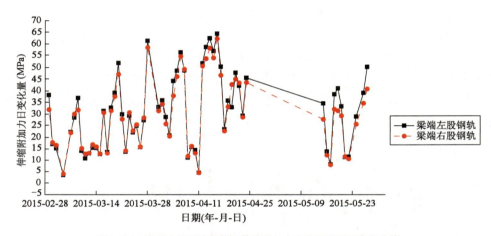

图 4-154　春季左侧梁端钢轨日伸缩附加力变化量随时间变化曲线

四、小结

通过对某高速铁路特大桥连续梁桥上无砟轨道及无缝线路综合监测的阶段性数据分析，得出温度场及温度受力变形的主要结论如下。

1. 温度场长期监测数据分析

（1）通过对钢轨温度和环境温度关系进行分析可知，夏季和秋季的最高轨温为该季度最高气温加 20℃，春季的最高轨温为该季度最高气温加 15℃，冬季的最高轨温为该季度最高气温加 10℃。

（2）由于沙湾特大桥采用 CRTS Ⅰ 型框架板式无砟轨道，底座板温度传感器埋置于框架板中间露出部分，因此轨道板与底座板与气温的温差相差不大。春季的最高轨道板、底座板温度在该季度最高气温加 8℃ 范围内；夏季的最高轨道板、底座板温度分别在该季度最高气温加 12℃ 和 10℃ 范围内；秋季的最高轨道板、底座板温度分别在该季度最高气温加 15℃ 和 10℃ 范围内,冬季的最高轨道板、底座板温度分别在该季度最高气温加 5℃ 和 0℃ 范围内。

(3) 桥梁温度传感器由于埋置在桥梁桥面,受到太阳照射的影响,温度较高。春季、夏季和秋季的最高梁面温度均在该季度最高气温加 15℃ 范围内,冬季的最高梁面温度与该季度最高气温接近。

(4) 通过对当地气象温度与现场环境温度关系进行分析可知,每月现场测试得到的最高、最低环境温度与当地气象局的气象温度较为接近,月最高现场温度在当地最高气象温度加 4℃ 范围内,月最低现场温度在当地最低气象温度减 4℃ 范围内。

2. 温度应力长期监测数据分析

(1) 钢轨的受力状态与气温的变化趋势密切相关,夏季气温较高,钢轨处在受压状态;秋季气温开始降低,钢轨由受压状态逐渐转变为受拉状态;冬季的气温由于是先降低后升高,因此钢轨所受的拉应力也是先增大后减小,到 2 月底时已经完成变成受压状态;春季随着气温的升高,钢轨的压应力逐渐增大。

(2) 虽然桥梁梁端的左、右股钢轨随时间的变化趋势较为接近,但均出现了两股钢轨受力不一致的情况。夏季左右股钢轨伸缩附加力日变化量的差值为 0 ~ 12MPa;秋季左右股钢轨伸缩附加力日变化量的差值为 -4 ~ 14MPa;冬季左右股钢轨伸缩附加力日变化量的差值为 -5 ~ 10MPa;春季左右股钢轨伸缩附加力日变化量的差值为 -5 ~ 12MPa。

(3) 全年连续梁与简支梁梁端附近钢轨伸缩附加力随时间的变化趋势相同;连续梁与简支梁梁端附近钢轨伸缩附加力日变化量比较接近。通过对夏季、秋季和冬季的数据进行分析,发现夏季钢轨伸缩附加力日变化量差值范围为 -5.3 ~ 3.7MPa,秋季钢轨伸缩附加力日变化量差值范围为 -2.9 ~ 4.0MPa,春季钢轨伸缩附加力日变化量差值范围为 -4.7 ~ 3.1MPa。

(4) 通过对连续梁上 3 个测点的钢轨伸缩附加力进行分析可知,夏季从跨中到梁端,钢轨的受力状态由拉应力状态逐渐转化为压应力状态;10 月中旬以后三个测点的钢轨伸缩附加力均处于受拉状态,且从跨中到梁端钢轨的拉应力逐渐增大;冬季除跨中支座附近的测点在受拉与受压状态间交替变化外,另外两个测点的钢轨伸缩附加力均处于受拉状态,且从跨中到梁端钢轨的拉应力逐渐增大;春季跨中支座附近和距梁端 24m 处的两个测点在受拉与受压状态间交替变化外,距梁端 9.6m 测点的钢轨伸缩附加力均处于受拉状态,且从跨中到梁端钢轨的拉应力逐渐增大。

(5) 全年三个测点中连续梁梁端的钢轨伸缩附加力日变化量最大,距梁端 24m 处测点的钢轨伸缩附加力日变化量最小。从跨中到梁端,三个测点夏季的钢轨伸缩附加力日变化量分别为 7.9 ~ 57.5MPa、7.5 ~ 43.7MPa 和 13.3 ~ 67.2MPa;秋季的钢轨伸缩附加力日变化量分别为 8.8 ~ 58.7MPa、8.7 ~ 48.7MPa 和 13.5 ~ 70.3MPa;冬季的钢轨伸缩附加力日变化量分别为 10 ~ 57.3MPa、6.7 ~ 47.5MPa 和 11 ~ 66.7MPa;春季的钢轨伸缩附加力日变化量分别为 6.5 ~ 65.9MPa、4.2 ~ 54MPa 和 3.5 ~ 76.3MPa。

3. 温度变形长期监测数据分析

（1）连续梁梁端全年钢轨与轨道板的相对位移变化量为32.79mm，简支梁梁端的全年钢轨与轨道板的相对位移变化量为10.45mm。连续梁与简支梁上钢轨与轨道板相对位移季度变化量相差较大主要是简支梁的自由伸缩导致的。连续梁与简支梁上的钢轨与轨道板相对位移日变化量较为接近。

（2）连续梁支座附近的钢轨与轨道板相对位移变化得较为平缓，全年位移变化量为1.8mm，梁端的钢轨与轨道板相对位移变化得最为剧烈，全年位移变化量为32mm。相对位移变化量比值与测点和固定支座的位移比值并不完全相同，这主要是由于钢轨与轨道板相对位移变化量除了与测点和固定支座间的距离有关外，还和轨道板与桥梁间的位移变化量有关。

（3）连续梁左侧梁端全年的位移变化量为13.5mm，连续梁右侧梁端全年的位移变化量为32.79mm。连续梁左端钢轨与轨道板年变化量小于右端的主要原因在于连续梁左侧是112m长的提篮拱，右侧是24m长的混凝土简支梁，钢桥的伸缩变形量远大于混凝土简支梁，因此连续梁左侧的钢轨与轨道板相对位移年变化量远小于连续梁右侧。连续梁右端的钢轨与轨道板季度相对位移变化量明显高于左端，但钢轨与轨道板相对位移日变化量较为接近。

（4）凸形挡台与轨道板相对位移测点2和3位于梁缝处，测点1和4与梁缝距离1块轨道板。4个测点全年的凸台与轨道板的相对位移变化趋势相同，均从正相对位移变成负相对位移，最后再回到正的相对位移，即凸台与轨道板间由受拉变成受压再到受拉状态。其中测点1的相对位移年最大变化量为5.88mm，测点2的相对位移年最大变化量为10.88mm，测点3相对位移年最大变化量为7.06mm，测点4相对位移年最大变化量为9.67mm。

（5）轨道板与底座板相对位移测点2和测点3分别位于连续梁和简支梁上，距离梁缝1块轨道板，测点1与测点2的距离为5块轨道板长度，即25m。测点4位于连续梁左侧梁端。由于CRTS Ⅰ型板式无砟轨道底座板与桥梁连接紧密，因此轨道板与底座板的相对位移可以看成是轨道板与桥面的相对位移。由于测点1、2位于连续梁同一侧，因此测点1和2的变化趋势相同，测点3和4的桥梁伸缩方向相同，并与测点1、2侧的桥梁伸缩方向相反，因此测点3、4的变化趋势相同，同时与测点1、2的变化趋势相反。测点1的年相对位移最大变化量为8.87mm，测点2的年相对位移最大变化量为6.1mm，测点3的年相对位移最大变化量为7.69mm，测点4的年相对位移最大变化量为7.57mm。故4个测点中测点1的年相对位移最大变化量最大。

（6）左、右侧梁缝的相对位移变化量趋势相同。左侧梁缝全年的相对位移变化量为60.95mm，右侧梁缝全年的相对位移变化量为50.26mm，左、右侧梁缝全年位移变化量比值为1.2，而左、右侧桥梁温度跨度的比值为1.1，因此梁缝的伸缩位移变化量与桥梁的温度跨度密切相关。

第六节　结构服役状态分析

一、桥上凸形挡台服役状态分析

1. 有限元模型建立

CRTS I 型板式无砟轨道,主要由钢轨、扣件系统、轨道板、CA 砂浆层、凸形挡台及周围环氧树脂、混凝土底座板组成。

在建立有限元模型时,无砟轨道结构各部件几何尺寸按工程实际考虑。

钢轨弹性模量 2.06×10^{11} Pa,密度 7800 kg/m³,泊松比 0.3,线膨胀系数 1.18×10^{-5} ℃/m。轨道板板长取 4962 mm,扣件间距 629 mm,相邻板之间板缝 70 mm,板宽 2400 mm,板厚 190 mm。

CA 砂浆层与轨道板同长同宽,厚 50 mm,CA 砂浆层弹性模量 100~300 MPa,本项目取 200 MPa,密度 2000 kg/m³,泊松比 0.2,线膨胀系数 1×10^{-5} ℃/m。

凸形挡台半径 260 mm,高 240 mm,与底座板连在一起,与底座板同材质,圆心位于板缝中心,梁端为半圆形凸台。

凸形挡台周围环氧树脂外径 300 mm,内径 260 mm,密度 1100 kg/m³,树脂弹性模量 25 MPa,泊松比 0.15,线膨胀系数 2×10^{-5} ℃/m。

底座板宽 2800 mm,厚 200 mm,轨道板弹性模量 3.6×10^{10} Pa,泊松比 0.2,混凝土等级为 C60,热膨胀系数 1×10^{-5} ℃/m。底座板弹性模量 3.25×10^{10} Pa,混凝土等级为 C40,泊松比 0.2,热膨胀系数 1×10^{-5} ℃/m。无砟轨道结构部件材料参数见表 4-9。

CRTS I 型板式无砟轨道结构材料参数　　　　　表 4-9

名　称	弹性模量(GPa)	泊　松　比	密度(kg/m³)
钢轨	206	0.3	7800
轨道板	36	0.2	2500
CA 砂浆层	0.2	0.2	2000
底座板	32.5	0.2	2500
凸形挡台	32.5	0.2	2500
环形树脂	0.025	0.15	1100

为了更好地贴近工程实际情况,显示各个部分的受力情况,对钢轨、轨道板、CA 砂浆层和底座板均采用实体单元模拟。为了取得更加精确的结果,并保证模型的收敛性,将混凝土底座板、CA 砂浆层和轨道板的网格细化并完全对齐。扣件选用 WJ-7B 型扣件,此扣件考虑了纵向、横向和垂向的刚度和阻尼,将钢轨与轨道板之间的单元节点连接起来,采用线性弹簧单元进行模拟,并考虑了扣件垫板的作用,约束了扣件端部的转动。扣件垂向刚度取 50 kN/mm,切向刚度取 30 kN/mm。各部件有限元模型如图 4-155 所示。

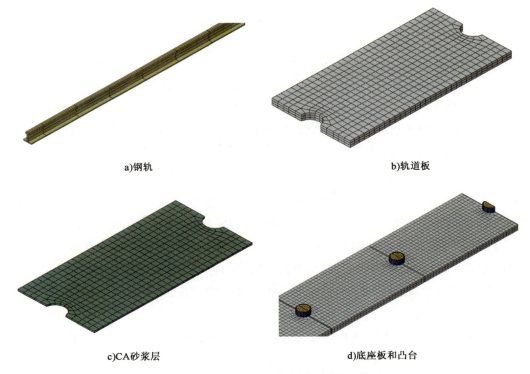

a) 钢轨　　b) 轨道板　　c) CA 砂浆层　　d) 底座板和凸台

图 4-155　CRTS I 型板式轨道各部件有限元模型

桥上混凝土底座板每隔一个轨道板的距离需要设置一条伸缩缝,伸缩缝对应凸形挡台中心并绕过凸形挡台,伸缩缝的宽度为 20mm。伸缩缝的设置情况如图 4-156、图 4-157 所示。

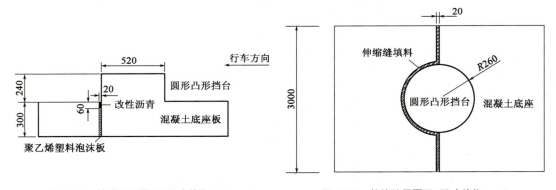

图 4-156　伸缩缝立面图(尺寸单位:mm)　　图 4-157　伸缩缝平面图(尺寸单位:mm)

轨道板与 CA 砂浆层切向采用摩擦接触,摩擦系数取 0.35,垂向采用硬接触模拟。CA 砂浆层与混凝土底座板、凸形挡台周围环氧树脂与凸形挡台之间不考虑两接触面的相对位移,采用 Tie(绑定)接触。环氧树脂与轨道板之间的接触,采用考虑摩擦系数为 0.3 的硬性接触,即两个面在压紧状态下会传递法向力,并会产生相对滑移。这样设置更加贴近工程实际情况,从而得到比较精确的结果。CRTS I 型板式无砟轨道整体结构有限元模型如图 4-158 所示。

2. 凸形挡台与轨道板相对位移限值研究

结合现场实际情况,凸形挡台与轨道板之间的相对位移分别取 2mm、4mm、6mm、8mm、10mm,计算分析在外界复杂荷载作用下导致梁端凸形挡台与轨道板发生不同相对位移下凸形挡台的受力变形情况。

不同工况下凸形挡台的受力变形规律类似,仅在量值上存在较大差异。以凸形挡台与轨道板之间相对位移 8mm 为例,梁端凸形挡台的受力云图如图 4-159 所示。

图 4-158　CRTS I 型板式无砟轨道整体结构有限元模型

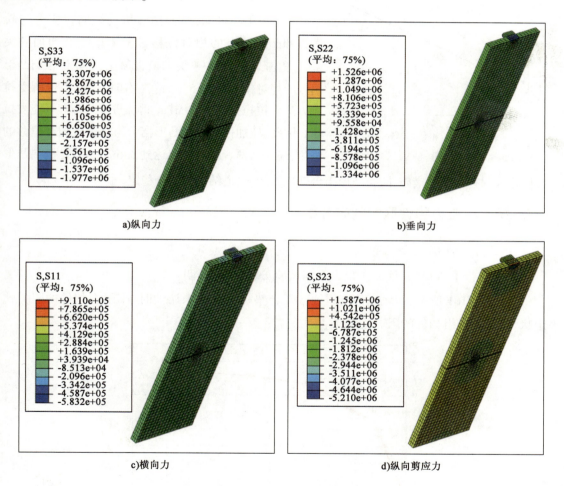

图 4-159　凸形挡台受力云图

根据凸形挡台的受力情况,重点分析凸形挡台所受纵向力、垂向力以及纵向剪应力,汇总不同工况下凸形挡台部分受力指标,见表 4-10。

凸形挡台受力情况　　　　　　　　　　　　　　　表 4-10

凸形挡台受力 (MPa)	凸形挡台与轨道板纵向相对位移(mm)									
	2.0		4.0		6.0		8.0		10.0	
	正	负	正	负	正	负	正	负	正	负
纵向应力	1.131	0.676	1.970	1.178	2.642	1.579	3.307	1.977	3.991	2.386
垂向应力	0.522	0.456	0.909	0.795	1.219	1.066	1.526	1.334	1.842	1.610
纵向剪切应力	0.543	1.778	0.946	3.097	1.268	4.153	1.587	5.210	1.916	6.274

由表 4-10 可知，由于环氧树脂层的缓冲作用，不同工况下的凸形挡台所受压应力相对较小。对比各个方向的拉应力值大小，纵向拉应力的变化较为明显。进一步绘制轨道板与凸形挡台不同相对位移量情况下纵向拉应力的变化曲线，如图 4-160 所示。

由图 4-160 可知，凸形挡台所受纵向拉应力与轨道板和凸形挡台的相对位移量整体呈线性增加的关系。考虑凸形挡台材料为 C40 混凝土，当轨道板与凸形挡台的相对位移达到 5.3mm 左右时，凸形挡台所受拉应力达到抗拉强度 2.39MPa，此时凸形挡台有可能被拉坏。因此，应加强对板端凸形挡台与轨道板相对位移的监测，建议当两者相对位移达到 5.6mm 时，对板端凸形挡台位置采取补强加固措施，防止凸形挡台破坏，影响轨道结构的安全稳定。

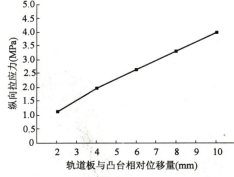

图 4-160　凸形挡台纵向拉应力变化曲线

二、桥上小阻力扣件服役状态分析

1. 小阻力扣件纵向阻力试验

铁四院进行了 WJ-7 扣件纵向阻力系列试验，试验结果表明：

（1）如图 4-161 所示，钢轨底部有锈蚀且复合垫板上表面未涂油时，小阻力扣件的阻力比理想状态下大，单组扣件的阻力达到 7.4kN 左右；

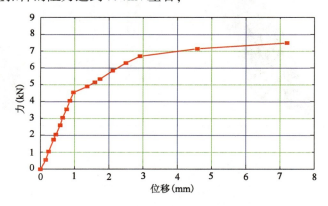

图 4-161　扣件弹条三点接触时 WJ-7 型小扣件的力—位移曲线

（2）如图 4-162 所示，螺栓扭矩对扣件阻力曲线影响较大，随着扭矩增大扣件阻力也随之增大，当扭矩达到一定程度后（本次测试为 120N·m），就会出现复合垫板从铁垫板上窜出的现象；

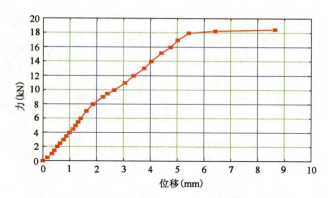

图 4-162　扭矩增大为 120N·m 时 WJ-7 型扣件的力—位移曲线

（3）如图 4-163 所示，小阻力扣件未按正常设计状态工作时（即钢轨和复合垫板不产生相对位移或相对位移较小时，出现复合垫板窜出现象），扣件弹塑性临界点为 5mm 左右，此时扣件的滑移阻力为 18kN 左右。这与理想状态下所测试的小阻力扣件的阻力曲线（弹塑性临界点 0.5mm，滑移阻力 4kN）有明显差异。

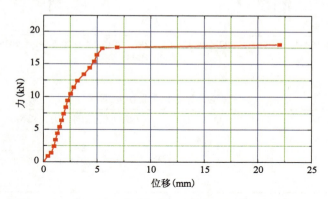

图 4-163　钢轨与扣件无相对滑移时 WJ-7 扣件的力—位移曲线

2. 现场小阻力扣件状态分析

钢轨的受力状态与气温的变化趋势密切相关，夏季气温较高，钢轨处在受压状态；冬季的气温较低，钢轨处于受拉状态，最大拉应力为 87.8MPa。桥上无缝线路设计时采用小阻力扣件时，考虑扣件生锈将其阻力值取 8kN/组（WJ-7B 型扣件的设计阻力值为 4kN/组）。如图 4-164、图 4-165 所示，计算得到的钢轨最大伸缩力为 655kN（84.6MPa），与现场监测获得的钢轨最大拉应力接近。

现场梁轨相对位移实测值以及理论计算分析结果见表 4-11。从表中可知，钢轨和轨道板相对位移量均超过扣件极限阻力滑移值，可认为扣件阻力达到最大滑移阻力。当扣件阻力按照 8kN/组取值时,钢轨和轨道板相对位移、轨道板与凸台相对位移、梁轨相对位移均与现场实测值相符。这与钢轨底部有锈蚀且复合垫板上表面未涂油时,小阻力扣件单组扣件的阻力达到 7.4kN 相吻合,因此现场小阻力扣件存在不同程度的锈蚀。

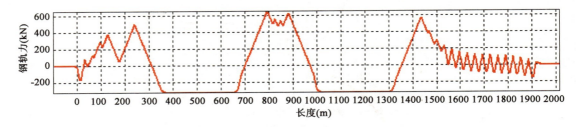

图 4-164　桥上钢轨伸缩力变化曲线(理论计算结果)

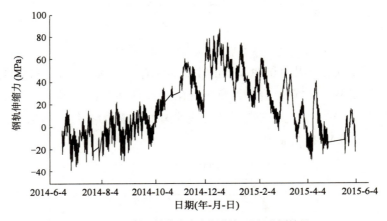

图 4-165　梁端钢轨伸缩力变化曲线(现场监测结果)

理论计算结果与监测数据　　　　　　　　　　　表 4-11

测试内容	单位	理论值(扣件阻力为 8kN/组)	监测值
钢轨与轨道板相对位移	mm	24.8	26.06
轨道板与凸形挡台相对位移	mm	1.45	1.7
轨道板与桥梁相对位移	mm	1.4	1.7

三、温暖地区钢轨及无砟道床温度与气温的关系

1. 钢轨温度与环境温度的关系

图 4-166 为月最高轨温与气温分布图,图 4-167 为月最高轨温气温差分布图。从图中可知,2014 年 6 月—2016 年 2 月,监测工点地区的最高气温为 37.5℃;最高轨温出现在 7 月份,为 57.2℃;1 月份的最高轨温最小,为 33.9℃;7 月份轨温气温差最大,为 25.7℃;2 月份轨温气温差最小,为 14.4℃。

2. 轨道板、底座板温度与环境温度的关系

图 4-168 为月最高轨道板、底座板温度分布图。从图中可知,2014 年 6 月—2016 年 2 月,

广州地区轨道板最高温度为50.4℃,底座板最高温度为45.8℃。

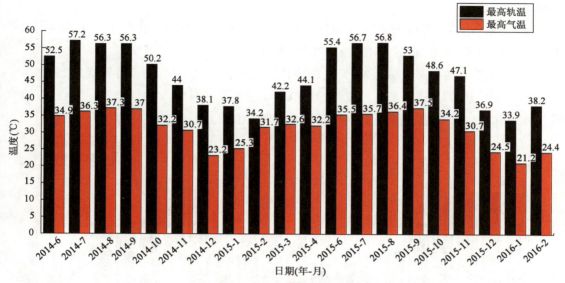

图4-166 月最高轨温与气温分布图

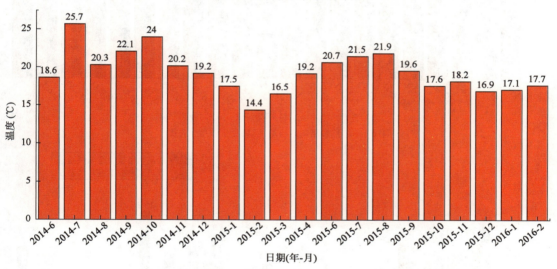

图4-167 月最高轨温和气温差值分布图

图4-169为月最高轨道板、底座板温度与气温差分布图。从图中可知,2014年6月—2016年2月,广州地区轨道板温度与气温差最大值为16.2℃,底座板最高温度与气温差最大值为13.3℃。

四、小结

通过对大跨度桥上CRTSI型板式无砟轨道的理论计算及现场监测数据分析,得出如下结论:
(1)应加强对板端凸形挡台与轨道板相对位移的监测,建议当两者相对位移达到

5.6mm时,对梁端凸形挡台位置采取补强加固措施,防止凸形挡台破坏,影响轨道结构的安全稳定;

(2)根据现场梁轨相对位移实测值以及理论计算分析,当小阻力扣件单组扣件的阻力达到7.4kN时,说明现场小阻力扣件存在不同程度的锈蚀;

(3)监测工点的最高气温为37.5℃,最高轨温为57.2℃,轨温气温差最大值为25.7℃;

(4)监测工点的轨道板最高温度为50.4℃,底座板最高温度为45.8℃,轨道板温度与气温差最大值为16.2℃,底座板最高温度与气温差最大值为13.3℃。

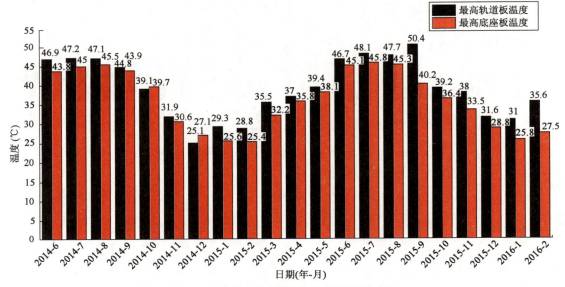

图4-168 月最高轨道板温度、底座板温度分布图

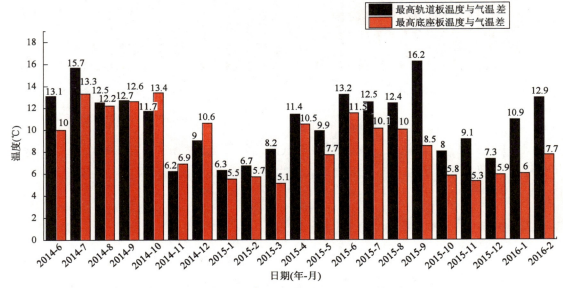

图4-169 月最高轨道板温度、底座板温度与气温差分布图

第七节 CRTSⅠ型板式无砟轨道现场监测经验总结

本次工程应用现场施工历时 3 个月(利用夜间天窗时间安装),2014 年 5 月投入使用,目前监测系统现场服役时间已经超过 5 年,是我国首次针对时速 350km 高速铁路大跨度桥梁(温度跨度 312m)CRTSⅠ型框架板式无砟轨道系统开展的温度、受力和变形的长期监测。结合现场施工、系统养护维修、数据分析等的相关经验,形成以下几方面结论和建议,可为后续开展类似工点或者采用相关技术提供指导。

一、监测技术

相比于传统的机械、电类传感监测技术,光纤光栅传感监测技术具有无源器件特性、不受电磁干扰、适用于复杂环境、远程信号传输性能优越、大量传感器便于组网分布式测量、测试精度高、重复稳定性好、可实现长期实时在线的数据采集和处理分析等优点。

光纤光栅传感技术具有如下优点:

(1)光纤光栅传感器具有体积小、柔韧度高、重量轻等优点,可以方便地附挂在被测物体上,并且对被测物体既有行为影响较小。

(2)光纤光栅传感器具有高精度、高灵敏度和高稳定性。

(3)光纤光栅技术采用的是光信号调制方式,其本质上具备优良的抗电磁干扰能力。作为无源器件,光纤光栅技术采用的传感设备和传输线路不会对待测环境中的电路产生影响。

(4)传感设备和传输线路耐高温、抗腐蚀,使用寿命长。

(5)光纤光栅技术可将多个光纤光栅传感器串联在一个通道上,采用多通道解调仪即可实现较大规模的多参数监测。

(6)光纤中光信号传输效能高、传输距离远,便于组网实现分布式测量。

本项目的实践经验已经证明,光纤光栅传感设备只要养护得当,可以满足高速铁路线路 5 年以上的监测需求。

与此同时,在利用光纤传感技术进行现场监测的过程中,也发现了该技术存在以下缺点:

(1)安装繁琐,效率低

为了减少光信号在光缆中传输的能量损耗,需要将光缆断头采用纤芯熔接的方式连接起来。光纤光栅传感器在安装完毕后,需要在尾纤上熔接接头,然后插入单通道光纤光栅解调仪中记录初始波长数据。在整合通道内的传感器时,需要将传感器之间首尾相连熔接起来,最后将传感器串与主光缆熔接。整个过程步骤繁琐,熔接工作量也非常大,尤其是在既有线天窗时间上道时熔接,视线不好,熔接成功率很低,这严重阻缓了传感器的安装进度。

(2)不具备通用性,前期准备周期长

对于光纤光栅传感器,每个传感器的波长都必须是根据具体项目确定,这就意味着传感器不具通用性,无法大量备货。所以,采用光纤光栅传感监测的工点,传感器前期准备、安装、调试工期会非常长。

(3) 需要具备 220V 交流稳定供电条件

光纤光栅解调仪及其附属设备的功率较大,且要保证稳定供给电能。目前的太阳能技术转化效率不高,连续阴雨天和夜晚无法采光的情况下,要保证光纤光栅监测系统供电稳定困难。因此需要现场具备 220V 的供电条件,才能保证光纤光栅监测系统供电稳定。但是高速铁路线路除了某些大跨度桥梁、车站等极少数位置具备 220V 的供电条件,一般的铁路监测现场没有直接的电源供应,因此需要利用线路外的居民用电,这在一些偏远地区会增加监测的难度和成本。

二、监测内容及测点布置要求

本次工程应用是国内首次针对时速 350km 高速铁路大跨度桥梁 CRTS I 型框架板式无砟轨道系统开展的温度、受力和变形的长期监测,因此测点布置较多,监测的内容也较全面。

(1) 钢轨最高温度与气温的关系较为明确:夏季和秋季的最高轨温为该季度最高气温加 20℃,春季的最高轨温为该季度最高气温加 15℃,冬季的最高轨温为该季度最高气温加 10℃。由于采用接触式的测量方式测量钢轨温度存在一定的安全风险,因此建议后续监测项目可以通过监测气温的方式来推算钢轨温度,而不直接进行钢轨温度的接触式测量,或者采用其他非接触式测量方式来测量钢轨温度(如激光测温)。

(2) 大跨度桥梁上梁轨相互作用剧烈,钢轨与轨道结构的纵向相对位移和钢轨应力是监测的两个重要指标。梁端是梁轨相对位移和钢轨应力变化最大的位置,因此建议后续监测项目至少需要在大跨度连续梁梁端设置钢轨与轨道结构相对位移和钢轨应力测点。

(3) 大跨度桥梁 CRTS I 型框架板式无砟轨道梁端的凸形挡台为半圆形,是轨道结构受力的薄弱环节,目前类似桥梁上已经出现过凸形挡台与底座板连接处破损、凸形挡台破损的情况。凸形挡台与轨道板间的纵向相对位移监测能够很好地反映出凸形挡台的服役状态,因此建议对靠近大跨度桥梁梁缝处 2 块轨道板范围内的凸形挡台变形进行监测。

三、现场监测设备安装

结合本次工程应用的现场安装情况,后续开展类似监测项目时主要应注意以下几个方面:

(1) 根据具体监测工点实际情况制订相应的监测方案和测点布置图后,需要结合各类传感器波段合理配置传感器通道表以及每个传感器的实际波长。在光纤光栅解调仪通道数确定的条件下,应按照便于现场施工的原则,"松散"安排各通道传感器的数量和波长,对每个传感器内的光栅波长变化预留充足的波段范围,避免在监测过程中出现通道内相邻传感器波峰重叠的情况,导致解调仪无法寻波解析出监测数据。

(2) 传感器的安装是现场施工耗时较长的工作,若要监测轨道结构中混凝土和钢筋的应变等信息,则需在轨道结构混凝土浇筑前就到现场预埋传感器,整个监测方案要做好施工全周期的策划。

(3)在轨道结构中预埋传感器,应确认传感器引线足以伸出轨道结构一定长度,引线选择具有厚实铠装层的延长光纤,避免混凝土浇筑时引线断裂,造成传感器无法工作。引线伸出轨道结构的部分应外套橡胶管保护,并且要求混凝土浇筑时避免在传感器安装位置处过度振捣。

(4)轨道结构的各监测量几乎与环境温度都具有强相关性,在每个监测工点都会安装环境温度传感器,环境湿度、风速等传感器根据工点的需要选择性安装。为了确保环境温度测量准确,应将传感器置于塔式防辐射罩内,避免阳光直射。并且气温传感器应至少离地 1.2m 高,以免地面辐射温度影响其测量。

(5)在轨道结构表面安装温度、位移和应变等传感器,需要等钢轨锁定、施工现场清场后再进行,避免安装的传感器及引线被现场施工破坏。为了保护已安装的传感器,应根据传感器的安装位置和传感器的形状设计合理的保护工装,并且将传感器的引线均外套加强橡胶管固定在轨道结构表面。

(6)对于轨道结构温度场的测定,一般是在轨道施工完工后,采用取芯钻至轨道板板顶向下贯穿到目标深度,将温度传感器按照相应的高度绑在铁丝上深入孔内,再用与被测结构相同或接近标号的混凝土封堵孔洞即可。

(7)整个施工过程中的熔接工作非常耗时耗力,并且有可能因熔接接头质量问题返工,在熔接时要十分严谨细致。

(8)在高速铁路轨道状态监测时,一般线上将传输光缆置于线缆槽内埋设。引出线下至机房内,若通过架空走线的方式,应在光缆旁悬挂相应标示牌,注明光缆用途及责任人所属单位和联系方式。若通过埋地走线的方式,应将光缆外套聚乙烯管(PE 管),并做好防水工作,避免冬季光缆外积水结冰冻裂光纤。

四、监测数据分析

铁四院针对 2014 年 6 月 18 日—2016 年 2 月 29 日的现场监测数据进行了分析总结,初步掌握了大跨度桥梁 CRTSⅠ型框架板式无砟轨道结构的受力变形规律,主要有以下几点:

(1)钢轨温度与气温的关系:夏季和秋季的最高轨温为该季度最高气温加 20℃;春季的最高轨温为该季度最高气温加 15℃;冬季的最高轨温为该季度最高气温加 10℃。

(2)轨道结构温度与气温的关系:春季的最高轨道板、底座板温度在该季度最高气温加 8℃范围内;夏季的最高轨道板、底座板温度分别在该季度最高气温加 12℃和 10℃范围内;秋季的最高轨道板、底座板温度分别在该季度最高气温加 15℃和 10℃范围内;冬季的最高轨道板、底座板温度分别在该季度最高气温加 5℃和 0℃范围内。

(3)夏季梁端钢轨处在受压状态,钢轨的最大压应力为 80.6MPa;进入秋季后气温有逐渐减小的趋势,因此钢轨伸缩附加力由压应力逐渐转变成了拉应力,钢轨的最大拉应力为 11.3MPa;冬季钢轨的应力在正负间交替变化。钢轨最大拉应力为 29.01MPa,最大压应力为

−55.29MPa。

（4）连续梁梁端全年钢轨与轨道板的相对位移变化量为32.79mm，相邻简支梁梁端的全年钢轨与轨道板的相对位移变化量为10.45mm；梁端半圆形凸形挡台与轨道板的相对位移年变化量为10.88mm。

（5）大跨度连续梁左侧梁缝全年的相对位移变化量为60.95mm，右侧梁缝全年的相对位移变化量为50.26mm，左、右侧梁缝全年位移变化量比值为1.2，而左、右侧桥梁温度跨度的比值为1.1，因此梁缝的伸缩位移变化量与桥梁的温度跨度密切相关。

第五章

高速铁路小半径曲线地段 CRTSⅡ型板式无砟轨道服役状态监测

随着我国高速铁路建设的发展,为满足各种复杂地域环境的需要,大型铁路枢纽进出站前后,不可避免会出现小半径曲线地段。小半径曲线地段铺设 CRTSⅡ板式无砟轨道后,纵连底座板、轨道板及钢轨温度荷载叠加小半径曲线会产生横向力,故轨道结构稳定性设计需要加强。同时轨道结构中的侧向挡块作为传递横向力的主要结构,也会承受较大的横向力。

本章主要以某高速铁路曲线半径为550m地段铺设 CRTSⅡ型板式无砟轨道为工程应用实例,对高速铁路小半径曲线地段铺设 CRTSⅡ型板式无砟轨道的监测内容、监测方案进行介绍,并对采集的监测数据进行分析。

第一节 监测工点介绍

某高速铁路曲线半径550m地段铺设 CRTSⅡ型板式无砟轨道的现场效果如图5-1所示,由于小半径曲线范围内采用 CRTSⅡ板式无砟轨道,为保证轨道结构的稳定性,针对该区段设计单位进行了特殊设计:在曲线范围内,轨道板均按照曲线制造成扇形,端刺范围内的3块轨道板与底座的锚固植筋增加到28根(一般情况下的锚固植筋根数为16根),曲线范围内简支梁上和摩擦板处的侧向挡块加密布置(路桥过渡段侧向挡块间距由标准设计的6.5m减小到4m)。监测工点位于华东夏季持续高温地区,温度效应大,并且其线路局部位于路基与桥梁过渡地段,该地段是整条线路轨道结构的薄弱环节。

本次试验监测范围主要包括特大桥台尾86m摩擦板及台前6孔32m简支梁,对试验范围内无砟轨道进行动力测试及长期监测。监测桥梁、无砟轨道、无缝线路的温度、位移和应力,并建立安全预警机制,及时反馈线路服役状态,确保桥梁结构及无砟轨道、无缝线路运营安全。本次试验拟达到以下目的:

(1)对小半径曲线地段无砟轨道关键部位进行监测,确保无砟轨道、无缝线路的运营安全;

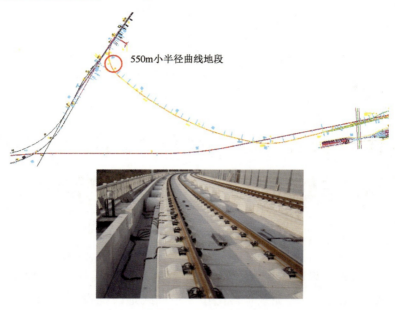

图 5-1　某高速铁路特大桥小半径曲线段

（2）掌握小半径曲线地段无砟轨道和无缝线路受力和变形规律，为无砟轨道、无缝线路养护维修提供依据；

（3）实时监控无缝线路、无砟轨道关键部位受力及变形状态，建立安全预警机制，并及时反馈线路服役状态。

第二节　监测内容与监测方法

一、监测内容

小半径曲线地段无砟轨道监测内容如下：

（1）温度监测

①路基、摩擦板和桥梁地段气温；

②钢轨温度；

③道床板温度；

④底座板温度；

⑤桥梁温度。

（2）结构受力监测

①钢轨应变；

②底座板钢筋应变；

③底座板混凝土应变；

④侧向挡块混凝土应变。

(3)结构位移监测

①钢轨与轨道板相对位移;

②底座与桥梁相对位移;

③梁端纵向相对位移;

④梁端横向相对位移;

⑤宽接缝位移;

⑥底座板与摩擦板相对位移。

二、监测方法

采用光纤传感器的监测方法,对轨道结构的温度、应力和位移等进行监测。

1. 温度监测

(1)路基、摩擦板和桥上温度

路基、摩擦板和桥上温度监测是将光纤光栅温度传感器置于百叶箱内,百叶箱外安装防护罩,连接光纤的另一端通过光缆接入解调仪,如图5-2~图5-4所示。

图5-2 路基有砟地段温度　　图5-3 摩擦板范围无砟地段温度　　图5-4 桥梁无砟地段温度

(2)钢轨温度

钢轨温度监测是将光纤光栅温度传感器固定在钢轨抱块内,同一位置钢轨底上、下表面各布置一个,以保证钢轨传感器的温度与钢轨温度一致;并将其固定在钢轨上,连接光纤的另一端通过光缆接入解调仪,如图5-5所示。

(3)轨道板、底座板、梁体温度

轨道板、底座板、桥梁温度监测需要将温度传感器埋入其混凝土结构中(图5-6~图5-8),选用埋入式光纤光栅温度传感器,无砟轨道底座板温度传感器在前期进行预埋,轨道板和梁体温度传感器则采用钻孔植入。轨道板温度传感器植入深度为50mm和100mm,梁体温度传感器植入深度为 200mm。

图 5-5　钢轨温度传感器安装及固定

图 5-6　轨道板温度传感器　　图 5-7　梁体温度传感器　　图 5-8　底座板温度传感器

2. 应力监测

（1）钢轨应变

钢轨应变传感器是通过两组抱块将传感器固定在钢轨底部，钢轨应变计的固定需采用绝缘底座进行绝缘处理，外部用保护罩将传感器包裹防护，将光缆穿管固定在轨道板上，连接光纤的另一端通过光缆接入解调仪，如图 5-9 所示。

图 5-9　钢轨应变传感器安装及固定

(2)底座板混凝土应变

底座板混凝土应变传感器前期预埋在底座板中心,采用橡胶管防护引出,将光缆穿管固定在底座板,另一端通过光缆接入解调仪,如图5-10所示。

图5-10　梁缝纵向、横向相对位移传感器安装及固定

(3)底座板钢筋应变

底座板钢筋应变传感器前期焊接在底座板纵向钢筋上,采用橡胶管防护引出,将光缆穿管固定在底座板,另一端通过光缆接入解调仪,如图5-11所示。

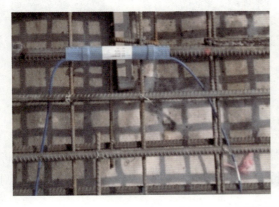 

图5-11　底座板钢筋应变传感器安装及固定

(4)侧向挡块混凝土应变

侧向挡块混凝土应变传感器前期预埋在侧向挡块内,横向放置,采用橡胶管防护引出,将光缆穿管固定在侧向挡块上,另一端通过光缆接入解调仪,如图5-12所示。

3. 位移监测

(1)钢轨与轨道板相对位移

钢轨与轨道板相对位移传感器一端固定在钢轨抱块上,另一端固定在道床板绝缘底座上,传感器与抱块和道床板间分别采用绝缘万向头和绝缘底座进行绝缘处理,外部用保护罩将传感器包裹防护,将光缆穿管固定在轨道板上,连接光纤的另一端通过光缆接入解调仪,如图5-13所示。

图 5-12　侧向挡块混凝土应变传感器安装及固定

图 5-13　钢轨与轨道板相对位移传感器安装及固定

（2）底座板与梁面相对位移

底座板与梁面相对位移传感器一端固定在底座上，另一端固定在桥面上，外部用保护罩将传感器包裹防护，将光缆穿管固定在底座板或桥面上，连接光纤的另一端通过光缆接入解调仪，如图 5-14 所示。

图 5-14　底座板与梁面相对位移传感器安装及固定

(3)底座板与摩擦板相对位移

底座板与摩擦板相对位移传感器一端固定在底座上,另一端固定在摩擦板上,外部用保护罩将传感器包裹防护,将光缆穿管固定在底座板或桥面上,连接光纤的另一端通过光缆接入解调仪,如图5-15所示。

图 5-15　底座板与摩擦板相对位移传感器安装及固定

(4)宽接缝位移

宽接缝位移传感器是两端分别固定在轨道板上,外部用保护罩将传感器包裹防护,将光缆穿管固定在轨道上,连接光纤的另一端通过光缆接入解调仪,如图5-16所示。

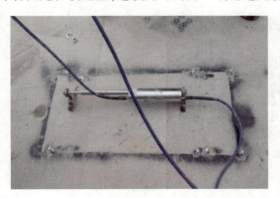 

图 5-16　宽接缝位移传感器安装及固定

(5)梁缝纵向、横向相对位移

梁缝纵向相对位移采用拉线式传感器,两端分别固定在梁上;梁缝横向相对位移采用顶杆式传感器,测量相邻桥梁延伸过来的杆件参照物与固定点相对位移量。外部用保护罩将传感器包裹防护,将光缆穿管固定在梁上,连接光纤的另一端通过光缆接入解调仪,如图5-17所示。

4. 采集系统

光纤光栅解调仪控制室设置在线路外侧,将控制室固定在基础混凝土上,内部设置光纤光栅解调仪、显示器、无线传输模块等设备,控制室内设置隔热层,安装空调设备,以保证控制室温度适宜和设备正常运转。光纤光栅解调器采集系统如图5-18～图5-20所示。

图 5-17　梁缝纵向、横向相对位移传感器安装及固定

图 5-18　光纤光栅解调器采集系统（自动采集、无线传输）

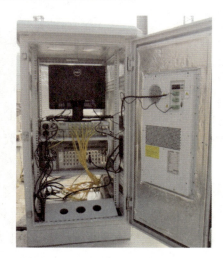

图 5-19　光纤光栅解调仪控制室前面　　图 5-20　光纤光栅解调仪控制室后面

第三节　测点布置方案

本次监测范围为某特大桥桥台台尾 86m 摩擦板及台前 6 孔 32m 简支梁，主要监测轨道及相关结构的温度、应力和位移。

1. 测点布置方案

（1）温度监测（共 11 个测点）

①气温：3 个测点，1-1 号～1-3 号，分别位于 6 号墩、摩擦板中部、大端刺附近路基。

②轨道板温度：2 个测点，1-4 号、1-5 号，分别位于摩擦板中部、6 号墩。

③底座板温度：2 个测点，1-6 号、1-7 号，分别位于摩擦板中部、6 号墩，原则上与道床板温度测点处于同一截面。

④梁体温度：1 个测点，1-8 号，位于 6 号墩。

⑤钢轨温度：3 个测点，1-9 号～1-11 号，分别位于 6 号墩、摩擦板中部、大端刺附近有砟轨道段，测点均布置在外轨上。

（2）应力监测（共 66 个测点）

①钢轨应变监测

钢轨应变共布置 19 个测点，2-1 号～2-19 号，分别布置于桥台台前 6 孔简支梁梁端、跨中、桥台台前、台尾、摩擦板、大端刺，测点均布置在外轨上。

②底座板钢筋应变监测

底座板钢筋应变共布置 16 个测点，3-1 号～3-16 号，分别布置于大端刺、摩擦板中部、桥台以及台前 6 孔简支梁梁端和跨中。在同一截面，测点均布置在底座板的外轨侧，传感器轴向均沿线路纵向布置。

③底座板混凝土应变监测

底座板混凝土应变共布置 25 个测点，其中 4-1 号～4-21 号分别布置于大端刺、摩擦板中部、桥台以及台前 6 孔简支梁梁端和跨中。在每个简支梁梁端的剪力齿槽两端 0.5m 处各埋置一个传感器。在同一截面，测点均布置在底座板的外轨侧，传感器轴向均沿线路纵向布置。4-22 号～4-25 号分别布置于 3 号墩、5 号墩上的剪力齿槽两端 0.5m 处，布置在底座板的外轨侧，传感器轴向均沿线路横向布置。

④侧向挡块混凝土应变监测

侧向挡块混凝土应变共布置 6 个测点，6-1 号～6-6 号，分别布置于大端刺、摩擦板中部、桥台台尾、台前第 1 孔、第 3 孔、第 6 孔简支梁跨中最近的外轨侧侧向挡块处，传感器轴向均沿线路横向布置。

（3）位移监测（共 22 个测点）

①钢轨与轨道板相对位移：10 个测点，7-1 号～7-10 号，分别布置于大端刺、摩擦板中部、桥台台尾、台前 6 孔简支梁梁端处。在同一截面，测点均布置在底座板的外轨侧，传感器轴向

均沿线路纵向布置。

②底座板与梁面相对位移:3个测点,8-1号~8-3号,分别布置于台前第1孔、第3孔、第6孔简支梁跨中,传感器轴向均沿线路纵向布置。

③简支梁梁缝相对位移:6个测点,9-1号~9-6号,分别布置于1号墩、3号墩、6号墩处梁缝位置。其中9-1号~9-3号传感器测量简支梁之间纵向相对位移,9-4号~9-6号传感器测量简支梁之间横向相对位移。

④宽接缝位移:3个测点,10-1号~10-3号,分别布置于1号墩、3号墩、6号墩梁缝最近的宽接缝,传感器轴向均沿线路纵向布置。

2. 测点类型与数量

监测工点的测点类型及数量见表5-1。

测点类型与数量　　　　表5-1

监测类型	监测项目		测点数量	采用仪器
静态监测	应力监测	钢轨应变	19	光纤应变计
		底座板钢筋应变	16	光纤应变计
		底座板混凝土应变	25	光纤应变计
		侧向挡块混凝土应变	6	光纤应变计
	温度监测	路、摩擦板和桥上气温	3	光纤温度计
		路、摩擦板和桥上钢轨温度	3	光纤温度计
		轨道板温度	2	光纤温度计
		底座板温度	2	光纤温度计
		桥梁温度	1	光纤温度计
	位移监测	钢轨与轨道板相对位移	10	光纤位移计
		底座与梁面相对位移	3	光纤位移计
		简支梁横、纵向相对位移	6	光纤位移计
		宽接缝位移	3	光纤位移计
	小计		99	

第四节　现场监测数据分析

一、温度场监测数据分析

1. 钢轨温度与环境温度的关系

(1)2015年监测数据

图5-21为2015年钢轨温度与环境温度随时间变化曲线。2015年最高气温出现在8月4日,为38.4℃;年最低气温出现在11月27日,为-2.3℃。2015年最高钢轨温度出现在8月

4日,为57.7℃;年最低钢轨温度出现在12月17日,为-5.5℃。

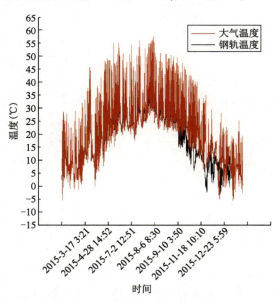

图5-21 2015年钢轨温度与环境温度随时间变化曲线

图5-22为2015年日最高钢轨温度与日最高气温差值随时间变化曲线,全年日最高钢轨温度与日最高气温的最大温差为20.9℃,出现在夏季。

图5-23为2015年日最低钢轨温度与日最低气温差随时间变化曲线,全年日最低钢轨温度与日最低气温的最大温差为1.2℃,也是出现在夏季。

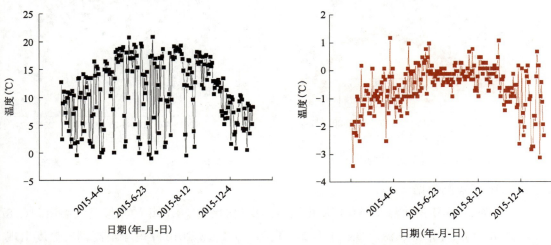

图5-22 2015年日最高钢轨温度与日最高气温差值随时间变化曲线

图5-23 2015年日最低钢轨温度与日最低气温差值随时间变化曲线

2015年日钢轨温度与日气温差最大值统计见表5-2。从表中可以得出,夏季钢轨的最高温度是在月最高气温的基础上加19.3℃。

2015 年日钢轨温度与日气温差最大值统计表　　　　表 5-2

序号	月　份	月最高气温（℃）	月最高轨温（℃）	日最高钢轨温度与日最高气温的最大温差（℃）
1	1 月	—	—	—
2	2 月	18.1	28.8	12.8
3	3 月	30.6	45.8	16.5
4	4 月	31.8	49.4	19.1
5	5 月	34.2	55	20.8
6	6 月	36.2	55.3	19.7
7	7 月	37.6	56.3	20.9
8	8 月	38.4	57.7	19.3
9	9 月	32.9	49.9	17.6
10	10 月	29.4	42.3	13.4
11	11 月	—	—	—
12	12 月	17.0	25.5	10.4

图 5-24 为 2015 年全年钢轨的日最高、最低温度随时间变化曲线,图 5-25 为 2015 年全年钢轨的日温差随时间变化曲线。从图 5-25 中可知,钢轨日温差变化幅度很大,钢轨的日最大温差为 35.9℃。

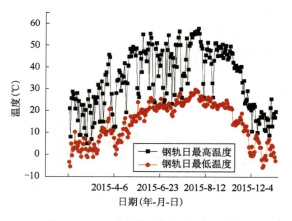

图 5-24　2015 年钢轨温度随时间变化曲线

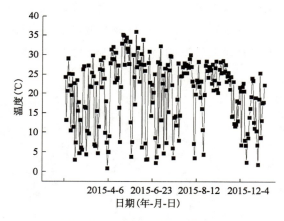

图 5-25　2015 年钢轨温差随时间变化曲线

(2)2016 年监测数据

图 5-26 为 2016 年钢轨温度与环境温度随时间变化曲线。2016 年的年最高气温出现在 8 月 4 日,为 40.4℃;年最低气温出现在 1 月 24 日,为 -9.2℃。2016 年的年最高钢轨温度出现在 7 月 25 日,为 60.3℃;年最低钢轨温度出现在 1 月 24 日,为 -10.7℃。

图 5-27 为 2016 年日最高钢轨温度与日最高气温差随时间变化曲线。全年日最高钢轨温度与日最高气温的最大温差为 20.7℃,出现在春季。

图 5-28 为 2016 年日最低钢轨温度与日最低气温差随时间变化曲线。全年日最低钢轨温

度与日最低气温的最大温差为 1.2℃，出现在夏季。

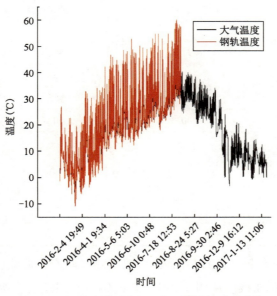

图 5-26　2016 年钢轨温度与环境温度随时间变化曲线

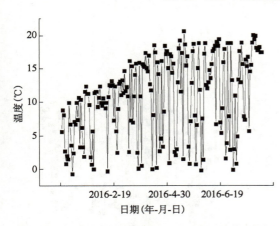

图 5-27　2016 年日最高钢轨温度与日最高气温差随时间变化曲线

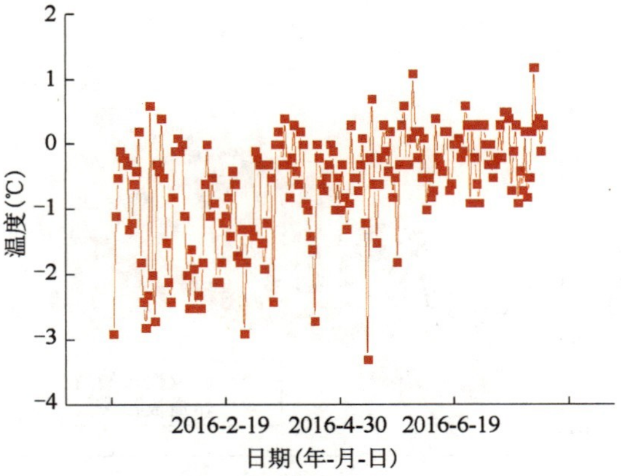

图 5-28　2016 年日最低钢轨温度与日最低气温差随时间变化曲线

2016 年日钢轨温度与日气温差最大值统计见表 5-3。从表中可以得出，夏季钢轨的最高温度是在月最高气温的基础上加 20.0℃。

表 5-3　2016 年日钢轨温度与日气温差最大值统计表

序号	月　份	月最高气温（℃）	月最高轨温（℃）	日最高钢轨温度与日最高气温的最大温差（℃）
1	1 月	19.1	27.2	12.4
2	2 月	23.0	34.3	14.7
3	3 月	21.2	34.4	16.2

续上表

序号	月 份	月最高气温（℃）	月最高轨温（℃）	日最高钢轨温度与日最高气温的最大温差（℃）
4	4月	31.0	48.7	18.6
5	5月	33.7	53	20.7
6	6月	37.0	55	19.5
7	7月	40.3	60.3	20.1
8	8月	—	—	—
9	9月	—	—	—
10	10月	—	—	—
11	11月	—	—	—
12	12月	—	—	—

图 5-29 为 2016 年全年钢轨的日最高、最低温度随时间变化曲线，图 5-30 为 2016 年全年钢轨的日温差随时间变化曲线。从图 5-30 中可知，钢轨日温差变化幅度很大，钢轨的日最大温差为 35.8℃。

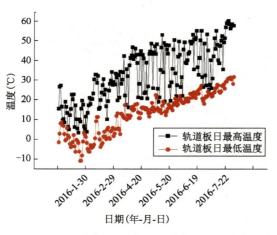

图 5-29 2016 年钢轨温度随时间变化曲线

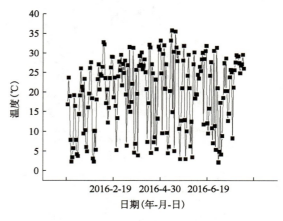

图 5-30 2016 年钢轨温差随时间变化曲线

（3）2017 年监测数据

图 5-31 为 2017 年钢轨温度与环境温度随时间变化曲线。2017 年的年最高气温出现在 7 月 17 日，为 40.9℃；年最低气温出现在 1 月 21 日，为 -3℃。2017 年的年最高钢轨温度出现在 7 月 17 日，为 60.1℃；年最低钢轨温度出现在 1 月 21 日，为 -5.2℃。

图 5-32 为 2017 年日最高钢轨温度与日最高气温差随时间变化曲线。全年日最高钢轨温度与日最高气温的最大温差为 -19.2℃，出现在春季。

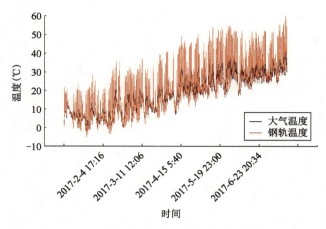

图 5-31　2017 年钢轨温度与环境温度随时间变化曲线

图 5-33 为 2017 年日最低钢轨温度与日最低气温差随时间变化曲线。全年日最低钢轨温度与日最低气温的最大温差为 2.2℃，出现在冬季。

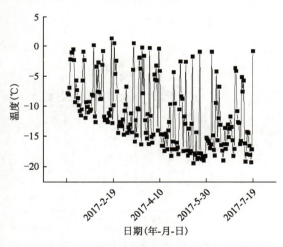

图 5-32　2017 年日最高钢轨温度与日最高气温差随时间变化曲线

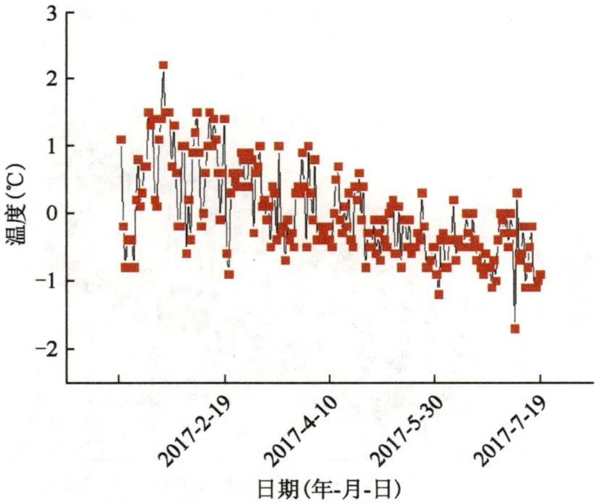

图 5-33　2017 年日最低钢轨温度与日最低气温差随时间变化曲线

2017 年日钢轨温度与日气温差最大值统计见表 5-4。从表中可以得出，夏季钢轨的最高温度是在月最高气温的基础上加 19.2℃。

2017 年日钢轨温度与日气温差最大值统计表　　表 5-4

序号	月　份	月最高气温（℃）	月最高轨温（℃）	日最高钢轨温度与日最高气温的最大温差（℃）
1	1 月	14	28.1	12.6
2	2 月	25.8	35.6	14.4
3	3 月	25.1	39.4	16.3
4	4 月	32.4	50.3	18.2

续上表

序号	月　份	月最高气温 (℃)	月最高轨温 (℃)	日最高钢轨温度与日最高 气温的最大温差(℃)
5	5月	36.7	54.9	19.4
6	6月	36.6	52.7	18.9
7	7月	40.9	60.1	19.2
8	8月	—	—	—
9	9月	—	—	—
10	10月	—	—	—
11	11月	—	—	—
12	12月	—	—	—

图5-34为2017年全年钢轨的日最高、最低温度随时间变化曲线,图5-35为2017年全年钢轨的日温差随时间变化曲线。从图5-35中可知,钢轨日温差变化幅度很大,钢轨的日最大温差为36℃。

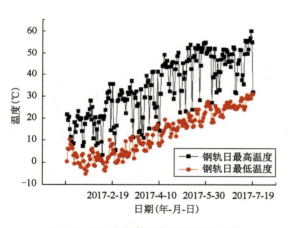

图5-34　2017年钢轨温度随时间变化曲线

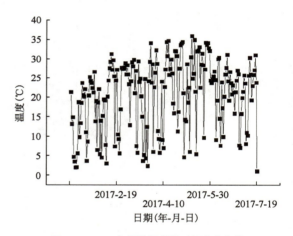

图5-35　2017年钢轨温差随时间变化曲线

2. 轨道板温度与环境温度的关系

(1) 2015年监测数据

图5-36为2015年轨道板温度与环境温度随时间变化曲线。2015年的年最高气温出现在8月4日,为38.4℃;年最低气温出现在11月27日,为−2.3℃。2015年的年最高轨道板温度出现在8月4日,为48.3℃;年最低轨道板温度出现在2月10日,为0.1℃。

图5-37为2015年日最高轨道板温度(板中)与日最高气温差随时间变化曲线。全年日最高轨道板温度(板中)与日最高气温的最大温差为9.9℃,出现在夏季。

图5-38为2015年日最低轨道板温度(板中)与日最低气温差随时间变化曲线。全年日

最低轨道板温度(板中)与日最低气温的最大温差为9.4℃,也是出现在夏季。

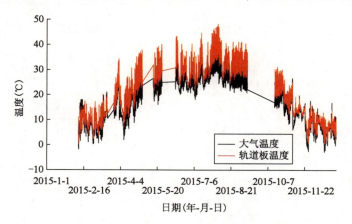

图 5-36　2015 年轨道板温度与环境温度随时间变化曲线

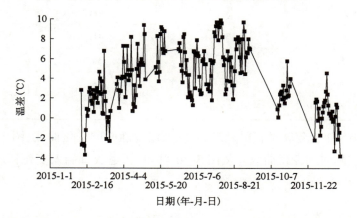

图 5-37　2015 年日最高轨道板温度(板中)与日最高气温差随时间变化曲线

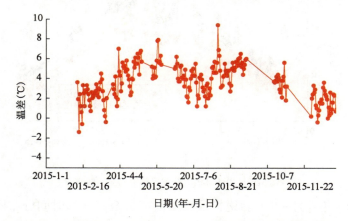

图 5-38　2015 年日最低轨道板温度(板中)与日最低气温差随时间变化曲线

2015 年日轨道板温度(板中)与日气温差最大值统计见表 5-5。从表中可以得出,夏季轨道板(板中)的最高温度是在月最高气温的基础上加 9.9℃。

2015 年日轨道板温度(板中)与日气温差最大值统计表　　　表 5-5

序号	月　份	月最高气温(℃)	月最高板温(℃)	日最高轨道板温度(板中)与日最高气温的最大温差(℃)
1	1 月	—	—	—
2	2 月	18.1	17.3	3.0
3	3 月	30.6	33.3	6.8
4	4 月	31.8	38.0	9.4
5	5 月	34.2	40.2	9.2
6	6 月	36.2	43.5	8.5
7	7 月	37.6	46.7	9.7
8	8 月	38.4	48.3	9.9
9	9 月	32.9	41.1	9.7
10	10 月	29.4	30.8	5.8
11	11 月	—	—	—
12	12 月	17.0	14.6	4.6

图 5-39 为 2015 年全年轨道板的日最高、最低温度随时间变化曲线,图 5-40 为 2015 年全年轨道板的日温差随时间变化曲线。从图 5-40 可知,轨道板日温差变化幅度很大,轨道板的日最大温差为 16.0℃。

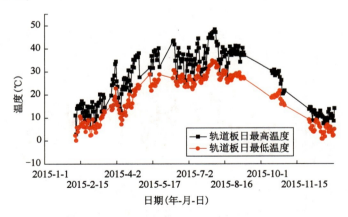

图 5-39　2015 年轨道板温度随时间变化曲线

图 5-41 为 2015 年 6 月—8 月轨道板最高温度滞后最高气温时间分布图,表 5-6 为 2015 年日最高轨道板温度(板中)与日最高气温出现的时间统计表。从图和表中可以看出,夏季轨道板最高温度出现时间与最高气温出现时间的间隔在 20～60min 占比 49%,在 90min 以内占比 81%,3 个月的平均滞后时间为 62.5min。

第五章　高速铁路小半径曲线地段CRTSⅡ型板式无砟轨道服役状态监测

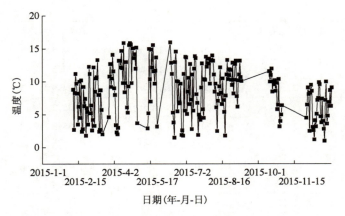

图 5-40　2015 年轨道板温差随时间变化曲线

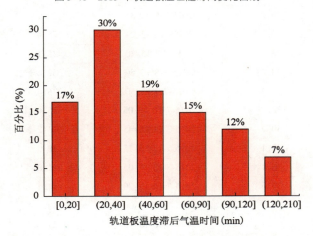

图 5-41　2015 年 6 月—8 月轨道板最高温度滞后最高气温时间分布图

2015 年日最高轨道板温度(板中)与日最高气温出现的时间统计表　表 5-6

时　　间	日最高气温(℃)	时　　间	日最高板温(℃)	滞后时间(min)
2015-6-12 15:05	36.2	2015-6-12 15:45	43.2	40
2015-6-13 14:45	35.9	2015-6-13 15:15	43.5	30
2015-6-14 12:35	35	2015-6-14 16:05	41.8	180
2015-6-15 15:55	26.2	2015-6-15 16:25	31.9	30
2015-6-16 15:50	22.7	2015-6-16 16:30	26.9	40
2015-6-17 13:30	21.9	2015-6-17 15:00	25.5	90
2015-6-18 13:33	28.7	2015-6-18 14:13	36.9	40
2015-6-19 15:18	31.2	2015-6-19 15:38	40.3	20
2015-6-20 14:18	31.3	2015-6-20 15:18	38	60
2015-6-21 11:08	27.2	2015-6-21 11:48	31.8	40
2015-6-22 15:48	29.7	2015-6-22 15:58	35.6	10
2015-6-23 16:28	30	2015-6-23 16:48	34.4	20
2015-6-24 15:08	33.3	2015-6-24 15:28	35.4	20

续上表

时　　间	日最高气温(℃)	时　　间	日最高板温(℃)	滞后时间(min)
2015-6-25 12:38	33.1	2015-6-25 13:08	37.5	30
2015-6-26 12:18	25.2	2015-6-26 12:48	27.5	30
2015-6-27 13:18	22.8	2015-6-27 13:48	24.9	30
2015-6-28 16:38	23	2015-6-28 17:58	25.2	100
2015-6-29 16:31	33.5	2015-6-29 16:41	35.3	10
2015-6-30 11:41	23.8	2015-6-30 14:51	27.3	180
2015-7-1 15:01	30.5	2015-7-1 15:21	37.3	20
2015-7-2 14:11	33.7	2015-7-2 14:51	40.4	40
2015-7-3 12:11	30.2	2015-7-3 14:11	33.2	120
2015-7-4 13:21	28.7	2015-7-4 14:21	35.1	60
2015-7-5 14:01	29.2	2015-7-5 14:31	37.1	30
2015-7-6 13:11	20.7	2015-7-6 13:21	25.4	10
2015-7-7 15:00	28.8	2015-7-7 15:20	35.1	20
2015-7-8 12:10	28.4	2015-7-8 13:50	32.6	100
2015-7-9 12:30	23.7	2015-7-9 13:50	26.4	80
2015-7-10 15:15	32.8	2015-7-10 16:05	35.6	50
2015-7-11 15:55	30.7	2015-7-11 16:45	33.2	50
2015-7-12 16:05	33.1	2015-7-12 16:15	38.9	10
2015-7-13 16:55	36.1	2015-7-13 17:05	41.8	10
2015-7-14 14:10	37.6	2015-7-14 16:20	44.4	130
2015-7-15 12:30	34.8	2015-7-15 14:00	40.3	90
2015-7-16 17:40	26.7	2015-7-16 18:10	29.7	30
2015-7-17 12:35	24.1	2015-7-17 13:35	27.5	60
2015-7-18 15:45	26.7	2015-7-18 17:15	30.1	90
2015-7-19 12:05	28	2015-7-19 14:05	30.9	120
2015-7-20 11:35	27.6	2015-7-20 11:55	31	20
2015-7-21 14:40	33	2015-7-21 16:40	35.7	120
2015-7-22 14:10	35.2	2015-7-22 16:00	41.1	110
2015-7-23 15:50	27.3	2015-7-23 16:20	30.2	30
2015-7-24 15:45	29.5	2015-7-24 17:35	31.3	110
2015-7-25 14:35	32.6	2015-7-25 15:25	38.2	50
2015-7-26 13:05	34	2015-7-26 16:35	39.8	210
2015-7-27 13:55	35.9	2015-7-27 15:45	44.6	110
2015-7-28 15:00	36.3	2015-7-28 15:40	44.6	40
2015-7-29 12:40	36.8	2015-7-29 15:40	46.1	180
2015-7-30 15:10	35.9	2015-7-30 16:00	45.6	50
2015-7-31 14:15	37.3	2015-7-31 14:55	46.7	40
2015-8-1 15:25	36.6	2015-8-1 15:55	44.5	30

续上表

时间	日最高气温(℃)	时间	日最高板温(℃)	滞后时间(min)
2015-8-2 13:15	37.9	2015-8-2 14:55	47.1	100
2015-8-3 13:55	37.7	2015-8-3 15:25	47.4	90
2015-8-4 14:30	38.4	2015-8-4 15:20	48.3	50
2015-8-5 15:00	37.5	2015-8-5 15:30	47.1	30
2015-8-6 16:40	34.7	2015-8-6 17:10	42.7	30
2015-8-7 13:55	35.1	2015-8-7 14:25	41.3	30
2015-8-8 15:15	36.5	2015-8-8 15:45	41.9	30
2015-8-9 11:15	29.1	2015-8-9 11:35	33	20
2015-8-10 12:35	25.6	2015-8-10 13:45	28.8	70
2015-8-11 16:20	30.6	2015-8-11 17:10	33.5	50
2015-8-12 12:40	31.5	2015-8-12 13:20	35.3	40
2015-8-13 14:40	31.6	2015-8-13 16:00	38.4	80
2015-8-14 14:35	34.7	2015-8-14 16:05	40.6	90
2015-8-15 13:45	32.8	2015-8-15 14:25	38.8	40
2015-8-16 14:35	32.8	2015-8-16 15:35	36.5	60
2015-8-17 15:15	33.2	2015-8-17 16:15	39.4	60
2015-8-18 14:00	32.1	2015-8-18 15:30	37.3	90
2015-8-19 11:50	28.8	2015-8-19 12:00	32.1	10
2015-8-20 17:00	24.8	2015-8-20 18:30	27	90
2015-8-21 15:25	30.4	2015-8-21 16:25	33.7	60
2015-8-22 13:55	33.5	2015-8-22 15:55	38.3	120
2015-8-23 15:45	32.9	2015-8-23 16:05	40.9	30
2015-8-24 12:15	31.8	2015-8-24 15:05	38.8	170
2015-8-25 14:20	29.2	2015-8-25 15:50	37.2	90
2015-8-26 14:30	31	2015-8-26 15:30	39.2	60
2015-8-27 15:50	32.1	2015-8-27 16:10	39.8	20
2015-8-28 12:45	32.6	2015-8-28 13:45	38.8	60
2015-8-29 14:35	33.2	2015-8-29 15:45	37.8	60
2015-8-30 15:45	33.2	2015-8-30 16:25	41	40
2015-8-31 14:05	32.7	2015-8-31 15:15	37.4	70
平均滞后时间(min)				62.5

(2)2016年监测数据

图5-42为2016年轨道板温度与环境温度随时间变化曲线。2016年的年最高气温出现在8月4日,为40.4℃;年最低气温出现在1月24日,为-9.2℃。2016年的年最高轨道板温度出现在7月25日,为50.7℃;年最低轨道板温度出现在1月25日,为-5.5℃。

图5-43为2016年日最高轨道板温度(板中)与日最高气温差随时间变化曲线。全年日最高轨道板温度(板中)与日最高气温的最大温差为13.9℃,出现在秋季。

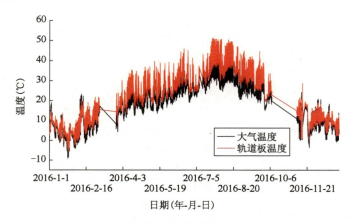

图 5-42 2016 年轨道板温度与环境温度随时间变化曲线

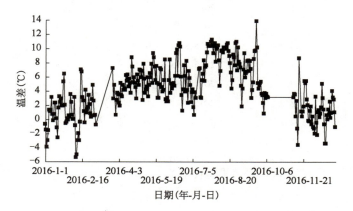

图 5-43 2016 年日最高轨道板温度(板中)与日最高气温差随时间变化曲线

图 5-44 为 2016 年日最低轨道板温度(板中)与日最低气温差随时间变化曲线。全年日最低轨道板温度(板中)与日最低气温的最大温差为 10.0℃,也是出现在秋季。

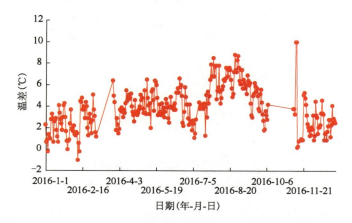

图 5-44 2016 年日最低轨道板温度(板中)与日最低气温差随时间变化曲线

2016 年日轨道板温度(板中)与日气温差最大值统计见表 5-7。从表中可以得出,夏季轨道板(板中)的最高温度是在月最高气温的基础上加10℃。

2016 年日轨道板温度(板中)与日气温差最大值统计表　　　　表 5-7

序号	月　份	月最高板温(℃)	日最高轨道板温度(板中)与日最高气温的最大温差(℃)
1	1月	16.2	6.5
2	2月	21.4	7.1
3	3月	23.9	7.3
4	4月	37.0	8.8
5	5月	39.7	9.4
6	6月	45.8	10.8
7	7月	50.7	11.3
8	8月	50.7	11.0
9	9月	44.9	13.9
10	10月	—	—
11	11月	28.7	8.7
12	12月	19.0	5.1

图 5-45 为 2016 年全年轨道板的日最高、最低温度随时间变化曲线,图 5-46 为 2016 年全年轨道板的日温差随时间变化曲线。从图 5-46 中可知,轨道板日温差变化幅度很大,轨道板的日最大温差为 20.2℃。

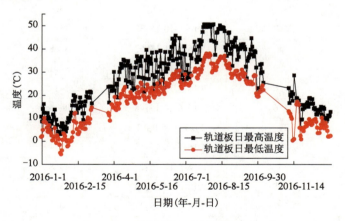

图 5-45　2016 年轨道板温度随时间变化曲线

图 5-47 为 2016 年 6 月—8 月轨道板最高温度滞后最高气温时间分布图,表 5-8 为 2016 年日最高轨道板温度(板中)与日最高气温出现的时间统计表。从图和表中可以看出,夏季轨道板最高温度出现时间与最高气温出现时间的间隔在 0~60min 占比 66%,在 90min 以内占比 87%,3 个月的平均滞后时间为 49.0min。

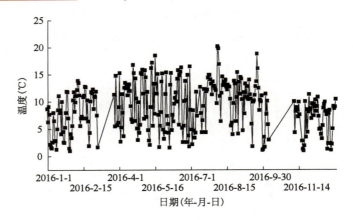

图 5-46 2016 年轨道板温差随时间变化曲线

2016 年日最高轨道板温度(板中)与日最高气温出现的时间统计表　　表 5-8

时　　间	日最高气温(℃)	时　　间	日最高板温(℃)	滞后时间(min)
2016-6-1 0:18	26.7	2016-6-1 0:08	29.3	10
2016-6-2 12:38	24	2016-6-2 13:38	27.1	60
2016-6-3 15:23	20.7	2016-6-3 15:13	23.3	10
2016-6-4 17:03	28.3	2016-6-4 17:13	33.9	10
2016-6-5 13:53	30.3	2016-6-5 15:53	38.8	120
2016-6-6 16:13	26.5	2016-6-6 17:03	30.3	50
2016-6-7 13:28	26.7	2016-6-7 16:28	31.8	180
2016-6-8 14:38	27.2	2016-6-8 15:28	31.6	50
2016-6-9 17:08	28.8	2016-6-9 17:58	33.6	50
2016-6-10 15:23	30.7	2016-6-10 15:33	35.9	10
2016-6-11 13:43	34	2016-6-11 13:53	38.8	10
2016-6-12 15:53	30.9	2016-6-12 16:53	37.1	60
2016-6-13 14:13	31.6	2016-6-13 15:13	41	60
2016-6-14 15:28	34.6	2016-6-14 15:48	44.5	20
2016-6-15 0:08	29	2016-6-15 0:18	35.2	10
2016-6-16 16:38	31.6	2016-6-16 16:58	42.1	20
2016-6-17 14:23	33	2016-6-17 15:23	43.8	60
2016-6-18 15:23	35.5	2016-6-18 15:33	45.8	10
2016-6-19 14:13	29.7	2015-6-19 15:38	40.3	85
2016-6-20 8:43	27.4	2016-6-20 9:13	30.9	30
2016-6-21 15:28	32.3	2016-6-21 15:58	33.6	30
2016-6-22 15:58	34.3	2016-6-22 16:28	38.6	30
2016-6-23 13:48	37	2016-6-23 15:28	44.7	100
2016-6-24 0:08	30	2016-6-24 0:18	36.2	10
2016-6-25 18:33	22.7	2016-6-25 18:43	26.7	10

续上表

时　　间	日最高气温(℃)	时　　间	日最高板温(℃)	滞后时间(min)
2016-6-26 13:03	29.8	2016-6-26 13:53	38.1	50
2016-6-27 16:53	24.6	2016-6-27 17:03	28.8	10
2016-6-28 12:38	24.4	2016-6-28 13:38	26.8	60
2016-6-29 15:28	34.3	2016-6-29 15:48	41.2	20
2016-6-30 12:36	31.9	2016-6-30 13:06	37.8	30
2016-7-1 0:06	25.3	2016-7-1 0:06	30.2	0
2016-7-2 14:13	24.7	2016-7-2 16:53	27.2	160
2016-7-3 17:33	29.3	2016-7-3 17:53	33.2	20
2016-7-4 0:03	25.2	2016-7-4 0:03	29.5	0
2016-7-5 16:58	26	2016-7-5 17:08	27.8	10
2016-7-6 17:18	28.8	2016-7-6 17:58	29.5	40
2016-7-7 16:58	33.6	2016-7-7 17:08	37.5	10
2016-7-8 12:08	33	2016-7-8 12:18	36.1	10
2016-7-12 15:08	36	2016-7-12 16:08	43.2	60
2016-7-13 12:58	32.4	2016-7-13 16:48	39.7	230
2016-7-14 15:48	32.3	2016-7-14 17:08	35.5	80
2016-7-15 9:53	31.4	2016-7-15 11:53	34.5	120
2016-7-16 17:03	31.1	2016-7-16 17:33	36.7	30
2016-7-17 14:13	34.7	2016-7-17 16:23	41.2	130
2016-7-18 15:23	35.5	2016-7-18 15:53	43.9	30
2015-7-19 12:05	28	2015-7-19 14:05	30.9	120
2016-7-20 14:18	34.6	2016-7-20 15:18	42.1	60
2016-7-21 13:58	35.8	2016-7-21 16:28	43.5	150
2016-7-22 14:13	37.9	2016-7-22 15:33	47.4	80
2016-7-23 14:33	38.8	2016-7-23 15:53	49.5	80
2016-7-24 15:33	40.2	2016-7-24 15:43	50.6	10
2016-7-25 14:03	40.3	2016-7-25 14:43	50.7	40
2016-7-26 16:38	40.3	2016-7-26 16:58	50.7	10
2016-7-27 10:48	38.5	2016-7-27 14:28	49.5	220
2016-7-28 13:48	39.4	2016-7-28 15:18	50.7	90
2016-7-29 13:43	40.2	2016-7-29 15:03	50.7	80
2016-7-30 15:23	40.3	2016-7-30 15:43	49.7	20
2016-7-31 14:13	40.2	2016-7-31 15:33	50.6	80
2016-8-1 15:13	38.8	2016-8-1 16:03	49.6	50
2016-8-2 12:08	35.5	2016-8-2 12:18	43.7	10
2015-8-3 13:25	37.7	2015-8-3 15:25	47.4	120
2016-8-4 2:28	40.4	2016-8-4 2:48	50.6	20
2016-8-5 17:13	33.5	2016-8-5 17:23	39.8	10

续上表

时　　间	日最高气温(℃)	时　　间	日最高板温(℃)	滞后时间(min)
2016-8-6 13:03	34.9	2016-8-6 13:33	43.3	30
2016-8-7 11:33	32.8	2016-8-7 12:43	37.6	70
2016-8-8 13:53	35.8	2016-8-8 15:13	42.7	80
2016-8-9 15:38	37.4	2016-8-9 15:58	47.1	20
2016-8-10 14:28	37.6	2016-8-10 15:28	47.4	60
2016-8-11 15:48	39.2	2016-8-11 16:18	48.7	30
2016-8-12 16:03	38.5	2016-8-12 16:43	48.7	40
2016-8-13 15:53	40.2	2016-8-13 16:03	50.2	10
2016-8-14 15:23	39.4	2016-8-14 16:13	49.6	50
2016-8-15 15:53	38.6	2016-8-15 14:53	48.7	60
2016-8-16 14:08	38.9	2016-8-16 14:58	49.5	50
2016-8-17 14:58	38.5	2016-8-17 15:28	49.3	30
2016-8-18 15:58	39.4	2016-8-18 16:08	49.1	10
2016-8-19 13:03	38.8	2016-8-19 13:43	47.8	40
2016-8-20 0:03	32.8	2016-8-20 0:13	40.8	10
2016-8-21 15:37	32.9	2016-8-21 16:07	39.6	30
2016-8-22 12:07	32.8	2016-8-22 12:27	37.2	20
2016-8-23 14:07	36.2	2016-8-23 15:17	41.8	70
2016-8-24 15:07	37.7	2016-8-24 15:17	46.9	10
2016-8-25 16:37	38.4	2016-8-25 16:47	47.2	10
2016-8-26 0:07	30.4	2016-8-26 0:17	38.1	10
2016-8-27 15:33	29.5	2016-8-27 15:43	40.3	10
2016-8-28 14:23	32.1	2016-8-28 15:23	43.1	60
2016-8-29 8:43	25.9	2016-8-29 8:53	32.9	10
2016-8-30 13:48	32.7	2016-8-30 14:38	42.9	50
2016-8-31 17:05	32.9	2016-8-31 17:55	41.1	50

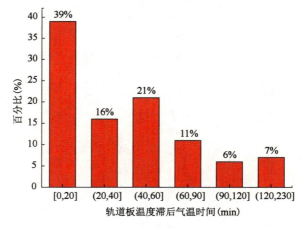

图 5-47　2016 年 6 月—8 月轨道板最高温度滞后最高气温时间分布图

(3) 2017 年监测数据

图 5-48 为 2017 年轨道板温度与环境温度随时间变化曲线。2017 年的年最高气温出现在 7 月 17 日,为 40.9℃;年最低气温出现在 1 月 21 日,为 −3℃。2017 年的年最高轨道板温度出现在 7 月 17 日,为 50.4℃;年最低轨道板温度出现在 1 月 21 日,为 1℃。

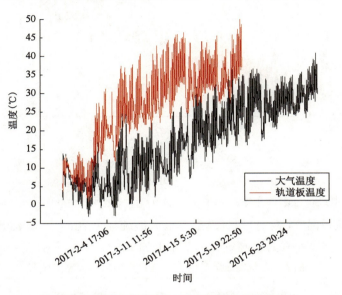

图 5-48　2017 年轨道板温度与环境温度随时间变化曲线

图 5-49 为 2017 年日最高轨道板温度(板中)与日最高气温差随时间变化曲线。全年日最高轨道板温度(板中)与日最高气温的最大温差为 12.5℃,出现在夏季。

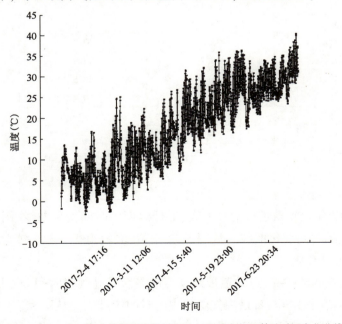

图 5-49　2017 年日最高轨道板温度(板中)与日最高气温差随时间变化曲线

图 5-50 为 2017 年日最低轨道板温度(板中)与日最低气温差随时间变化曲线。全年日最低轨道板温度(板中)与日最低气温的最大温差为 9.1℃,也是出现在夏季。

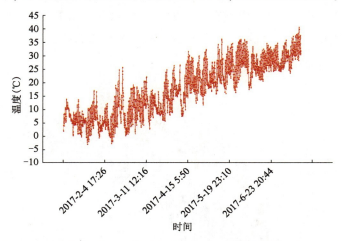

图 5-50 2017 年日最低轨道板温度(板中)与日最低气温差随时间变化曲线

2017 年日轨道板温度(板中)与日气温差最大值统计见表 5-9。从表中可以得出,夏季轨道板(板中)的最高温度是在月最高气温的基础上加 9.5℃。

2017 年日轨道板温度(板中)与日气温差最大值统计表 表 5-9

序号	月 份	月最高气温 (℃)	月最高板温 (℃)	日最高轨道板温度(板中)与日最高气温的最大温差 (℃)
1	1 月	14	14.4	5.9
2	2 月	—	—	—
3	3 月	25.1	27.6	6.6
4	4 月	32.4	40.7	9.5
5	5 月	36.7	45.9	10.8
6	6 月	36.6	46.5	12.5
7	7 月	40.9	50.4	10.8
8	8 月	—	—	—
9	9 月	—	—	—
10	10 月	—	—	—
11	11 月	—	—	—
12	12 月	—	—	—

图 5-51 为 2017 年全年轨道板的日最高、最低温度随时间变化曲线,图 5-52 为 2017 年全年轨道板的日温差随时间变化曲线。从图 5-52 中可知,轨道板日温差变化幅度很大,轨道板的日最大温差为 18.2℃。

图 5-53 为 2017 年 6 月—7 月轨道板最高温度滞后最高气温时间分布图,表 5-10 为 2017 年日最高轨道板温度(板中)与日最高气温出现的时间统计表。从图和表中可以看出,夏季轨道板最高温度出现时间与最高气温出现时间的间隔在 20~60min 占比 18%,在 90min 以内占

比72%,2个月的平均滞后时间为72.4min。

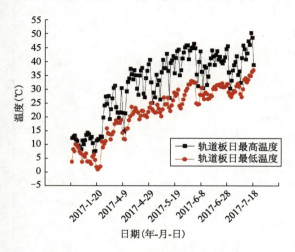

图5-51 2017年轨道板温度随时间变化曲线

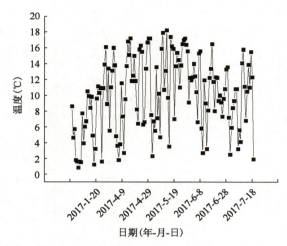

图5-52 2017年轨道板温差随时间变化曲线

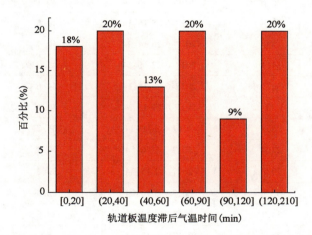

图5-53 2017年6月—7月轨道板最高温度滞后最高气温时间分布图

2017年日最高轨道板温度(板中)与日最高气温出现的时间统计表　　表5-10

时　　间	日最高气温(℃)	时　　间	日最高板温(℃)	滞后时间(min)
2017-6-1 15:50	36.6	2017-6-1 15:50	44.9	0
2017-6-2 15:30	35.5	2017-6-2 15:30	45.2	0
2017-6-3 14:30	35.3	2017-6-3 14:50	46.5	20
2017-6-4 12:30	32.4	2017-6-4 14:20	44.9	110
2017-6-5 0:10	26.3	2017-6-5 0:00	35.4	10
2017-6-6 13:50	23.9	2017-6-6 15:10	31.2	80
2017-6-7 16:30	31.1	2017-6-7 13:50	40	160
2017-6-8 13:50	34	2017-6-8 15:10	43.7	80
2017-6-9 13:20	30.8	2017-6-9 13:50	36.4	30

续上表

时　　间	日最高气温(℃)	时　　间	日最高板温(℃)	滞后时间(min)
2017-6-11 15:20	31.2	2017-6-11 15:40	38.4	20
2017-6-12 14:30	29.3	2017-6-12 15:40	37.9	70
2017-6-15 12:44	30.8	2017-6-15 13:24	39	40
2017-6-16 14:54	32.1	2017-6-16 15:44	41.3	50
2017-6-17 14:34	32.8	2017-6-17 15:04	44.1	30
2017-6-18 16:14	32.2	2017-6-18 15:24	41.9	50
2017-6-19 12:04	31.3	2017-6-19 15:14	38.9	190
2017-6-20 12:14	34.6	2017-6-20 14:14	42.4	120
2017-6-21 14:34	34.7	2017-6-21 16:14	43.8	100
2017-6-22 15:34	32.9	2017-6-22 16:24	40.8	50
2017-6-23 13:44	34.5	2017-6-23 15:54	41.8	130
2017-6-24 14:14	32.6	2017-6-24 16:24	40.1	130
2017-6-25 12:14	31.8	2017-6-25 15:14	39.5	180
2017-6-26 13:24	33	2017-6-26 14:24	40.4	60
2017-6-27 16:24	34.1	2017-6-27 16:54	41.7	30
2017-6-28 13:54	34.5	2017-6-28 15:14	44.6	80
2017-6-29 13:14	35	2017-6-29 15:34	45.6	140
2017-6-30 0:14	28.4	2017-6-30 0:14	36.2	0
2017-7-1 16:04	27.4	2017-7-1 16:54	30.4	50
2017-7-2 13:44	29.3	2017-7-2 15:34	33.2	110
2017-7-3 13:34	32.5	2017-7-3 14:04	36.9	30
2017-7-4 10:34	34.1	2017-7-4 11:44	38.8	70
2017-7-5 10:54	35.4	2017-7-5 12:14	40	80
2017-7-6 15:44	35.8	2017-7-6 16:04	42	20
2017-7-7 8:34	32.3	2017-7-7 11:44	35.3	180
2017-7-8 13:34	32.2	2017-7-8 14:54	36.6	80
2017-7-10 13:04	33.6	2017-7-10 15:14	41.4	130
2017-7-11 15:24	36.6	2017-7-11 16:04	45.9	40
2017-7-12 15:14	37.3	2017-7-12 15:44	44.6	30
2017-7-13 15:54	35.6	2017-7-13 16:34	40.9	40
2017-7-14 13:44	37.4	2017-7-14 16:34	43.1	170
2017-7-15 14:04	39.3	2017-7-15 15:14	47.4	70
2017-7-16 15:34	38.9	2017-7-16 16:14	46.1	40
2017-7-17 15:34	40.9	2017-7-17 16:34	50.4	60

续上表

时间	日最高气温(℃)	时间	日最高板温(℃)	滞后时间(min)
2017-7-18 13:54	37.9	2017-7-18 15:24	48.7	90
2017-7-19 0:14	31.1	2017-7-19 0:04	38.9	10
平均滞后时间(min)				72.4

3. 底座板温度与环境温度的关系

(1) 2015年监测数据

图 5-54 为 2015 年底座板温度与环境温度随时间变化曲线。2015 年的年最高气温出现在 8 月 4 日，为 38.4℃；年最低气温出现在 11 月 27 日，为 -2.3℃。2015 年的年最高底座板温度出现在 8 月 5 日，为 38.1℃；年最低底座板温度出现在 2 月 10 日，为 3.5℃。

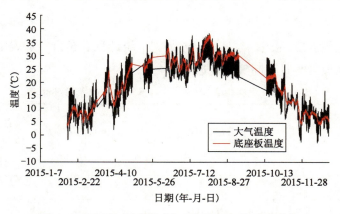

图 5-54　2015 年底座板温度与环境温度随时间变化曲线

图 5-55 为 2015 年日最高底座板温度(板中)与日最高气温差随时间变化曲线。全年日最高底座板温度(板中)与日最高气温的最大温差为 6.8℃，出现在夏季。

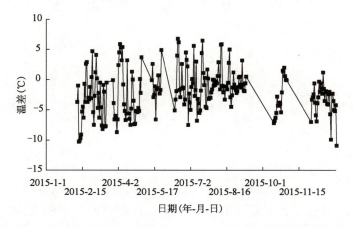

图 5-55　2015 年日最高底座板温度(板中)与日最高气温差随时间变化曲线

图 5-56 为 2015 年日最低底座板温度(板中)与日最低气温差随时间变化曲线。全年日最

低底座板温度(板中)与日最低气温的最大温差为12.3℃,也是出现在夏季。

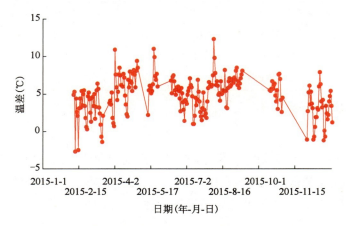

图5-56 2015年日最低底座板温度(板中)与日最低气温差随时间变化曲线

2015年日底座板温度(板中)与日气温差最大值统计见表5-11。从表中可以得出,夏季底座板(板中)的最高温度与月最高气温接近。

2015年日底座板温度(板中)与日气温差最大值统计表　　表5-11

序号	月　份	月最高气温（℃）	月最高板温（℃）	日最高底座板温度(板中)与日最高气温的最大温差（℃）
1	1月	—	—	—
2	2月	18.1	10.8	4.7
3	3月	30.6	21.9	4.1
4	4月	31.8	27.3	5.9
5	5月	34.2	30.1	4.9
6	6月	36.2	33.3	6.8
7	7月	37.6	36.3	6.5
8	8月	38.4	38.1	5.9
9	9月	32.9	31.6	3.2
10	10月	29.4	23.4	2.0
11	11月	—	—	—
12	12月	17.0	9.7	1.2

图5-57为2015年全年底座板的日最高、最低温度随时间变化曲线,图5-58为2015年全年底座板的日温差随时间变化曲线。从图5-58可知,底座板日温差变化幅度很小,底座板的日最大温差为3.3℃。

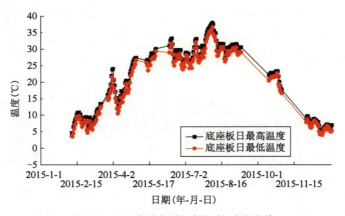

图 5-57　2015 年底座板温度随时间变化曲线

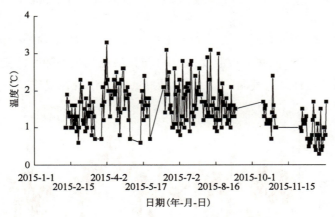

图 5-58　2015 年底座板温差随时间变化曲线

(2) 2016 年监测数据

图 5-59 为 2016 年底座板温度与环境温度随时间变化曲线。2016 年的年最高气温出现在 8 月 4 日,为 40.4℃;年最低气温出现在 1 月 24 日,为 -9.2℃。2016 年的年最高底座板温度出现在 8 月 3 日,为 41.7℃;年最低底座板温度出现在 1 月 25 日,为 -1.4℃。

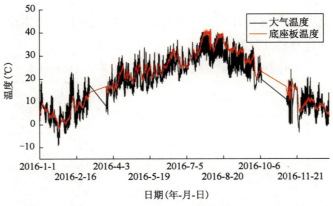

图 5-59　2016 年底座板温度与环境温度随时间变化曲线

图 5-60 为 2016 年日最高底座板温度(板中)与日最高气温差随时间变化曲线。全年日最高底座板温度(板中)与日最高气温的最大温差为 8.9℃，出现在春季。

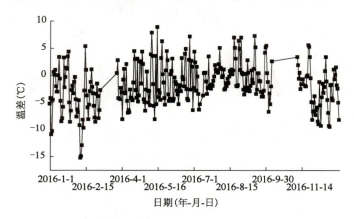

图 5-60　2016 年日最高底座板温度(板中)与日最高气温差随时间变化曲线

图 5-61 为 2016 年日最低底座板温度(板中)与日最低气温差随时间变化曲线。全年日最低底座板温度(板中)与日最低气温的最大温差为 12.3℃，出现在夏季。

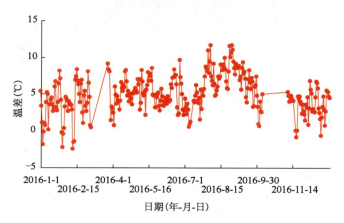

图 5-61　2016 年日最低底座板温度(板中)与日最低气温差随时间变化曲线

2016 年日底座温度(板中)与日气温差最大值统计见表 5-12。从表中可以得出，夏季底座板(板中)的最高温度与月最高气温接近。

2016 年日底座板温度(板中)与日气温差最大值统计表　　　　表 5-12

序号	月　份	月最高气温（℃）	月最高板温（℃）	日最高轨道板温度(板中)与日最高气温的最大温差（℃）
1	1 月	19.1	9.4	4.4
2	2 月	23.0	13.0	5.4
3	3 月	21.2	17.0	2.8
4	4 月	31.0	25.8	4.5

续上表

序号	月 份	月最高气温（℃）	月最高板温（℃）	日最高轨道板温度（板中）与日最高气温的最大温差（℃）
5	5月	33.7	27.0	8.9
6	6月	37.0	33.7	7.2
7	7月	40.3	41.1	4.4
8	8月	40.4	41.7	7.0
9	9月	37.5	34.2	7.3
10	10月	—	—	—
11	11月	24.2	23.4	5.6
12	12月	20.9	11.9	3.4

图 5-62 为 2016 年全年底座板的日最高、最低温度随时间变化曲线，图 5-63 为 2016 年全年底座板的日温差随时间变化曲线。由图 5-63 可知，底座板日温差变化幅度很小，底座板的日最大温差除了在夏季某几天达到 9.5℃外，平均最大的日温差为 4.0℃。

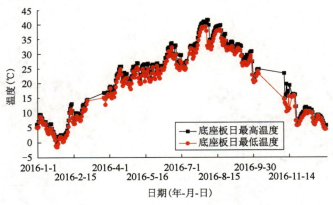

图 5-62 2016 年底座板温度随时间变化曲线

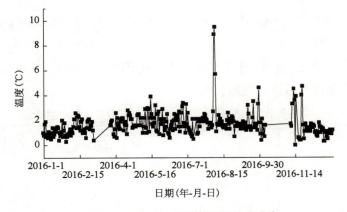

图 5-63 2016 年底座板温差随时间变化曲线

(3) 2017年监测数据

图 5-64 为 2017 年底座板温度与环境温度随时间变化曲线。2017 年的年最高气温出现在 7 月 17 日,为 40.9℃;年最低气温出现在 1 月 21 日,为 -3℃。2017 年的年最高底座板温度出现在 7 月 18 日,为 38.7℃;年最低底座板温度出现在 1 月 21 日,为 4℃。

图 5-65 为 2017 年日最高底座板温度(板中)与日最高气温差随时间变化曲线。全年日最高底座板温度(板中)与日最高气温的最大温差为 8.8℃,出现在夏季。

图 5-66 为 2017 年日最低底座板温度(板中)与日最低气温差随时间变化曲线。全年日最低底座板温度(板中)与日最低气温的最大温差为 12.6℃,也是出现在夏季。

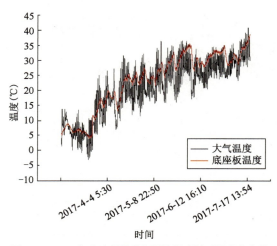

图 5-64　2017 年底座板温度与环境温度随时间变化曲线

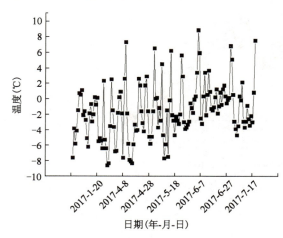

图 5-65　2017 年日最高底座板温度(板中)与日最高气温差随时间变化曲线

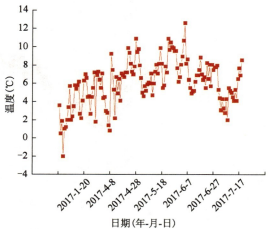

图 5-66　2017 年日最低底座板温度(板中)与日最低气温差随时间变化曲线

2017 年日底座板温度(板中)与日气温差最大值统计见表 5-13。从表中可以得出,夏季底座板(板中)的最高温度与月最高气温接近。

2017 年日底座板温度(板中)与日气温差最大值统计表　　　　表 5-13

序号	月　份	月最高气温(℃)	月最高板温(℃)	日最高底座板温度(板中)与日最高气温的最大温差(℃)
1	1月	13.6	9.1	7.6
2	2月	—	—	—

续上表

序号	月 份	月最高气温 (℃)	月最高板温 (℃)	日最高底座板温度(板中) 与日最高气温的最大温差 (℃)
3	3月	25.1	17.6	8.6
4	4月	32.4	27.5	8.3
5	5月	36.7	34.1	7.7
6	6月	36.6	35.6	8.8
7	7月	40.6	38.7	7.5
8	8月	—	—	—
9	9月	—	—	—
10	10月	—	—	—
11	11月	—	—	—
12	12月	—	—	—

图 5-67 为 2017 年全年底座板的日最高、最低温度随时间变化曲线,图 5-68 为 2017 年全年底座板的日温差随时间变化曲线。从图 5-68 中可知,底座板日温差变化幅度很小,底座板的日最大温差为 3.3℃。

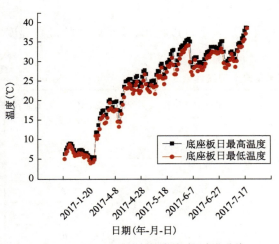

图 5-67 2017 年底座板温度随时间变化曲线

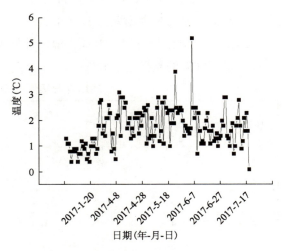

图 5-68 2017 年底座板温差随时间变化曲线

4. 桥梁温度与环境温度的关系

(1) 2015 年监测数据

图 5-69 为 2015 年梁体温度与环境温度随时间变化曲线。2015 年的年最高气温出现在 8 月 4 日,为 38.4℃;年最低气温出现在 11 月 27 日,为 -2.3℃。2015 年的年最高梁体温度出现在 8 月 4 日,为 44.9℃;年最低梁体温度出现在 12 月 18 日,为 2.1℃。

图 5-70 为 2015 年日最高梁体温度与日最高气温差随时间变化曲线。全年日最高梁体温

度与日最高气温的最大温差为 8.6℃，出现在夏季。

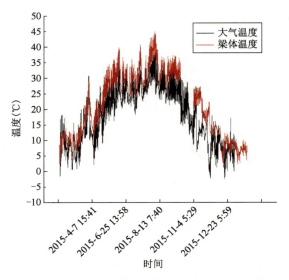

图 5-69　2015 年梁体温度与环境温度随时间变化曲线　　图 5-70　2015 年日最高梁体温度与日最高气温差随时间变化曲线

图 5-71 为 2015 年日最低梁体温度与日最低气温差随时间变化曲线。全年日最低梁体温度与日最低气温的最大温差为 12.9℃，出现在夏季。

2015 年日梁体与日气温差最大值统计见表 5-14。从表中可以得出，夏季梁体的最高温度是在月最高气温的基础上加 6.5℃。

2015 年日梁体与日气温差最大值统计表　　表 5-14

序号	月　份	月最高气温 （℃）	月最高梁体温度 （℃）	日最高梁体温度与日最高气温的最大温差（℃）
1	1 月	—	—	—
2	2 月	18.1	14.9	4.9
3	3 月	30.6	28.5	5.7
4	4 月	31.8	34.4	7.5
5	5 月	34.2	36.5	8.6
6	6 月	36.2	39.7	7.2
7	7 月	37.6	43.1	8.5
8	8 月	38.4	44.9	7.8
9	9 月	32.9	37	5.9
10	10 月	29.4	27.3	3.2
11	11 月	—	—	—
12	12 月	17.0	12.2	2.2

图 5-72 为 2015 年全年梁体的日最高、最低温度随时间变化曲线,图 5-73 为 2015 年全年梁体的日温差随时间变化曲线。从图 5-73 中可知,梁体日温差变化幅度很大,梁体的日最大温差为 9.6℃。

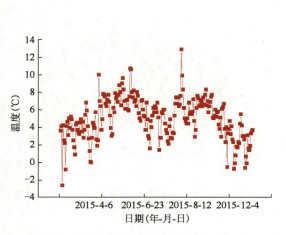

图 5-71　2015 年日最低梁体与日最低气温差随时间变化曲线

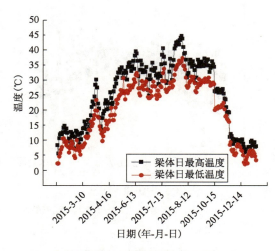

图 5-72　2015 年梁体温度随时间变化曲线

(2) 2016 年监测数据

图 5-74 为 2016 年梁体温度与环境温度随时间变化曲线。2016 年的年最高气温出现在 8 月 4 日,为 40.4℃;年最低气温出现在 1 月 24 日,为 -9.2℃。2016 年的年最高梁体温度出现在 7 月 25 日,为 46℃;年最低梁体温度出现在 1 月 25 日,为 -4.7℃。

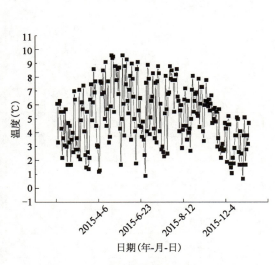

图 5-73　2015 年梁体温差随时间变化曲线

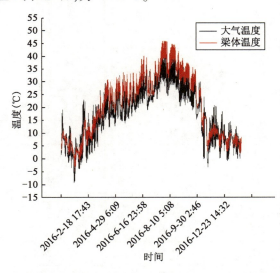

图 5-74　2016 年梁体温度与环境温度随时间变化曲线

图 5-75 为 2016 年日最高梁体温度与日最高气温差随时间变化曲线。全年日最高梁体温度与日最高气温的最大温差为 12℃,出现在春季。

图 5-76 为 2016 年日最低梁体温度与日最低气温差随时间变化曲线。全年日最低梁体温度与日最低气温的最大温差为 13.4℃,出现在秋季。

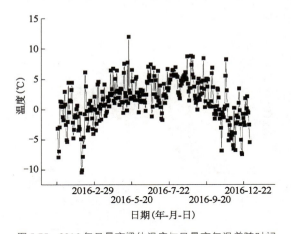

图 5-75　2016 年日最高梁体温度与日最高气温差随时间变化曲线

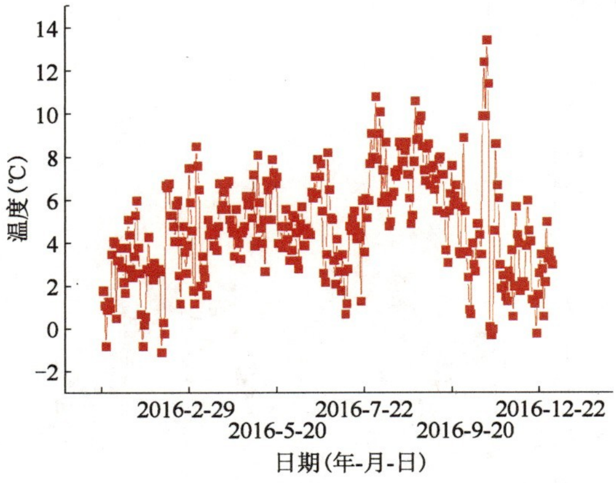

图 5-76　2016 年日最低梁体温度与日最低气温差随时间变化曲线

2016 年日梁体温度与日气温最大值统计见表 5-15。从表中可以得出,夏季梁体的最高温度是在月最高气温的基础上加 5.6℃。

2016 年日梁体温度与日气温差最大值统计表　　　　表 5-15

序号	月　份	月最高气温（℃）	月最高梁体温度（℃）	日最高梁体温度与日最高气温的最大温差（℃）
1	1 月	19.1	12.2	4.5
2	2 月	23.0	17	6.2
3	3 月	21.2	20.9	4.6
4	4 月	31.0	31.8	6.8
5	5 月	33.7	33.6	12
6	6 月	37.0	40.3	7.5
7	7 月	40.3	46	6.7
8	8 月	40.4	45.9	8.9
9	9 月	37.5	39.3	8.5
10	10 月	30	29.2	3.5
11	11 月	24.2	23.3	8.3
12	12 月	20.9	14.4	3.5

图 5-77 为 2016 年全年梁体的日最高、最低温度随时间变化曲线。从图中可知,梁体日温差变化幅度很大,梁体的日最大温差为 14.6℃。

(3) 2017 年监测数据

图 5-78 为 2017 年梁体温度与环境温度随时间变化曲线。2017 年的年最高气温出现在 7 月 17 日,为 40.9℃;年最低气温出现在 1 月 21 日,为 -3℃。2017 年的年最高梁体温度出现在 7 月 17 日,为 40.9℃;年最低梁体温度出现在 1 月 21 日,为 -3℃。

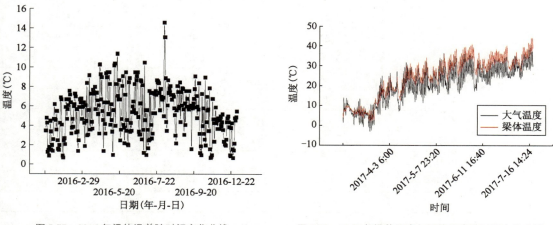

图 5-77　2016 年梁体温差随时间变化曲线　　图 5-78　2017 年梁体温度与环境温度随时间变化曲线

图 5-79 为 2017 年日最高梁体温度与日最高气温差随时间变化曲线。全年日最高梁体温度与日最高气温的最大温差为 8.6℃,出现在夏季。

图 5-80 为 2017 年日最低梁体温度与日最低气温差随时间变化曲线。全年日最低梁体温度与日最低气温的最大温差为 12.9℃,也是出现在夏季。

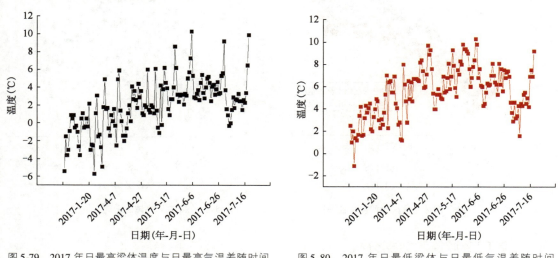

图 5-79　2017 年日最高梁体温度与日最高气温差随时间变化曲线　　图 5-80　2017 年日最低梁体与日最低气温差随时间变化曲线

2017 年日梁体与日气温差最大值统计见表 5-16。从表中可以得出,夏季梁体的最高温度是在月最高气温的基础上加 3.5℃。

2017 年日梁体与日气温差最大值统计表　　　表 5-16

序号	月　份	月最高气温（℃）	月最高梁体温度（℃）	日最高梁体温度与日最高气温的最大温差（℃）
1	1 月	13.9	10.3	5.7
2	2 月	—	—	—
3	3 月	25.1	22.8	4.9
4	4 月	32.4	34.4	5.9
5	5 月	36.7	39.9	8.6
6	6 月	36.6	40.6	10.3
7	7 月	40.9	44.4	9.9
8	8 月	—	—	—
9	9 月	—	—	—
10	10 月	—	—	—
11	11 月	—	—	—
12	12 月	—	—	—

图 5-81 为 2017 年全年梁体的日最高、最低温度随时间变化曲线,图 5-82 为 2017 年全年梁体的日温差随时间变化曲线。从图 5-82 中可知,梁体日温差变化幅度很大,梁体的日最大温差为 9.6℃。

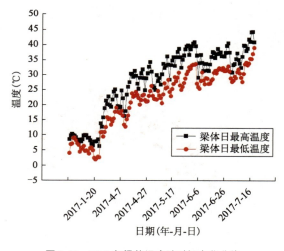

图 5-81　2017 年梁体温度随时间变化曲线

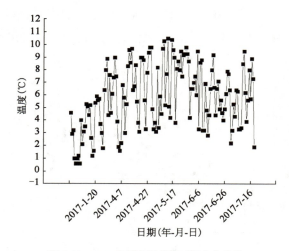

图 5-82　2017 年梁体温差随时间变化曲线

二、温度变形监测数据分析

1. 钢轨与轨道板相对位移

整个监测区段共设置了 10 个测点(测点编号为 7-1 ~ 7-10,其中测点 7-1、7-2 和 7-9 已损坏无数据)。测点布置位置见表 5-17。

第五章 高速铁路小半径曲线地段CRTSⅡ型板式无砟轨道服役状态监测

钢轨与轨道板相对位移测点布置位置   表 5-17

序号	测点编号	测点位置	备 注
1	7-3	4号墩附近	32m 简支梁
2	7-4	3号墩附近	
3	7-5	2号墩附近	
4	7-6	1号墩附近	
5	7-7	桥台	
6	7-8	路桥分界处	路桥分界点
7	7-10	端刺附近	路基上,与有砟、无砟分界点的距离为15m,与测点7-8的距离为71m

图 5-83 为2015年钢轨—轨道板相对位移随时间变化曲线。从图中可知,测点 7-4～7-8全年钢轨—轨道板的相对位移变化量在 1.5mm 以内,测点 7-10(端刺附近)全年钢轨—轨道板的相对位移变化量为 2.6mm。

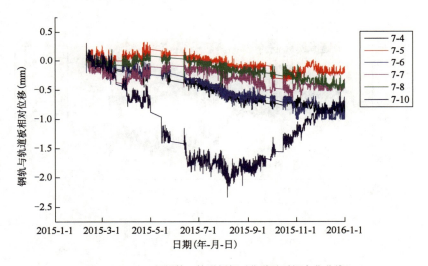

图 5-83 2015 年钢轨—轨道板相对位移随时间变化曲线

图 5-84 为2016年钢轨—轨道板相对位移随时间变化曲线。从图中可知,测点 7-4～7-8全年钢轨—轨道板的相对位移变化量在 1.5mm 以内,测点 7-10(端刺附近)全年钢轨—轨道板的相对位移变化量为 2.9mm。

图 5-85 为2017年钢轨—轨道板相对位移随时间变化曲线。从图中可知,测点 7-4～7-8全年钢轨—轨道板的相对位移变化量在 2.0mm 以内,测点 7-10(端刺附近)全年钢轨—轨道板的相对位移变化量为 3.5mm。

监测数据表明桥梁及摩擦板地段的钢轨—轨道板的相对位移很小,而测点 7-10 位移量较大主要是由于其位于有砟、无砟分界点附近,由于有砟轨道道床纵向阻力比无砟轨道小,因此夏季钢轨容易产生向有砟轨道方向移动的趋势。

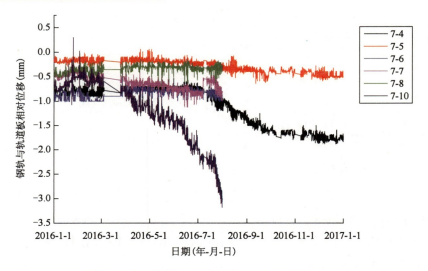

图 5-84　2016 年钢轨—轨道板相对位移随时间变化曲线

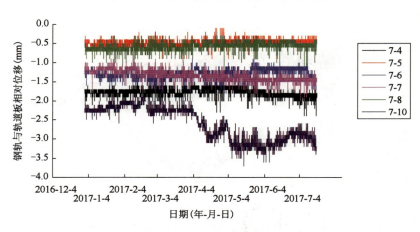

图 5-85　2017 年钢轨—轨道板相对位移随时间变化曲线

2. 底座板与桥梁相对位移

整个监测区段共设置了 3 个测点(测点编号为 8-1 ~ 8-3),测点布置位置见表 5-18。

底座板与桥梁相对位移测点布置位置　　　　　　表 5-18

序号	测点编号	测点位置	备注
1	8-1	第 6 跨简支梁跨中	距离桥台 176m
2	8-2	第 3 跨简支梁跨中	距离桥台 80m
3	8-3	第 1 跨简支梁跨中	距离桥台 16m

图 5-86 为 2015 年底座板—桥梁相对位移随时间变化曲线。从图中可知,测点 8-1、8-2 全年底座板—桥梁的相对位移变化趋势相同,在 -8.2 ~ 7.2mm 之间变化,全年变化幅度为 15.4mm;测点 8-3 底座板—桥梁全年的相对位移变化量较小,在 -1.5 ~ 2.5mm 之间变化,全

年变化幅度为 4.0mm。

图 5-87 为 2016 年底座板—桥梁相对位移随时间变化曲线。从图中可知,测点 8-1、8-2 全年底座板—桥梁的相对位移变化趋势相同,在 -9.5～2.6mm 之间变化,全年变化幅度为 12.1mm;测点 8-3 底座板—桥梁全年的相对位移变化量较小,在 -2～2mm 之间变化,全年变化幅度为 4.0mm。

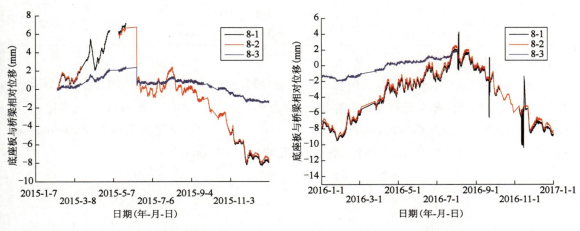

图 5-86　2015 年底座板—桥梁相对位移随时间变化曲线　　图 5-87　2016 年底座板—桥梁相对位移随时间变化曲线

图 5-88 为 2017 年底座板—桥梁相对位移随时间变化曲线。从图中可知,测点 8-1、8-2 全年底座板—桥梁的相对位移变化趋势相同,在 -9.1～1.5mm 之间变化,全年变化幅度为 10.6mm;测点 8-3 底座板—桥梁全年的相对位移变化量较小,在 -1.3～2.3mm 之间变化,全年变化幅度为 3.6mm。

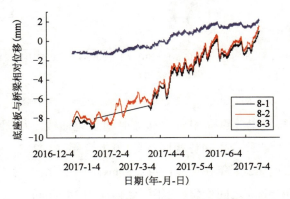

图 5-88　2017 年底座板—桥梁相对位移随时间变化曲线

3. 梁端相对位移

整个监测区段共设置了 6 个测点(测点编号为 9-1～9-6),测点布置位置见表 5-19。简支梁的固定支座均在靠近路基一侧。

底座板与桥梁相对位移测点布置位置　　　　表 5-19

序号	测点编号	监测内容	测点位置
1	9-6	桥梁梁缝横向相对位移	1 号与 2 号简支梁之间的梁缝
2	9-3	桥梁梁缝纵向相对位移	
3	9-5	桥梁梁缝横向相对位移	3 号与 4 号简支梁之间的梁缝
4	9-2	桥梁梁缝纵向相对位移	
5	9-4	桥梁梁缝横向相对位移	6 号与 7 号简支梁之间的梁缝
6	9-1	桥梁梁缝纵向相对位移	

（1）纵向相对位移

图 5-89 为 2015 年桥梁梁缝纵向相对位移随时间变化曲线。从图中可知，测点 9-1～9-3 全年桥梁梁缝的纵向相对位移变化趋势相同，测点 9-1 全年在 −10.1～8.3mm 之间变化，全年变化幅度为 18.4mm；测点 9-2 全年在 −8.4～11.5mm 之间变化，全年变化幅度为 19.9mm；测点 9-3 全年在 −8.3～9.0mm 之间变化，全年变化幅度为 17.3mm。

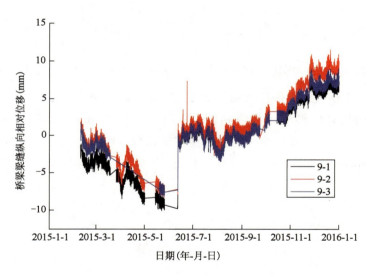

图 5-89　2015 年桥梁梁缝纵向相对位移随时间变化曲线

图 5-90 为 2016 年桥梁梁缝纵向相对位移随时间变化曲线。从图中可知，测点 9-1～9-3 全年桥梁梁缝的纵向相对位移变化趋势相同，测点 9-1 全年在 −2.7～9.6mm 之间变化，全年变化幅度为 12.3mm；测点 9-2 全年在 −3.1～12.8mm 之间变化，全年变化幅度为 15.9mm；测点 9-3 全年在 −3.9～10.5mm 之间变化，全年变化幅度为 14.4mm。

图 5-91 为 2017 年桥梁梁缝纵向相对位移随时间变化曲线。从图中可知，测点 9-1～9-3 全年桥梁梁缝的纵向相对位移变化趋势相同，测点 9-1 全年在 −2.1～9.0mm 之间变化，全年变化幅度为 11.1mm；测点 9-2 全年在 −1.8～11.7mm 之间变化，全年变化幅度为 13.5mm；测点 9-3 全年在 −3.1～9.5mm 之间变化，全年变化幅度为 12.6mm。

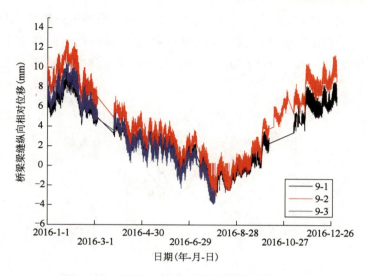

图 5-90 2016 年桥梁梁缝纵向相对位移随时间变化曲线

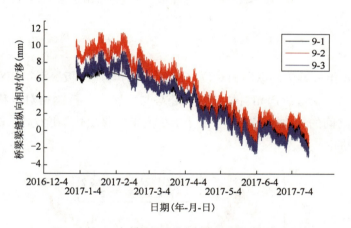

图 5-91 2017 年桥梁梁缝纵向相对位移随时间变化曲线

为进一步分析桥梁梁缝纵向相对位移与底座板—桥梁相对位移之间的关系,选取底座板与桥梁相对位移测点 8-1～8-3 和桥梁梁缝纵向相对位移测点 9-1～9-3 的监测数据,上述测点的位置关系见表 5-20。

位移测点布置位置汇总表 表 5-20

序号	测点编号	测点位置	监测内容
1	8-1	第 6 跨简支梁跨中	底座板—桥梁相对位移
2	8-2	第 3 跨简支梁跨中	
3	8-3	第 1 跨简支梁跨中	
4	9-1	6 号与 7 号简支梁之间的梁缝	桥梁梁缝纵向相对位移
5	9-2	3 号与 4 号简支梁之间的梁缝	
6	9-3	1 号与 2 号简支梁之间的梁缝	

图 5-92 为 2016 年桥梁梁缝纵向相对位移(测点 9-1)与底座板—桥梁相对位移(测点 8-1)随时间变化曲线。当梁缝变窄时(夏季)底座板—桥梁之间的相对位移变小,当梁缝变宽时(冬季)底座板—桥梁之间的相对位移变小。测点 8-1 全年位移变化幅度为 12.1mm,测点 9-1 全年变化幅度为 12.3mm。

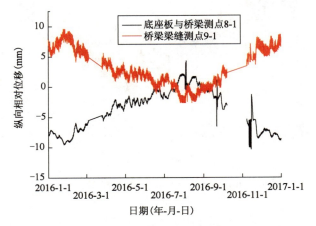

图 5-92　2016 年桥梁梁缝纵向相对位移(测点 9-1)与底座板—
桥梁相对位移(测点 8-1)随时间变化曲线

图 5-93 为 2016 年桥梁梁缝纵向相对位移(测点 9-2)与底座板—桥梁相对位移(测点 8-2)随时间变化曲线。桥梁梁缝纵向相对位移变化趋势与底座板—桥梁相对位移相同,即梁缝变窄时底座板—桥梁之间的相对位移变小。测点 8-2 全年位移变化幅度为 12.1mm,测点 9-2 全年变化幅度为 15.9mm。

图 5-93　2016 年桥梁梁缝纵向相对位移(测点 9-2)与底座板—
桥梁相对位移(测点 8-2)随时间变化曲线

图 5-94 为 2016 年桥梁梁缝纵向相对位移(测点 9-3)与底座板—桥梁相对位移(测点 8-3)随时间变化曲线。桥梁梁缝纵向相对位移变化趋势与底座板—桥梁相对位移相同,即梁缝变窄时底座板—桥梁之间的相对位移变小。测点 8-3 全年位移变化幅度为 4.0mm,测点

9-3 全年变化幅度为 14.4mm。

对桥梁梁缝纵向相对位移与底座板—桥梁相对位移进行线性拟合,拟合结果如图 5-95 ~ 图 5-97 所示。

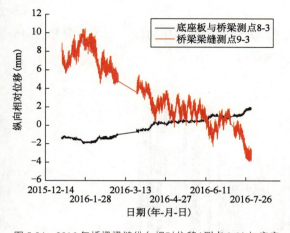

图 5-94 2016 年桥梁梁缝纵向相对位移(测点 9-3)与底座板—桥梁相对位移(测点 8-3)随时间变化曲线

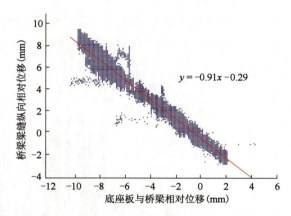

图 5-95 底座板—桥梁相对位移(测点 8-2)与桥梁梁缝纵向相对位移(测点 9-2)拟合曲线

从图 5-95 可以看出,底座板—桥梁相对位移 x(测点 8-1)与桥梁梁缝纵向相对位移 y(测点 9-1)线性相关(相关系数为 0.97),$y = -0.91x - 0.29$,即 $x = -1.1y - 0.32 = -2.2z - 0.32$($z$ 为桥梁跨中处的伸缩位移量)。

从图 5-96 可以看出,底座板—桥梁相对位移 x(测点 8-2)与桥梁梁缝纵向相对位移 y(测点 9-2)线性相关(相关系数为 0.98),$y = -1.1x + 0.74$,即 $x = -0.9y + 0.67 = -1.8z + 0.67$($z$ 为桥梁跨中处的伸缩位移量)。

从图 5-97 可以看出,底座板—桥梁相对位移 x(测点 8-3)与桥梁梁缝纵向相对位移 y(测点 9-3)线性相关(相关系数为 0.94),$y = -3.0x + 2.83$,即 $x = -0.33y + 0.94 = -0.66z + 0.94$($z$ 为桥梁跨中处的伸缩位移量)。

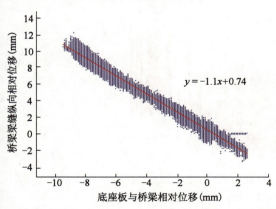

图 5-96 底座板—桥梁相对位移(测点 8-2)与桥梁梁缝纵向相对位移(测点 9-2)拟合曲线

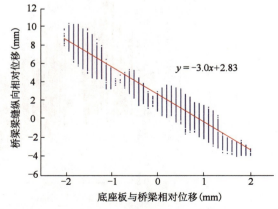

图 5-97 底座板—桥梁相对位移(测点 8-3)与桥梁梁缝纵向相对位移(测点 9-3)拟合曲线

从 3 条拟合曲线可知，底座板—桥梁相对位移量除受桥梁伸缩量影响外，底座板自身还存在伸缩。从 1 号简支梁到 6 号简支梁，底座板自身的伸缩量逐渐增大，即从路基端刺区向桥梁的方向，底座板自身的伸缩量逐渐增大。

（2）横向相对位移

图 5-98 为 2015 年桥梁梁缝横向相对位移（测点 9-5）随时间变化曲线。从图中可知，2015 年全年桥梁梁缝的横向相对位移量较小，全年变化幅度为 1.29mm。

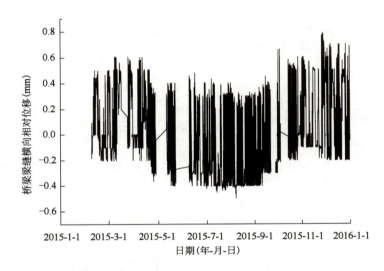

图 5-98　2015 年桥梁梁缝横向相对位移（测点 9-5）随时间变化曲线

图 5-99 为 2016 年桥梁梁缝横向相对位移（测点 9-5）随时间变化曲线。从图中可知，2016 年全年桥梁梁缝的横向相对位移量较小，全年变化幅度为 1.45mm。

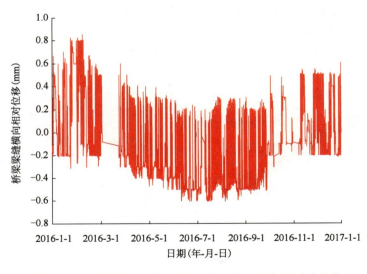

图 5-99　2016 年桥梁梁缝横向相对位移（测点 9-5）随时间变化曲线

图 5-100 为 2017 年桥梁梁缝横向相对位移(测点 9-5)随时间变化曲线。从图中可知,2017 年全年桥梁梁缝的横向相对位移量较小,全年变化幅度为 1.40mm。

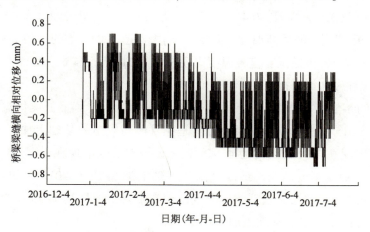

图 5-100　2017 年桥梁梁缝横向相对位移(测点 9-5)随时间变化曲线

综合上述 3 年监测数据可知,简支梁桥全年桥梁梁缝的横向相对位移量变化量较小,全年变化幅度不超过 1.5mm。

三、小结

通过对某高速铁路小半径曲线地段上无砟轨道监测的阶段性数据分析,主要结论如下:

(1)2015 年的年最高钢轨温度出现在 8 月 4 日,为 57.7℃,年最低钢轨温度出现在 12 月 17 日,为 -5.5℃。2015 年夏季钢轨的最高温度是在月最高气温的基础上加 20.8℃。2016 年的年最高钢轨温度出现在 7 月 25 日,为 60.3℃,年最低钢轨温度出现在 1 月 24 日,为 -10.7℃。2016 年夏季钢轨的最高温度是在月最高气温的基础上加 19.3℃;2017 年的年最高钢轨温度出现在 7 月 17 日,为 60.1℃,年最低钢轨温度出现在 1 月 21 日,为 -5.2℃。2017 年夏季钢轨的最高温度是在月最高气温的基础上加 19.2℃。

(2)2015 年的年最高轨道板温度出现在 8 月 4 日,为 48.3℃,年最低轨道板温度出现在 2 月 10 日,为 0.1℃。2015 年夏季轨道板(板中)的最高温度是在月最高气温的基础上加 10℃。夏季轨道板最高温度出现时间与最高气温出现时间的间隔在 20~60min 占比 49%,在 90min 以内占比 81%,3 个月的平均滞后时间为 62.5min。2016 年的年最高轨道板温度出现在 7 月 25 日,为 50.7℃,年最低轨道板温度出现在 1 月 25 日,为 -5.5℃。2016 年夏季轨道板(板中)的最高温度是在月最高气温的基础上加 10℃。夏季轨道板最高温度出现时间与最高气温出现时间的间隔在 0~60min 占比 66%,在 90min 以内占比 87%,3 个月的平均滞后时间为 49.0min。2017 年夏季轨道板(板中)的最高温度是在月最高气温的基础上加 10℃。夏季轨道板最高温度出现时间与最高气温出现时间的间隔在 0~60min 占比 51%,在 90min 以内占比 71%,2 个月的平均滞后时间为 72.0min。

（3）2015 年的年最高底座板温度出现在 8 月 5 日，为 38.1℃，年最低底座板温度出现在 2 月 10 日，为 3.5℃。2015 年夏季底座板（板中）的最高温度与月最高气温接近。2016 年的年最高底座板温度出现在 8 月 3 日，为 41.7℃，年最低底座板温度出现在 1 月 25 日，为 -1.4℃。2016 年夏季底座板（板中）的最高温度与月最高气温接近。2017 年的年最高底座板温度出现在 7 月 18 日，为 38.7℃，年最低底座板温度出现在 1 月 21 日，为 4℃。2017 年夏季底座板（板中）的最高温度与月最高气温接近。

（4）2015 年的年最高梁体温度出现在 8 月 4 日，为 44.9℃，年最低梁体温度出现在 12 月 18 日，为 2.1℃。2015 年夏季梁体的最高温度是在月最高气温的基础上加 6.5℃。2016 年的年最高梁体温度出现在 7 月 25 日，为 46℃，年最低梁体温度出现在 1 月 25 日，为 -4.7℃。2016 年夏季梁体的最高温度是在月最高气温的基础上加 5.7℃。2017 年的年最高梁体温度出现在 7 月 18 日，为 44.4℃，年最低梁体温度出现在 1 月 21 日，为 1.9℃。2017 年夏季梁体的最高温度是在月最高气温的基础上加 4.0℃。

（5）桥梁地段全年钢轨—轨道板的相对位移变化量在 1.5mm 以内，端刺附近全年钢轨—轨道板的相对位移变化量在 4.0mm 以内。监测数据表明桥梁及摩擦板地段钢轨—轨道板的相对位移很小，而端刺附近位移量较大主要是由于其位于有砟轨道与无砟轨道分界点附近，有砟轨道道床纵向阻力比无砟轨道小，因此夏季钢轨容易产生向有砟轨道方向移动的趋势，冬季钢轨容易产生向无砟轨道方向移动的趋势。

（6）第 6 号简支梁（测点 8-1）、第 3 号简支梁（测点 8-2）全年底座板—桥梁的相对位移变化趋势相同，全年变化幅度在 15mm 左右，第 1 号简支梁（测点 8-3）底座板—桥梁全年的相对位移变化量较小，全年变化幅度仅为 4.0mm。

（7）6 号与 7 号简支梁之间的梁缝（测点 9-1）、3 号与 4 号简支梁之间的梁缝（测点 9-2）、1 号与 2 号简支梁之间的梁缝（测点 9-3）全年桥梁梁缝的纵向相对位移变化趋势相同，全年变化幅度在 20mm 以内。

（8）进一步分析桥梁梁缝纵向相对位移与底座板—桥梁相对位移之间的关系可知，桥梁梁缝纵向相对位移与底座板—桥梁相对位移线性相关：

①底座板—桥梁相对位移 x（测点 8-1）与桥梁梁缝纵向相对位移 y（测点 9-1）线性相关（相关系数为 0.97），$y = -0.91x - 0.29$；

②底座板—桥梁相对位移 x（测点 8-2）与桥梁梁缝纵向相对位移 y（测点 9-2）线性相关（相关系数为 0.98），$y = -1.1x + 0.74$；

③底座板—桥梁相对位移 x（测点 8-3）与桥梁梁缝纵向相对位移 y（测点 9-3）线性相关（相关系数为 0.94），$y = -3.0x + 2.83$。

从 3 条拟合曲线可知，底座板—桥梁相对位移量除受桥梁伸缩量影响外，底座板自身还存在伸缩。从 1 号简支梁到 6 号简支梁，底座板自身的伸缩量逐渐增大，即从路基端刺区向桥梁的方向，底座板自身的伸缩量逐渐增大。

第五节　结构服役状态分析

一、侧向挡块受力分析

桥上CRTSⅡ型板式无砟轨道由钢轨、扣件、轨道板、CA砂浆调整层、混凝土底座板、侧向挡块、两布一膜滑动层等部分组成。轨道板间用张拉锁件纵向连接为一个纵向连续结构，底座板纵向跨越梁缝同样为连续结构。在每跨梁固定支座上方通过预埋抗剪齿槽与梁体固结，形成底座板纵向传力结构，在桥梁两端路基上设置摩擦板及端刺结构，以限制底座板中的应力及变形。在底座板两侧设置侧向挡块（图5-101），以限制底座板横向、竖向位移和翘曲。

1. 计算模型

针对小半径曲线桥上CRTSⅡ型板式无砟轨道结构特点，铁四院采用梁—实体—板组合结构体系，建立了基于组合结构体系的"轨道—桥—墩"一体化计算模型。模型中，钢轨模拟为弹性点支承梁；纵向及横向扣件阻力均采用非线性弹簧模拟，垂向采用线性弹簧模拟；为更好地模拟曲线桥上轨道的超高，轨道板和底座板采用实体单元进行模拟；由于底座板与桥梁之间有"二布一膜"滑动层，通过非线性弹簧模拟两者之间的摩擦；底座板与桥梁之间的剪力齿槽通过刚度很大的弹簧模拟，而两侧的侧向挡块通过只受压杆单元模拟，桥梁采用壳单元来模拟，桥墩采用线性弹簧模拟。为了消除边界条件的影响，模型共建立了10跨32m简支梁，如图5-102所示。

图5-101　CRTSⅡ型板式无砟轨道桥上侧向挡块

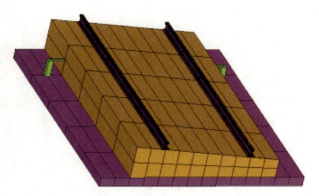
图5-102　小半径曲线桥上CRTSⅡ型板式无砟轨道整体模型

2. 主要计算参数

（1）几何尺寸根据轨道板及底座板的结构尺寸确定，最大超高值按175mm考虑；

（2）滑动层摩擦系数取0.15；

（3）桥墩纵向刚度取1000kN/cm，横向刚度取2000kN/cm。

3. 计算工况及结果分析

在 10 跨 32m 简支梁模型中,由于约束端的边界条件影响,在边跨位置处的力会出现集中现象,因此在以下的分析中只提取了第 3～第 7 跨桥梁范围内轨道板的位移及侧向挡块的受力。计算时主要考虑升温工况,即钢轨升温 50℃,底座板升温 30℃,桥梁升温 30℃,离心力取 100kN。

(1) 线路曲线半径影响分析

曲线半径 R 从小到大分别取 600m、900m、1200m、1500m、3000m、5000m,分析不同的曲线半径对轨道板的位移以及侧向挡块受力的影响。不同曲线半径轨道板的径向位移曲线如图 5-103 所示,不同半径曲线外侧侧向挡块受力见图 5-104、表 5-21。

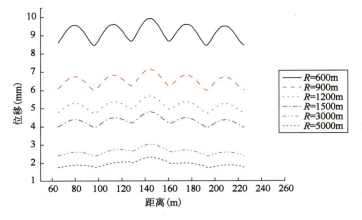

图 5-103 不同曲线半径轨道板径向位移曲线

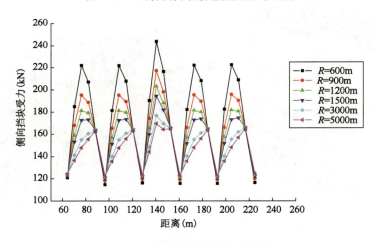

图 5-104 不同曲线半径侧向挡块受力

不同曲线半径侧向挡块最大压力 表 5-21

曲线半径(m)	600	900	1200	1500	3000	5000
曲线外侧挡块最大受力(kN)	243.7	217.1	203.0	194.3	176.6	169.4

由计算结果可知,随着线路曲线半径的增加,曲线外侧轨道板位移越来越小,半径从600m到900m减小幅度较大;当曲线半径趋于无穷时即线路趋向于直线时,轨道板位移保持一个稳定值,同时相邻桥跨间的轨道板曲线越来越平缓,当曲线半径趋于无穷时,近似为一条直线。随着曲线半径的增加,在每跨桥中部的曲线外侧侧向挡块受力逐渐变小,半径较小时减小幅度较大,但随着半径增大,减小幅度变小,而在桥墩位置处的侧向挡块受力变化很小。

(2)侧向挡块弹性垫板刚度影响分析

侧向挡块弹性垫板由面板、橡胶层和底板经硫化复合而成,刚度 K 从小到大分别取100kN/mm、300kN/mm、600kN/mm、900kN/mm、1500kN/mm,分析侧向挡块弹性垫板刚度对轨道板位移以及侧向挡块受力的影响。不同弹性垫板刚度轨道板的径向位移曲线如图5-105所示,不同弹性垫板刚度曲线外侧侧向挡块受力如图5-106、表5-22所示。

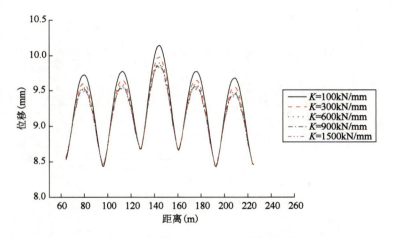

图5-105 不同弹性垫板刚度轨道板径向位移曲线

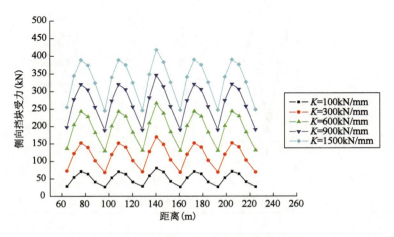

图5-106 不同弹性垫板刚度侧向挡块受力曲线

不同弹性垫板刚度侧向挡块最大压力　　　　　　　　　　表 5-22

侧向挡块弹性垫板刚度(kN/mm)	100	300	600	900	1500
曲线外侧挡块最大受力(kN)	80.8	170.9	267.3	347.6	419.0

由计算结果可知,随着弹性垫板刚度的增加,曲线外侧轨道板边的位移逐渐减小,但是减小幅度不大。随着挡块弹性垫板刚度增加,侧向挡块受力相应增加,并且增加幅度较大,两者基本呈线性关系。

(3) 侧向挡块间距影响分析

侧向挡块间距 d 从小到大分别取 4m、5m、6m、7m、8m,分析侧向挡块间距变化对轨道板位移及侧向挡块受力的影响。不同侧向挡块间距轨道板径向位移如图 5-107 所示,侧向挡块受力如图 5-108、表 5-23 所示。

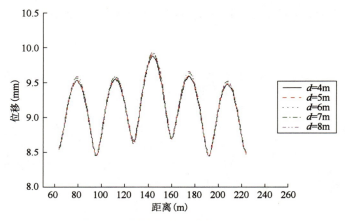

图 5-107　不同间距轨道板径向位移曲线

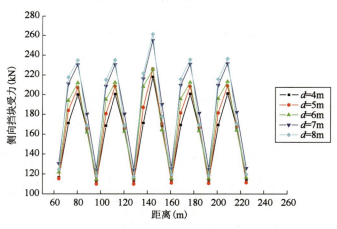

图 5-108　不同间距侧向挡块受力曲线

不同间距侧向挡块最大压力　　　　　　　　　　表 5-23

挡块间隔距离(m)	4	5	6	7	8
曲线外侧挡块最大受力(kN)	218.0	232.1	243.7	254.9	261.2

由计算结果可知,随着侧向挡块间距增大,轨道板外侧位移逐渐增大,但是位移的增大幅度不大;曲线外侧侧向挡块的受力也逐渐增大,并且增大幅度较明显。

4. 侧向挡块验算

由于侧向挡块自重很小,侧向挡块静力验算时主要考虑由侧向挡块横向力产生的弯矩作用,验算侧向挡块的钢筋拉应力和混凝土压应力是否满足要求。不同曲线半径及间距的侧向挡块最大受力及强度验算结果见表 5-24。

不同曲线半径及间距的侧向挡块强度验算结果 表 5-24

曲线半径 (m)	挡块间距 (m)	侧向挡块最大受力 (kN)	钢筋最大拉应力 (MPa)	钢筋容许拉应力 $[\sigma_s]$ (MPa)	混凝土最大压应力 (MPa)	混凝土容许压应力 $[\sigma_c]$ (MPa)
600	4	218.0	46.6	180	2.0	13
600	6	243.7	52.1	180	2.2	13
600	8	261.2	55.9	180	2.4	13
1200	4	189.4	40.5	180	1.7	13
1200	6	203.0	43.4	180	1.8	13
1200	8	217.3	46.5	180	2.0	13
1500	4	183.3	39.2	180	1.7	13
1500	6	194.3	41.5	180	1.7	13
1500	8	208.0	44.5	180	1.9	13
3000	4	167.4	35.8	180	1.5	13
3000	6	176.6	37.9	180	1.6	13
3000	8	188.9	40.4	180	1.7	13

当曲线半径越、挡块间距越大时,侧向挡块受力越大,其结构验算越不利。但从表 5-24 可知,当曲线半径 $R=600$m、挡块间距 $d=8$m 时,挡块混凝土抗压强度均小于 C35 混凝土容许应力,钢筋抗拉强度均小于 HRB335 钢筋容许应力,且安全储备系数不小于 3,具有一定的安全储备量。

5. 侧向挡块混凝土受力监测

图 5-109 为 2015 年、2016 年侧向挡块混凝土应力随时间变化曲线。图中测点 1 位于简支梁上,测点 2 位于摩擦板上。简支梁和路桥过渡段处侧向挡块内的混凝土应力变化趋势相同,冬季侧向挡块内混凝土受压应力,夏季侧向挡块内混凝土受拉应力。简支梁上侧向挡块混凝土(测点 1)2015 年的最大压应力为 -9.44MPa,最大拉应力为 0.19MPa;2016 年的最大压应力为 -10.35MPa,最大拉应力为 0.57MPa;路桥过渡段上侧向挡块混凝土(测点 2)2015 年最大压应力为 -10.1MPa,最大拉应力为 0.84MPa;2016 年最大压应力为 -11.59MPa,最大拉应力为 0.92MPa。

侧向挡块的混凝土强度等级为C30,混凝土容许压应力为13.0MPa,因此混凝土的实际受力在设计允许范围内,满足设计要求。

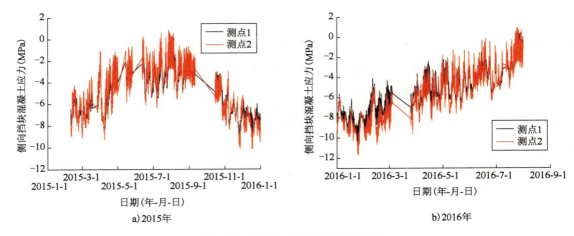

图5-109 混凝土应力随时间变化曲线

二、底座板服役状态可靠性评估

以往对轨道结构的状态评估大多是基于现场检测,分析轨道结构当前状态,都是基于确定性的方法。而考虑到实际情况,桥梁结构的输入与输出均是一个随机变量,基于概率论的评估方法更接近于实际,而长期监测数据积累为可靠度的评估提供了很好的数据基础。通过对轨道结构状态的真实评估可指导养护维修,特别是监测系统所收集的数据,可实时不间断地掌握轨道状态。

高速铁路轨道结构服役状态可靠性评估流程图如图5-110所示。

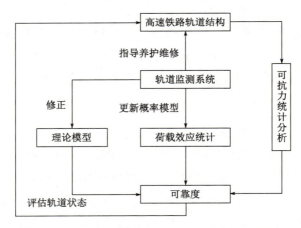

图5-110 高速铁路轨道结构服役状态可靠性评估流程图

1. 底座板承载能力可靠度评估

底座板的强度和耐久性是保证桥上CRTSⅡ型板式无砟轨道结构正常使用的关键,因此分别基于底座板纵向裂缝宽度及承载力进行可靠度分析。

(1) 功能函数

无砟轨道承载能力极限状态的设计考虑的作用效应形式为钢筋和混凝土的弯矩或应力，并保证其满足承载力要求。根据《铁路轨道设计规范（极限状态法）》（Q/CR 9130—2018）中关于连续结构的承载能力极限状态设计表达式，连续结构的承载能力功能函数为：

$$g(X) = F_R - F_t - F_C - F_{tt} - F_{bb} - F_b \tag{5-1}$$

式中：F_R——结构正截面轴向受拉承载力的随机变量；

F_t、F_C、F_{tt}、F_{bb}、F_b——整体温度作用、混凝土收缩徐变作用、温差作用、梁体挠曲作用、制动荷载的作用效应的随机变量。

无砟轨道极限状态法设计时，将构件实际受力状态简化成各种作用线性叠加，以便于用分项系数表达式来进行设计。对于安装有监测系统的无砟轨道结构，能直接得到构件相应截面某点的应变历程，可转化成某截面处钢筋应力。由于实际无砟轨道底座板承受的外部荷载作用非简单叠加，通过监测数据得到的钢筋应力为构件实际承受多种外部荷载（整体温度作用、混凝土收缩徐变作用、温差作用、梁体挠曲作用、制动荷载等）的耦合作用下的应力，相对更符合实际情况。

因此，参考《铁路轨道设计规范（极限状态法）》（Q/CR 9130—2018），建立底座板承载能力可靠度评估的功能函数如下：

$$g_1(X) = f_y - \sigma_s(F_t, F_C, F_{tt}, F_{bb}, F_b, \cdots) \tag{5-2}$$

式中：f_y——普通钢筋抗拉强度的基本随机变量；

$\sigma_s(F_t, F_C, F_{tt}, F_{bb}, F_b, \cdots)$——纵向受力钢筋应力的综合随机变量。

(2) 随机变量统计参数研究

①结构抗力参数

结构抗力统计是可靠度分析中非常重要的一个方面，对于上述建立的底座板承载能力可靠度评估，结构抗力为钢筋的抗拉强度；对于底座板裂缝宽度可靠度评估，结构抗力为最大裂缝宽度限值。

根据中国铁道科学研究院集团有限公司"铁路工程结构极限状态设计标准转轨关键技术研究"的研究成果，其抗拉强度均值为567.5MPa，标准差为25.3MPa，由此计算其变异系数仅为0.045。而根据公路桥梁关于钢筋强度 σ_s 的变异性数据，取其强度的均值为335MPa，变异系数为0.1211（参考《公路桥梁结构可靠度与概率极限状态设计》关于钢筋强度的统计参数，取用最大变异系数，即Ⅰ级钢材的变异系数），若考虑由于试验原因等造成的方法不定性的变异系数0.1，则变异系数为 $\sqrt{0.1211^2 + 0.1^2} = 0.157$。

②作用效应参数

无砟轨道服役状态中的实际钢筋应力分布可由监测数据分析确定，在进行可靠度评估时，将实际钢筋应力作为综合作用效应参数。

对监测工点数据进行筛选,选取未出现异常的测点监测数据进行统计分析。实测钢筋应力的分布假设检验采用了 χ^2 检验法和 K-S 检验法两种,即对搜集到的变量样本中进行假设检验,采用两种方法预测其可能服从的某种概率分布类型。

a. χ^2 检验法:按照样本频率直方图与理论密度曲线做比较建立统计量的方法。需对样本进行分组,因而对样本数量要求较多。

b. K-S 检验法:比 χ^2 检验法效率更高,将实测数据按大小顺序排列计算出累计分布函数与经验分布累计函数的偏差值 D ,最后通过查表以确定 D 值是否落在所要求对应的置信区间内,如是则说明被检测的数据满足要求,反之则不满足要求。相对来说,需要的样本数可以更少。

为了进行变量的分布假设检验,编制了相关数理统计软件:

a. 对需要进行假设检验的样本数 X 进行前三阶统计矩(均值 μ_x、标准差 σ_x 和偏度 α_{3x})的计算,如图 5-111 所示。

图 5-111　数据导入与处理界面

b. 选择 χ^2 检验法或 K-S 检验法,并确定相关参数,如图 5-112 所示。

图 5-112　相关参数界面

c. 计算后给出样本统计量服从的概率分布类型,共包括 7 种概率分布:正态分布、对数正态、威布尔 χ 分布、指数、均匀分布及极值Ⅰ、Ⅱ和Ⅲ,如图 5-113 所示。

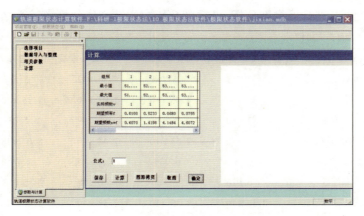

图 5-113　计算界面

d. 一般参数可采用该软件进行统计分析,得到其概率分布。在对实测钢筋应力数据进行分析时,发现实测钢筋应力概率分布类型近似服从正态分布。为使结构可靠度分析更符合实际情况,不直接将实测钢筋应力以正态分布模型带入进行结构可靠度分析,而是引入多项式正态变换方法,通过实测钢筋应力的前三阶矩可实现正态变换,将其转换为标准正态分布。

在多项式正态变换方法中,标准化随机变量 X_s 可表示为:

$$X_s = \frac{X - \mu_X}{\sigma_X} = S_u(U) = \sum_{j=1}^{k} a_j U^{j-1} \tag{5-3}$$

式中:　μ_X、σ_X——实测钢筋应力 X 的均值和标准差;

　　　　U——标准正态随机变量;

　　　　$S_u(U)$——关于 U 的一个多项式;

$a_j(j=1,\cdots,k)$——待定系数,令 $S_u(U)$ 的前 k 阶矩和 X_s 的前 k 阶矩相等即可解得。

本书采用的三阶矩标准化公式为:

$$X_s = S_u(U) = a_1 + a_2 U + a_3 U^2 \tag{5-4}$$

若实测钢筋应力 X 或 X_s 的三阶矩 α_{3X}(即偏度)已知,令 $S_u(U)$ 的前三阶矩和 X_s 的前三阶矩相等,可解得系数 a_1、a_2 和 a_3:

$$a_3 = -a_1 = \text{sign}(\alpha_{3X})\sqrt{2}\cos\frac{\text{sign}(\alpha_{3X})\theta - \pi}{3} \tag{5-5}$$

$$a_2 = \sqrt{1 - 2a_3^2} \tag{5-6}$$

$$\theta = \arctan\left(-\frac{\sqrt{8 - \alpha_{3X}^2}}{\alpha_{3X}}\right) \tag{5-7}$$

(3) 底座板承载能力可靠度评估

在上述功能函数和函数中各随机变量统计参数的研究基础上,对底座板承载能力进行可靠度评估。可靠度计算方法众多,由于无砟轨道结构可靠度一般较大,当采用蒙特卡罗模拟方法(MCS)时,运算量巨大,因此本研究采用验算点法进行可靠度分析。根据 2015—2017 年监测数据,选取五个测点进行可靠度分析,可靠度及相应的结构失效概率计算结果见表5-25。

2015—2017年各测点承载能力可靠度 β 及相应的结构失效概率 P_f　　表5-25

年份	可靠度分析	简支梁2梁端	简支梁2跨中	简支梁1梁端	简支梁1跨中	大端刺附近
2015	可靠度 β	7.757	5.766	6.942	5.587	7.440
	失效概率 P_f	4.33×10^{-15}	4.06×10^{-9}	1.93×10^{-12}	1.16×10^{-8}	5.03×10^{-14}
2016	可靠度 β	7.080	5.448	6.749	5.239	6.936
	失效概率 P_f	7.21×10^{-13}	2.55×10^{-8}	7.44×10^{-12}	8.07×10^{-8}	2.02×10^{-12}
	相对前一年降幅	8.73%	6.23%	5.52%	2.78%	6.77%
2017	可靠度 β	6.926	5.400	6.578	5.058	6.652
	失效概率 P_f	2.16×10^{-12}	3.33×10^{-8}	2.38×10^{-11}	2.12×10^{-7}	1.45×10^{-11}
	相对前一年降幅	2.18%	2.53%	0.88%	3.45%	4.09%

由表5-25和图5-114可知:

(1)2015年6月线路开通运营时,监测工点的各个测点位置处无砟轨道底座板承载能力可靠度均明显大于《铁路轨道设计规范(极限状态法)》(Q/CR 9130—2018)中规定的设计目标可靠指标3.7(对应的失效概率 $P_f = 1.08 \times 10^{-4}$),运营初期轨道结构状态良好;

(2)底座板各测点处承载能力可靠度从2015年到2017年均呈现小幅度减小趋势:2016年相对2015年平均降幅6.01%,2017年相对2016年平均降幅2.63%,具体发展趋势不明显。2015年6月线路开通运营2年以来底座板服役状态良好,满足运营需求。

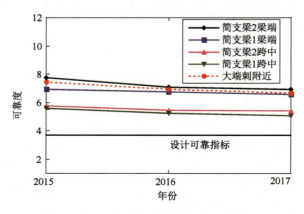

图5-114　2015—2017年各测点承载能力可靠度变化曲线

2. 底座板裂缝宽度可靠度评估

(1)功能函数

底座板在使用过程中允许其开裂,但必须通过控制裂缝宽度保证其耐久性。根据《铁路轨道设计规范(极限状态法)》(Q/CR 9130—2018)建立底座板裂缝宽度可靠度评估的功能函数为:

$$g_2(X) = w_{\lim} - w \quad (5-8)$$

式中:$w_{\lim}$——最大裂缝宽度限值(mm),普通钢筋混凝土环境条件且有侵蚀性介质时,其裂缝宽度限制取 0.2mm；当钢筋保护层厚度超过 30mm 时，可根据实际保护层厚度与 30mm 的比值将裂缝宽度限制放大；

w——计算最大裂缝宽度（mm）。

根据《铁路轨道设计规范（极限状态法）》（Q/CR 9130—2018），钢筋混凝土受拉构件的最大裂缝宽度 w 可按下式计算：

$$w = \alpha_{cr} \psi \frac{\sigma_s}{E_s} \left(1.9 c_s + 0.08 \frac{d_{eq}}{\rho_{te}}\right) \tag{5-9}$$

$$\psi = 1.1 - 0.65 \frac{f_{tk}}{\rho_{te} \sigma_s} \tag{5-10}$$

$$d_{eq} = \frac{\sum n_i d_i^2}{\sum n_i v_i d_i}, \quad \rho_{te} = \frac{A_s + A_p}{A_{te}} \tag{5-11}$$

式中：α_{cr}——构件受力特征系数，对于钢筋混凝土受拉构件，偏心受拉取 2.4，轴心受拉取 2.7；

ψ——裂缝间纵向受拉钢筋应变不均匀系数，当 $\psi < 0.2$ 时，取 $\psi = 0.2$；当 $\psi > 1.0$ 时，取 $\psi = 1.0$；对直接承受重复荷载的构件，取 $\psi = 1.0$；

E_s——钢筋弹性模量；

c_s——最外层纵向受拉钢筋外边缘至受拉区底边的距离（mm）；当 $c_s < 20$ 时，取 $c_s = 20$；当 $c_s > 65$ 时，取 $c_s = 65$；

ρ_{te}——按有效受拉混凝土截面面积计算的纵向受拉钢筋配筋率；对无黏结后张构件，仅取纵向受拉钢筋计算配筋率；在最大裂缝宽度计算中，当 $\rho_{te} < 0.01$ 时，取 $\rho_{te} = 0.01$；

A_{te}——有效受拉混凝土截面面积；对轴心受拉构件，取构件截面面积；对受弯、偏心受压和偏心受拉构件，取 $A_{te} = 0.5bh + (b_f - b)h_f$，$b_f$、$h_f$ 分别为受拉翼缘的宽度、高度；

A_s——受拉区纵向钢筋截面面积；

A_p——受拉区纵向预应力筋截面面积；

d_{eq}——受拉区纵向钢筋的等效直径（mm），对无黏结后张法构件，仅为受拉区纵向受拉钢筋的等效直径；

d_i——受拉区第 i 种纵向钢筋的公称直径；对于有黏结预应力钢绞线束的直径取为 $\sqrt{n_1} d_{p1}$，其中 d_{p1} 为单根钢绞线的公称直径，n_1 为单束钢绞线根数；

n_i——受拉区第 i 种纵向钢筋的根数；对于有黏结预应力钢绞线，取为钢绞线束数；

v_i——受拉区第 i 种纵向钢筋的相对黏结特性系数；对于非预应力钢筋，光面筋取 0.7，带肋钢筋取 1.0；对环氧树脂涂层带肋钢筋，其相对黏结特性系数应再乘以 0.8。

纵向受拉钢筋应力 σ_s 在设计时为按荷载准永久组合计算出来的值，而在无砟轨道结构服役状态可靠度评估时，σ_s 为通过监测数据得到的钢筋应力，是构件实际承受多种外部荷载（整体温度作用、混凝土收缩徐变作用、温差作用、梁体挠曲作用、制动荷载等）的耦合作用下的应力，进行可靠度分析时为综合随机变量。

（2）随机变量统计参数研究

①一般参数

结合铁路工程极限状态法转轨的既有研究成果,得到上述极限状态方程中的基本随机变量统计特征汇总列于表 5-26 中,除表 5-26 中之外其他参数在可靠度分析按常量考虑。

基本随机变量统计特征　　　　　　　　　　　　　表 5-26

随机变量	均 值	变异系数	分布类型
钢筋弹性模量 E_s(MPa)	2×10^5	0.06	正态分布
轨道板保护层厚度 c(mm)	35	0.01	正态分布
纵向钢筋等效直径 d(mm)	16	0.01	正态分布
混凝土抗拉强度 f_t(MPa)	2.01	0.11	正态分布

②作用效应参数

无砟轨道服役状态中的实际钢筋应力分布可由监测数据分析确定,在进行可靠度评估时,将实际钢筋应力作为综合作用效应参数。实测钢筋应力统计特征与前文承载能力可靠度评估一致。

（3）底座板裂缝宽度可靠度评估

在上述功能函数和函数中各随机变量统计参数的研究基础上,对底座板裂缝宽度进行可靠度评估。可靠度计算方法众多,由于无砟轨道结构可靠度一般较大,如采用蒙特卡罗模拟方法(MCS),运算量巨大,因此采用验算点法进行可靠度分析。根据 2015—2017 年监测数据,选取五个测点进行可靠度分析,可靠度及相应的结构失效概率计算结果见表 5-27。

2015—2017 年各测点裂缝宽度可靠度 β 及相应的结构失效概率 P_f　　表 5-27

年份	可靠度分析	简支梁2梁端	简支梁2跨中	简支梁1梁端	简支梁1跨中	大端刺附近
2015	β	5.695	4.240	4.545	4.121	5.262
	P_f	6.169×10^{-9}	1.118×10^{-5}	2.747×10^{-6}	1.886×10^{-5}	7.125×10^{-8}
2016	β	4.753	4.112	4.253	3.543	4.536
	P_f	1.002×10^{-6}	1.961×10^{-5}	1.055×10^{-5}	1.978×10^{-4}	2.866×10^{-6}
	相对前一年降幅	16.60%	6.42%	3.02%	14.03%	13.76%
2017	β	4.526	3.981	4.087	3.256	4.186
	P_f	3.006×10^{-6}	3.431×10^{-5}	2.185×10^{-5}	5.650×10^{-4}	1.419×10^{-5}
	相对前一年降幅	4.84%	3.90%	3.21%	8.10%	7.41%

由表 4-27 和图 5-115 可知：

①2015 年 6 月线路开通运营时,监测工点的各个测点位置处无砟轨道裂缝宽度可靠度均明显大于《铁路轨道设计规范(极限状态法)》(Q/CR 9130—2018)中规定的设计目标可靠指标 0~2.5(对应的失效概率 $P_f = 0 \sim 6.210 \times 10^{-3}$),运营初期轨道结构状态良好；

②底座板裂缝宽度可靠度从 2015 年到 2017 年均呈现小幅度减小趋势；2016 年相对 2015 年平均降幅 10.77%,2017 年相对 2016 年平均降幅 5.49%,具体发展趋势不明显。2015 年 6

月线路开通运营 2 年以来底座板服役状态良好,满足运营需求。

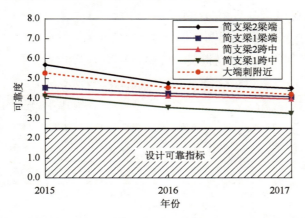

图 5-115　2015—2017 年各测点裂缝宽度可靠度变化曲线

三、持续高温对轨道板最高温度的影响

为分析持续高温对 CRTS Ⅱ 型板式无砟轨道温度场的影响,选取持续高温时段的温度场数据进行分析。分析将持续高温定义为最高温度≥35℃,持续时间≥3d,根据此条件选取的监测时间区段分别为 2015 年 7 月 27 日—8 月 5 日、2016 年 7 月 21 日—8 月 19 日、2016 年 8 月 23 日—8 月 25 日、2017 年 5 月 27 日—2017 年 6 月 3 日和 2017 年 7 月 11 日—2017 年 7 月 18 日。

(1)2015 年监测数据

图 5-116 为 2015 年气温与轨道板温度随时间变化曲线,表 5-28 为 2015 年气温与轨道板日最高、最低温度表,其中,7 月 27 日—8 月 5 日为持续高温,7 月 24 日—7 月 26 日为高温开始前的 3d,8 月 6 日—8 月 8 日为高温结束后的 3d。从表和图中可以看出:

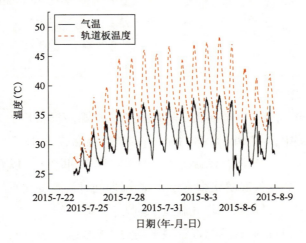

图 5-116　2015 年气温与轨道板温度随时间变化曲线

①轨道板的温度变化受气温变化影响较大,高温期间日温差变化平均值为12.9℃;
②持续高温开始前,日最高板温与气温差平均为5.7℃;
③持续高温过程中,日最高板温与气温差平均为8.4℃;
④持续高温结束后的3d,日最高板温与气温差平均为3.8℃。

2015年气温与轨道板日最高、最低温度表　　　　表5-28

日期 (年-月-日)	气温(℃)			轨道板板中温度(℃)			日最高板温与气温差(℃)
	最高温度	最低温度	差值	最高温度	最低温度	差值	
2015-7-24	29.5	24.8	4.7	31.3	26.8	4.5	1.8
2015-7-25	32.6	25.4	7.2	38.2	27.8	10.4	5.6
2015-7-26	34.0	26.5	7.5	39.8	29.5	10.3	5.8
2015-7-27	35.9	28.5	7.4	44.6	30.8	13.8	8.9
2015-7-28	36.3	28.3	8	44.6	32.3	12.3	8.3
2015-7-29	36.8	27.5	9.3	46.1	32.6	13.5	9.3
2015-7-30	35.9	27.6	8.3	45.6	32.8	12.8	9.7
2015-7-31	37.3	28.6	8.7	46.7	33.2	13.5	9.4
2015-8-1	36.6	29.1	7.5	44.5	34.8	9.7	7.9
2015-8-2	37.9	29.3	8.6	47.1	33.9	13.2	9.2
2015-8-3	37.7	29.5	8.2	47.4	34.1	13.3	9.7
2015-8-4	38.4	28.7	9.7	48.3	34.3	14	9.9
2015-8-5	37.5	24.5	13	47.1	33.9	13.2	9.6
2015-8-6	34.7	24.9	9.8	42.8	31.8	11.0	8.1
2015-8-7	35.1	26.5	8.6	41.3	32.8	8.5	6.2
2015-8-8	36.5	27.4	9.1	41.9	32.2	9.6	5.4
2015-8-9	29.1	25.9	3.2	35.1	29	6.1	6.0
2015-8-10	26.7	23.4	3.3	29.1	26.6	2.5	2.6
2015-8-11	30.6	23.1	7.5	33.5	26.4	7.1	2.9

(2)2016年监测数据

图5-117为2016年气温与轨道板温度随时间变化曲线,表5-29为2016年气温与轨道板日最高、最低温度表,其中,7月21日—8月19日为持续高温,7月18日—7月20日为高温开始前的3d,8月20日—8月22日为高温结束后的3d。从表和图中可以看出:

①轨道板的温度变化受气温变化影响较大,高温期间日温差变化平均值为13.2℃;
②持续高温开始前,日最高板温与气温差平均为7.1℃;
③持续高温过程中,日最高板温与气温差平均为9.7℃;
④持续高温结束后的3d,日最高板温与气温差平均为6.4℃。

第五章 高速铁路小半径曲线地段CRTS Ⅱ型板式无砟轨道服役状态监测

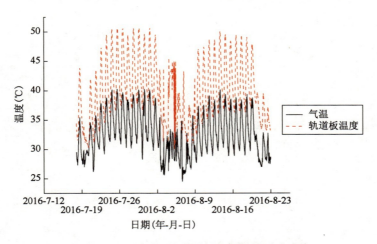

图 5-117　2016 年气温与轨道板温度随时间变化曲线

2016 年气温与轨道板日最高、最低温度表　　表 5-29

日期 （年-月-日）	气温（℃）			轨道板温度（℃）			日最高板温 与气温差（℃）
	最高温度	最低温度	差值	最高温度	最低温度	差值	
2016-7-18	35.5	27.3	8.2	43.9	31.6	12.3	8.4
2016-7-19	29.9	27	2.9	35.4	31	4.4	5.5
2016-7-20	34.6	28.9	5.7	42.1	30.2	11.9	7.5
2016-7-21	35.8	26.2	9.6	43.5	31.3	12.2	7.7
2016-7-22	37.9	30	7.9	47.4	33	14.4	9.5
2016-7-23	38.8	29.2	9.6	49.5	34.6	14.9	10.7
2016-7-24	40.2	31.4	8.8	50.6	35.7	14.9	10.4
2016-7-25	40.3	31.6	8.7	50.7	36.6	14.1	10.4
2016-7-26	40.3	30.9	9.4	50.7	37.4	13.3	10.4
2016-7-27	38.5	30.3	8.2	49.5	38.2	11.3	11
2016-7-28	39.4	30.2	9.2	50.7	37	13.7	11.3
2016-7-29	40.2	31	9.2	50.7	37.8	12.9	10.5
2016-7-30	40.3	28.3	12	49.7	36.8	12.9	9.4
2016-7-31	40.2	31.4	8.8	50.6	38.2	12.4	10.4
2016-8-1	38.8	29.8	9	49.6	37.5	12.1	10.8
2016-8-2	35.5	26.2	9.3	43.7	34	9.7	8.2
2016-8-3	40.3	25.4	14.9	50.3	30.1	20.2	10
2016-8-4	40.4	25.3	15.1	50.6	30.8	19.8	10.2
2016-8-5	40.2	28	12.2	50.7	33.8	16.9	10.5
2016-8-6	34.9	24.5	10.4	43.3	32.3	11	8.4
2016-8-7	32.8	25.8	7	37.6	31.2	6.4	4.8
2016-8-8	35.8	26.8	9	42.7	31.1	11.6	6.9

续上表

日期 (年-月-日)	气温(℃)			轨道板温度(℃)			日最高板温 与气温差(℃)
	最高温度	最低温度	差值	最高温度	最低温度	差值	
2016-8-9	37.4	27.7	9.7	47.1	32.5	14.6	9.7
2016-8-10	37.6	28.8	8.8	47.4	34.4	13	9.8
2016-8-11	39.2	29.2	10	48.7	35.1	13.6	9.5
2016-8-12	38.5	28.9	9.6	48.7	35.4	13.3	10.2
2016-8-13	40.2	29.8	10.4	50.2	36.2	14	10
2016-8-14	39.4	30.3	9.1	49.6	36.9	12.7	10.2
2016-8-15	38.6	28.9	9.7	48.7	36.5	12.2	10.1
2016-8-16	38.9	28.9	10	49.5	36.4	13.1	10.6
2016-8-17	38.5	29.7	8.8	49.3	36.5	12.8	10.8
2016-8-18	39.4	29	10.4	49.1	36.4	12.7	9.7
2016-8-19	38.8	29.7	9.1	47.8	37.3	10.5	9
2016-8-20	32.8	27.8	5	40.8	35.2	5.6	8
2016-8-21	32.9	27	5.9	39.6	33.5	6.1	6.7
2016-8-22	32.8	27.5	5.3	37.2	33.2	4	4.4

图5-118为2016年气温与轨道板温度随时间变化曲线,表5-30为2016年气温与轨道板日最高、最低温度表,其中,8月23日—8月25日为持续高温,8月20日—8月21日为高温开始前的3d,8月26日—8月28日为高温结束后的3d。从表和图中可以看出:

①轨道板的温度变化受气温变化影响较大,高温期间日温差变化平均值为12.3℃;

②持续高温开始前,日最高板温与气温差平均为6.4℃;

③持续高温过程中,日最高板温与气温差平均为7.9℃;

④持续高温结束后的3d,日最高板温与气温差平均为9.8℃。

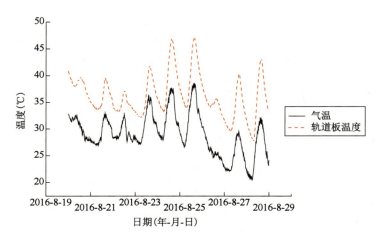

图5-118 2016年气温与轨道板温度随时间变化曲线

2016 年气温与轨道板日最高、最低温度表 表 5-30

日期 (年-月-日)	气温(℃)			轨道板温度(℃)			日最高板温 与气温差(℃)
	最高温度	最低温度	差值	最高温度	最低温度	差值	
2016-8-20	32.8	27.8	5	40.8	35.2	5.6	8
2016-8-21	32.9	27	5.9	39.6	33.5	6.1	6.7
2016-8-22	32.8	27.5	5.3	37.2	33.2	4	4.4
2016-8-23	36.2	27.2	9	41.8	32.1	9.7	5.6
2016-8-24	37.7	27.9	9.8	46.9	33.1	13.8	9.2
2016-8-25	38.4	26.7	11.7	47.2	33.9	13.3	8.8
2016-8-26	30.4	22.9	7.5	38.1	31.7	6.4	7.7
2016-8-27	29.5	22.1	7.4	40.3	29.5	10.8	10.8
2016-8-28	32.1	20.5	11.6	43.1	27.7	15.4	11

(3) 2017 年监测数据

图 5-119 为 2017 年气温与轨道板温度随时间变化曲线,表 5-31 为 2017 年气温与轨道板日最高、最低温度表,其中,5 月 27 日—6 月 3 日为持续高温,5 月 24 日—5 月 26 日为高温开始前的 3d,6 月 4 日—6 月 6 日为高温结束后的 3d。从表和图中可以看出:

①轨道板的温度变化受气温变化影响较大,高温期间日温差变化平均值为 13.6℃;

②持续高温开始前,日最高板温与气温差平均为 9.2℃;

③持续高温过程中,日最高板温与气温差平均为 9.9℃;

④持续高温结束后的 3d,日最高板温与气温差平均为 8.2℃。

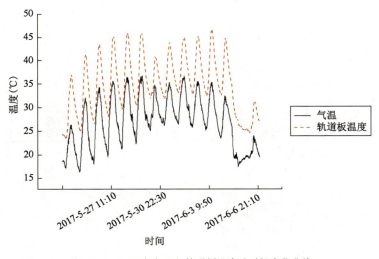

图 5-119　2017 年气温与轨道板温度随时间变化曲线

2017 年气温与轨道板日最高、最低温度表　　　　表 5-31

日期 (年-月-日)	气温(℃)			轨道板板中温度(℃)			日最高板温 与气温差(℃)
	最高温度	最低温度	差值	最高温度	最低温度	差值	
2017-5-24	26.3	17	9.3	37	23.2	13.8	10.7
2017-5-25	32	16.2	15.8	41.2	24.7	16.5	9.2
2017-5-26	34.2	17.9	16.3	43.4	26.4	17	9.2
2017-5-27	35.5	19.4	16.1	45.2	28	17.2	9.7
2017-5-28	36.4	21.1	15.3	45.9	29.5	16.4	9.5
2017-5-29	36.7	22.2	14.5	45.9	30.3	15.6	9.2
2017-5-30	34.7	25	9.7	40.9	31.8	9.1	6.2
2017-5-31	35.3	26.1	9.2	44	31.8	12.2	8.7
2017-6-1	36.6	26.4	10.2	44.9	33	11.9	8.3
2017-6-2	35.5	25.7	9.8	45.2	32.9	12.3	9.7
2017-6-3	35.3	25.1	10.2	46.5	32.5	14	11.2
2017-6-4	32.4	23.4	9	44.9	32.5	12.4	12.5
2017-6-5	26.3	17.3	9	35.4	25	10.4	9.1
2017-6-6	23.9	19.1	4.8	31.2	24.6	6.6	7.3

图 5-120 为 2017 年气温与轨道板温度随时间变化曲线,表 5-32 为 2017 年气温与轨道板日最高、最低温度表,其中,7 月 11 日—7 月 18 日为持续高温,7 月 8 日—7 月 10 日为高温开始前的 3d,7 月 19 日为高温结束后的 1d。从表和图中可以看出：

①轨道板的温度变化受气温变化影响较大,高温期间日温差变化平均值为 12.1℃；

②持续高温开始前,日最高板温与气温差平均为 5.0℃；

③持续高温过程中,日最高板温与气温差平均为 8.7℃；

④持续高温结束后的 1d,日最高板温与气温差平均为 7.8℃。

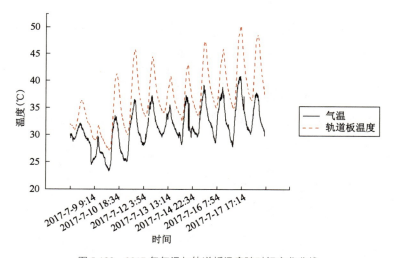

图 5-120　2017 年气温与轨道板温度随时间变化曲线

2017 年气温与轨道板日最高、最低温度表　　　　　表 5-32

日期 (年-月-日)	气温(℃)			轨道板板中温度(℃)			日最高板温 与气温差(℃)
	最高温度	最低温度	差值	最高温度	最低温度	差值	
2017-7-8	32.2	29	3.2	36.6	31	5.6	4.4
2017-7-9	29.8	24.6	5.2	32.5	28.4	4.1	2.7
2017-7-10	33.6	23.4	10.2	41.4	27.3	14.1	7.8
2017-7-11	36.6	25.1	11.5	45.9	30.1	15.8	9.3
2017-7-12	37.3	28.1	9.2	44.6	33.5	11.1	7.3
2017-7-13	35.6	29.7	5.9	40.9	34.1	6.8	5.3
2017-7-14	37.4	28.3	9.1	43.6	32.6	10.5	5.7
2017-7-15	39.3	29.7	9.6	47.4	33.5	13.9	8.1
2017-7-16	38.9	28.6	10.3	46.1	35.1	11	7.2
2017-7-17	40.9	27.9	13	50.4	34.9	15.5	9.5
2017-7-18	37.9	30.2	7.7	48.7	36.4	12.3	10.8
2017-7-19	31.1	29.9	1.2	38.9	37	1.9	7.8

对上述几个监测区段时间的监测数据进行统计,结果见表 5-33。持续高温期间轨道板板温增大值与持续高温的天数、持续高温期间日最高气温平均值、日温差变化值有关,但尚未看出明显的规律。

持续高温期间日板温增大值与相关影响因素统计表　　　　　表 5-33

序号	持续高温天数 (d)	持续高温期间 日最高气温平均值(℃)	持续高温期间 日温差变化平均值(℃)	持续高温期间 日板温增大值(℃)
1	10	36.7	12.9	2.7
2	29	38.6	13.2	2.6
3	3	37.4	12.3	1.5
4	8	35.8	11.9	2.1
5	8	38.0	9.5	2.9

四、小结

通过对小半径曲线桥上 CRTS Ⅱ 型板式无砟轨道结构理论计算及现场监测数据分析,得出如下结论:

(1)随着线路曲线半径的增加,曲线外侧轨道板位移越来越小,在每跨桥中部的曲线外侧挡块受力逐渐变小,在桥墩位置处的侧向挡块受力则变化不大。

(2)随着弹性垫板刚度的增加,曲线外侧轨道板边的位移逐渐减小,但是减小幅度不大。随着弹性垫板刚度的增加,侧向挡块受力相应增加,并且增加幅度较大,两者基本呈线性关系。

(3)随着侧向挡块间距增大,轨道板外侧位移逐渐增大,但位移增大幅度不大,曲线外侧侧向挡块的受力也逐渐增大,并且增大幅度较明显。

(4)通过对侧向挡块的强度检算,结合现场的实际监测数据可知,侧向挡块混凝土最大压应力和受拉钢筋最大拉应力均小于容许值,且具有一定的安全储备量。

(5)2015年6月线路开通运营时,监测工点的各个测点位置处无砟轨道底座板承载能力可靠度均明显大于《铁路轨道设计规范(极限状态法)》(Q/CR 9130—2018)中规定的设计目标可靠指标3.7(对应的失效概率$P_f = 1.08 \times 10^{-4}$),运营初期轨道结构状态良好。

(6)底座板各测点处承载能力可靠度从2015年到2017年均呈现小幅度减小趋势:2016年相对2015年平均降幅6.01%,2017年相对2016年平均降幅2.63%,具体发展趋势不明显。2015年6月线路开通运营2年以来底座板服役状态良好,满足运营需求。

(7)2015年6月线路开通运营时,监测工点的各个测点位置处无砟轨道裂缝宽度可靠度均明显大于《铁路轨道设计规范(极限状态法)》(Q/CR 9130—2018)中规定的设计目标可靠指标0~2.5(对应的失效概率$P_f = 0 \sim 6.210 \times 10^{-3}$),运营初期轨道结构状态良好。

(8)底座板裂缝宽度可靠度从2015年到2017年均呈现小幅度减小趋势:2016年相对2015年平均降幅10.77%,2017年相对2016年平均降幅5.49%,具体发展趋势不明显。2015年6月线路开通运营2年以来底座板服役状态良好,满足运营需求。

(9)持续高温期间轨道板板温增大值与持续高温的天数、持续高温期间日最高气温平均值、日温差变化值有关,但尚未看出明显的规律。

第六节 小半径曲线无砟轨道现场监测经验总结

本项目监测现场施工历时2个月(线路开通前安装),2015年3月投入使用,目前监测系统现场服役时间已经达到5年,该工点是目前世界上唯一一个铺设CRTS Ⅱ型板式无砟轨道最小半径曲线监测工点。结合现场施工、系统养护维修、数据分析等的相关经验,形成以下几方面结论和建议,可为后续采用相关技术开展类似工点监测提供指导。

一、监测技术

项目成果验证了光纤光栅传感技术测量精度高,抗电磁干扰,长期使用性能稳定,满足高速铁路长期监测的需要。本项目的实践经验同样表明,光纤光栅传感设备只要养护得当,可以满足高速铁路线路5年以上的监测需求。

二、监测内容及测点布置要求

本项目是针对高速铁路CRTS Ⅱ型板式无砟轨道小半径曲线地段(同时还位于路桥过渡段)开展的温度、受力和变形的长期监测,因此测点布置较多,监测的内容也较全面,结合现场监测数据情况,后续类似的工点可以在本项目既有的监测方案上进行优化。

(1)钢轨最高温度与气温的关系较为明确:夏季的最高轨温为该季度最高气温加20℃,冬季的最底轨温与该季度最低气温差值在1~2℃。由于采用接触式的测量方式测量钢轨温度存在一定的安全风险,因此建议后续监测项目可以通过监测气温的方式来推算钢轨温度,而不直接进行钢轨温度的接触式测量,或者采用其他非接触式测量方式来测量钢轨温度(如激光测温)。

(2)本项目对于温度变形(钢轨与轨道板相对位移、底座板与桥梁相对位移和桥梁梁缝位移)的监测,监测的范围覆盖了大端刺、摩擦板中部、桥台台尾、台前6孔简支梁。实际监测结果表明,从远离桥台的第三孔简支梁开始,轨道结构的温度变形已经相差不大,因此后续类似的监测工点可以考虑只监测到台前的3孔简支梁。

(3)本项目对钢轨与轨道板相对位移的监测范围,从端刺到简支梁,现场监测结果表明,在大端刺附近的钢轨与轨道板相对位移最大。本次监测由于没有覆盖到端刺后的路基地段,因此对于端刺后轨道结构的变化情况及影响范围,本次监测并未完全掌握。因此,后续类似的监测工点可以考虑监测范围在端刺的基础上再向路基地段延伸100m。

三、现场监测设备安装

结合本次工程应用的现场安装情况,后续开展类似监测项目时主要应注意以下几点:

(1)埋置温度传感器时,在轨道结构选定测点处钻孔(优先选择灌浆孔),孔深一般贯穿轨道板、砂浆层直至底座中心,达到预定测量深度后,将温度传感器按照轨道结构各层的厚度放入孔内,然后用同标号的混凝土填埋(不允许用植筋胶或者其他不同材料封堵)。

(2)轨道结构钢筋应力传感器和混凝土应力传感器应在轨道结构浇筑前埋设。

(3)安装轨道—轨道板相对位移传感器时,应考虑传感器的绝缘,禁止将钢轨与轨道板连通;同时轨道—轨道板相对位移传感器不能设置在线路内侧。

(4)传感器外侧应采用黑色的不锈钢保护罩进行保护,保护罩需要牢固固定在轨道结构表面,位于两轨间的固定在轨道板表面的保护罩其高度不应大于8cm。

(5)机柜不得侵入限界。安装于桥梁梁面上时,机柜应布置在桥梁防撞墙外侧的走行道上,避开桥梁伸缩梁缝,机柜宽度不应大于走行道宽度,高度不宜高于800mm,并预留走行位置,不妨碍作业人员通过。安装于路基上时,机柜应固定在路肩防水层区域。

(6)机柜表面应进行防锈处理,喷涂监测系统管理单位名称和联系方式。若机柜数量较多,为方便后期管理,还应进行编号。

(7)机柜的开门方向应该与列车运行方向相反,防止列车风吹开机柜门。

(8)线缆表面宜标注"××监测专用"等字样,方便与线缆槽内其他线缆进行区分。

(9)敷设于线路表面的线缆必须固定牢固,并采取防松措施。若线缆存在过轨的情况,需要用PVC管或橡胶管做绝缘处理,两轨间的不锈钢卡扣个数不应少于5个。

(10)线缆弯曲半径应符合下列要求:
①光缆的弯曲半径不小于光缆外径的15倍;
②铝护套电缆的弯曲半径不小于电缆外径的15倍;

③铅护套电缆的弯曲半径不小于电缆外径的 7.5 倍。

(11) 光缆接续应符合下列要求：

①光纤续接部位应进行热缩加强管保护，加强管收缩均匀，无气泡；

②光缆的金属保护套和加强芯紧固在接头盒内，同一侧的金属保护套与金属加强芯在电气上应连通，两侧的金属保护套、金属加强芯应绝缘；

③光缆盒体安装牢固、密封良好；

④光纤收容时的弯曲半径不小于 40mm；

⑤光缆接头处的弯曲半径不应小于护套外径的 20 倍；

⑥光缆接续后应余留 2~3m。

(12) 光缆引入应符合下列要求：

①光缆引入室内（或机柜）时，应在引入井或上机架前做绝缘节，室内（或机柜内）、室外（或机柜外）金属护层及金属加强芯应断开，并彼此绝缘；

②光缆引入室内（或机柜内）终端应在光缆配线架或终端盒上；

③引入室内（或机柜内）的光缆应安装牢固。

(13) 电缆接续应符合下列要求：

①电缆接续时芯线线位准确、连接可靠。

②直通电缆两侧的金属护层及屏蔽钢带有效连通。

③槽道内电缆接头盒应顺槽道方向放置平稳；直埋电缆接头套管做绝缘防腐处理，并将接头加以保护；人（手）孔内的电缆接头固定在托架板上，相邻接头放置应错开。

④电缆盒体安装牢固、密封良好。

⑤电缆引入防护符合设计要求和相关技术标准的规定。

(14) 电缆引入应符合下列要求：

①电缆引入室内（或机柜内）时，其内外两侧的屏蔽钢带及金属护层应电气绝缘；外线侧的屏蔽钢带及金属护层应可靠接地，接地电阻应符合设计要求；设备侧的屏蔽钢带及金属护层应悬浮。

②电缆引入室内（或机柜内）终端应在电缆引入架、配线架或分线盒上。

四、监测数据分析

针对 2015 年 3 月—2017 年 12 月的现场监测数据进行了分析总结，初步掌握了高速铁路 CRTS Ⅱ 型板式小半径曲线地段无砟轨道结构的受力变形规律，主要有以下几点：

(1) 合肥地区夏季轨道板（板中）的最高温度是在月最高气温的基础上加 11℃，冬季轨道板（板中）的最高温度是在月最高气温的基础上减 3℃。

(2) 持续高温期间最高轨道板温度与日最高气温的差值较非高温时段高出 2.7℃ 左右，持续高温 4~5d 后轨道板温度达到最高，所以持续高温超过 3d 就应该加强对现场的检查，以便排查和消除安全隐患。

（3）全年简支梁桥上钢轨—轨道板纵向相对位移最大值为 0.9mm，年变化量小于 1mm，说明纵连的 CRTS Ⅱ 型板式无砟轨道结构整体性好，只要轨道板的稳定性能够维持，CRTS Ⅱ 型板式无砟轨道很难出现胀轨跑道现象。这说明在轨道结构良好的情况下，可适当减少防爬位移监测点的数量，但在特殊结构处、结合部仍应长期监测。

（4）端刺地段钢轨—轨道板相对位移最大值小于 3mm，大于简支梁地段的钢轨—轨道板纵向相对位移。这主要是因为大端刺位于有砟、无砟分界点附近，有砟轨道道床纵向阻力相对无砟轨道小，因此夏季钢轨容易产生向有砟轨道方向移动的趋势，但是移动量不超过端刺移动的限值。

第六章

高速铁路路桥过渡段 CRTS Ⅱ 型板式无砟轨道服役状态监测

第一节 监测工点介绍

受 2013 年夏季持续高温的影响,夏季某高速铁路车站进站咽喉区路桥过渡段出现轨道板接缝破损、轨道板与砂浆层离缝的病害。现场病害整治后,为了分析温度场变化对路桥过渡段的影响,在车站出站咽喉区路桥过渡段设置了长期监测工点。图 6-1 为某高速铁路车站出站咽喉区路桥过渡段现场监测工点,图 6-2 为车站出站咽喉区路桥过渡段示意图。

图 6-1 某高速铁路车站出站咽喉区路桥过渡段现场监测点

第二节 监测内容与监测方法

一、监测内容

某高速铁路车站路桥过渡地段无砟轨道监测内容如下:

(1) 温度监测

①轨道板温度;

第六章 高速铁路路桥过渡段CRTSⅡ型板式无砟轨道服役状态监测

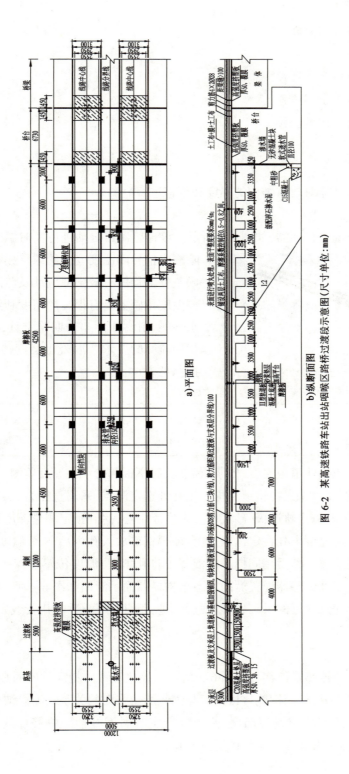

图 6-2 某高速铁路车站出站咽喉区路桥过渡段示意图（尺寸单位：mm）

②砂浆层温度；
③底座板和支承层温度。

（2）位移监测
①摩擦板相对桥台位移；
②轨道板相对支承层位移；
③支承层相对摩擦板位移。

二、监测方法

采用振弦式传感器对轨道结构的温度和位移进行监测。

（1）温度监测

采用的混凝土温度传感器，如图6-3所示。该传感器可自动进行实时温度补偿，减小或消除输出信号随温度变化的漂移，从而保证在不同气候条件下均能有较强适应性及监测数据的准确性。该温度传感器具有很高的精度和灵敏度、卓越的防水性能、耐腐蚀性和长期稳定性，能够满足对测点长期监测的要求。混凝土温度传感器的主要技术指标见表6-1。

图6-3 混凝土温度传感器

混凝土温度传感器主要技术指标　　　　表6-1

名　称	量程(℃)	灵敏度(℃)
温度传感器	−50～+120	0.5

温度监测内容包括轨道板温度、砂浆层温度、底座板和支承层温度监测。

埋置温度传感器时，首先在轨道结构可钻孔处选定测点，采用直径为35mm的水钻在轨道结构上钻孔，孔深一般贯穿轨道板、砂浆层直至底座中心，达到预定测量深度后，将温度传感器按照轨道结构各层的厚度绑扎在定位铁丝上，使得钢筋放入孔内后，5个温度传感器的探头分别对应结构层相应位置。然后用同标号的混凝土将孔填埋，温度传感器探头在埋置时应用塑料封套封装保护。温度传感器埋置后的轨道结构横断面示意图如图6-4所示。温度传感器引出线将直接连接至埋点附近的采集仪，以便后续进行数据采集，并利用无线发射技术将温度数据传输到服务器端存储。

（2）位移监测

位移监测采用的振弦式位移计如图6-5所示。该位移计由特定长度的金属钢弦与钢件及特制弹簧连接固定构成，利用钢弦自振频率与钢弦所受张力的关系式测得结构的位移，同时内置温度传感器能监测安装位置的温度，便于进行实时温度补偿。位移计的主要技术指标见表6-2。振弦式位移计安装方法示意图见图6-6。

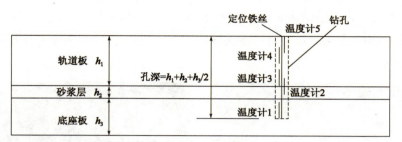

图 6-4　温度传感器埋置示意图

位移计主要技术指标　　　　　　　　　　　　　　　　　　　　　　　　　　表 6-2

技术指标	精度	灵敏度(mm)	非线性度	工作温度(℃)	长度(mm)
参数	$0.1\%F \cdot S$	0.01	$\leq 0.5\%F \cdot S$	$-20 \sim +80$	200,250,350

图 6-5　振弦式位移计

图 6-6　振弦式位移计安装方法

位移监测内容包括摩擦板相对桥台位移、轨道板相对支承层位移和支承层相对摩擦板位移。相对位移的监测方法是将位移传感器两端分别固定在所要测量的两个结构物上,然后将导线引出固定,接入采集仪进行数据处理,再通过无线设备将位移数据传输到服务器端存储。例如监测轨道板与底座相对错动位移,可将位移计一端固定在轨道板侧部,另一端固定在底座上,如图 6-7、图 6-8 所示。安装位移计时,要保证位移计两个固定端牢固可靠,并且需要位移计的长度方向与待测量位移方向保持一致。

图 6-7　轨道板相对于支承层位移传感器

图 6-8　摩擦板相对于桥台位移传感器

位移传感器安装在轨道结构表面,且通体细长,中部测量拉杆如受过大横向载荷可能导致内部结构破坏,例如工务人员巡检时可能误踩导致仪器失效。因此,需要对位移计采取一定的防护措施,如图 6-9 所示。

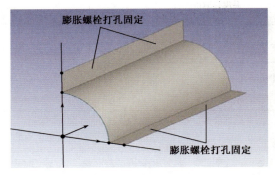 

图 6-9 位移计防护措施

第三节 测点布置方案

某高速铁路车站路桥过渡段在路基、过渡板、摩擦板、桥台、桥梁地段均布置温度测点,测量轨道板、砂浆层、底座板(支承层)温度;温度测点共计 4 个,测点布置如图 6-10 所示。

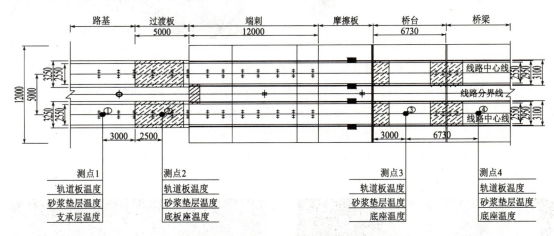

图 6-10 某高速铁路车站路桥过渡段温度测点布置图(尺寸单位:mm)

(1)路基上布置温度测点 1 处,该测点共有 3 个温度传感器,分别位于轨道板、砂浆层、支承层的中部;

(2)过渡板上布置温度测点 1 处,该测点共有 3 个温度传感器,分别位于轨道板、砂浆层、底座板的中部;

(3)桥台上布置温度测点 1 处,该测点共有 3 个温度传感器,分别位于轨道板、砂浆层、底座板的中部;

(4)桥梁上布置温度测点 1 处,该测点共有 3 个温度传感器,分别位于轨道板、砂浆层、底座板的中部。

某高速铁路车站过渡段主要针对摩擦板相对桥台位移、轨道板相对支承层位移、支承层相对端刺位移进行监测。位移测点布置如图 6-11 所示。

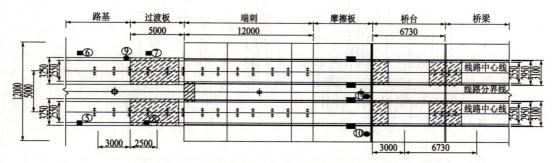

图 6-11 某高速铁路车站路桥过渡段位移测点布置图(尺寸单位:mm)

(1)摩擦板相对桥台位移:3 个测点,采用振弦式位移计,编号为 6 号~8 号。
(2)轨道板相对支承层位移:2 个测点,采用振弦式位移计,编号为 9 号、10 号。
(3)支承层相对摩擦板位移:2 个测点,采用振弦式位移计,编号为 11 号、12 号。

第四节 现场监测数据分析

一、温度监测数据分析

根据桥梁和路基地段轨道板板中温度对比可知,两者温度变化一致,如图 6-12 所示。桥上轨道板板中的最高温度出现在 2015 年 7 月 31 日,为 37℃;最低温度出现在 2014 年 12 月 28 日,为 -1.75℃。路基上轨道板板中的最高温度出现在 2015 年 7 月 11 日,为 42.6℃;最低温度出现在 2014 年 12 月 28 日,为 -0.75℃。

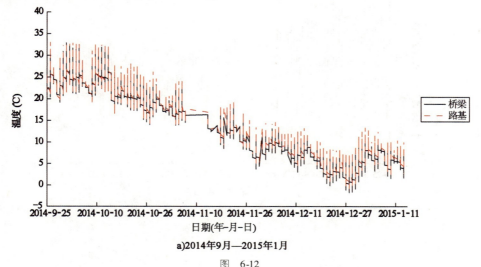

a)2014年9月—2015年1月

图 6-12

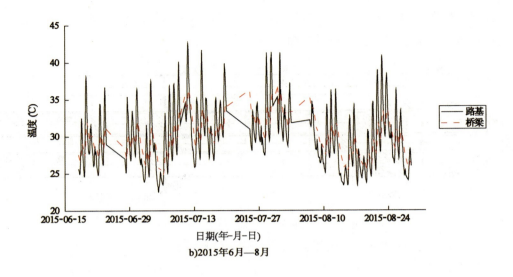

b) 2015年6月—8月

图 6-12 桥梁与路基轨道板板中温度变化曲线

图 6-13 为桥路与路基轨道板板中温度差变化曲线,2014 年 10 月份路桥过渡段轨道板温差变化幅度在 -0.31 ~ 0.69℃;11 月份路桥过渡段轨道板温差变化幅度在 -0.81 ~ -0.06℃;2014 年 12 月 ~2015 年 1 月路桥过渡段轨道板温差变化幅度在 -3.31 ~ -0.25℃。随着冬季气温的降低,路桥过渡段轨道板板中的温差由正值逐渐过渡为负值,进入 2015 年 11 月后桥梁轨道板板中温度低于路基轨道板板中温度。2015 年夏季路桥过渡段轨道板板中的温差在 -10.13 ~4.75℃,温差波动较为明显。

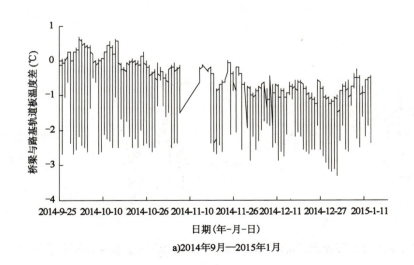

a) 2014年9月—2015年1月

图 6-13

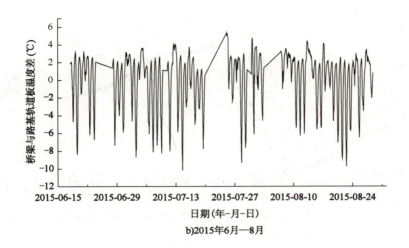

b) 2015年6月—8月

图 6-13　桥梁与路基轨道板板中温度差变化曲线

图 6-14～图 6-20 为 2014 年 10 月—2015 年 8 月中某日的桥梁与路基轨道板板中温度变化曲线。2014 年 10 月份桥梁与路基轨道板板中温度存在昼夜温度交替变化,由于路基轨道板散热和吸热速率高于桥梁上轨道板,因此白天路基轨道板板中温度高于桥梁,夜间路基轨道板板中温度低于桥梁;进入 11 月份后由于气温较低,减小了轨道板散热和吸热速率,此时桥路与路基轨道板不再存在昼夜温度交替变化,并且路基上轨道板板中温度始终高于桥梁上轨道板温度。进入 2015 年 6 月份后,桥梁与路基轨道板板中温度昼夜交替变化的情况又开始出现,并且路基上的轨道板板中温度变化趋势明显高于桥梁地段。

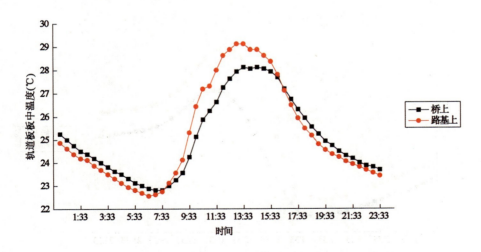

图 6-14　2014 年 10 月 6 日桥梁与路基轨道板板中温度变化曲线

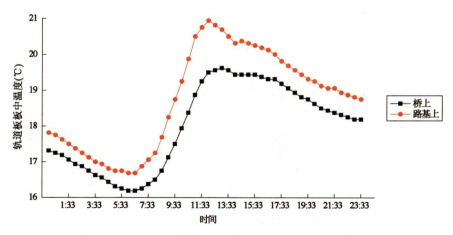

图 6-15 2014 年 11 月 2 日桥梁与路基轨道板板中温度变化曲线

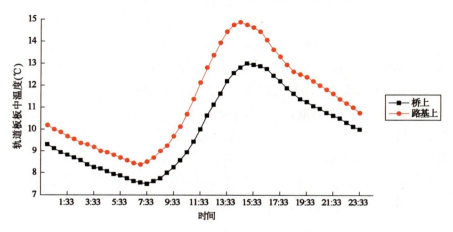

图 6-16 2014 年 12 月 5 日桥梁与路基轨道板板中温度变化曲线

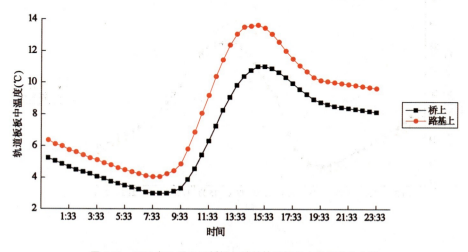

图 6-17 2015 年 1 月 2 日桥梁与路基轨道板板中温度变化曲线

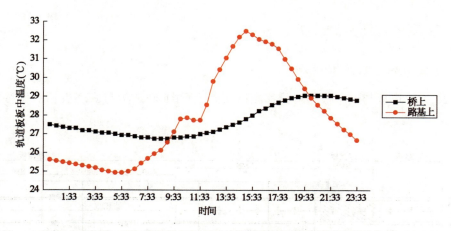

图 6-18　2015 年 6 月 18 日桥梁与路基轨道板板中温度变化曲线

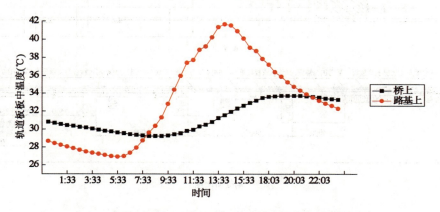

图 6-19　2015 年 7 月 14 日桥梁与路基轨道板板中温度变化曲线

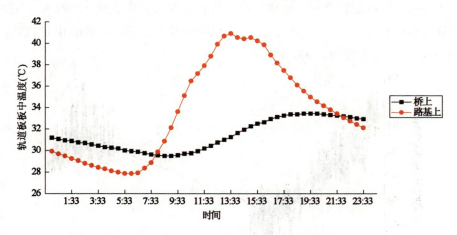

图 6-20　2015 年 8 月 22 日桥梁与路基轨道板板中温度变化曲线

桥梁与路基轨道板温度测点相距 66m，2014 年 12 月份桥路过渡段的纵向最大负温差为 -0.32℃，7 月份桥路过渡段的纵向最大正温差为 5.3℃。

二、温度变形监测数据分析

1. 轨道板与底座板相对位移

图 6-21 为轨道板与底座板相对位移测试断面示意图,轨道板与底座板相对位移测点位于过渡板区域。

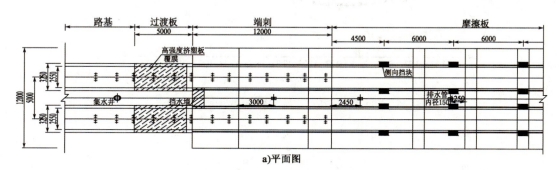
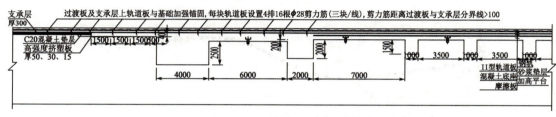

图 6-21　轨道板与底座板相对位移测试断面示意图(尺寸单位:mm)

图 6-22 为过渡板区域轨道板与底座板相对位移随时间变化曲线。2014 年 8 月—2015 年 8 月,轨道板与底座板相对位移呈现出了明显的周期性的变化,全年的相对位移变化量为 -0.96~0.37mm,变化幅度为 1.33mm。

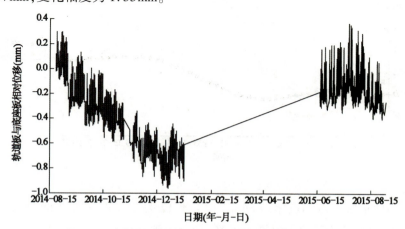

图 6-22　过渡板上轨道板与底座板相对位移随时间变化曲线

图 6-23 为过渡板上轨道板与底座板相对位移日变化量曲线。曲线监测时间内相对位移的最大日变化量为 0.56mm,最小日变化量为 0.03mm。夏季轨道板与底座板的相对位移变化量高于冬季,但总体来看均较小。这主要是由于过渡板地段轨道板与底座间采用加强锚固,每块轨道板设置 4 排 16 根 $\phi 28mm$ 剪力筋,因此可以认为在加强锚固处轨道板与底座间的相对位移为零。图 6-24 为过渡板地段剪力筋布置示意图。

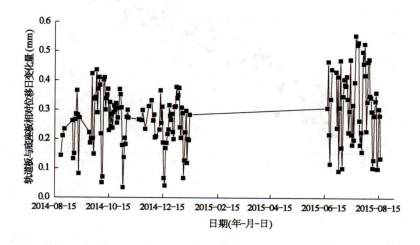

图 6-23 过渡板上轨道板与底座板相对位移日变化量曲线

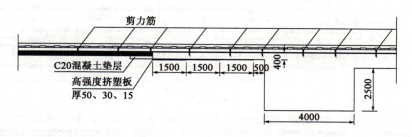

图 6-24 过渡板上剪力筋布置图(尺寸单位:mm)

为了探究过渡板上轨道板与底座板相对位移与轨道板板中温度间的关系,在监测时间内对日相对位移变化量与轨道板板中温度差进行了分析,图 6-25 为过渡板上轨道板与底座板相对位移和轨道板板中温度关系图,相对位移变化量(y)与日轨道板温差(x)的关系式为 $y = 0.034x$,相关系数为 0.975,由此可知轨道板与底座板相对位移变化量与轨道板板中温度变化关系密切。

2. 轨道板与支承层相对位移

图 6-26 为轨道板与支承层相对位移测试断面示意图,轨道板与支承层相对位移测点位于路基地段。

图 6-27 为路基上轨道板与支承层相对位移随时间变化曲线。2014 年 8 月—2015 年 8 月,轨道板与底座板相对位移呈现出了明显的周期性的变化,全年的相对位移变化量为 −0.23 ~

0.14mm,变化幅度为0.37mm。

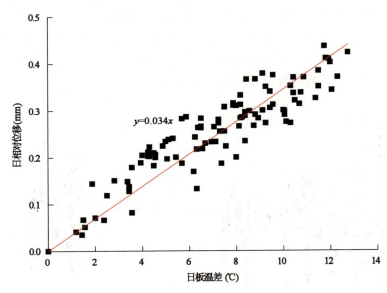

图 6-25 过渡板上轨道板与底座板相对位移和轨道板板中温度关系图

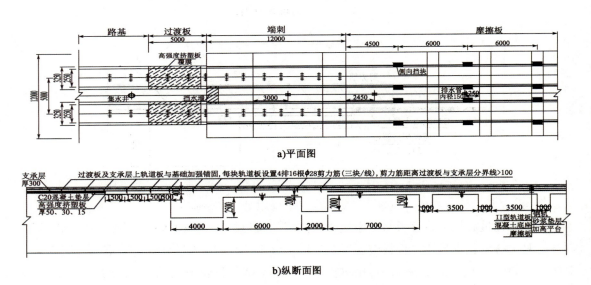

图 6-26 轨道板与支承层相对位移测试断面(尺寸单位:mm)

图 6-28 为路基上轨道板与支承层相对位移日变化量曲线。监测时间内相对位移的最大日变化量为 0.2mm,最小日变化量为 0.01mm,轨道板与支承层相对位移日变化量很小。

为了探究路基上轨道板与支承层相对位移和轨道板板中温度间的关系,在监测时间内对相对位移日变化量与轨道板板中温度差进行了分析,图 6-29 为路基上轨道板与支承层相对位移关系图,相对位移变化量(y)与日轨道板温差(x)的关系式为 $y=0.0148x$,相关系数为 0.967,由此可知轨道板与支承层相对位移变化量与轨道板板中温度变化关系密切。

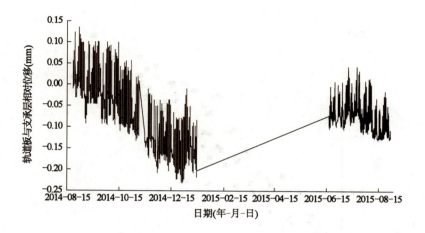

图 6-27　路基上轨道板与支承层相对位移和轨道板板中温度随时间变化曲线

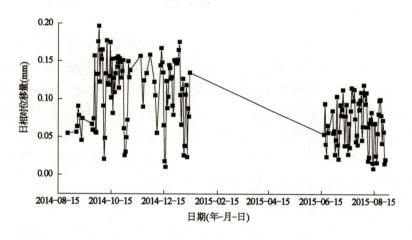

图 6-28　路基上轨道板与支承层相对位移日变化量

三、小结

通过对某高速铁路路桥过渡段上无砟轨道监测的阶段性数据进行分析,主要结论如下:

1.温度长期监测数据分析

(1)桥上轨道板板中的最高温度出现在 2015 年 7 月 31 日,为 37℃;最低温度出现在 2014 年 12 月 28 日,为 -1.75℃。路基上轨道板板中的最高温度出现在 2015 年 7 月 11 日,为 42.6℃;最低温度出现在 2014 年 12 月 28 日,为 -0.75℃。

(2)2014 年 10 月份路桥过渡段轨道板温差变化幅度在 -0.31~0.69℃;2014 年 11 月份路桥过渡段轨道板温差变化幅度在 -0.81~ -0.06℃;2014 年 12 月~2015 年 1 月路桥过渡段轨道板温差变化幅度在 -3.31~ -0.25℃。

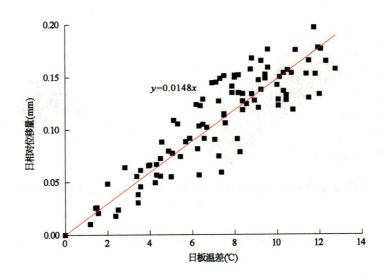

图 6-29 路基上轨道板与支承层相对位移和轨道板板中温度关系图

（3）2014 年 10 月份桥梁与路基轨道板板中温度存在昼夜温度交替变化，由于路基轨道板散热和吸热速率高于桥梁上轨道板，因此白天路基轨道板板中温度高于桥梁，夜间路基轨道板板中温度低于桥梁；进入 2014 年 11 月份后由于气温较低，减小了轨道板散热和吸热速率，此时桥路与路基轨道板不再存在昼夜温度交替变化，并且路基上轨道板板中温度始终高于桥梁上轨道板温度。进入 2015 年 6 月份后桥梁与路基轨道板板中温度昼夜交替变化又开始出现，并且路基上的轨道板板中温度变化趋势明显高于桥梁地段。

2. 温度变形长期监测数据分析

（1）轨道板与底座板相对位移呈现出了明显的周期性的变化，全年的相对位移变化量在 $-0.96 \sim 0.37$ mm，变化幅度为 1.33 mm。

（2）监测时间内轨道板与底座板相对位移的最大日变化量为 0.56 mm，最小日变化量为 0.03 mm。夏季轨道板与底座板的相对位移变化量高于冬季，但总体来看均较小。这主要是由于过渡板地段轨道板与底座间采用加强锚固，每块轨道板设置 4 排 16 根 $\phi 28$ mm 剪力筋，因此可以认为在加强锚固处轨道板与底座间的相对位移为零。

（3）轨道板与底座板相对位移呈现出了明显的周期性的变化，2014 年 8 月 ~ 2015 年 8 月全年的相对位移变化量为 $-0.23 \sim 0.14$ mm，变化幅度为 0.37 mm。

（4）2014 年 8 月—2015 年 8 月全年轨道板与支承层相对位移的最大日变化量为 0.2 mm，最小日变化量为 0.01 mm，轨道板与支承层相对位移日变化量很小。

第五节　结构服役状态分析

一、端刺区轨道结构温度变形加固效果对比

受 2013 年夏季持续高温的影响,夏季某高速铁路车站进站咽喉区路桥过渡段出现轨道板接缝破损、轨道板与砂浆层离缝的病害。现场采用植筋锚固的方式对轨道结构进行加固。本节通过有限元软件模拟分析植筋锚固对路桥过渡段轨道变形的影响。

1. 计算模型

模型中建立连续 10 孔 32m 简支梁,两端为标准 T 形端刺锚固结构,数值模型见图 6-30、图 6-31。模型中考虑系统升温 50℃,轨道结构正温度梯度为 90℃/m。

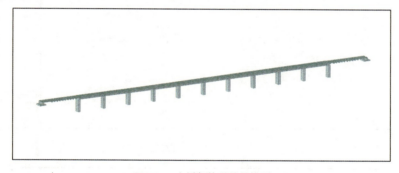

图 6-30　全桥及轨道结构模型

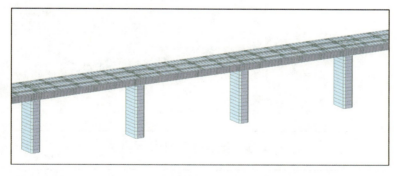

图 6-31　桥上无砟轨道结构模型

2. 计算结果

在温度荷载作用下,桥梁及轨道结构变形如图 6-32 ~ 图 6-35 所示。

预加固后,桥上无砟轨道温度变形整体得到有效控制,端刺区最大竖向位移显著下降,轨道板—底座板竖向位移由未加固的 4.78mm 下降到 0.64mm,轨道板—底座板纵向位移由 1.8mm 下降到 0.23mm。现场监测到的端刺区轨道板—底座板全年的相对位移变化量为 -0.23 ~ 0.14mm,现场监测数据与理论分析结果吻合,说明加固后的轨道结构是稳定性的,满足设计要求。

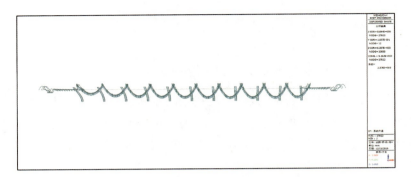

图 6-32　加固前温度作用下桥轨变形特征

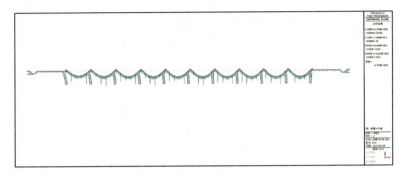

图 6-33　加固后温度作用下桥轨变形特征

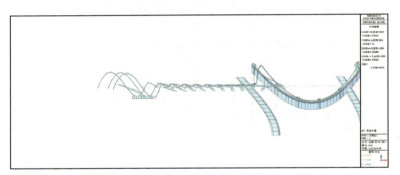

图 6-34　加固前端刺区轨道结构变形特征

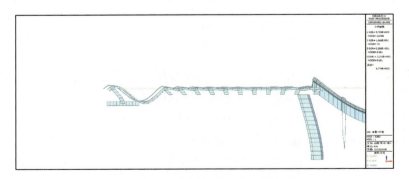

图 6-35　加固后端刺区轨道结构变形特征

二、轨道结构植筋受力分析

1. 全年植筋受力(2018年7月—2019年8月)

图 6-36 为端刺区植筋受力随时间变化曲线,图中植筋传感器安装时刻(凌晨2点,气温为26℃)植筋受力为0,当植筋受力为正值表示植筋受拉力;当植筋受力为负值表示植筋受压力。表 6-3 为轨道板植筋受力监测数据统计表。

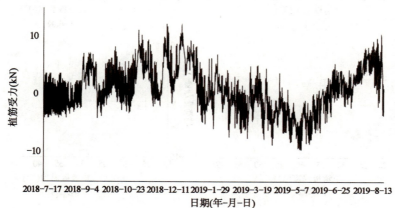

图 6-36　植筋受力随时间变化曲线

轨道板植筋受力监测数据　　　　表 6-3

工点		某高速铁路路桥过渡段预加固地段				日期		2018年7月17日—2019年8月31日		
测试项目	监测指标	单位	2018年夏季		2018年秋季		2018年冬季		2019年春季	2019年夏季
			最大值	平均值	最大值	平均值	最大值	平均值	最大值　平均值	最大值　平均值
植筋受力	日最大值	kN	3.75	0.67	11.24	2.59	12.34	2.80	5.18　　0.15	10.34　　3.92

从图 6-36 和表 6-3 中可以看出,路桥过渡段上轨道板植筋受力的最大值为 12.34kN,小于原预加固设计中植筋最大受力计算值 129.01kN,满足设计要求,说明植筋受力是安全的。

2. 回归分析

为分析轨道结构变形对植筋受力的影响,将轨道板温度和植筋受力进行回归分析。

图 6-37 为路桥过渡地段不同轨道板板中温度下的植筋受力散点图。该处测点轨道板为 4 点植筋,随着每日轨道板温度的循环升降,植筋受力也在循环变化。

从图 6-37 中可知,当轨道板温度大于植筋温度(26℃)时,随着轨道板温度的升高,植筋的受力逐渐增大;当轨道板温度低于植筋温度(26℃)时,随着轨道板温度的降低,植筋的受力同样在逐渐增大;当轨道板温度接近植筋温度(26℃)时,轨道板的植筋受力最小。

对图 6-37e)的监测数据散点图进行数据拟合,得出植筋受力(y)与轨道板板中温度(x)的拟合函数:$y = 0.0205x^2 - 1.129x + 10.648$($12℃ \leqslant x \leqslant 57℃$),相关系数为 0.587,如图 6-38 所示。

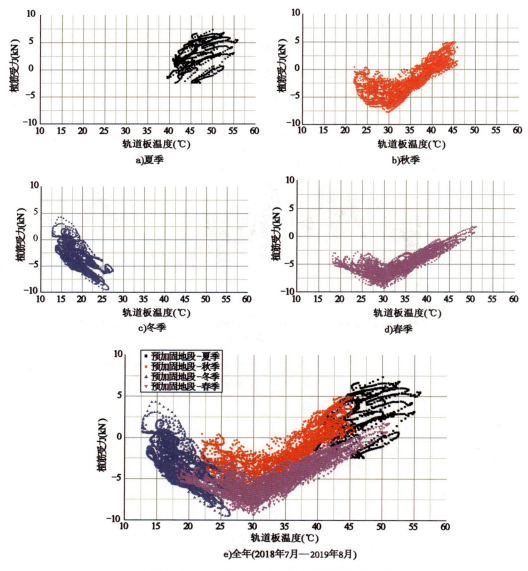

图 6-37 不同季节轨道板板中温度下的植筋受力散点图

三、小结

通过对路桥过渡段 CRTS Ⅱ 型板式无砟轨道结构的理论计算及现场监测数据分析,归纳出如下结论:

(1)预加固后,桥上无砟轨道温度变形整体得到有效控制,端刺区最大竖向位移显著下降,轨道板—底座板竖向位移由未加固的 4.78mm 下降到 0.64mm,轨道板—底座板纵向位移由 1.8mm 下降到 0.23mm。现场监测到的端刺区轨道板—底座板全年的相对位移变化量为 -0.23~0.14mm,现场监测数据与理论分析结果吻合,说明加固后的轨道结构是稳定的,满足设计要求。

（2）路桥过渡段上轨道板植筋受力的最大值为12.34kN，小于原预加固设计中植筋最大受力计算值129.01kN，满足设计要求，说明植筋受力是安全的。

（3）植筋受力（y）与轨道板板中温度（x）的拟合函数为：$y = 0.0205x^2 - 1.129x + 10.648$（12℃≤$x$≤57℃）。

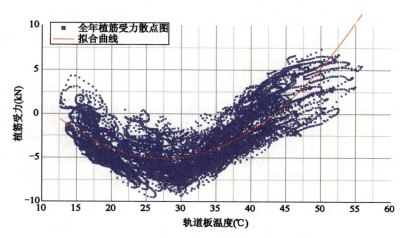

图6-38　植筋受力与轨道板板中温度拟合曲线

第六节　路桥过渡段无砟轨道现场监测经验总结

本项目采用振弦式监测系统，2013年8月投入使用，监测系统现场服役时间为3年。结合现场施工、系统养护维修、数据分析等的相关经验，形成以下几方面结论和建议，可为后续开展类似工点或者采用相关技术提供指导。

一、监测技术

本项目选择振弦式监测系统，振弦式监测系统具有数字传感器在应用和传输中的诸多优点：

（1）振弦式传感器可以实现长电缆远距离的传输，传输的信号不会衰减也无须修正；

（2）与光纤光栅传感器相比，振弦式传感器及其采集设备价格偏低，经济性好；

（3）短期使用精度和稳定性较高，适用于野外恶劣的环境条件；

（4）振弦式传感器及其采集设备可以采用12V直流进行供电，很好地解决了铁路偏远地区没有220V交流电的困境。

但是振弦式传感器在长期使用过程中，传感器的耐久性和稳定性显著降低，设备故障率会升高。本监测工点当设备现场服役期限超过2年后，传感器故障率超过40%，在第三年时达到了60%。结合本监测工点的使用现状，对于短期的轨道服役状态监测，可以采用振弦式监测系统,但是监测周期最好不超过 2 年。

二、监测内容及测点布置要求

本项目是在现场病害发生后临时增加的测试项目,主要以监测病害整治效果为主,因此测点布置较少,监测的内容以温度和结构变形为主。因此本工点的监测方案具有其针对性,制订后续类似的工点监测方案时可以考虑以下几点建议:

(1)由于过渡板地段轨道板与底座间采用加强锚固,每块轨道板设置 4 排 16 根 $\phi 28mm$ 剪力筋,可以认为在加强锚固处轨道板与底座间的相对位移等于零。因此对于上述已经采取加强锚固的轨道结构,可以不用监测相对位移。

(2)夏季桥梁与路基轨道板板中温度存在昼夜温度交替变化,由于路基轨道板散热和吸热速率高于桥梁上轨道板,因此白天路基轨道板板中温度高于桥梁,夜间路基轨道板板中温度低于桥梁;冬季由于气温较低,减小了轨道板散热和吸热速率,此时桥路与路基轨道板不再存在昼夜温度交替变化。后续类似监测工点在温度场监测方面可以着重考虑对路桥过渡段纵向温度梯度变化情况的监测,进一步揭示温度变化对轨道结构的影响规律。

三、现场监测设备安装

结合本项目的现场安装情况,后续开展类似监测项目时主要应注意以下几点:

(1)埋置温度传感器时,在轨道结构选定测点处钻孔(优先选择灌浆孔),孔深一般贯穿轨道板、砂浆层直至底座中心,达到预定测量深度后,将温度传感器按照轨道结构各层的厚度放入孔内,然后用同标号的混凝土填埋(不允许用植筋胶或者其他不同材料封堵)。

(2)传感器外侧应采用黑色的不锈钢保护罩进行保护,保护罩需要牢固固定在轨道结构表面,位于两轨间的固定在轨道板表面的保护罩其高度不应大于 8cm。

(3)机柜不得侵入限界。安装于桥梁梁面上时,机柜应布置在桥梁防撞墙外侧的走行道上,避开桥梁伸缩梁缝,宽度不应大于走行道宽度,高度不宜高于 800mm,并预留走行位置,不妨碍作业人员通过。安装于路基上时,机柜应固定在路肩防水层区域。

(4)机柜表面应进行防锈处理,喷涂监测系统管理单位名称和联系方式。若机柜数量较多,为方便后期管理,还应进行编号。

(5)机柜的开门方向应该与列车运行方向相反,防止列车风吹开机柜门。

(6)线缆表面宜打上"××监测专用"等字样,方便与线缆槽内其他线缆进行区分。

(7)敷设于线路表面的线缆必须牢固固定,并采取防松措施。若线缆存在过轨的情况,需要用 PVC 管或橡胶管做绝缘处理,两轨间的不锈钢卡扣个数不应少于 5 个。

第七章

高速铁路 CRTS Ⅲ 型板式无砟轨道服役状态监测

CRTS Ⅲ 型板式无砟轨道是我国具有完全自主知识产权的无砟轨道结构。为掌握 CRTS Ⅲ 型板式无砟轨道结构的温度场、受力和变形规律,铁四院在某高速铁路一座特大桥和一个路基工点分别开展了轨道结构服役状态监测。

第一节 监测工点介绍

一、桥梁地段

某特大桥最大桥跨为 $(70+125+70)\mathrm{m}$,位于半径为 4500m 的曲线地段,曲线超高为全线最大值 175mm。桥跨布置形式如图 7-1、图 7-2 所示。

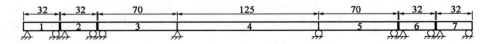

图 7-1 某特大桥桥跨布置图(尺寸单位:m)

图 7-2 某特大桥及无砟轨道现场效果图

二、路基地段

路基地段监测工点位于某高速铁路车站附近,此处为全线最长的路基地段,昼夜温差较大。图 7-3 为路基地段监测工点位置。

图 7-3　路基地段监测工点位置

第二节　监测内容与监测方法

一、监测内容

监测内容主要包括路基及桥梁地段无砟轨道温度、位移和应力监测。

1. 路基地段监测内容

(1)温度监测:路基上气温、轨道板温度、自密实混凝土温度、底座板温度。
(2)位移监测:钢轨与轨道板相对位移、轨道板与底座板相对位移、轨道板翘曲位移。
(3)应力监测:轨道板应力、自密实混凝土应力。

2. 桥梁地段监测内容

(1)温度监测:桥上气温、轨道板温度、自密实混凝土温度、底座板温度。
(2)位移监测:钢轨与轨道板相对位移、轨道板与底座板相对位移、轨道板翘曲位移、桥梁梁缝相对位移。
(3)应力监测:轨道板应力、自密实混凝土应力。

二、监测方法

1. 温度监测

温度传感器采用 RTD 式的温度探头,引线长度 8m,线缆采用抗腐蚀的硅胶线。测量轨道板、自密实混凝土的温度传感器通过在灌浆孔上打孔至对应深度后埋入,如图 7-4 所示。测量底座板的温度传感器通过在底座板侧面打孔埋入。

图 7-4 轨道板温度传感器安装

2. 位移监测

位移监测主要采用两种传感器：振弦式位移传感器和电子尺，如图 7-5 所示。

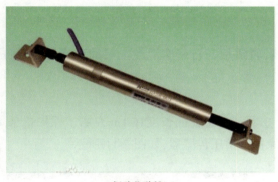
a) 振弦位移计

b) 电子尺

图 7-5 位移传感器

（1）钢轨—轨道板相对位移

CRTSⅢ型板式无砟轨道扣件挡肩间的距离为 355mm，小于普通振弦式位移传感器的尺寸（目前最小的长度为 300mm，考虑 50mm 的变化量，即理论长度是 350mm，无法安装保护罩，同时对安装的精度要求很高）。因此，该位移量的监测采用电子尺。电子尺的精度为 0.01mm，最大尺寸不超过 270mm，满足安装的空间限制，如图 7-6 ~ 图 7-8 所示。

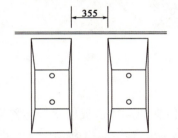

图 7-6 扣件挡肩间距（尺寸单位：mm）

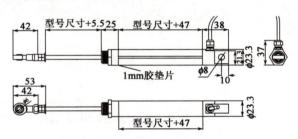

图 7-7 电子尺示意图（尺寸单位：mm）

(2)轨道板—底座板相对位移

轨道板与底座板相对位移的测量采用振弦位移传感器。传感器一端固定在轨道板上,一端固定在底座板上,外面加保护罩,如图7-9所示。

图7-8　钢轨—轨道板相对位移传感器　　　　图7-9　轨道板—底座板位移传感器

(3)轨道板翘曲位移

轨道板翘曲位移传感器有安装高度的限制,轨道板与自密实混凝土层的高度为290mm,采用电子尺,如图7-10所示。

(4)桥梁梁缝相对位移

桥梁梁缝相对位移测试采用振弦式位移传感器。传感器的长度在1m左右。保护罩采用两部分分离设置,可以避免桥梁梁端伸缩导致保护罩挤压传感器,如图7-11所示。

图7-10　轨道板翘曲位移传感器　　　　图7-11　桥梁梁缝位移传感器安装

3. 应力监测

轨道板、自密实混凝土应力的测试采用振弦式应变传感器。轨道板应变传感器安装在轨道板的顶面和侧面,自密实混凝土应变传感器安装在自密实混凝土侧面,如图7-12所示。

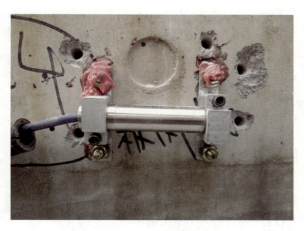

图 7-12　应变传感器安装

4. 供电方式

由于现场没有电源,采集设备采用太阳能板供电。路基地段由于配备了 3 台数据采集仪,考虑最小 10min 的采集间隔(峰值功率为 6W/h),需配备 2 台 50W 的太阳能板。桥梁跨中和梁端由于各安装 2 台数据采集仪,只需配备 1 台 50W 的太阳能板。太阳能板的尺寸为 630mm × 510mm × 18mm,如图 7-13、图 7-14 所示。

图 7-13　桥梁地段太阳能板安装

图 7-14　路基地段太阳能板安装

第三节　测点布置方案

一、路基地段测点布置

1. 温度监测

路基地段线路横断面如图 7-15 所示。路基上温度测点共计 8 个。

(1)轨道板温度:4 个测点,轨道板板顶 1 个、板中(距离板顶 10mm)2 个和板底(距离板顶 15mm)1 个,测点编号为 1-1 号 ~ 1-3 号和 1-7 号,分别对应 4 个灌浆孔。

(2)自密实混凝土层温度:1 个测点,布置于灌浆孔内(埋置深度距离板顶为 245mm),测点编号为 1-4 号。

(3)底座板温度:2 个测点,布置于底座板板中(埋置深度距离板顶为 440mm),测点编号为 1-5 号、1-8 号。

(4)大气温度:测点编号为 1-6 号。

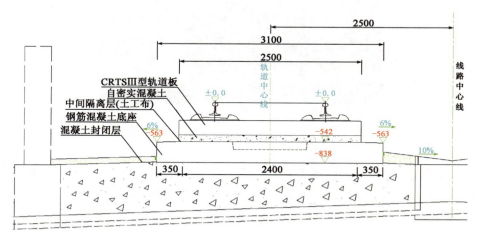

图 7-15　路基地段线路横断面图(尺寸单位:mm)

测点布置如图 7-16 所示。

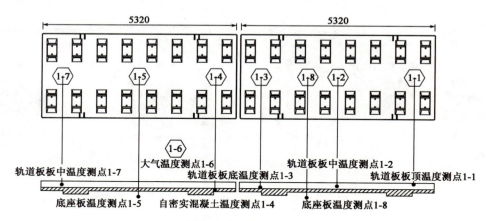

图 7-16　路基温度测点布置图(尺寸单位:mm)

2. 位移监测

路基上位移测点共计 7 个,如图 7-17 所示。

(1)钢轨相对轨道板位移:2 个测点,测点位于轨道板中部左、右股钢轨,测点编号为 2-1 号(内轨)、2-2 号(外轨)。

(2)轨道板相对底座板位移:2 个测点,测点布置同钢轨—轨道板测点布置,测点编号为 2-3 号、2-4 号。

(3)轨道板翘曲位移:3 个测点,测点位于板端和板中,测点编号为 2-5 号~2-7 号。

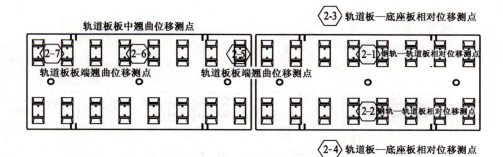

图 7-17　路基位移测点布置图

3. 应力监测

路基上应力测点共计 3 个，分别为：

（1）轨道板应力测点 2 个，测点编号为 3-1 号、3-2 号，分别位于轨道板板顶和侧面；

（2）自密实混凝土测点 1 个，测点编号为 3-3 号，位于自密实混凝土侧面。

二、桥梁地段测点布置

1. 温度监测

桥梁地段线路横断面如图 7-18 所示，桥上温度测点共计 8 个。

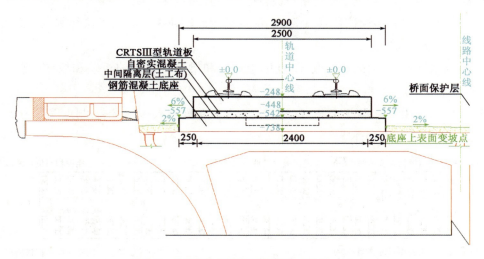

图 7-18　桥梁地段线路横断面图（尺寸单位：mm）

（1）轨道板温度：4 个测点，轨道板板顶 1 个、板中（距离板顶 10mm）2 个和板底（距离板顶 15mm）1 个，测点编号为 1-1 号~1-3 号和 1-7 号，分别对应 4 个灌浆孔。

（2）自密实混凝土层温度：1 个测点，布置于灌浆孔内（埋置深度距离板顶为 245mm），测点编号为 1-4 号。

（3）底座板温度：2 个测点，布置于底座板板中（埋置深度距离板顶为 390mm），测点编号为 1-5 号、1-8 号。

(4) 大气温度:测点编号为 1-6 号。

测点布置如图 7-19 所示。

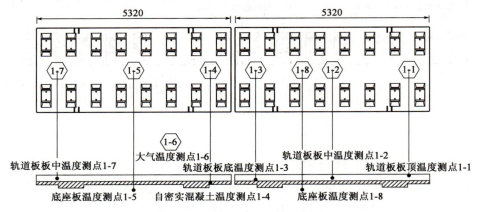

图 7-19　桥上温度测点布置图(尺寸单位:mm)

2. 位移监测

桥上位移测点共计 15 个,分别为:

(1) 钢轨相对轨道板位移:4 个测点,连续梁从梁缝梁端处轨道板左、右股钢轨布置 2 个测点,测点编号为 2-1 号、2-2 号;再间隔两块轨道板布置测点 2-3 号、2-4 号。

(2) 轨道板相对底座板位移:4 个测点,测点布置同钢轨相对轨道板位移测点布置,测点编号为 2-5 号~2-8 号。

(3) 轨道板翘曲位移:6 个测点,测点位于跨中和梁端轨道板的板端和板中,测点编号为 2-9 号~2-14 号。

(4) 桥梁梁缝相对位移:1 个测点,测点位于温度跨度较大一侧梁端,测点编号为 2-15 号。

测点布置如图 7-20 所示。

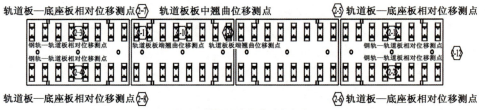

图 7-20　桥梁梁端位移测点布置图

3. 应力监测

桥上应力测点共计 6 个,分别为:

(1) 轨道板应力测点共计 4 个,测点编号为 3-1 号~3-4 号,分别位于连续梁梁端和跨中的轨道板板顶和侧面;

(2) 自密实混凝土测点共计 2 个,测点编号为 3-5 号、3-6 号,分别位于连续梁梁端和跨中的自密实混凝土侧面。

三、测点类型与数量

测点类型与数量见表7-1、表7-2。

路基地段测点类型与数量 表7-1

监测类型	监测项目	测点数量	备注
温度监测	路基上气温	1	
	轨道板温度	4	
	自密实混凝土层温度	1	
	底座板温度	2	
位移监测	钢轨与轨道板相对位移	2	量程为±25mm
	轨道板与底座板相对位移	2	量程为±25mm
	轨道板翘曲位移	3	精度为0.01mm
应力监测	轨道板应力	2	量程为±1500ε
	自密实混凝土应力	1	量程为±1500ε
总计		18	

桥梁地段测点类型与数量 表7-2

监测类型	监测项目	测点数量	备注
温度监测	桥上气温	1	
	轨道板温度	4	
	自密实混凝土层温度	1	
	底座板温度	2	
位移监测	钢轨与轨道板相对位移	4	量程为±25mm
	轨道板与底座板相对位移	4	量程为±25mm
	轨道板翘曲位移	6	精度为0.01mm
	桥梁梁缝相对位移	1	量程为±120mm
应力监测	轨道板应力	4	量程为±1500ε
	自密实混凝土应力	2	量程为±1500ε
总计		29	

第四节 现场监测数据分析

一、路基地段监测数据分析

1. 温度场监测数据分析

（1）轨道板板中温度与大气温度

图7-21为2016年6月1日—10月31日轨道板板中温度与大气温度随时间变化曲线。7月26日轨道板板中的温度最高，为45.05℃；8月19日的大气温度最高，为46.74℃。轨道板板

中温度的变化趋势与大气温度相同。

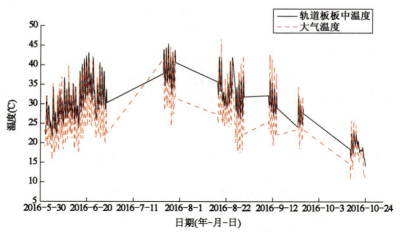

图 7-21　轨道板板中温度与大气温度随时间变化曲线

图 7-22 为 2016 年 6 月 1 日—10 月 31 日日最高轨道板板中温度与大气温度差随时间变化曲线,日最高轨道板板中温度与大气温度差在 -6~6.5℃之间波动。

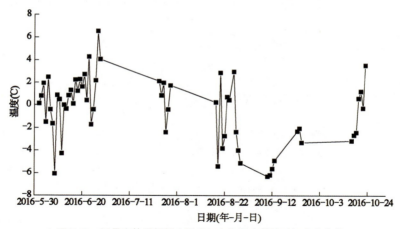

图 7-22　日最高轨道板板中温度与大气温度差随时间变化曲线

(2)自密实混凝土温度与大气温度

图 7-23 为 2016 年 6 月 1 日—10 月 31 日自密实混凝土温度与大气温度随时间变化曲线。7 月 26 日自密实混凝土的温度最高,为 41.63℃;8 月 19 日的大气温度最高,为 46.74℃。自密实混凝土温度的变化趋势与大气温度相同。

图 7-24 为 2016 年 6 月 1 日—10 月 31 日日最高自密实混凝土温度与大气温度差随时间变化曲线,日最高自密实混凝土温度与大气温度差在 -8.22~4.0℃之间波动。

(3)底座板温度与大气温度

图 7-25 为 2016 年 6 月 1 日—10 月 31 日底座板温度与大气温度随时间变化曲线。7 月 26 日底座板的温度最高,为 40.63℃;8 月 19 日的大气温度最高,为 46.74℃。底座板温度的变化趋势与大气温度相同。

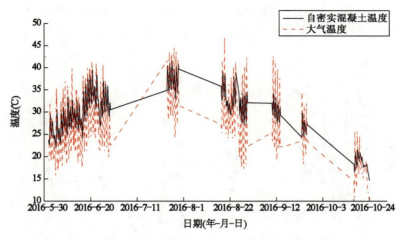

图 7-23　自密实混凝土温度与大气温度随时间变化曲线

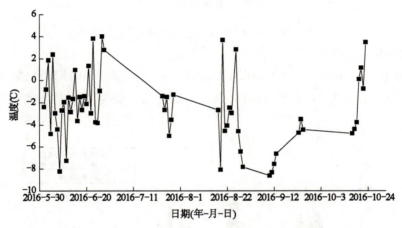

图 7-24　日最高自密实混凝土温度与大气温度差随时间变化曲线

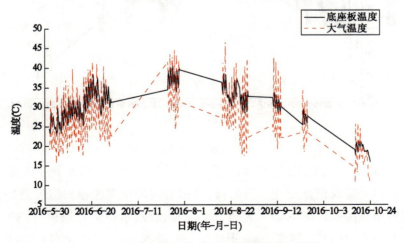

图 7-25　底座板温度与大气温度随时间变化曲线

图 7-26 为 2016 年 6 月 1 日—10 月 31 日日最高底座板温度与大气温度差随时间变化曲线,日最高底座板温度与大气温度温差在 -8.1~4.7℃ 之间波动。

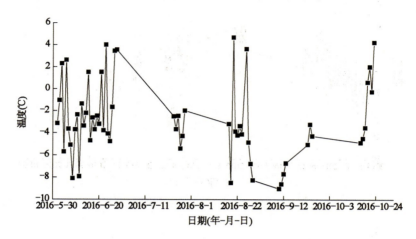

图 7-26　日最高底座板温度与大气温度差随时间变化曲线

(4) 轨道结构各层温度关系研究

图 7-27 为 2016 年 6 月 1 日—10 月 31 日轨道结构各层温度随时间变化曲线。7 月 26 日轨道板板中的最高温度为 45.05℃,自密实混凝土的最高温度为 41.63℃,底座板的最高温度为 40.63℃。

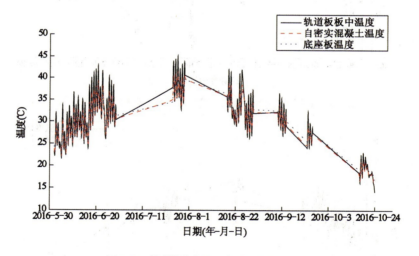

图 7-27　轨道结构各层温度随时间变化曲线

图 7-28 为 2016 年 6 月轨道结构各层温度随时间变化曲线。从图中可知,轨道板、自密实混凝土和底座板温度呈周期性变化。轨道板、自密实混凝土和底座板温度之间存在滞后性。轨道板表面和侧面直接暴露在环境中,与外界热交换比较快;白天轨道板、自密实混凝土和底座板温度的温度由表面向底面逐渐递减,形成正温度梯度;而到了夜间则由底面向表面逐渐增大,形成负温度梯度。

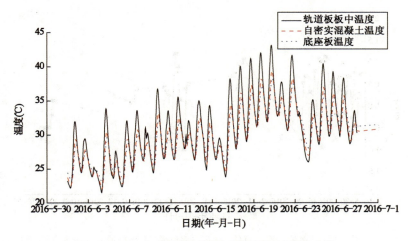

图 7-28　2016 年 6 月轨道结构各层温度随时间变化曲线

图 7-29 为 2016 年 6 月 1 日—10 月 31 日日最高轨道板板中温度与自密实混凝土温度差随时间变化曲线,日最高轨道板板中温度与自密实混凝土温度差值在 -0.84~3.86℃之间波动。

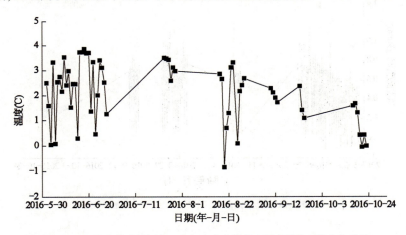

图 7-29　日最高轨道板板中温度与自密实混凝土温度差随时间变化曲线

图 7-30 为 2016 年 6 月 1 日—10 月 31 日日最高自密实混凝土温度与底座板温度差随时间变化曲线,日最高自密实混凝土温度与底座板温度差在 -0.97~1.22℃之间波动。

2. 温度变形监测数据分析

(1)轨道板翘曲位移

图 7-31 为 2016 年 6 月 1 日—10 月 31 日轨道板板中、板边翘曲位移变化曲线。轨道板板中的最大翘曲位移量为 0.13mm,轨道板板端的最大翘曲位移量为 1.49mm,板端的翘曲位移明显高于板中。

(2)钢轨—轨道板相对位移

图 7-32 为 2016 年 6 月 1 日—10 月 31 日钢轨—轨道板相对位移变化曲线。钢轨—轨道板的最大相对位移变化量为 0.5mm,变化量很小。

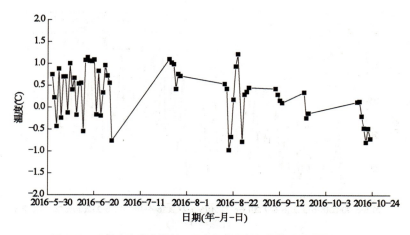

图 7-30 日最高自密实混凝土温度与底座板温度差随时间变化曲线

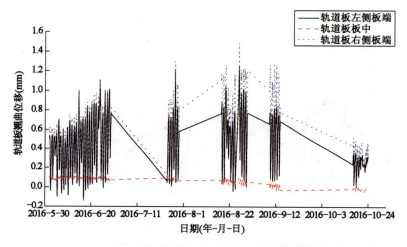

图 7-31 轨道板板中、板边翘曲位移变化曲线

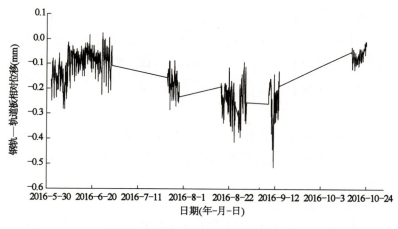

图 7-32 钢轨—轨道板相对位移变化曲线

(3)轨道板—底座板相对位移

图7-33为2016年6月1日—10月31日轨道板—底座板相对位移变化曲线,轨道板—底座板的最大相对位移变化量为0.99mm,变化量较小。

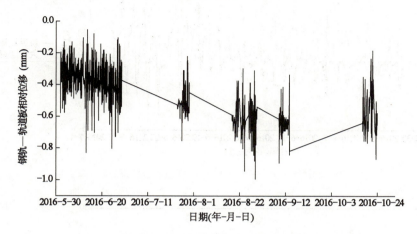

图7-33 轨道板—底座板相对位移变化曲线

3. 温度场应变监测数据分析

图7-34、图7-35为轨道板板顶应变和大气温度随时间变化曲线,日轨道板板顶应变与气温变化趋势相反。随着气温的升高,轨道板板顶的拉应变逐渐增大。2016年6月1日—10月31日,轨道板板顶均处于受拉状态,最大拉应变为200$\mu\varepsilon$。

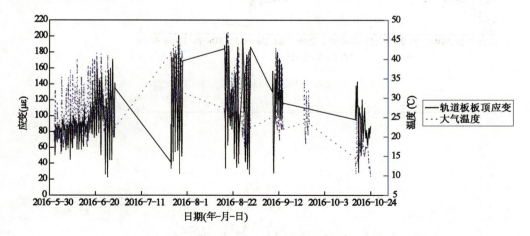

图7-34 轨道板板顶应变和大气温度随时间变化曲线

图7-36、图7-37为轨道板板中应变和大气温度随时间变化曲线。从图中可知,日轨道板板中应变与气温变化趋势相同。随着气温的升高,轨道板板中的压应力逐渐减小,拉应变逐渐增大。7月、8月轨道板板中处于受拉状态,进入9月后轨道板板中又回到了受压状态。最大拉应变为52$\mu\varepsilon$,最大压应变为$-88\mu\varepsilon$。

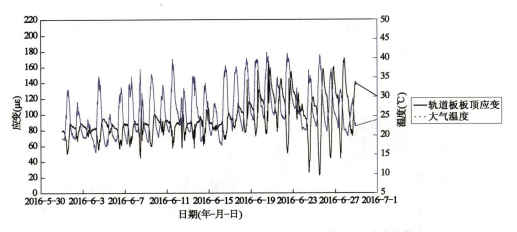

图 7-35　2016 年 6 月自密实混凝土应变和大气温度随时间变化曲线

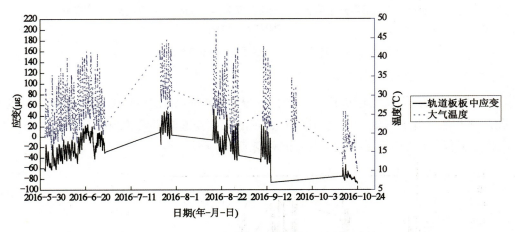

图 7-36　轨道板板中应变和大气温度随时间变化曲线

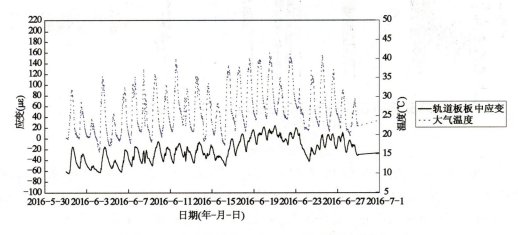

图 7-37　2016 年 6 月轨道板板中应变和大气温度随时间变化曲线

图 7-38、图 7-39 为自密实混凝土层应变和大气温度随时间变化曲线。从图中可知,自密实混凝土层应变与气温变化趋势相反。随着气温的升高,自密实混凝土层的压应力逐渐增大,拉应变逐渐减小。7 月、8 月自密实混凝土层基本处于受压状态,进入 9 月后自密实混凝土层又回到了受拉状态。最大拉应变为 123με,最大压应变为 -140με。

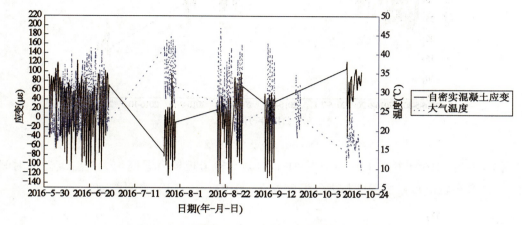

图 7-38　自密实混凝土应变和大气温度随时间变化曲线

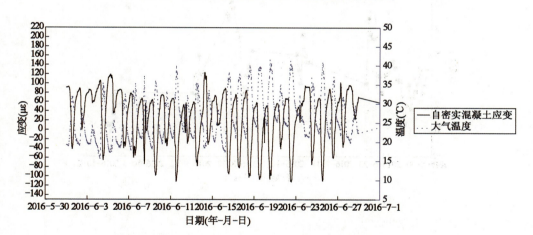

图 7-39　2016 年 6 月自密实混凝土应变和大气温度随时间变化曲线

二、桥梁地段监测数据分析

1. 温度场监测数据分析

(1) 轨道板板中温度与大气温度

图 7-40 为 2016 年 6 月 1 日—10 月 31 日轨道板板中温度与大气温度随时间变化曲线。7 月 26 日轨道板板中的温度最高,为 47.84℃;7 月 25 日的大气温度最高,为 41.6℃。轨道板板中温度的变化趋势与大气温度相同。

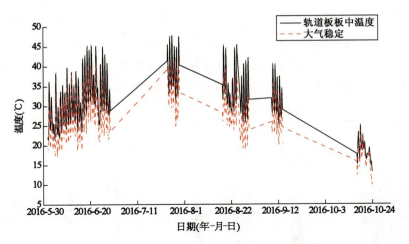

图 7-40　轨道板板中温度与大气温度随时间变化曲线

图 7-41 为 2016 年 6 月 1 日—10 月 31 日日最高轨道板板中温度与大气温度差随时间变化曲线,日最高轨道板板中温度与大气温度差在 -0.03~10.14℃ 之间波动。

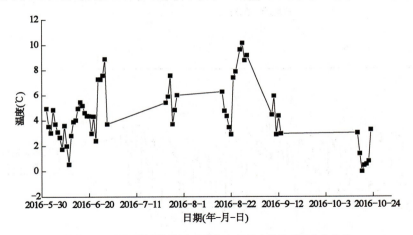

图 7-41　日最高轨道板板中温度与大气温度差随时间变化曲线

(2) 自密实混凝土温度与大气温度

图 7-42 为 2016 年 6 月 1 日—10 月 31 日自密实混凝土温度与大气温度随时间变化曲线。7 月 26 日自密实混凝土的温度最高,为 45.53℃;7 月 25 日的大气温度最高,为 41.6℃。自密实混凝土温度的变化趋势与大气温度相同。

图 7-43 为 2016 年 6 月 1 日—10 月 31 日日最高自密实混凝土温度与大气温度温差随时间变化曲线,日最高自密实混凝土温度与大气温度差在 -1.83~8.80℃ 之间波动。

(3) 底座板温度与大气温度

图 7-44 为 2016 年 6 月 1 日—10 月 31 日底座板温度与大气温度随时间变化曲线。7 月 26 日底座板的温度最高,为 44.08℃;7 月 25 日的大气温度最高,为 41.6℃。底座板温度的变化趋势与大气温度相同。

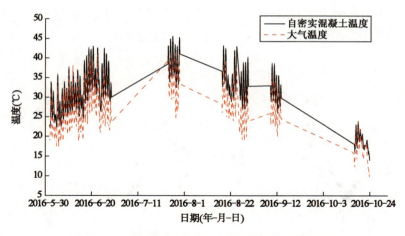

图 7-42　自密实混凝土温度与大气温度随时间变化曲线

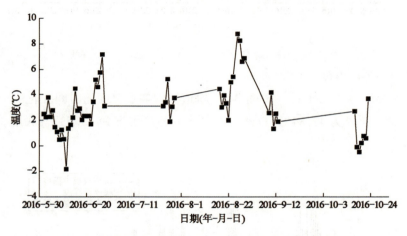

图 7-43　日最高自密实混凝土温度与大气温度差随时间变化曲线

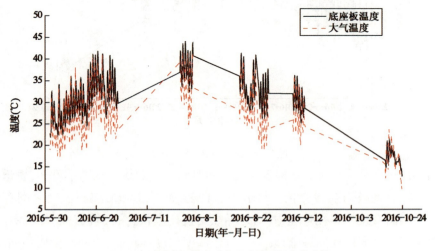

图 7-44　底座板温度与大气温度随时间变化曲线

图7-45为2016年6月1日—10月31日日最高底座板温度与大气温度差随时间变化曲线,日最高底座板温度与大气温度温差在-3.1~6.97℃之间波动。

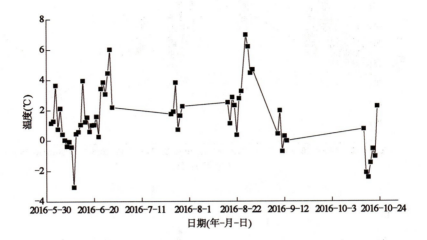

图7-45 日最高底座板温度与大气温度差随时间变化曲线

(4)轨道结构各层温度关系研究

图7-46为2016年6月1日—10月31日轨道结构各层温度随时间变化曲线。7月26日轨道板板中的最高温度为47.84℃,自密实混凝土的最高温度为45.53℃,底座板的最高温度为44.06℃。

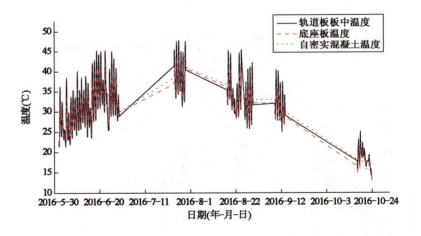

图7-46 轨道结构各层温度随时间变化曲线

图7-47为2016年6月轨道结构各层温度随时间变化曲线。从图中可知,轨道板、自密实混凝土和底座板温度呈周期性变化。轨道板、自密实混凝土和底座板温度之间存在滞后性。轨道板表面和侧面直接暴露在环境中,与外界热交换比较快;白天轨道板、自密实混凝土和底座板温度的温度由表面向底面逐渐递减,形成正温度梯度;而到了夜间则由底面向表面逐渐增大,形成负温度梯度。

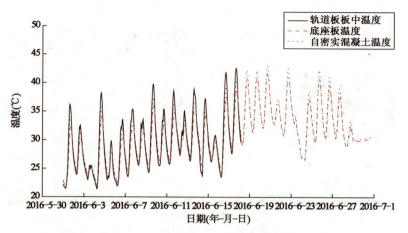

图7-47 2016年6月轨道结构各层温度随时间变化曲线

图7-48为2016年6月1日—10月31日日最高轨道板板中温度与自密实混凝土温度差随时间变化曲线,日最高轨道板板中温度与自密实混凝土温度差在-1.03~2.7℃之间波动。

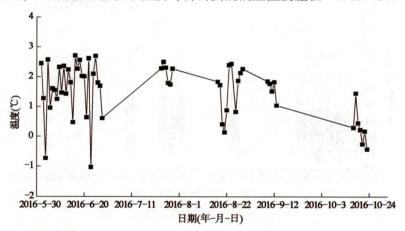

图7-48 日最高轨道板板中温度与自密实混凝土温度差随时间变化曲线

图7-49为2016年6月1日—10月31日日最高自密实混凝土温度与底座板温度差随时间变化曲线,日最高自密实混凝土温度与底座板温度温差在0.02~2.24℃之间波动。

2.温度场变形监测数据分析

(1)轨道板翘曲位移

图7-50为2016年6月1日—10月31日连续梁跨中轨道板板中、板边翘曲位移变化曲线。轨道板板中的最大翘曲位移量为0.22mm,轨道板板端的最大翘曲位移量为1.87mm,板端的翘曲位移明显高于板中。

图7-51为2016年6月1日—10月31日连续梁梁端轨道板板中、板边翘曲位移变化曲线。轨道板板中的最大翘曲位移量为0.20mm,轨道板板端的最大翘曲位移量为0.65mm。板端的翘曲位移与板中相差不大。

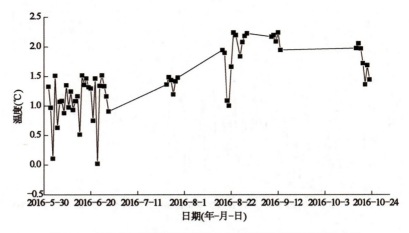

图 7-49　日最高自密实混凝土温度与底座板温度差随时间变化曲线

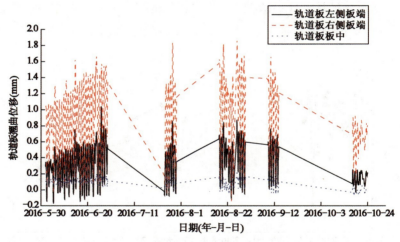

图 7-50　轨道板板中、板边翘曲位移变化曲线

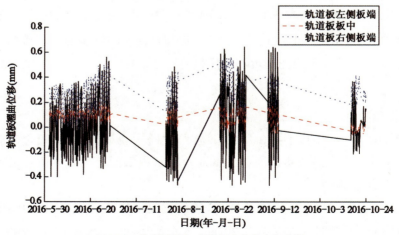

图 7-51　轨道板板中、板边翘曲位移变化曲线

(2) 钢轨—轨道板相对位移

图 7-52 为 2016 年 6 月 1 日—10 月 31 日梁端钢轨—轨道板相对位移变化曲线。梁端曲线外侧的钢轨—轨道板的相对位移变化量大于曲线内侧，曲线外侧的钢轨—轨道板的相对位移最大值为 18.88mm，曲线内侧的钢轨—轨道板的相对位移最大值为 13.80mm。

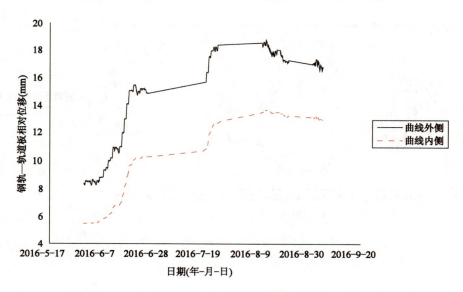

图 7-52 钢轨—轨道板相对位移变化曲线

(3) 轨道板—底座板相对位移

图 7-53 为 2016 年 6 月 1 日—10 月 31 日梁端轨道板—底座板相对位移变化曲线。梁端曲线外侧的轨道板—底座板的相对位移变化量大于曲线内侧，曲线外侧的轨道板—底座板的相对位移最大值为 1.0mm，曲线内侧的钢轨—轨道板的相对位移最大值为 0.4mm。

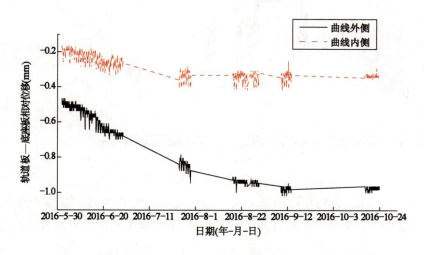

图 7-53 轨道板—底座板相对位移变化曲线

(4) 桥梁梁缝相对位移

图 7-54 为桥梁梁缝相对位移和大气温度随时间变化曲线。随着大气温度的升高,桥梁梁缝的相对位移值逐渐减小,说明梁缝值逐渐变小。与 3 月份相比(传感器于 3 月底安装完成,梁缝宽度为 168mm),桥梁的梁缝值最大降幅为 32.5mm。

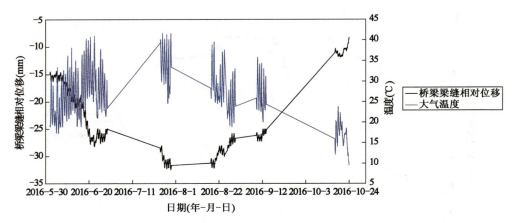

图 7-54　桥梁梁缝相对位移和大气温度随时间变化曲线

3. 温度场应变监测数据分析

(1) 连续梁跨中

图 7-55、图 7-56 为轨道板板顶应变和大气温度随时间变化曲线。日轨道板板顶应变与气温变化趋势相同。随着气温的升高,轨道板板顶的拉应变逐渐增大。2016 年 6 月 1 日—10 月 31 日,轨道板板顶均处于受拉状态,最大拉应变为 230με。

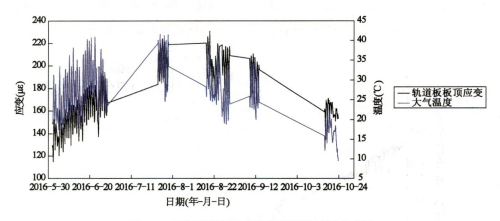

图 7-55　轨道板板顶应变和大气温度随时间变化曲线

图 7-57、图 7-58 为轨道板板中应变和大气温度随时间变化曲线。从图中可知,日轨道板板中应变与气温变化趋势相同。随着气温的升高,轨道板板中的压应力逐渐减小,拉应变逐渐增大。7 月、8 月轨道板板中处于受拉状态,进入 9 月后轨道板板中又回到了受压状态。最大拉应变为 22.7με,最大压应变为 -109.4με。

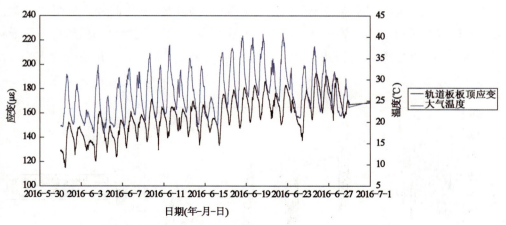

图 7-56　2016 年 6 月轨道板板顶应变和大气温度随时间变化曲线

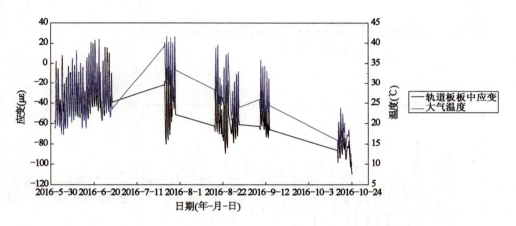

图 7-57　轨道板板中应变和大气温度随时间变化曲线

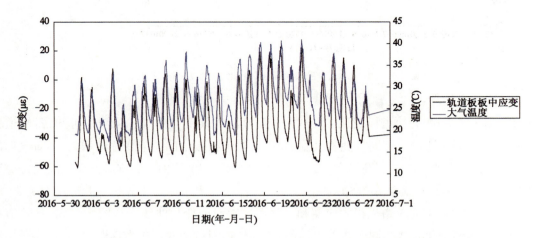

图 7-58　2016 年 6 月轨道板板中应变和大气温度随时间变化曲线

图 7-59、图 7-60 为自密实混凝土层应变和大气温度随时间变化曲线。从图中可知,自密实混凝土层应变与气温变化趋势相反。随着气温的升高,自密实混凝土层的压应力逐渐减大,拉应变逐渐减小。7 月、8 月自密实混凝土层基本处于受压状态。最大拉应变为 129με,最大压应变为 -201με。

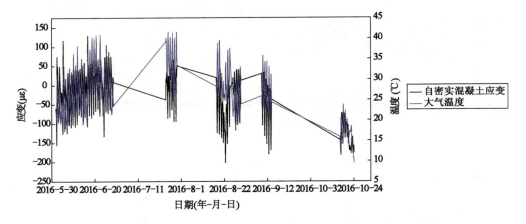

图 7-59　自密实混凝土应变和大气温度随时间变化曲线

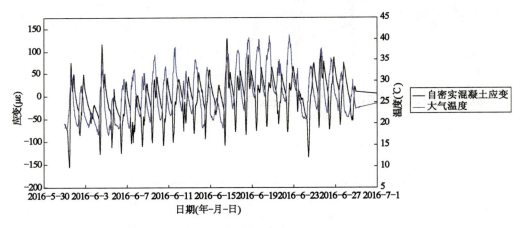

图 7-60　2016 年 6 月自密实混凝土应变和大气温度随时间变化曲线

(2) 连续梁梁端

图 7-61、图 7-62 为轨道板板顶应变和大气温度随时间变化曲线。从图中可知,日轨道板板顶应变与气温变化趋势相同。随着气温的升高,轨道板板顶的拉应变逐渐增大,随着气温的降低,轨道板板顶的压应变逐渐增大。2016 年 6 月 1 日—10 月 31 日,轨道板板顶最大拉应变为 17.9με,最大压应变为 -100.5με。

图 7-63、图 7-64 为轨道板板中应变和大气温度随时间变化曲线。从图中可知,日轨道板板中应变与气温变化趋势相同。随着气温的升高,轨道板板中的压应力逐渐减小,拉应变逐渐增大。2016 年 6 月—10 月轨道板板中均处于受压状态,最大压应变为 -94.6με。

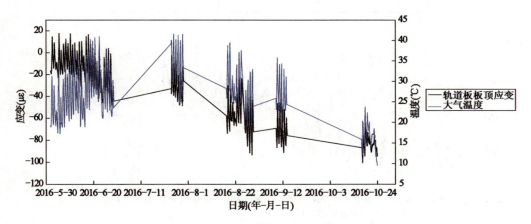

图 7-61　轨道板板顶应变和大气温度随时间变化曲线

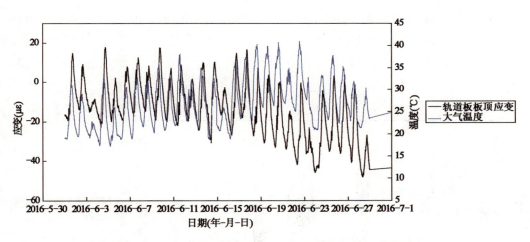

图 7-62　2016 年 6 月轨道板板顶应变和大气温度随时间变化曲线

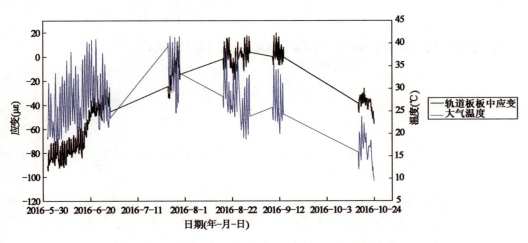

图 7-63　轨道板板中应变和大气温度随时间变化曲线

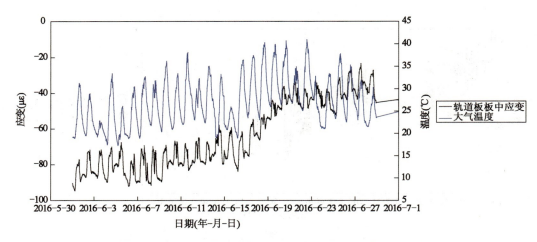

图 7-64　2016 年 6 月轨道板板中应变和大气温度随时间变化曲线

图 7-65、图 7-66 为自密实混凝土层应变和大气温度随时间变化曲线。从图中可知，自密实混凝土层应变与气温变化趋势相同。随着气温的升高，自密实混凝土层的压应力逐渐减小，拉应变逐渐减大。2016 年 6 月—10 月轨道板板中均处于受压状态，最大压应变为 $-298\mu\varepsilon$。

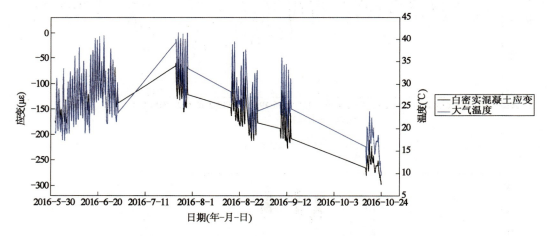

图 7-65　自密实混凝土应变和大气温度随时间变化曲线

三、小结

通过对某高速铁路某特大桥和路基地段上无砟轨道监测的阶段性数据分析，主要结论如下：

（1）轨道结构与环境温度

从表 7-3 中可以看出，桥梁地段轨道结构温度与大气温度差明显高于路基地段。轨道板由于暴露在空气中，受气温影响比自密实混凝土和底座板明显。

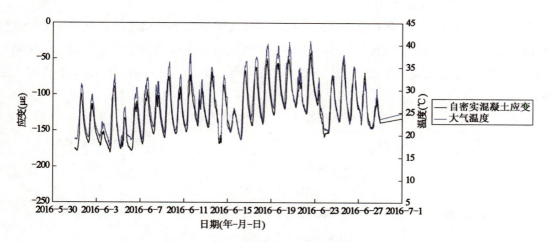

图 7-66　2016 年 6 月自密实混凝土应变和大气温度随时间变化曲线

轨道结构日最高温度与日最高大气温度差表　　　　表 7-3

区　域	轨　道　结　构	轨道结构日最高温度与日最高环境温度差（℃）
路基地段	轨道板板中	6.5
	自密实混凝土	4.0
	底座板	4.7
桥梁地段	轨道板板中	10.1
	自密实混凝土	8.8
	底座板	7.0

（2）轨道结构各层温度关系

从表 7-4 中可以看出，轨道板由于暴露在空气中，轨道板板中温度高于自密实混凝土层和底座板。轨道板板中与自密实混凝土最高温差小于 4℃，自密实混凝土与底座板最高温差小于 2.5℃。

轨道结构各层日温度表　　　　表 7-4

区　域	轨　道　结　构	日最高温度（℃）	相邻结构温差（℃）
路基地段	轨道板板中	45.05	3.86
	自密实混凝土	41.63	1.22
	底座板	40.63	
桥梁地段	轨道板板中	47.84	2.7
	自密实混凝土	45.53	2.24
	底座板	44.06	

(3) 轨道结构竖向温度梯度

从表 7-5 中可以看出,路基地段轨道结构温度梯度明显高于桥梁地段。轨道板上半部分温度梯度较大,下半部分温度梯度较小。自密实混凝土与底座板间的温度梯度很小。路基地段轨道板整体的最大温度梯度小于 75℃/m,桥梁地段轨道板整体的最大温度梯度小于 60℃/m。

轨道结构各层最大温度梯度表　　　　　　　　　　　　　　　　表 7-5

区　域	轨　道　结　构	最高温度梯度(℃/m)
路基地段	轨道板板顶~板中	100.32
	轨道板板中~板底	49.02
	轨道板板顶~板底	73.16
	轨道板板中~自密实混凝土	26.60
	自密实混凝土~底座板	6.24
桥梁地段	轨道板板顶~板中	81.78
	轨道板板中~板底	49.02
	轨道板板顶~板底	58.33
	轨道板板中~自密实混凝土	18.65
	自密实混凝土~底座板	15.43

(4) 轨道板翘曲位移

从表 7-6 中可以看出,路基地段和连续梁跨中地段轨道板板端翘曲位移高于板中翘曲位移,板端最高翘曲位移为 1.9mm。连续梁梁端地段轨道板板端翘曲位移与板中翘曲位移接近。

轨道板翘曲位移　　　　　　　　　　　　　　　　表 7-6

区　域	轨　道　结　构	日最大翘曲位移(mm)
路基地段	板端翘曲	1.5
	板中翘曲	0.2
桥梁地段—连续梁跨中	板端翘曲	1.9
	板中翘曲	0.2
桥梁地段—连续梁梁端	板端翘曲	0.65
	板中翘曲	0.2

(5) 钢轨—轨道板相对位移

从表 7-7 中可以看出,路基地段钢轨—轨道板的相对位移量很小,为 0.5mm。连续梁梁端钢轨—轨道板相对位移量较大,同时位于曲线外侧钢轨—轨道板相对位移量高于曲线内侧,曲线外侧日钢轨—轨道板相对位移量最大值为 18.9mm。

钢轨—轨道板相对位移 表 7-7

区　域	位　置	日最高钢轨—轨道板相对位移(mm)
路基地段	直线地段	0.5
桥梁地段—连续梁梁端	曲线外侧	18.9
	曲线内侧	13.8

(6)轨道板—底座板相对位移

从表 7-8 中可以看出,路基地段轨道板—底座板的相对位移较大,为 8.74mm。连续梁梁端钢轨—轨道板相对位移较小,同时位于曲线外侧钢轨—轨道板相对位移高于曲线内侧。

轨道板—底座板相对位移 表 7-8

区　域	位　置	日最高轨道板—底座板相对位移(mm)
路基地段	直线地段	8.74
桥梁地段—连续梁梁端	曲线外侧	1.0
	曲线内侧	0.4

(7)桥梁梁缝相对位移

随着大气温度的升高,桥梁梁缝的相对位移值逐渐减小,说明梁缝值逐渐变小。与 3 月相比(传感器于 3 月底安装完成,梁缝宽度为 168mm),桥梁的梁缝值最大减小了 32.5mm。

(8)轨道板应力

从表 7-9 中可以看出,路基地段和桥梁跨中地段轨道板、自密实混凝土受力状态相同,轨道板板顶均为受拉状态,轨道板板中和自密实混凝土受力状态变化为:随着气温的升高,轨道板板顶的压应力逐渐减小,拉应力逐渐增大。2016 年 7 月、8 月轨道板板中处于受拉状态,进入 9 月后轨道板板中又回到了受压状态。

桥梁梁端地段随着气温的升高,轨道板板顶的拉应变逐渐增大,随着气温的降低,轨道板板顶的压应力逐渐增大。随着气温的升高,轨道板板中和自密实混凝土层的压应力逐渐减小,拉应力逐渐增大。

轨道板应变值 表 7-9

区　域	轨道结构	受力状态变化 (2016 年 6 月—10 月)	最大拉应变($\mu\varepsilon$)	最大压应变($\mu\varepsilon$)
路基地段	轨道板顶面	受拉	200	—
	轨道板板中	受压→受拉→受压	52	−88
	自密实混凝土	受拉→受压→受拉	123	−140
桥梁地段—连续梁跨中	轨道板顶面	受拉	230	—
	轨道板板中	受压→受拉→受压	22.7	−109.4
	自密实混凝土	受拉→受压→受拉	129	−201

续上表

区　　域	轨道结构	受力状态变化（2016年6月—10月）	最大拉应变（με）	最大压应变（με）
桥梁地段—连续梁梁端	轨道板顶面	受拉→受压	17.9	-100.5
	轨道板板中	受压	—	-94.6
	自密实混凝土	受压	—	-298

第五节　轨道结构服役状态分析

一、轨道板翘曲变形分析

1. 车辆—轨道耦合动力分析模型

（1）CRTS Ⅲ型板式无砟轨道有限元模型

CRTS Ⅲ型板式无砟轨道横断面如图7-67所示，自上而下依次为钢轨、扣件、轨道板、自密实混凝土、隔离层与底座板等，轨道板与自密实混凝土之间通过门形钢筋进行连接，自密实混凝土与底座板之间通过限位凸台和凹槽之间的咬合来进行限位。

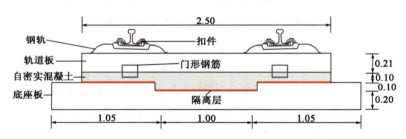

图7-67　CRTS Ⅲ型无砟轨道横截面图（尺寸单位：m）

本节参考相关文献和现场情况，扣件采用弹簧单元模拟，并考虑纵向、横向、垂向三个方向的刚度，约束扣件弹簧下部端点的转动，来模拟扣件垫板的作用。考虑门形钢筋的作用，假设轨道板和自密实混凝土之间黏结良好，采用 tie 连接；采用接触单元来模拟自密实混凝土和底座板水平接触面间的土工布隔离层以及凸台周围的弹性橡胶垫层；土工布隔离层法向采用硬接触，切向摩擦系数选取0.7，凸台周围橡胶垫层设置为表7-10确定的接触刚度。本节以桥梁地段 CRTS Ⅲ型板为例，桥面支承刚度取1000MPa/m，采用弹簧单元模拟。考虑轨道结构的纵向特点，钢轨两端采用对称约束。无砟轨道结构具体参数见表7-10。最终建立的有限元模型如图7-68所示。

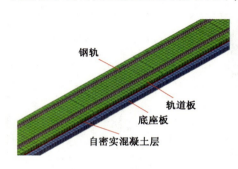

图7-68　无砟轨道有限元模型

无砟轨道结构参数　　　　　表 7-10

部件	模型及尺寸(m)	参数
钢轨		CHN60 钢轨，弹性模量 2.1×10^5 MPa，密度 $7830 kg/m^3$，泊松比 0.3
扣件	0.63	WJ-8 型扣件，纵向、横向、垂向刚度分别为 15.12kN/mm、50kN/mm、35kN/mm，线膨胀系数为 $1 \times 10^{-5} m/℃$
轨道板	0.21，2.50，5.60	C60 混凝土，弹性模量 36.0GPa，密度 $2500 kg/m^3$，泊松比为 0.167，线膨胀系数为 $1 \times 10^{-5} m/℃$
自密实混凝土板	0.1，0.1，1.0，0.7，2.5，5.6	弹性模量 32.5GPa，密度 $2450 kg/m^3$，泊松比 0.167，线膨胀系数为 $1 \times 10^{-5} m/℃$
底座板	3.08，3.10，0.02 伸缩缝，0.30	C40 混凝土，弹性模量 32.5GPa，密度 $2500 kg/m^3$，泊松比 0.167，线膨胀系数为 $1 \times 10^{-5} m/℃$

(2) 车辆模型

车辆采用 CRH3 型高速铁路列车。在建立车辆模型时,将车辆看成由车体、转向架、轮对多个刚体及一系、二系悬挂弹簧组成的多刚体耦合运动体系。车体考虑点头、沉浮、横移、侧滚和摇头运动共 5 个自由度,前后转向架考虑点头、沉浮、横移、侧滚和摇头运动共 10 个自由度,轮对考虑沉浮、横移、侧滚和摇头运动共 16 个自由度,车辆模型共有 31 个自由度。最高运行速度为 350km/h。

(3) 轨道结构不平顺激励

本书在计算时选用《高速铁路无砟轨道不平顺谱》推荐的随机不平顺作为轮轨系统的激励,所生成的包含波长 2～200m 的不平顺序列如图 7-69、图 7-70 所示。在后续分析中还包括由温度荷载引起轨道板翘曲导致钢轨变形的附加不平顺。

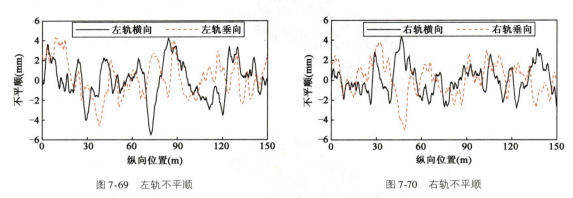

图 7-69　左轨不平顺　　　　　　　　图 7-70　右轨不平顺

综上,最终建立了 CRTS Ⅲ 型无砟轨道车辆—无砟轨道空间耦合动力有限元分析模型,如图 7-71 所示。模型可较为真实地反映温度荷载作用下无砟轨道各层结构间的相互作用关系,且可用于计算温度荷载与轨面不平顺共同作用对系统动力特性的影响,具有很强的普适性。

图 7-71　车辆轨道耦合动力分析模型

2. 轨道板翘曲变形加载方式说明

本节通过施加负温度梯度荷载以模拟现场监测的板端翘曲变形情况。加载时,考虑轨道结构翘曲变形与车辆动力作用在时间上的弱耦合性,可认为轨道结构先翘曲变形后车辆行经。因此,采用先施加负温度梯度荷载以模拟轨道结构的翘曲变形,再加载动力的顺序分析模式。模型计算采用显式算法。为保证温度荷载的稳定加载,采用斜坡式加载模式控制加载幅值,如图 7-72 所示。温度加载时不考虑温度梯度作用对支承层的影响,温度梯度荷载只施加于轨道板,并考虑重力荷载对轨道结构翘曲变形的影响。

负温度梯度分别取 15℃/m、30℃/m、45℃/m、60℃/m、75℃/m、90℃/m、120℃/m、150℃/m、180℃/m,通过计算不同温度梯度荷载作用下轨道板和钢轨的垂向位移,以此分析温度梯度荷载与轨道板翘曲变形和钢轨变形的映射关系。

不同负温度梯度荷载作用下轨道结构的受力变形规律类似,本节以负温度梯度 45℃/m 作用为例,轨道板和钢轨的垂向位移云图如图 7-73、图 7-74 所示。

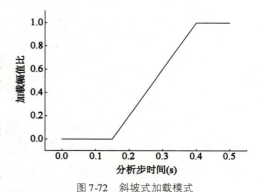

图 7-72　斜坡式加载模式

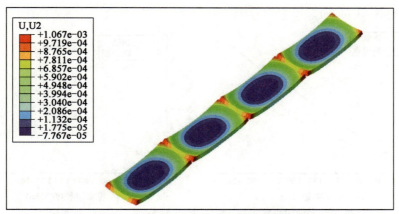

图 7-73　轨道板垂向位移云图(放大系数 300)

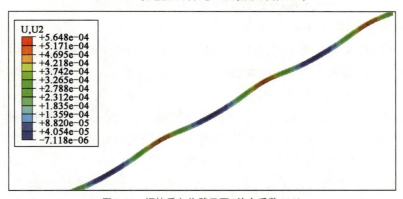

图 7-74　钢轨垂向位移云图(放大系数 300)

汇总不同工况下轨道结构垂向位移,见表 7-11。

不同工况下轨道结构垂向位移　　　　表 7-11

轨道结构垂向位移 (mm)		负温度梯度荷载(℃/m)								
		15	30	45	60	75	90	120	150	180
板端第一个扣件位置	轨道板	0.0873	0.323	0.643	1.015	1.406	1.810	2.624	3.234	4.250
	钢轨	0.0613	0.267	0.550	0.883	1.234	1.596	2.328	2.870	3.791

续上表

轨道结构垂向位移（mm）		负温度梯度荷载（℃/m）								
		15	30	45	60	75	90	120	150	180
板角位置	轨道板	0.205	0.588	1.067	1.604	2.163	2.734	3.885	4.803	6.185
	钢轨	0.0636	0.274	0.564	0.906	1.266	1.638	2.388	2.944	3.888

图 7-75 为钢轨和轨道板垂向变形随负温度梯度的变化曲线。由图可知，在负温度梯度荷载作用下轨道板四角发生翘曲变形，轨道板的翘曲变形通过扣件传递至钢轨，导致钢轨在轨道板板端位置发生翘曲上拱变形；在纵向上，板端的翘曲变形大于板端一个扣件位置的翘曲变形。轨道板和钢轨的垂向上拱变形均随着温度梯度的增加整体呈线性增加的趋势。由于扣件的作用，传递至钢轨的垂向变形要相对小于道床板。

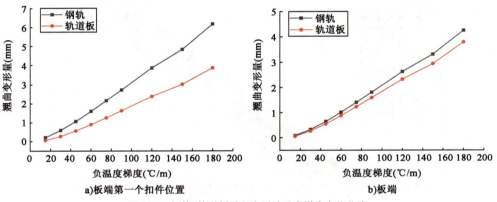

图 7-75　钢轨、轨道板垂向变形随温度梯度变化曲线

3. 轨道板不同翘曲变形对系统动力响应的影响分析

考虑不同负温度梯度荷载作用，并施加随机不平顺后分析对系统动力响应的影响，行车速度取 350km/h。以板端第一个扣件位置翘曲 1.810mm（对应温度梯度荷载为 90℃）为例，系统的动力响应如图 7-76 所示。

由图 7-76a) 和 b) 可知，当板端第一个扣件位置翘曲 1.810mm 时，在不平顺激励下，车体加速度有一定波动，但总体量值较小，车体横向加速度峰值为 0.305m/s²，垂向加速度峰值为 0.229m/s²，小于垂向加速度限值 1m/s² 和横向加速度限值 0.6m/s²。

在轮轨的横向力、垂向力方面，由图 7-76c)、d) 可知，轮轨的横向力最大值为 32.64kN，轮轨垂向力的最大值为 131.20kN。根据《高速铁路工程动态验收技术规范》（TB 10761—2013），结果均未超限。

进一步计算脱轨系数及轮重减载率这两个安全性指标，由图 7-76e)、f) 可知，脱轨系数最大为 0.33 小于规范限值 0.8；轮重减载率最大为 0.67，同样小于轮重减载率限值 0.8。说明在板端翘曲量达到 1.821mm 时，轮重减载率和脱轨系数均满足相关规范要求。

由图 7-76g)、h) 可知，不同位置钢轨加速度波形基本一致，由于板端翘曲导致板端对应位置的钢轨垂向位移大于板中位置，由此导致板端钢轨位置的垂向加速度大于板中位置，板端钢轨最大加速度为 485.3m/s²，板中最大加速度为 401.2m/s²，增加了 21% 左右。轨道板、自密实混凝土层以及下部底座板的振动加速度均有不同程度的衰减，量级相当，轨道板、自密实混凝土层、底座板的加速度最大值依次为 19.95m/s²、15.63m/s²、7.72m/s²。

图 7-76i)、j) 位移曲线的四个尖端代表此时单节高速列车的四个轮对分别通过该点，可以看出，由于板端翘曲导致板端对应位置的钢轨上拱，而板中基本没有发生上拱，对应钢轨的动位移由板端的 1.69mm 减小至板中的 0.99mm，增加了 70.7%。对于钢轨以下各层结构而言，在同一轨道结构横断面处，轨道板的垂向位移值同自密实混凝土层的垂向位移值大小接近，约为 1.24mm。而底座板的动位移相对很小，分析原因在于施加温度梯度荷载时，考虑底座板的温度梯度较小，并未对底座板施加，而隔离层的上部结构在温度梯度荷载作用下发生较大变形，对应动力响应位移也相对较大，再加上层间的隔离作用，故底座板的动位移相对很小。

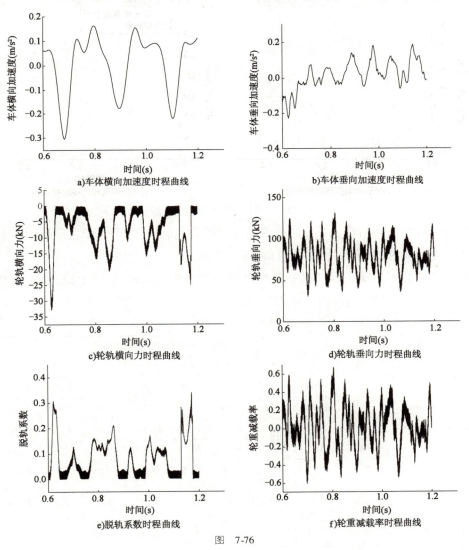

图 7-76

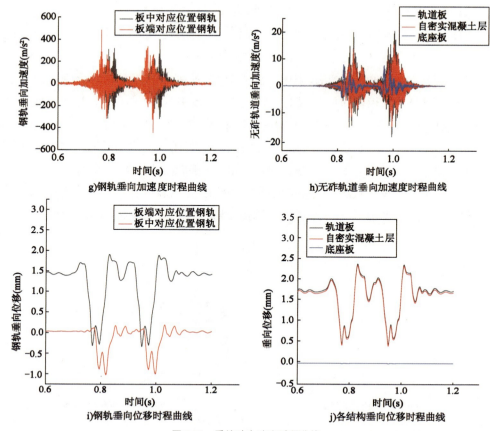

图 7-76 系统动力响应时程曲线

以上理论计算结果结合现场监测板端翘曲变形最大值可知,当现场监测的板端最大翘曲变形量为 1.87mm 时,系统各项动力指标均满足要求。

下面进一步分析板端不同翘曲变形量对系统动力响应的影响。汇总板端不同翘曲变形下,轨道结构及行车动力响应指标,见表 7-12。

轨道结构及行车动力响应指标　　　　　表 7-12

动力响应指标	板端第一个扣件位置不同翘曲量									
负温度梯度荷载(℃/m)	0	15	30	45	60	75	90	120	150	180
翘曲量(mm)	0	0.0873	0.323	0.643	1.015	1.406	1.810	2.624	3.234	4.250
钢轨垂向位移(mm)	0.83	0.85	1.02	1.14	1.26	1.50	1.69	2.16	2.47	3.14
轨道板垂向位移(mm)	0.08	0.12	0.21	0.51	0.73	1.06	1.24	1.75	2.16	2.65
钢轨垂向加速度(m/s^2)	330.4	338.2	340.2	345.6	392.2	409.6	468.1	510.7	540.3	582.6
轨道板垂向加速度(m/s^2)	9.87	10.03	11.56	12.32	16.54	18.63	19.95	25.56	29.36	34.8
自密实混凝土垂向加速度(m/s^2)	5.94	6.35	7.31	8.64	12.64	14.68	15.63	21.30	25.36	30.12
底座板垂向加速度(m/s^2)	3.64	3.81	4.22	4.95	5.36	5.92	7.72	8.21	8.76	9.62

图 7-77 为轨道结构各层的动力响应曲线。由图 7-77a)可知,随着板端翘曲变形的增加,钢轨和轨道板的垂向动位移变化量也逐渐增加,整体大致呈线性增加的趋势。由图 7-77b)可知,钢轨的垂向加速度随着板端翘曲变形增加整体呈非线性增加的趋势,当板端翘曲变形较小时,钢轨的垂向加速度变化较小,之后随着翘曲变形量的增加,变化趋势也越来越明显。由图 7-77c)可知,轨道各结构层的垂向加速度随着板端翘曲变形量的增加而增加,各结构层的垂向加速度从上往下逐渐衰减。当板端翘曲变形较小时,变化规律不明显,分析产生上述现象的原因在于板端翘曲变形越大,钢轨的平顺性越差。当列车高速行驶时,系统的动力响应越大,而当板端翘曲变形较小时,板端翘曲变形反映到钢轨上的变形量相对施加的随机不平顺不明显。因此当翘曲变形量较小时,轨道结构的动力响应规律不明显;当板端翘曲变形量超过 2mm 时,各结构的垂向加速度整体大致呈线性增加的趋势。

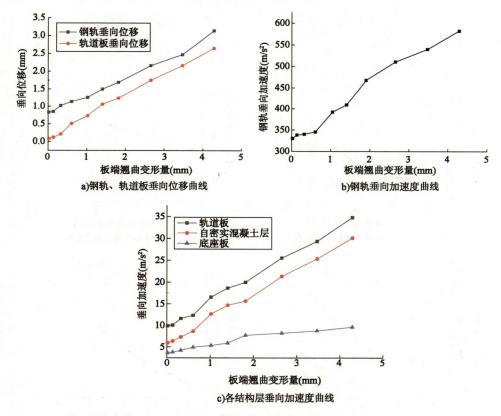

图 7-77 轨道结构动力响应曲线

进一步汇总各个工况下行车动力响应指标,见表 7-13。

各个工况下行车动力响应指标 表 7-13

动力响应指标	板端不同翘曲量									
负温度梯度荷载(℃/m)	0	15	30	45	60	75	90	120	150	180
板端翘曲量(mm)	0	0.0873	0.323	0.643	1.015	1.406	1.810	2.624	3.234	4.250

续上表

动力响应指标	板端不同翘曲量									
负温度梯度荷载(℃/m)	0	15	30	45	60	75	90	120	150	180
轮轨垂向力(kN)	122.25	123.26	127.17	128.49	129.54	130.70	131.20	137.35	147.86	154.55
轮轨横向力(kN)	31.87	28.19	27.68	32.50	28.78	29.66	32.64	28.52	27.74	32.75
脱轨系数	0.298	0.259	0.270	0.304	0.275	0.285	0.33	0.271	0.290	0.302
轮重减载率	0.489	0.521	0.533	0.559	0.562	0.603	0.672	0.740	0.896	0.97
车体横向加速度(m/s^2)	0.265	0.267	0.274	0.281	0.287	0.292	0.305	0.327	0.341	0.356
车体垂向加速度(m/s^2)	0.162	0.176	0.185	0.191	0.198	0.208	0.229	0.314	0.422	0.571

由表 6-15 可知，板端翘曲对行车垂向的动力影响明显，对横向的动力响应影响不明显，分析产生上述现象的原因在于，板端翘曲主要影响轨道结构的垂向变形，而对横向变形的影响相对较小。因此重点分析行车垂向的动力响应，绘制轨道板不同翘曲变形作用下系统垂向动力响应的变化曲线如图 7-78 所示。

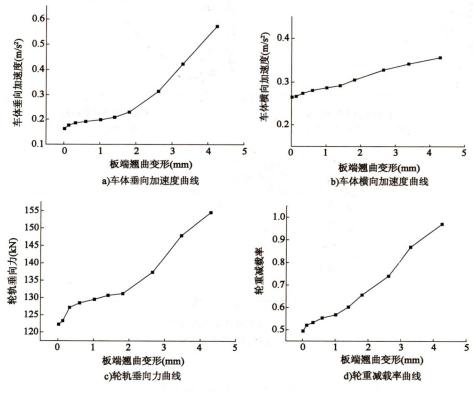

图 7-78　行车动力响应曲线

由图 7-78a)可知，车体的垂向加速度随着板端翘曲量的增加整体呈非线性增加的趋势，当板端翘曲量小于 2mm 时，车体垂向加速度的增加速度较小；当翘曲变形量超过 3mm 时，车体垂向加速度随着板端翘曲变形量的增加整体大致呈线性增加的趋势。

由图7-78b)可知,车体横向加速度随着板端翘曲量的增加整体呈非线性增加的趋势,变化趋势较为缓慢,整体量值变化也相对较小。由此可知,板端翘曲变形对车体横向的动力响应影响不明显。

由图7-78c)可知,轮轨垂向力随着板端翘曲变形的增加整体呈非线性增加的趋势,当板端翘曲变形量较小时,对系统的动力响应影响较小,轮轨垂向力的变化幅度相对较小。当板端翘曲变形超过3mm时,轮轨垂向力的增加速度迅速变大,增大趋势较为明显。

由图7-78d)可知,轮重减载率随着板端翘曲变形的增加整体呈非线性增加的趋势,当板端第一个扣件位置翘曲量超过2.9mm时,轮重减载率将达到限值0.8。综合上述轨道结构和行车动力响应指标,建议当板端翘曲量达到2.9mm左右时,应对板端采取相应加固措施,防止对行车安全造成影响。

二、淮北地区轨道结构温度梯度分析

1. 路基地段

图7-79为轨道板板顶与板中日最大温度梯度随时间变化曲线。轨道板上半部分(板顶到板中)温度梯度变化较剧烈,日最大温度梯度出现在2016年8月22日,为100.32℃/m。日最大温度梯度的变化范围为-18.14~100.32℃/m。

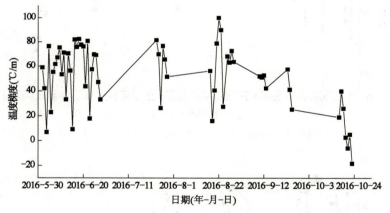

图7-79 轨道板板顶与板中日最大温度梯度随时间变化曲线

图7-80为轨道板板中与板底日最大温度梯度随时间变化曲线。轨道板下半部分(板中到板底)温度梯度变化较为平缓,日最大温度梯度出现在2016年6月18日,为49.02℃/m。日最大温度梯度的变化范围为-16.16~49.02℃/m。

图7-81为轨道板板顶与板底日最大温度梯度随时间变化曲线。轨道板整体温度梯度变化较轨道板上半部分平缓,日最大温度梯度出现在2016年8月23日,为73.16℃/m。日最大温度梯度的变化范围为-16.16~49.02℃/m。

图7-82为轨道板板中与自密实混凝土日最大温度梯度随时间变化曲线。轨道板板中与自密实混凝土层间的温度梯度变化较平缓,日最大温度梯度出现在2016年6月18日,为

26.6℃/m。日最大温度梯度的变化范围为 -5.82 ~ 26.6℃/m。

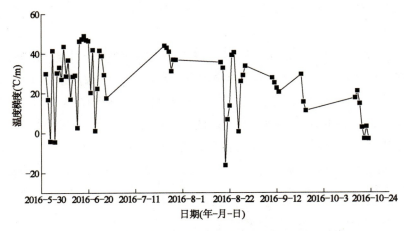

图 7-80　轨道板板中与板底日最大温度梯度随时间变化曲线

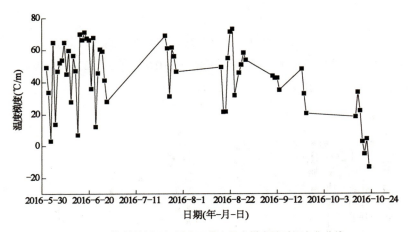

图 7-81　轨道板板顶与板底日最大温度梯度随时间变化曲线

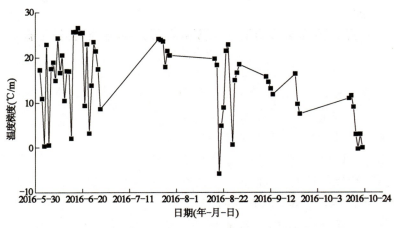

图 7-82　轨道板板中与自密实混凝土层日最大温度梯度随时间变化曲线

图 7-83 为自密实混凝土层与底座板日最大温度梯度随时间变化曲线。自密实混凝土层与底座板间的温度梯度变化很小,日最大温度梯度出现在 2016 年 8 月 24 日,为 6.24℃/m。日最大温度梯度的变化范围为 -4.97~6.24℃/m。

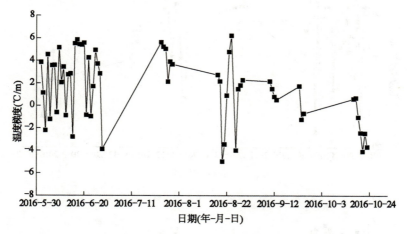

图 7-83　自密实混凝土层与底座板日最大温度梯度随时间变化曲线

2. 桥梁地段

图 7-84 为轨道板板顶与板中日最大温度梯度随时间变化曲线。轨道板上半部分(板顶到板中)温度梯度变化较剧烈,日最大温度梯度出现在 2016 年 6 月 11 日,为 81.78℃/m。日最大温度梯度的变化范围为 -22.9~81.78℃/m。

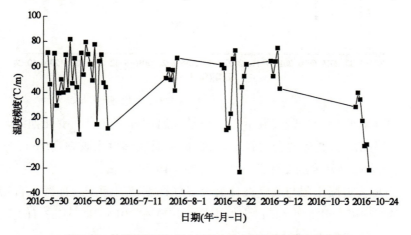

图 7-84　轨道板板顶与板中日最大温度梯度随时间变化曲线

图 7-85 为轨道板板中与板底日最大温度梯度随时间变化曲线。轨道板下半部分(板中到板底)温度梯度变化较为平缓,日最大温度梯度出现在 2016 年 6 月 18 日,为 49.02℃/m。日最大温度梯度的变化范围为 -16.16~49.02℃/m。

图 7-86 为轨道板板顶与板底日最大温度梯度随时间变化曲线。轨道板整体温度梯度变化较轨道板上半部分平缓,日最大温度梯度出现在 2016 年 6 月 18 日,为 58.33℃/m。日最大

温度梯度的变化范围为 −7.3 ~ 58.33℃/m。

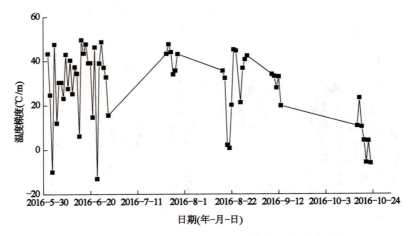

图 7-85　轨道板板中与板底日最大温度梯度随时间变化曲线

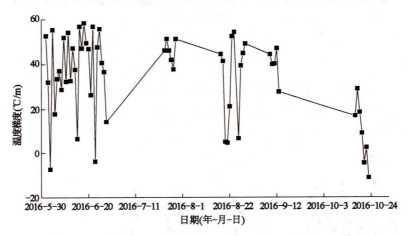

图 7-86　轨道板板顶与板底日最大温度梯度随时间变化曲线

图 7-87 为轨道板板中与自密实混凝土层日最大温度梯度随时间变化曲线。轨道板板中与自密实混凝土层间的温度梯度变化较平缓，日最大温度梯度出现在 2016 年 6 月 16 日，为 18.65℃/m。日最大温度梯度的变化范围为 −7.13 ~ 18.65℃/m。

图 7-88 为自密实混凝土层与底座板日最大温度梯度随时间变化曲线。自密实混凝土层与底座板间的温度梯度变化很小，日最大温度梯度出现在 2016 年 8 月 23 日，为 15.43℃/m。日最大温度梯度的变化范围为 0.14 ~ 15.43℃/m。

三、小结

通过对路基及桥梁地段 CRTS Ⅲ型板式无砟轨道翘曲变形的理论计算及轨道结构温度场监测数据分析，归纳出如下结论：

（1）车体的垂向加速度随着板端翘曲量的增加整体呈非线性增加的趋势，当板端翘曲量小于 2mm 时,车体垂向加速度的增加速度较小;当翘曲变形量超过 3mm 时,车体垂向加速度随着板端翘曲变形量的增加整体大致呈线性增加的趋势。

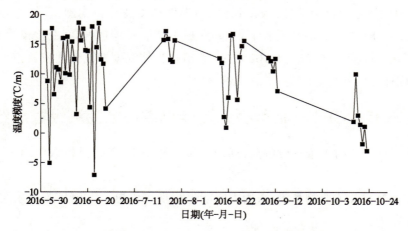

图 7-87　轨道板板中与自密实混凝土层日最大温度梯度随时间变化曲线

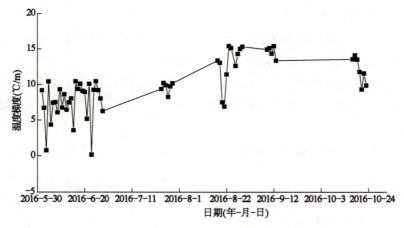

图 7-88　自密实混凝土层与底座板日最大温度梯度随时间变化曲线

（2）板端翘曲变形对车体横向的动力响应影响不明显。

（3）轮轨垂向力随着板端翘曲变形的增加整体呈非线性增加的趋势,当板端翘曲变形量较小时,对系统的动力响应影响较小,轮轨垂向力的变化幅度相对较小。当板端翘曲变形超过 3mm 时,轮轨垂向力的增加速度迅速变大,增大趋势较为明显。

（4）轮重减载率随着板端翘曲变形的增加整体呈非线性增加的趋势,当板端第一个扣件位置翘曲量超过 2.9mm 时,轮重减载率将达到限值 0.8。

（5）综合上述轨道结构和行车动力响应指标,建议当板端翘曲量达到 2.9mm 左右时,应对板端采取相应加固措施,防止对行车安全性造成影响。

（6）路基地段轨道板上半部分（板顶到板中）温度梯度变化较剧烈,日最大温度梯度的变化范围为 $-18.14 \sim 100.32℃/m$,轨道板下半部分（板中到板底）温度梯度变化较为平缓,日最大温度梯度的变化范围为 $-16.16 \sim 49.02$ ℃/m。轨道板整体温度梯度变化较轨道板上半部分平缓,日最大温度梯度的变化范围为 $-16.16 \sim 49.02$ ℃/m。

(7)桥梁地段轨道板上半部分(板顶到板中)温度梯度变化较剧烈,日最大温度梯度的变化范围为 $-22.9 \sim 81.78$ ℃/m;轨道板下半部分(板中到板底)温度梯度变化较为平缓,日最大温度梯度的变化范围为 $-16.16 \sim 49.02$ ℃/m;轨道板整体温度梯度变化较轨道板上半部分平缓,日最大温度梯度的变化范围为 $-7.3 \sim 58.33$ ℃/m。

第六节　CRTS Ⅲ型板式无砟轨道现场监测经验总结

本项目现场施工历时1个月(线路开通前安装),于2016年3月投入使用,监测系统现场服役时间为2年。

本次监测选择振弦式监测系统,采用太阳能进行现场供电。本项目监测采用振弦式监测方法的主要原因为:

(1)监测现场位置偏僻,周围无居民用电,无法提供220V的交流电源供应;

(2)本项目监测周期要求为2年;

(3)本项目主要揭示轨道结构的受力变化规律,对数据采集的频率和实效性要求较低;

(4)现场光照条件充足,使用太阳能供电条件较好。

监测结果表明,振弦式监测系统可以保证短期使用精度和稳定性,同时利用低频次的数据传输(15min/次)可以较好地保证现场采集设备的正常工作。但是在现场实施监测过程中还是存在以下问题:

(1)现场给采集仪供电的蓄电池耐久性较差,1年后蓄电池已经无法满足现场采集设备正常使用,需要更换;

(2)虽然现场采用低频数据传输,但是遇到持续阴雨天(天数≥4d)的情况,现场出现供电困难,导致数据无法正常采集;

(3)振弦式传感器使用超过1年后,部分传感器开始出现损坏,至现场监测期限完成,传感器的更换率达到了37%。

通过本工点的应用再次验证了之前的结论:对于短期的轨道服役状态监测,可以采用振弦式监测系统,但是监测周期最好不超过2年。

第八章

高速铁路大跨度桥梁钢轨伸缩调节器服役状态监测

钢轨伸缩调节器是为解决大跨度桥梁和钢轨的相对位移及钢轨允许应力过大问题而设置的,由于钢轨伸缩调节器区尖轨与基本轨存在相对滑动、在大跨度桥梁中存在纵向伸缩,而且这两者往往不能协调一致,因此钢轨伸缩调节器是高速铁路线路的薄弱环节。本章以某高速铁路长江大桥为工程应用实例,对高速铁路大跨度桥梁钢轨伸缩调节器服役状态监测进行介绍。

第一节　监测工点介绍

一、桥梁概况

某大桥为公铁合建桥梁,铁路通行高速铁路双线及Ⅰ级铁路双线,公路桥按六车道高速公路设计。大桥斜拉桥全长1290m,主跨为630m,桥跨布置为(90+240+630+240+90)m,采用三桁三索面结构。主桁为N形桁架结构,三片主桁中心间距17.1m,桁全宽34.2m,桁高15.5m,节间长15m。公路桥面采用钢正交异性板,铁路桥面为正交异性整体桥面。大桥立面布置图如图8-1所示。

二、轨道概况

桥上采用有砟轨道,钢轨采用60kg/m无螺栓孔100m定尺长新钢轨,轨枕采用2.6m长Ⅲc型有挡肩钢筋混凝土轨枕,扣件采用与Ⅲc型有挡肩钢筋混凝土轨枕相配套的弹条Ⅴ型扣件。桥上线路中心线一侧砟肩、边坡与区间相同;桥上线路两侧的道床砟肩与挡砟墙之间用道砟填平。

主桥钢桁梁两端设置钢轨伸缩调节器和梁端伸缩装置,双线两端共4组。调节器采用BWG SA60-1200型单向钢轨伸缩调节器,伸缩量程为±600mm,是目前我国最大的伸缩量程。

调节器由左右对称的尖轨、基本轨、连接轨及连接零部件组成，尖轨长 10.200m，基本轨长 15.150m，处于中间位置时整体结构长 17.550m。每组调节器共铺设轨枕 29 根，从伸缩调节器基本轨一侧起按顺序编号 1~29，其中第 9 号轨枕为梁缝中悬挂在两根纵向钢梁下钢枕。为保持梁端轨枕间距的均匀，钢轨伸缩调节器内设置交叉杆机械的抬轨装置（简称"剪刀叉"）；为提高梁端系统的刚度，钢轨伸缩调节器内设置 2 根纵向钢梁。桥上轨道结构及大跨度桥梁梁端有砟轨道钢轨伸缩调节器如图 8-2、图 8-3 所示。

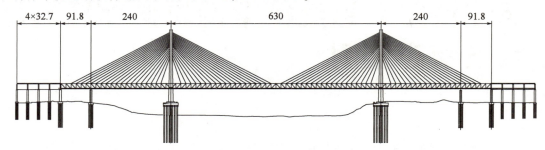

图 8-1　某长江大桥立面布置图（尺寸单位：m）

图 8-2　长江大桥桥上有砟轨道结构

图 8-3 大跨度桥梁梁端有砟轨道钢轨伸缩调节器

第二节 监测内容与测点布置

一、钢轨伸缩调节器监测内容

监测工点长江大桥钢轨伸缩调节器区具体监测内容如下：

(1) 温度监测
①桥上气温；
②钢轨温度；
③钢桁梁与混凝土梁梁面温度。

(2) 接触式位移监测
①桥梁梁缝相对位移；
②梁缝边缘处轨枕与梁面沿线路纵向相对位移。

(3) 非接触式视频监测
①梁缝边缘处轨枕和抬轨装置两根钢枕的歪斜变形情况；
②尖轨尖端与基本轨相对位移；
③基本轨尾端与尖轨相对位移；
④梁缝左、右 50～200m 范围内钢轨与轨枕相对位移；
⑤伸缩调节器区钢轨顶面光带连续情况；
⑥每组剪刀叉变形情况；
⑦尖轨与基本轨密贴情况。

二、测点布置

根据监测工点长江大桥钢轨伸缩调节器结构特点、管养需求、评估系统总体功能规划、既有同类型结构检测及监测经验以及现有的结构监测技术,确定钢轨伸缩调节器结构实时监测项目。表 8-1 为测点类型与数量。

测点类型与数量　　　　　　　　　　　表 8-1

监测类型	监测项目	测点数量	监测部位
温度监测	桥上气温	1	梁端
	钢轨温度	12	梁端伸缩调节器区
	桥梁梁体温度	16	钢梁和混凝土梁端
接触式位移监测	桥梁梁缝相对位移	4	钢梁和混凝土梁梁缝
	梁缝边缘轨枕与梁面沿线路纵向相对位移	4	
非接触式视频监测	梁缝边缘处轨枕、抬轨装置钢枕歪斜情况	12	梁端伸缩调节器区
	基本轨跟端与尖轨相对位移	8	梁端伸缩调节器区
	尖轨尖端与基本轨相对位移	8	梁端伸缩调节器区
	尖轨尖端与梁面相对位移	8	梁端伸缩调节器区
	梁缝左、右 50～200m 范围内钢轨与梁面位移	16	钢桥上距离梁缝 50～200m 范围
	抬轨钢枕间相对位移	4	梁端伸缩调节器区
钢轨伸缩调节器/抬轨装置运营状态观测	钢轨顶面光带连续情况	8	梁端伸缩调节器区
	剪刀叉变形情况	8	梁端伸缩调节器区
	尖轨与基本轨密贴情况	8	梁端伸缩调节器区
测速雷达	行车速度	2	梁端
风速风向	风速风向	1	梁端
总计		120	

系统传感器布置位置如图 8-4 所示。

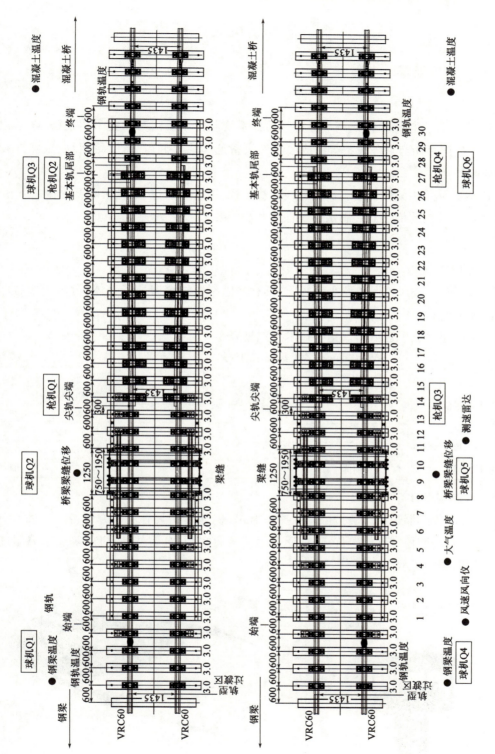

图8-4 监测工点长江大桥钢轨伸缩调节器视频监控系统测点布置图（尺寸单位：mm）

第三节　监测设备现场安装方案

一、硬件设备配置及参数

1. 硬件选型原则

监测工点长江大桥钢轨伸缩调节器视频监控系统硬件主要由自动化采集设备、电子化人工巡检设备、数据存储与管理设备等组成。硬件设备选型应遵循可靠性、稳定性、成熟性和易维护性原则。

（1）传感器及其相关设备应有良好的线性稳定性、温度稳定性、测量精确度等；
（2）选购和研制的传感器应满足系统性能和功能要求。

2. 传感器设备

（1）风速风向仪

WindSonic 超声波风速风向仪小型轻质，具有坚固耐腐蚀聚碳酸酯壳体，可用于恶劣环境条件，如图 8-5 所示。

WindSonic 超声波风速风向仪主要技术参数见表 8-2。

表 8-2　WindSonic 超声波风速风向仪的主要技术参数

参　　数		技　术　指　标
测量范围	风速	0~60m/s
	风向	0°~359°
精度	风速	±2%@12m/s
	风向	±3°@12m/s
反应时间		≥0.25s

（2）大气温湿度计

大气温湿度传感器采用维萨拉温湿度探头 HMP60，该产品具有安装方便、耗电量低、响应时间短、精度高、长期稳定性好等优点，广泛应用于暖通空调、电信基站、机房等要求温湿度监测的场合，如图 8-6 所示。

图 8-5　超声波风速风向仪

图 8-6　大气温湿度计 HMP60

维萨拉温湿度探头 HMP60 主要技术参数见表 8-3。

维萨拉温湿度探头 HMP60 主要技术参数　　　　表 8-3

参　　数		技术指标
测量范围	湿度	0~100%RH
	温度	-40~60℃
精度	湿度	±3%RH(0~90%RH)
	温度	±0.6℃
采样频率		≥0.02Hz

注：RH(Relative Humidity)为相对湿度。

(3)测速雷达

行车速度的监测采用 CSR-Ⅰ型平板型微波测速雷达传感器，如图 8-7 所示。

CSR-Ⅰ型平板型微波测速雷达传感器主要技术参数见表 8-4。

CSR-Ⅰ型平板型微波测速雷达传感器主要技术参数　　　　表 8-4

参　　数	技术指标
量程范围	2~400km/h
有效作用距离	≥50m
精度	±5km/h

(4)结构温度传感器

结构温度监测采用 STT-F 系列铂电阻温度传感器。STT-F 系列铂电阻温度传感器采用金属外壳封装，内部填充导热材料和密封材料灌封而成，如图 8-8 所示。

图 8-7　CSR-Ⅰ型平板型微波测速雷达传感器　　　　图 8-8　结构温度传感器

STT-F 系列铂电阻温度传感器主要技术参数见表 8-5。

STT-F 系列铂电阻温度传感器主要技术参数　　　　表 8-5

参　　数	技术指标
测量范围	-30~+80℃
精度	±0.5℃
分辨率	0.1℃
采样频率	1 次/min

（5）位移传感器

DT-WPS1300 拉线式数字位移传感器是针对铁路位移大量程监测定制的位移监测传感器，它们具有使用寿命长、线性度好、测量精度高、抗冲击与振动性能优越、安装灵活等优点，如图 8-9 所示。

图 8-9　位移传感器

DT-WPS1300 拉线式数字位移传感器主要技术参数见表 8-6。

表 8-6　DT-WPS1300 拉线式数字位移传感器主要技术参数

参　　数	技　术　指　标
量程	±650mm
测量精度	±0.25% F.S.C
重复精度	1mm
分辨率	1mm
采样频率	≥1Hz

（6）高清摄像机

利用高清摄像机监测钢轨伸缩调节器位移和伸缩装置的变形。

①300 万像素 20 倍红外线网络高速球机

图 8-10 为高清摄像球机，其主要技术参数见表 8-7。

图 8-10　高清摄像球机

高清摄像球机主要技术参数　　　　　表 8-7

参　　数		技　术　指　标
	型号	300 万像素 20 倍红外线网络高速球机(ZHIG-3020U-EN1A)
机芯	数字变倍	16 倍
	聚焦模式	自动、半自动、手动
镜头	焦距	5.2~104mm,20 倍光学
	水平视角	61.4°~2.9°(广角~望远)
	近摄距	10~1500mm(广角~望远)
功能	水平范围	360°连续旋转
	水平速度	(1)水平键控速度:0.1°~160°/s,速度可设; (2)水平预置点速度:240°/s
	垂直范围	-15°~90°(自动翻转)
	垂直速度	垂直键控速度:0.1°~120°/s,速度可设垂直预置点速度:200°/s
	比例变倍	支持
	预置点个数	300 个
红外功能	红外照射距离	150m
	红外角度	根据焦距可变
网络	最大图像尺寸	2048px × 1536px
	视频压缩	H.265/H.264/MJPEG
	音频压缩	G.711alaw/G.711ulaw/G.722/G.726/MP2L2/AAC/PCM
	网络协议	IPv4/IPv6、HTTP、HTTPS、802.1x、Qos、FTP、SMTP、UPn、SNMP、DNS、DDNS、NTP、RTSP、RTCP、RTP、TCP/IP、DHCP、PPPoE、Bonjour
	同时预览视频数	最多 20 路
	用户权限	最多 32 个用户,分 3 级:管理员、操作员和普通用户
	安全模式	授权的用户名和密码,以及 MAC 地址绑定;HTTPS 加密;IEEE802.1x 网络访问控制;IP 地址过滤
一般参数	电源电压	交流电(AC)24V
	工作温度和湿度	-30~65℃,湿度小于 90%
	防护等级	IP66
	安装方式	多种安装方式可选,根据应用环境进行选择
	尺寸	φ220mm × 353.4mm
	质量	4.5kg

②300 万像素日夜形筒形网络摄像机

图 8-11 为高清摄像枪机,其主要技术参数见表 8-8。

图 8-11　高清摄像枪机

高清摄像枪机主要技术参数　　　　表 8-8

参　　数		技　术　指　标
摄像机	镜头直径	8~32mm
	镜头接口直径	14mm
压缩标准	视频压缩标准	H.265/H.264/MJPEG
图像	最大图像尺寸	2048px×1536px
网络功能	存储功能	支持 Micro SD/SDHC/SDXC 卡（128GB）断网本地存储，NAS（NFS,SMB/CIFS 均支持）
	接口协议	ONVIF、PSIA、CGI、ISAPI、GB28181
	支持协议	TCP/IP、ICMP、HTTP、HTTPS、FTP、DHCP、DNS、DDNS、RTP、RTSP、RTCP、PPPoE、NTP、UPnP、SMTP、SNMP、IGMP、802.1X、QoS、IPv6、Bonjour
	通用功能	一键恢复，防闪烁，三码流，心跳，镜像，密码保护，视频遮盖，水印技术，匿名访问，IP 地址过滤
接口	通信接口	1 个 RJ45 10M/100M/1000M 自适应以太网口
一般参数	工作温度和湿度	-30~60℃，湿度小于 95%（无凝结）
	电源电压	直流电（DC）12V
	最大功率	14W
	防护等级	IP67
	尺寸	206.5mm×103.9mm×100mm
	质量	1700g
	红外线照射距离	30~100m（2.8~12mm 红外线 20~50m）

3. 数据采集与传输设备

（1）网络分布式采集仪器

数据采集设备采用 INV3060 系列网络分布式采集仪器（图 8-12），该系统具有 24 位采集精度，动态范围约为 120dB。INV3060 系列网络分布式采集仪器具有良好的抗震性能和通风设计，适合野外环境的长期运行。

现场监测数据采用 3G 无线路由器进行传输，现场数据采集与传输如图 8-13 所示。

图 8-12　INV3060 系列网络分布式采集仪器

图 8-13　现场数据采集与传输

（2）网络视频录像机

视频数据采集设备采用网络视频录像机,如图 8-14 所示。

二、现场设备安装

1. 机柜安装

在现场安装网络分布式采集仪器及其对应的机柜,其中在混凝土桥桥梁栏杆上共设置 28 个视频配电箱（视频配电箱编号为 5 号 ~ 32 号）,桥墩上共设置 2 台静态数据采集机柜（数据采集仪编号为 1 号和 4 号）和 2 台视频采集机柜（视频采集仪编号为 2 号和 3 号）。图 8-15 为数据采集仪器纵断面布置示意图。

图 8-14　网络视频录像机

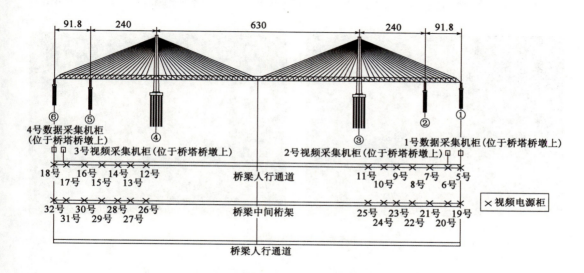

图 8-15　数据采集仪器纵断面布置示意图（尺寸单位:m）

（1）静态数据采集仪机柜安装

图 8-16 为现场安装的数据采集仪机柜,采集仪机柜底座通过膨胀螺栓固定在桥墩混凝土上。

（2）视频数据采集仪机柜安装

图 8-17 为现场安装的视频数据采集仪机柜,采集仪机柜底座通过膨胀螺栓固定在桥墩混凝土上。

（3）摄像头配电箱安装

图 8-18 为摄像头配电箱,混凝土桥上的摄像头配电箱底座通过膨胀螺栓固定在桥梁走行通道外侧,钢桥上的摄像头配电箱焊接在钢桥桥面上。图 8-19 为摄像头配电箱的内部配置配件。各台数据采集仪接入的传感器类型和数量见表 8-9。

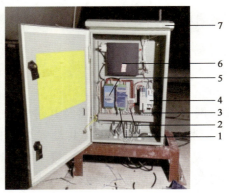

a)机柜及内部组成

1-数字量集线;2-电压接线端子;3-12V电源;4-空气开关;5-温度转换模块;6-动态数据采集仪;7-全球定位系统(GPS)信号天线

b)数据采集机柜底座固定

图 8-16 数据采集机柜及其安装固定

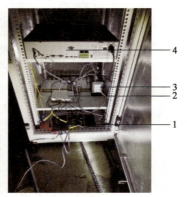

图 8-17 视频数据采集机柜

1-无线路由器;2-光调制调解器(光猫);3-工业网络交换机;4-网络视频录像机(NVR)

a)摄像头配电箱　　　　　　　　　　　b)机柜底座固定

图 8-18　摄像头配电箱

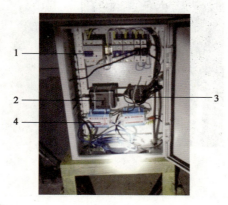

图 8-19　摄像头配电箱内部组成

1-空气开关；2-球机电源适配器；3-栓机电源适配器；4-防雷器

各台数据采集仪接入的传感器类型和数量　　　　　　　　　表 8-9

数据采集仪名称	接入的传感器类型和数量	总计数量
1 号数据采集仪	测速雷达 1 个，结构温度传感器 14 个，桥梁梁缝位移传感器 2 个，风速风向仪 1 个	18
2 号视频数据采集仪	12 台枪机，6 台球机	18
3 号视频数据采集仪	12 台枪机，6 台球机	18
4 号数据采集仪	测速雷达 1 个，结构温度传感器 14 个，桥梁梁缝位移传感器 2 个，大气温度传感器 1 个	18

2. 风速风向仪安装

在 6 号墩上安装风速风向仪（1 台）及其立杆，风速风向仪底座通过膨胀螺栓（尺寸为 16mm×150mm）固定在混凝土桥墩上，锚固深度为 125mm，如图 8-20～图 8-23 所示。风速风向仪的线缆直接接入其附近的 2 号数据采集仪。

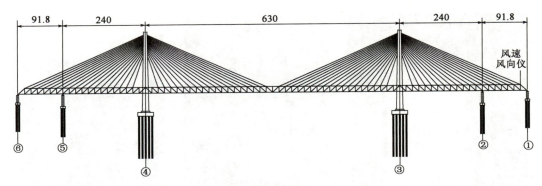

图 8-20　风速风向仪布置位置示意图(尺寸单位:m)

图 8-21　现场安装的风速风向仪　　　　　图 8-22　风速风向仪底座固定

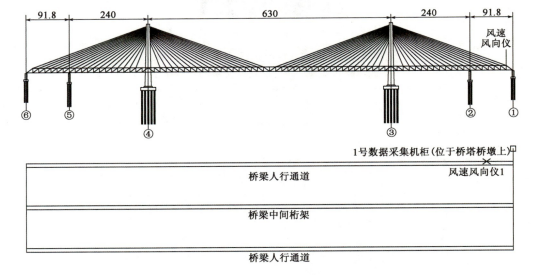

图 8-23　风速风向仪线缆布置示意图(尺寸单位:m)

3. 大气温湿度计安装

在 1 号墩上安装大气温度计,温度传感器支架固定在桥墩的侧面,如图 8-24、图 8-25 所示。大气温湿度计的线缆直接接入其附近的 4 号静态数据采集仪。

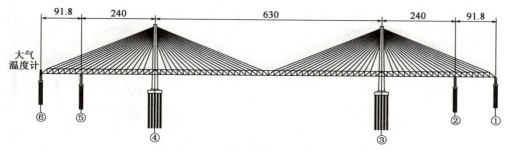

a) 大气温湿度计布置位置示意图(尺寸单位：m)

b) 现场大气温湿度计安装

图 8-24　大气温湿度计安装示意图

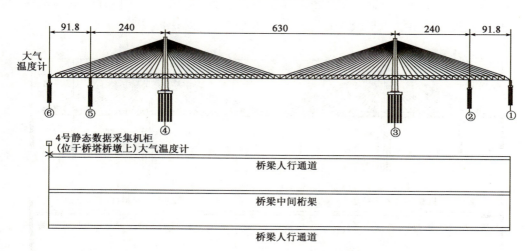

图 8-25　大气温湿度计线缆走线示意图(尺寸单位：m)

4. 桥梁温度传感器安装

在桥梁两侧梁端的钢桁桥主桁杆件上和混凝土桥上安装温度传感器，结构温度传感器的总数为 16 个；安装位置位于 1 号墩和 6 号墩。温度传感器采用植筋胶直接粘贴到钢桁桥主桁杆件上和混凝土桥上,如图 8-26、图 8-27 所示。

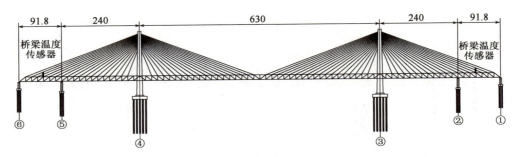

图 8-26　桥梁温度监测点布置示意图(尺寸单位:m)

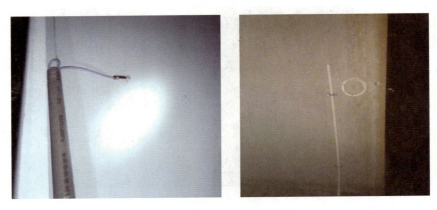

图 8-27　桥梁温度传感器现场安装

钢桁桥上桥梁温度传感器线缆从桁架高度为 2m 处向下接入对应位置的数据采集仪;混凝土桥内的温度传感器线缆则通过混凝土表面接入采集仪,如图 8-28 所示。

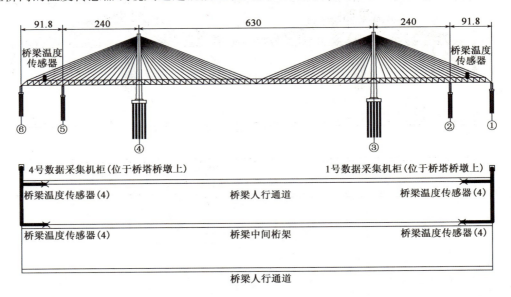

图 8-28　结构温度传感器线缆走线示意图(尺寸单位:m)

5. 钢轨温度传感器安装

为避免温度传感器的安装影响到轨道电路,对钢轨温度的测试采用以下方案:将温度传感器用植筋胶固定在纵向钢梁上进行钢轨温度的监测。钢轨温度传感器的数量为 4 个,安装地点位于 1 号墩和 6 号墩,如图 8-29、图 8-30 所示。

图 8-29　钢轨伸缩调节器处抬轨装置结构图

图 8-30　钢轨温度传感器现场安装

为了校准纵向钢梁温度和钢轨间的温度差异,在钢轨上粘贴温度计,通过摄像头拍摄图片的方式进行温度校验。现场钢轨温度计共安装了 8 个,如图 8-31 所示。

图 8-31　钢轨温度计

传感器的引线外穿橡胶管和聚氯乙烯管(PVC 管)后埋于道砟内,从桥梁梁缝处下到桥墩上,最后接入数据采集仪,如图 8-32 所示。

6. 桥梁梁缝位移传感器安装

在桥梁两端安装桥梁梁缝位移传感器,桥梁梁缝位移传感器的总数为 4 个;安装地点位于 1 号墩和 6 号墩,如图 8-33 所示。

桥梁梁缝位移传感器一端固定在混凝土挡墙上,另一端焊接在钢梁上,如图 8-34、图 8-35 所示。

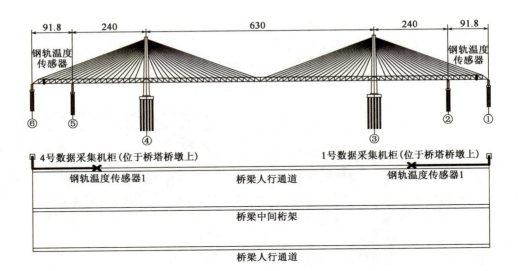

图 8-32 钢轨温度传感器线缆走线示意图(尺寸单位:m)

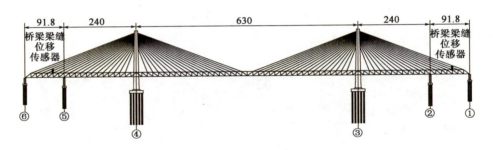

图 8-33 桥梁梁缝位移传感器测点布置位置示意图(尺寸单位:m)

图 8-34 桥梁梁缝位移传感器安装示意图

图 8-35 梁缝位移传感器现场安装图

桥梁梁缝位移传感器线缆分别从桥两端下接入对应位置的数据采集仪,如图 8-36 所示。

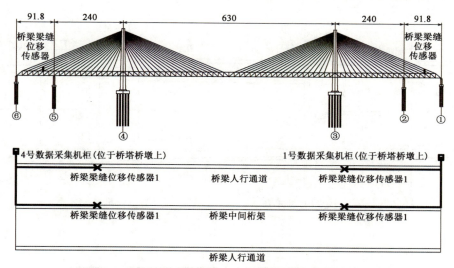

图 8-36　桥梁梁缝位移传感器线缆布置示意图(尺寸单位:m)

7. 高清摄像头安装

在梁端位置安装摄像头,梁端(1 号和 6 号端位置)各安装 6 台高清摄像球机和 4 台高清摄像枪机,在距离梁缝 50m、100m、150m 和 200m 的钢桁桥桥面上安装高清摄像枪机,摄像头数目总计为 36 台,如图 8-37、图 8-38 所示。

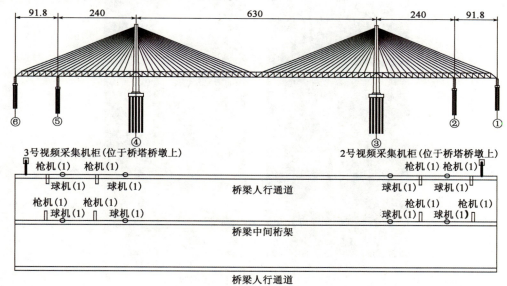

图 8-37　视频测点布置位置示意图(尺寸单位:m)

(1)混凝土桥上

高清摄像球机的立杆固定在桥梁行走通道外侧,通过膨胀螺栓固定在混凝土表面,固定牢固后再浇筑混凝土底座。球机立杆高度为 2.5m,为进一步保证立杆的稳定,立杆两侧用钢丝绳斜拉进行固定,如图 8-39 所示。

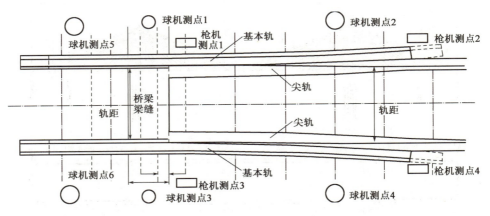

图 8-38 高清摄像机安装位置示意图

图 8-39 混凝土桥上球机现场安装

高清摄像枪机的支架应固定在混凝土挡墙上,枪机的最外侧与挡墙边缘平齐,如图 8-40 所示。

(2) 钢桥上

高清摄像球机的立杆焊接在钢桥桥面上,球机的高度为 3m。为进一步保证立杆的稳定,立杆两侧用钢丝绳斜拉进行固定,如图 8-41 所示。

第八章　高速铁路大跨度桥梁钢轨伸缩调节器服役状态监测

图 8-40　混凝土桥上枪机现场安装　　　　图 8-41　混凝土桥上球机现场安装

高清枪机与配电箱机柜安装在同一个架子上面，枪机的高度为 1.7m，架子底座焊接在桥梁梁面上，如图 8-42 所示。

图 8-42　混凝土桥上枪机现场安装

（3）线路敷设

混凝土桥上的高清摄像头线缆通过混凝土盖板下的线缆槽走线至桥梁梁缝处，再从桥梁梁缝处下到桥墩上的 2 号和 3 号视频采集机柜。

钢桥上的高清摄像头沿线缆槽走线至梁端，再从桥梁梁缝处下到桥墩上的 2 号和 3 号视频采集机柜。

8. 测速雷达安装

在桥梁两侧梁端的摄像头栏杆上安装雷达测速仪，行车速度仪的数量为 2 个，安装地点位于 1 号墩和 6 号墩；安装位置安装于球机的立杆上，距离地面的高度为 2m，如图 8-43、图 8-44 所示。

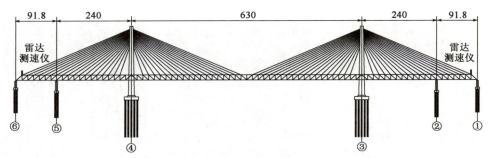

图 8-43　雷达测速仪测点布置示意图(尺寸单位:m)

图 8-44　测速雷达

第四节　现场监测数据分析

一、静态监测数据分析

通过对钢轨伸缩调节器进行一年期的观测(2017 年 7 月—2018 年 6 月),并对监测数据进行系统分析,结合本构模型分析结果,基本掌握了本项目钢轨伸缩调节器的伸缩规律。

1. 基本轨跟端伸缩位移

图 8-45 和图 8-46 为大桥上行线左、右两股基本轨的伸缩位移量随时间变化曲线。左、右两股基本轨的伸缩位移基本一致,伸缩位移量差值在 0 ~ 4.0mm 之间。全年基本轨的伸缩变化量为 447.4mm(±223.7mm),在设计伸缩量程范围内(±600mm)。

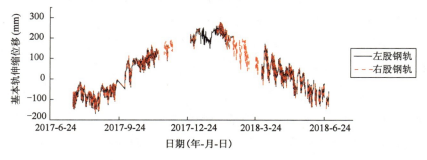

图 8-45　上行线左、右两股基本轨的伸缩位移变化曲线

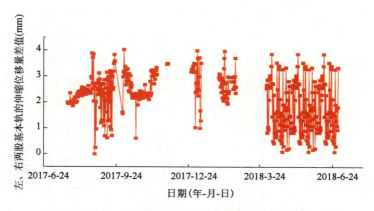

图 8-46　上行线左、右两股基本轨的伸缩位移量差值变化曲线

2. 桥梁梁缝宽度

图 8-47 为大桥梁缝宽度随时间变化曲线。夏季(2017 年 7 月)梁缝最小宽度为 485.6mm,冬季(2018 年 1 月)梁缝最大宽度为 856.2mm,2017—2018 年全年的梁缝伸缩变化量为 370.6mm(±185.3mm),基本轨伸缩变化量趋势与梁缝伸缩的变化趋势相同。

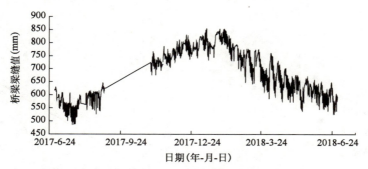

图 8-47　大桥梁缝宽度随时间变化曲线

由于基本轨伸缩变化量 = 桥梁梁缝变化量 + 钢轨自身伸缩量,因此全年大跨度桥上基本轨由于温度变化引起的伸缩变化量为 ±38.4mm。由于全年钢轨的温度变化范围在 -5.7 ~ 43.8℃,可以大致推算出大跨度桥上钢轨伸缩区长度为 130m。因此日常检查维护时可以重点对钢轨伸缩调节器单元前后 150m 线路范围的几何形位进行测量。

3. 道床状态

图 8-48 为 2017 年—2018 年全年大桥上行线基本轨日伸缩位移量与日气温差关系曲线。从图中可知,钢轨伸缩调节器基本轨尾端的日伸缩变形量与大气温度变化的趋势相同。为揭示基本轨尾端的日伸缩变形量(y)与大气温度日变化量(x)之间的关系,对监测数据进行拟合分析,如图 8-49 所示。四个季度的拟合曲线公式分别为:$y = 8.9x - 6.5$(7 月—9 月)、$y = 8.3x - 23.7$(10 月—12 月)、$y = 7.3x - 11.0$(1 月—3 月)和 $y = 3.8x + 49.0$(4 月—6 月)。在相同的温差条件下(10℃),四个季度对应的钢轨伸缩位移量分别为 82.5mm、59.3mm、62.0mm 和 82.0mm,说

明7月—9月、4月—6月道床纵向阻力较小,10月—12月、1月—3月道床纵向阻力较大,即秋冬季节的道床状态要优于春夏季节。目前大桥钢轨伸缩调节器基本按照每月一遍进行空吊捣固养护。因此为了保证道床的服役状态,建议钢轨伸缩调节器根据季节采用不同的道床捣固频率,即秋季和冬季维持目前的捣固频率,春季和夏季每月进行2次及以上的道床捣固作业。

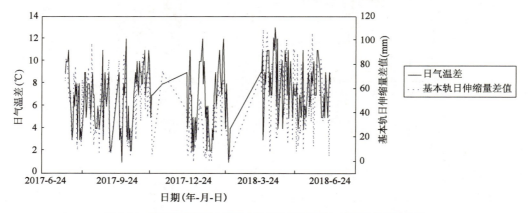

图8-48 监测工点长江大桥基本轨日伸缩位移量与日气温差关系曲线

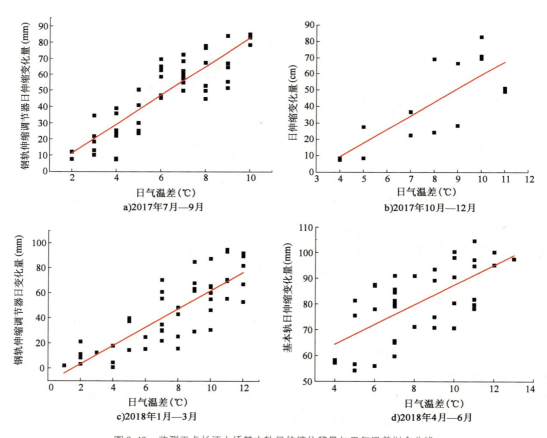

图8-49 监测工点长江大桥基本轨日伸缩位移量与日气温差拟合曲线

二、动态监测数据分析

1. 均值变化情况

图 8-50 为钢轨伸缩调节器区段(前后 200m)轨道质量指数(TQI)变化曲线。从图中可以看出,2017 年 6 月—2017 年 9 月、2018 年 4—8 月之间钢轨伸缩调节器 TQI 值较为集中,由单项 TQI 可以看出,总 TQI 偏大的主要原因是左右高低较大。

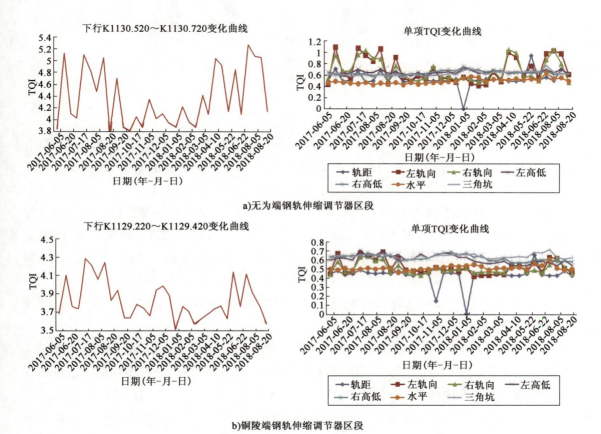

图 8-50　钢轨伸缩调节器区段(前后 200m)TQI 变化曲线

2. 峰值变化情况

图 8-51 为 2017—2018 年全年钢轨伸缩调节器接近超限情况统计图。从图中可知,钢轨伸缩调节器接近超限根据季节变化呈抛物线变化,温度越高,接近超限数据越多(该监测周期内钢轨伸缩调节器无超限情况)。

综上可知,钢轨伸缩调节器全年 TQI 变化规律和接近超限情况统计趋势与道床状态变化趋势相同,均表现出秋冬季节的轨道状态要优于春夏季节。分析其原因,一是钢轨伸缩调节器受温度影响较为敏感,二是钢轨高低不平顺受道床密实度影响较大。

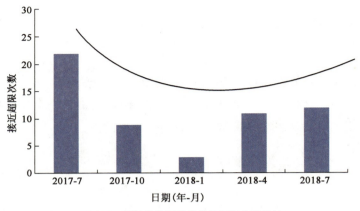

图 8-51　钢轨伸缩调节器接近超限次数统计

三、小结

(1) 大桥左、右两股基本轨的伸缩位移量基本一致，伸缩位移量差值在 0～4.0mm 之间。全年基本轨的伸缩变化量为 447.4mm（±223.7mm），在设计伸缩量程范围内（±600mm）。

(2) 夏季（2017 年 7 月）梁缝最小宽度为 485.6mm，冬季（2018 年 1 月）梁缝最大宽度为 856.2mm，全年的梁缝伸缩变化量为 370.6mm（±185.3mm），基本轨伸缩变化量趋势与梁缝伸缩的变化趋势相同。由于基本轨伸缩变化量 = 桥梁梁缝变化量 + 钢轨自身伸缩量，因此全年大跨度桥上基本轨由于温度变化引起的伸缩变化量为 ±38.4mm。由于全年钢轨的温度变化范围在 -5.7～43.8℃，可以大致推算出大跨度桥上钢轨伸缩区长度为 130m。因此日常检查维护时可以重点对钢轨伸缩调节器单元前后 150m 线路范围的几何形位进行测量。

(3) 钢轨伸缩调节器基本轨跟端的日伸缩变形量与大气温度变化的趋势相同。为揭示基本轨跟端的日伸缩变形量（y）与大气温度日变化量（x）之间的关系，对监测数据进行拟合分析。四个季度的拟合曲线公式分别为：$y = 8.9x - 6.5$（7 月—9 月）、$y = 8.3x - 23.7$（10 月—12 月）、$y = 7.3x - 11.0$（1 月—3 月）和 $y = 3.8x + 49.0$（4 月—6 月）。在相同的温差条件下（10℃），2017～2018 年四个季度对应的钢轨伸缩位移量分别为 82.5mm、59.3mm、62.0mm 和 82.0mm，说明 7 月—9 月、4 月—6 月道床纵向阻力较小，10 月—12 月、1 月—3 月道床纵向阻力较大，即秋冬季节的道床状态要优于春夏季节。目前铜陵长江大桥钢轨伸缩调节器基本按照每月一遍进行空吊捣固养护。因此为了保证道床的服役状态，建议钢轨伸缩调节器根据季节采用不同的道床捣固频率，即秋季和冬季维持目前的捣固频率，春季和夏季每月进行 2 次及以上的道床捣固作业。

(4) 钢轨伸缩调节器 2017—2018 年全年 TQI 变化规律和接近超限情况统计趋势与道床状态变化趋势相同，均表现出秋冬季节的轨道状态要优于春夏季节。分析其原因，一是钢轨伸缩调节器受温度影响较为敏感，二是钢轨高低不平顺受道床密实度影响较大。

第五节 结构服役状态分析

一、有砟轨道钢轨伸缩调节器预警值研究

本节主要通过对国内外钢轨伸缩调节器的相关规范、使用说明、维护手册等资料的总结归纳,获取有砟轨道钢轨伸缩调节器的敏感指标和允许偏差,最终确定钢轨伸缩调节器的安全评估指标。

1. 设计图纸规定

有砟轨道 BWG 钢轨伸缩调节器共有三种类型:REJ60-300(B)、REJ60-600(B)和 REJ60-1200(B)。

(1) REJ60-300(B)钢轨伸缩调节器

BWG 设计的 REJ60-300 钢轨伸缩调节器(图 8-52)采用标准钢轨或大断面钢轨连接桥缝(没有连接交叉控制系统),标准总长为 16.880m。

REJ60-300 钢轨伸缩调节器相邻桥梁梁缝的两根轨枕的间距变化设计范围为 530~830mm,桥梁梁缝的允许变化范围为 70~370mm。

(2) REJ60-600(B)钢轨伸缩调节器

BWG 设计的 REJ60-600 钢轨伸缩调节器(图 8-53)采用固定在钢轨外侧的两根钢梁上的一个可动支座(钢枕)和单连杆交叉控制系统连接桥缝,标准总长为 17.200m。

REJ60-600 钢轨伸缩调节器相邻桥梁梁缝的两根混凝土轨枕的间距变化设计范围为 700~1300mm,混凝土轨枕与钢枕的间距变化设计范围为 350~650mm。桥梁梁缝的允许变化范围为 94~694mm。

(3) REJ60-1200(B)钢轨伸缩调节器

BWG 设计的 REJ60-1200 钢轨伸缩调节器(图 8-54)采用固定在钢轨外侧的两根钢梁上的两个可动支座(钢枕)和双连杆交叉控制系统连接桥缝,标准总长为 17.550m。

REJ60-1200 钢轨伸缩调节器相邻桥梁梁缝的两根混凝土轨枕的间距变化设计范围为 750~1950mm,混凝土轨枕与钢枕、钢枕与钢枕的间距变化设计范围为 250~650mm。桥梁梁缝的允许变化范围为 190~1390mm。

综上所述,通过钢轨伸缩调节器的设计图纸和结构的构造分析,确定3种类型钢轨伸缩调节器对轨枕间距和桥梁梁缝值的限值要求,具体汇总见表 8-10。

钢轨伸缩调节器轨枕间距和桥梁梁缝值的限值　　　表 8-10

调节器型号	相邻桥梁梁缝的两根混凝土轨枕的间距允许值(mm)		混凝土轨枕与钢枕、钢枕与钢枕的间距允许值(mm)		桥梁梁缝值(mm)	
	最大值	最小值	最大值	最小值	最大值	最小值
REJ60-300	830	530	—	—	370	70

续上表

调节器型号	相邻桥梁梁缝的两根混凝土轨枕的间距允许值(mm)		混凝土轨枕与钢枕、钢枕与钢枕的间距允许值(mm)		桥梁梁缝值(mm)	
	最大值	最小值	最大值	最小值	最大值	最小值
REJ60-600	1300	700	650	350	694	94
REJ60-1200	1950	750	650	250	1390	190

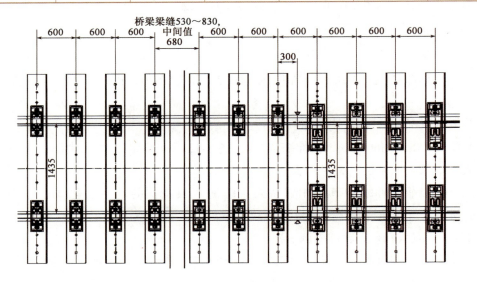

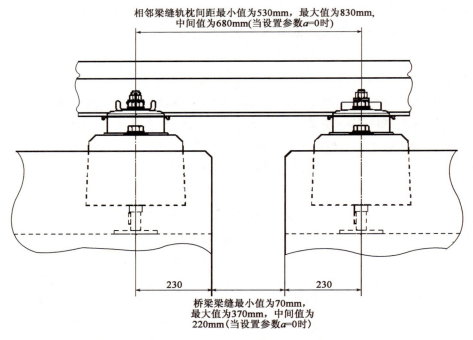

图 8-52 REJ60-300(B)钢轨伸缩调节器示意图(尺寸单位:mm)

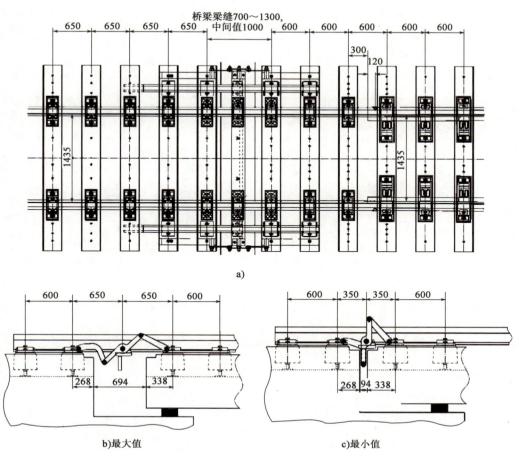

图 8-53 REJ60-600(B)钢轨伸缩调节器示意图(尺寸单位:mm)

2. 调节器厂内组装检验项目及要求

(1)《CN 钢轨伸缩调节器暂行技术条件》(TJ/GW 143—2015)

表 8-11 为《CN 钢轨伸缩调节器暂行技术条件》(TJ/GW 143—2015)中调节器厂内组装的检验项目及要求。

CN 钢轨伸缩调节器厂内组装检验项目及要求　　表 8-11

序号	检测项目	极限偏差或要求	检验项别	补充要求及说明
1	轨距	±1mm	B	控制截面及逐枕检查1处。轨向检查在尖轨尖端前后500mm 范围内不应抗线
2	水平	≤1mm	B	
3	高低	≤2mm	B	
4	轨向(构造轨距断面除外)	≤2mm	B	
5	标识	正确齐全	A	
6	降低值	±1mm	B	各控制断面
7	轨距变化率	1/1500	B	不含构造轨距加宽范围
8	伸缩零点位置样冲标记	正确齐全	A	

续上表

序号	检测项目		极限偏差或要求	检验项别	补充要求及说明
9	尖轨尖端与基本轨伸缩零点相对位置		2mm	B	
10	调节器全长(左)		±5mm	B	
11	调节器全长(右)		±5mm	B	
12	左、右尖轨尖端相对位移		≤5mm	B	
13	左、右基本轨相对位移		≤5mm	C	
14	尖轨轨头切削范围内与基本轨轨头密贴	尖轨尖端至5mm断面	间隙<0.5mm	A	
15		其余范围	间隙<1mm	B	
16	基本轨轨底与扣板间隙		0	B	
17	弹条中肢与垫片之间的间隙		0.1~0.5mm	B	
18	剪刀装置螺栓紧固扭矩	剪刀叉连接轴	200~300N·m	B	
		轴承座与钢枕连接螺栓	750~850N·m	B	
19	螺栓、开槽螺母和开口销		正确齐全	A	
20	连接钢梁与钢枕或扣板之间的间隙		0.1~0.5mm	C	
21	相邻弹性基板间距		±5mm	C	
22	两块最远弹性基板间距		±10mm	C	
23	轨枕方正		≤5mm	C	同一根轨枕上左右股铁垫板在一侧轨距线上的间距偏差

(2)《客运专线钢轨伸缩调节器》(TB/T 3401—2015)

表8-12为《客运专线钢轨伸缩调节器》(TB/T 3401—2015)中调节器厂内组装的检验项目及要求。

客运专线钢轨伸缩调节器厂内组装检验项目及要求　　　表8-12

序号	检测项目	极限偏差或要求		检验项别	补充要求及说明
		200km/h≤v≤250km/h	250km/h<v≤350km/h		
1	轨距	±2mm	±1mm	B	控制截面及逐枕检查1处。轨向检查在尖轨尖端前后500mm范围内不应抗线
2	水平	≤2mm	≤1mm	B	
3	高低	≤2mm	≤1mm	B	
4	轨向(构造轨距断面除外)	≤2mm	≤1mm	B	
5	尖轨尖端轨距	±2mm	±1mm	A	
6	轨距变化率	2mm/2m	1mm/2m	B	不含构造轨距加宽范围

续上表

序号	检测项目		极限偏差或要求		检验项别	补充要求及说明
			200km/h≤v≤250km/h	250km/h<v≤350km/h		
7	基本轨伸缩零点位置或预留伸缩量位置		±10mm	±5mm	B	
8	尖轨尖端至第一块双轨垫板中心距		±10mm	±5mm	B	
9	尖轨轨头切削范围内与基本轨轨头密贴	尖轨尖端至5mm断面	间隙≤0.5mm	间隙≤0.2mm	A	
10		其余范围	间隙≤1mm	间隙≤0.5mm	B	
11	尖轨轨头切削范围内轨顶降低值	15mm断面~零降低值断面	±1mm	±1mm	B	"+"表示降低值增加，"-"表示降低值减小
12		其余范围	-1~+2mm	±1mm	B	"+"表示降低值增加，"-"表示降低值减小
13	尖轨轨撑密贴	在尖轨轨腰	无间隙	无间隙	A	
14		在尖轨轨底上表面	单块密贴间隙应≤0.5mm，不应连续出现	单块密贴间隙应≤0.3mm，不应连续出现	B	
15	基本轨轨撑密贴	在基本轨轨腰	间隙≤0.3mm	间隙≤0.2mm	B	
16		在基本轨轨底上表面	间隙0.1~1mm	间隙0.1~1mm	C	
17		在轨腰、轨底同时有间隙时	不应连续出现	不应连续出现	B	
18	尖轨轨底与台板密贴		单块铁垫板上密贴间隙应≤0.3mm，不应连续出现	单块铁垫板上密贴间隙应≤0.2mm，不应连续出现	A	
19	基本轨轨底与铁垫板密贴		单块铁垫板上密贴间隙≤0.5mm，不应连续出现	单块铁垫板上密贴间隙≤0.5mm，不应连续出现	C	
20	左右股轨端面相错量		±5mm	±5mm	C	左右股基本轨始端、尖轨跟端相错量
21	相邻铁垫板间距		±8mm	±5mm	C	
22	两块最远铁垫板间距		±20mm	±10mm	C	单向调节器从基本轨始端至尖轨跟端的铁垫板间距；双向调节器分别从一侧基本轨始端至尖轨中部的铁垫板间距
23	轨枕方正		≤8mm	≤5mm	C	同一根轨枕上左右股铁垫板在一侧轨距线上的间距偏差

注：v 为设计速度。

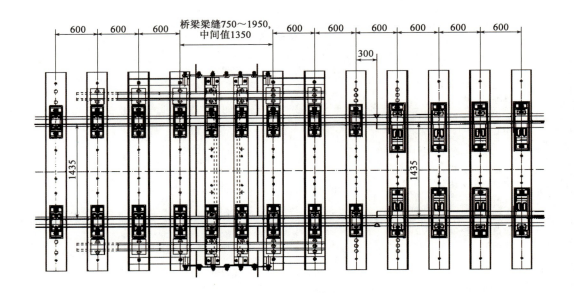

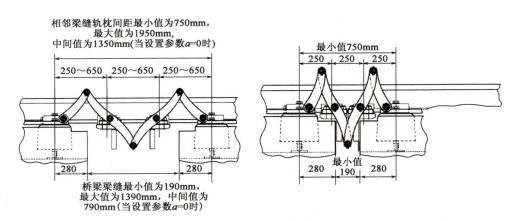

图 8-54　REJ60-1200（B）钢轨伸缩调节器示意图（尺寸单位：mm）

综合上述两本规范中的调节器厂内组装检验项目及要求，确定"左右尖轨尖端相对位移允许相错量""左右基本轨相对位移允许相错量""相邻轨枕（铁垫板）间距""两最远轨枕（铁垫板）间距"和"轨枕方正"5 个监测指标的限制要求，具体汇总见表 8-13。

钢轨伸缩调节器轨枕间距和桥梁梁缝值的限值　　　　　　　　　　表 8-13

序号	监测指标	极限偏差或要求	
		200km/h≤v≤250km/h	250km/h<v≤350km/h
1	左右尖轨尖端相对位移允许相错量（mm）	≤5	≤5
2	左右基本轨相对位移允许相错量（mm）	≤5	≤5
3	相邻轨枕（铁垫板）间距（mm）	±8	±5
4	两个最远轨枕（铁垫板）间距（mm）	±20	±10
5	轨枕方正（mm）	≤8	≤5

3. 预警值

对国内外钢轨伸缩调节器的相关规范、使用说明、维护手册等资料进行分析,确定运营期间钢轨伸缩调节器区轨道结构的预警值如下。

(1) REJ60-300 钢轨伸缩调节器

表 8-14 为 REJ60-300 钢轨伸缩调节器轨道结构安全评估指标。

REJ60-300 钢轨伸缩调节器轨道结构安全评估指标　　　　表 8-14

序号	监测指标	极限偏差或要求	
		200km/h≤v≤250km/h	250km/h<v≤350km/h
1	左右尖轨尖端相对位移允许相错量(mm)	≤5	≤5
2	左右基本轨相对位移允许相错量(mm)	≤5	≤5
3	相邻轨枕(铁垫板)间距(mm)	±8	±5
4	两个最远轨枕(铁垫板)间距(mm)	±20	±10
5	轨枕方正(mm)	≤8	≤5
6	相邻桥梁梁缝的两根混凝土轨枕的间距允许值(mm)	530~830	
7	桥梁梁缝允许值(mm)	70~370	

(2) REJ60-600 钢轨伸缩调节器

表 8-15 为 REJ60-600 钢轨伸缩调节器轨道结构安全评估指标。

REJ60-600 钢轨伸缩调节器轨道结构安全评估指标　　　　表 8-15

序号	监测指标	极限偏差或要求	
		200km/h≤v≤250km/h	250km/h<v≤350km/h
1	左右尖轨尖端相对位移允许相错量(mm)	≤5	≤5
2	左右基本轨相对位移允许相错量(mm)	≤5	≤5
3	相邻轨枕(铁垫板)间距(mm)	±8	±5
4	两个最远轨枕(铁垫板)间距(mm)	±20	±10
5	轨枕方正(mm)	≤8	≤5
6	相邻桥梁梁缝的两根混凝土轨枕的间距允许值(mm)	700~1300	
7	混凝土枕与钢枕间距允许值(mm)	350~650	
8	桥梁梁缝允许值(mm)	94~694	

(3) REJ60-1200 钢轨伸缩调节器

表 8-16 为 REJ60-1200 钢轨伸缩调节器轨道结构安全评估指标。

表 8-16　REJ60-1200 钢轨伸缩调节器轨道结构安全评估指标

序号	监测指标	极限偏差或要求	
		200km/h≤v≤250km/h	250km/h<v≤350km/h
1	左右尖轨尖端相对位移允许相错量(mm)	≤5	≤5
2	左右基本轨相对位移允许相错量(mm)	≤5	≤5
3	相邻轨枕(铁垫板)间距(mm)	±8	±5
4	两个最远轨枕(铁垫板)间距(mm)	±20	±10
5	轨枕方正(mm)	≤8	≤5
6	相邻桥梁梁缝的两根混凝土轨枕的间距允许值(mm)	750~1950	
7	混凝土枕与钢枕间距允许值(mm)	250~650	
8	钢枕与钢枕间距允许值(mm)	385~635	
9	桥梁梁缝允许值(mm)	190~1390	

二、梁端钢轨伸缩位移与梁缝值关系研究

图 8-55 为大桥上行线左、右两股基本轨的伸缩位移量随时间变化曲线。从图中可知,左、右两股基本轨的伸缩位移量值基本一致,伸缩位移量差值在 0~4.0mm 之间。2017~2018 年全年基本轨的伸缩变化量为 447.4mm(±223.7mm),在设计伸缩量程范围内(±600mm)。

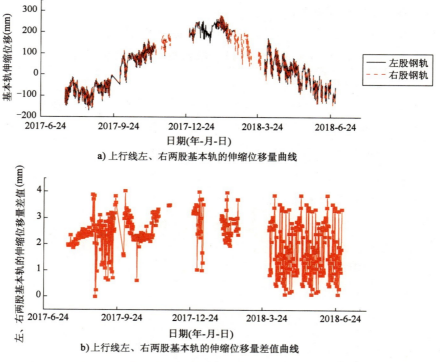

a) 上行线左、右两股基本轨的伸缩位移量曲线

b) 上行线左、右两股基本轨的伸缩位移量差值曲线

图 8-55　监测工点长江大桥上行线左、右两股基本轨的伸缩位移量曲线

图 8-56 为大桥梁缝宽度随时间变化曲线。夏季(2017 年 7 月)梁缝最小宽度为485.6mm,冬季(2018 年 1 月)梁缝最大宽度为 856.2mm,全年的梁缝伸缩变化量为370.6mm(±185.3mm),基本轨伸缩变化量趋势与梁缝伸缩的变化趋势相同。

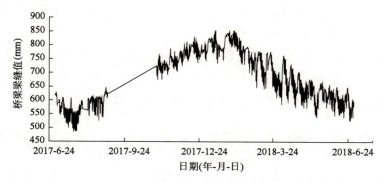

图 8-56　大桥梁缝宽度随时间变化曲线

由于基本轨伸缩变化量=桥梁梁缝变化量+钢轨自身伸缩量,因此全年大跨度桥上基本轨由于温度变化引起的伸缩变化量为±38.4mm。由于全年钢轨的温度变化范围在-5.7~43.8℃,可以大致推算出大跨度桥上钢轨伸缩区长度为 130m。因此日常检查维护时可以重点对钢轨伸缩调节器单元前后 150m 线路范围的几何形位进行测量。

三、现场病害诊断

2017 年 7 月 23 日,某高速铁路长江大桥调节器左右股基本轨伸缩量差达 3.4mm,超过 1 级预警门限值 3mm。监测系统发现现场扣件的垫板窜出,导致基本轨在伸缩过程中出现挤压扣件垫板的情况。发现上述情况后,设备管理单位及时对扣件垫板进行了调整。图 8-57 为监测系统拍摄到的基本轨伸缩挤压扣件垫板的过程。

a)挤压前

b)挤压后

图 8-57　基本轨伸缩挤压扣件垫板

四、小结

本节通过对国内外钢轨伸缩调节器的相关规范、使用说明、维护手册等资料进行系统分

析,提出了钢轨伸缩调节器的安全评估指标,并在某高速铁路长江大桥调节器监测中及时发现了现场的病害情况。主要结论如下:

(1) 提出了有砟轨道钢轨伸缩调节器的安全评估指标;

(2) 全年梁端基本轨的伸缩变化量为447.4mm(±223.7mm),在设计伸缩量程范围内(±600mm),调节器选型符合现场实际需求;

(3) 基本轨伸缩变化量 = 桥梁梁缝变化量 + 钢轨自身伸缩量,计算得到大跨度桥上钢轨伸缩区长度为130m,该长度与设计的小阻力扣件铺设范围150m接近,因此工务部门日常检查维护时可以重点对钢轨伸缩调节器单元前后150m线路范围的几何形位进行测量。

第六节　大跨度桥梁钢轨伸缩调节器现场监测经验总结

本次工程应用现场施工历时3个月(天窗),2017年5月投入使用,目前监测系统仍在正常服役。结合现场施工、系统养护维修、数据分析等的相关经验,形成以下几方面结论和建议,可为后续开展类似工点或者采用相关技术提供指导。

一、监测技术

采用位移传感器进行测量是一种十分成熟的方法,但钢轨伸缩调节器作为轨道结构的敏感部位,安装接触式位移传感器会给列车的运行带来安全隐患。图像识别技术对光照、不良气候等具有良好的鲁棒性,而其非接触的测量方式,正好满足长期安全监测的需要。因此,对于钢轨伸缩调节器位移测量可采用图像识别的方法,具体如下。

(1) 尖轨伸缩位移

图8-58为尖轨伸缩位移识别方法示意图。在尖轨尖端和对应的基本轨轨腰处设置标识点,通过识别位于尖轨尖端的标识点1和位于基本轨上的标识点2之间的距离来测量两者之间的相对位移。标识点2和3之间为标准距离,在图片中获取1和2之间的长度可通过参照2和3之间的长度来换算。图8-59为尖轨尖端位移现场监测。

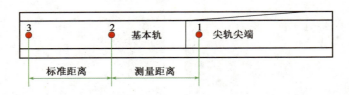

图 8-58　尖轨伸缩位移识别方法

(2) 轨枕间距与歪斜

图8-60为轨枕歪斜识别方法示意图。在钢枕和混凝土枕上布置红色标识点,通过拍摄图片获取红色标识点的圆心位置,通过圆心间的距离获得轨枕间距,同时通过圆心连线即可定量判断出轨枕的歪斜程度。图8-61为轨枕位移现场监测。

图 8-59　尖轨尖端位移现场监测

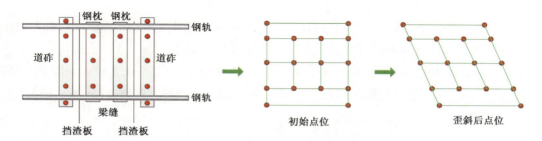

图 8-60　轨枕歪斜识别方法

图 8-61　轨枕位移现场监测

本次工程应用选择采用图像识别技术的主要原因为：

（1）现场为有砟轨道，接触式传感器无法安装牢固；

（2）钢轨伸缩调节器作为轨道结构的敏感部位，安装接触式位移传感器会给列车的运行带来安全隐患；

（3）图像识别技术对光照、不良气候等具有良好的鲁棒性，而其非接触的测量方式，正好满足长期安全监测的需要；

(4)现场拥有220V供电的条件；

(5)现场具备接入有线宽带的条件。

两年的监测结果表明,通过图像识别技术可以实现钢轨位移、轨枕间距等的实时采集分析,测量精度可以达到0.5mm。同时由于视频摄像机安装位置距离轨道结构较远,可以极大地降低轨旁设备的安装风险。因此对于轨道结构变形的长期监测,若现场供电、信号传输等条件良好,建议优先采用图像识别技术。

二、监测内容及测点布置要求

由于本项目应用是针对高速铁路有砟轨道钢轨伸缩调节器开展的温度和变形的长期监测,因此测点布置较多,监测的内容也较全面,结合现场监测数据情况,后续类似的工点可以在本项目既有的监测方案上进行优化。

(1)本项目对现场设置了4个钢轨温度测点,监测结果表明,4根钢轨温度测点温差较小,因此后续类似监测工点在钢轨温度监测方面可以考虑左、右线各选择1个测点即可；

(2)全年基本轨的伸缩变化量为447.4mm(±223.7mm),伸缩变化量较大。因此在粘贴基本轨位移标识牌时,要注意测量标识牌之间的间距,防止标识牌被钢轨遮挡(图8-62)。

图8-62　夏季基本轨上的标识牌被遮挡(标识牌在冬季粘贴)

三、现场监测设备安装

结合本项目应用的现场安装情况,后续开展类似监测项目时主要注意以下几点：

(1)视频摄像头立杆的高度不得超过其与线路外轨间的最短距离,同时立杆顶端与接触网的距离应大于3m。

(2)固定立杆底座的膨胀螺栓其抗拔力应达到设计要求,现场宜进行抗拔力测试。

(3)在混凝土桥上立杆应浇筑混凝土底座板,底座板的厚度不应小于10cm。混凝土底座板应在立杆固定当天进行浇筑。

(4)建议立杆增加斜拉索锚固,斜拉索背离线路方向。

(5)机柜应采用具备散热、防风、防雨和防雷功能的室外专用机柜。

（6）机柜表面应进行防锈处理，喷涂监测系统管理单位名称和联系方式。若机柜数量较多，为方便后期管理，还应进行编号。

（7）机柜不得侵入限界。安装于桥梁梁面上时，机柜应布置在桥梁防撞墙外侧的走行道上，避开桥梁伸缩梁缝，机柜宽度不应大于走行道宽度，高度不宜高于800mm，并预留走行位置，不妨碍作业人员通过。

（8）机柜应安装牢固，所有紧固件应拧紧且采取防松措施。

（9）机柜的开门方向应与列车运行方向相反，防止列车风吹开机柜柜门。

（10）机柜内应设置防雷器和空气开关。

四、养护维修建议

通过对大桥钢轨伸缩调节器静态、动态监测数据的综合分析，同时结合日常养护维修资料，提出高速铁路大跨度桥梁钢轨伸缩调节器养护维修建议。

（1）夏季由于持续高温，早晚温差较大，梁轨相互作用剧烈，轨道几何状态不易保持。因此应加强对钢轨伸缩调节器区段轨道结构尺寸的检查，可以重点对钢轨伸缩调节器及其前后150m线路范围的几何形位进行测量。

（2）钢轨伸缩调节器的频繁伸缩易引起钢梁两侧的轨枕出现空吊，应定期进行空吊捣固养护。建议根据季节采用不同的道床捣固频率，即秋季和冬季每月进行1次道床捣固作业，春季和夏季每月进行2次及以上的道床捣固作业。

（3）每年对钢轨伸缩调节器一遍（尖轨背部）润滑涂油，更换磨损的滑块，确保钢轨伸缩调节器能自由伸缩。当发现左右股出现伸缩不一致时，要加强对润滑涂油工作，保持两股的阻力一致。

（4）在钢轨伸缩调节器基本轨伸缩过程中，部分轨下胶垫和其他垫片可能会产生偏移、变形甚至脱落窜出。维护人员在定期检查时应检查钢轨伸缩调节器全范围内轨下胶垫和其他垫片的状态，及时修正扣件状态，更换失效的部件。

第九章 高速铁路大跨度桥梁无缝道岔服役状态监测

第一节 监测工点介绍

近年来,随着我国高速铁路建设的蓬勃发展,为满足上跨城市道路或通航等特殊要求,不可避免采用大跨度连续梁,在车站两端咽喉区往往需要建设城市干道,从而对铺设跨区间无缝线路提出了新的挑战。

某高速铁路设计时速350km,桥梁占全线72%以上。监测工点桥跨为$(3\times32+102)$m道岔连续梁拱方案。

设计范围前后桥跨布置为27-32m简支箱梁+(6×32)m渡线连续梁+1-24m简支箱梁+$(3\times32+102)$m渡线连续梁拱+桥台。该道岔梁岔区轨道结构形式采用轨枕埋入式无砟轨道,正线上采用5m线间距18号高速道岔,道岔前后接双块式无砟轨道。

大跨度道岔梁连续梁拱集成了大跨度桥梁、无砟轨道及无缝道岔的技术特点和难点,是无砟轨道无缝线路方面难度较大的课题之一。国内外对大跨度桥梁、无砟轨道、无缝道岔做了较多的研究和应用。但本项目是国内首次在$(3\times32+102)$m连续梁拱上铺设无砟轨道无缝道岔,是铺设无砟轨道无缝道岔的最大跨度桥梁。国内外对大跨度连续梁拱上铺设无缝道岔的研究很少,也未对大跨度连续梁拱桥、无砟轨道、无缝道岔进行过长期综合监测,因此有必要对$(3\times32+102)$m连续梁拱进行桥梁、无砟轨道、无缝线路进行综合监测。图9-1为$(3\times32+102)$m连续梁拱效果图,图9-2为$(3\times32+102)$m连续梁拱桥梁与道岔关系图。

图9-1 $(3\times32+102)$m连续梁拱效果图

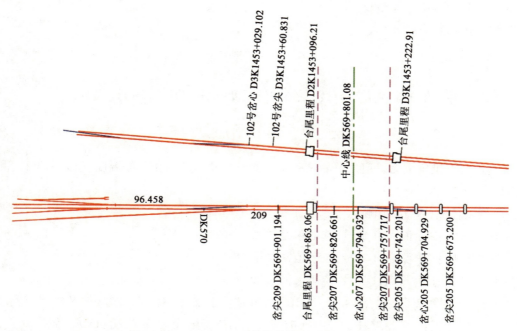

图 9-2 (3×32+102)m 连续梁拱桥梁与道岔关系示意图

第二节 监测内容与监测方法

一、监测内容

大跨度道岔连续梁拱上无缝道岔关键部位监测内容分为动力测试和静态测试两部分,具体测试内容如下:

(1)应力监测

①钢轨应力;

②道床钢筋应力。

(2)温度监测

①桥上气温;

②钢轨温度;

③道床板温度;

④底座板温度;

⑤桥梁温度。

(3)位移监测

①钢轨与道床板相对位移;

②道床板与底座板相对位移;

③底座板与桥梁相对位移；
④梁端纵向相对位移。

二、监测方法

采用光纤传感器的监测方法，对轨道结构的温度、位移和应力等进行监测。

第三节　测点布置方案

道岔连续梁拱桥上无缝道岔监测试验主要测试与轨道结构相关的温度、应力和位移，测点布置方案如下。

（1）温度监测（共16个测点）
①桥上气温：1个测点，1-1号，选取单渡线叉心位置。
②梁面温度：1个测点，1-2号，位于道岔梁梁端。
③钢轨温度：1个测点，1-3号，位于叉前位置。
④道床板温度：7个测点，1-4号～1-10号，分别位于梁缝、尖轨尖端、心轨及岔尾位置。
⑤底座板温度：6个测点，1-11号～1-16号，分别位于梁缝、尖轨尖端、心轨位置。

（2）应力监测（共24个测点）
①钢轨应力监测：14个测点，道岔区布置测点2-1号～2-11号，连续梁布置测点2-12号～2-14号。
②道床板钢筋应力监测：10个测点，3-1号～3-10号，分别布置于梁缝处、尖轨尖端、尖轨跟端、心轨处及岔尾处。

（3）位移监测（共28个测点）
①道床板翘曲：6个测点，4-1号～4-6号。
②钢轨与道床板（或轨道板）相对位移：14个测点，5-1号～5-14号，位置同钢轨应力。
③道床板与底座板相对位移：3个测点，6-1号～6-3号。
④底座板与梁面相对位移：3个测点，7-1号～7-3号。
⑤梁端纵向相对位移：2个测点，8-1号、8-2号，连续梁两端各布置一个。

第四节　现场监测数据分析

本节通过对2015年3月—2017年12月大跨度桥上无缝道岔的温度、应力和位移进行分析，得出大跨度道岔梁连续梁拱上无缝道岔的受力变形规律。

一、温度场监测数据分析

1.大气温度与道床板温度

图9-3为大气温度与道床板（板中）温度随时间变化曲线，大气温度和道床板温度均随时

间呈周期性变化。监测周期内的温度最值见表9-1。从图和表中可知,监测周期内的最高气温为40.3℃,最高板温为51.3℃;最低气温为-4℃,最低板温为-3.7℃。

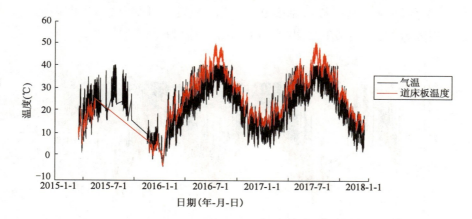

图9-3 大气温度与道床板温度随时间变化曲线

大气温度与道床板温度年最值统计表　　　　表9-1

年　份	最高气温(℃)	最低气温(℃)	最高板温(℃)	最低板温(℃)
2015	40.1	-0.6	—	0.9
2016	40.3	-4.0	50.6	-3.7
2017	40.3	3.0	51.3	11.7

表9-2为监测周期内每个月的最高气温和最高板温统计表,夏季月最高道床板板中温度与月最高气温的差值为11℃。

大气温度与道床板温度月最值统计表　　　　表9-2

月　份	月最高气温(℃)			月最高板温(℃)			月最高道床板温度与月最高气温温差(℃)	
	2015年	2016年	2017年	2015年	2016年	2017年	2016年	2017年
1月	—	19.6	26.9	—	11.1	23.8	-8.5	-3.1
2月	—	29.0	32.2	—	26.0	26.3	-3.0	-6.1
3月	—	32.6	30.2	—	29.5	25.6	-3.1	-5.4
4月	35.8	37.5	38.2	—	36.1	37.1	-1.4	-1.1
5月	35.4	39.6	39.2	—	38.2	44.4	-1.4	5.2
6月	36.6	40.3	40.3	—	46.4	41.4	6.1	1.1
7月	39.8	40.3	40.3	—	50.6	51.3	10.3	11.0
8月	40.1	40.3	40.2	—	49.9	49.1	9.6	8.9
9月	38.9	40.3	40.2	—	40.6	42.9	0.3	2.7
10月	—	36.1	40.2	—	35.6	39.8	3.7	-0.3
11月	—	31.5	32.2	—	29.2	30.8	-2.3	-3.0
12月	16.7	24.7	21.1	8.9	23.2	22.6	-1.5	1.5

2. 大气温度与底座板温度

图 9-4 为大气温度与底座板温度随时间变化曲线，大气温度和底座板温度均随时间呈周期性变化。监测周期内的温度最值见表 9-3。从图和表中可知，监测周期内的最高气温为 40.3℃，最高板温为 41.1℃；最低气温为 -4℃，最低板温为 -5.9℃。

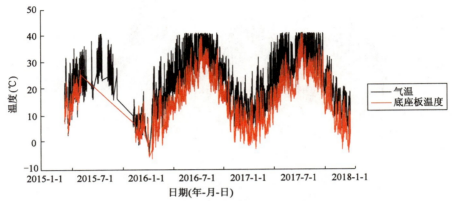

图 9-4 大气温度与底座板温度随时间变化曲线

大气温度与底座板温度年最值统计表　　　　　表 9-3

年　份	最高气温(℃)	最低气温(℃)	最高板温(℃)	最低板温(℃)
2015	40.1	-0.6	—	-0.3
2016	40.3	-4.0	40.4	-5.9
2017	40.3	3.0	41.1	-2.5

表 9-4 为监测周期内每个月的最高气温和最高板温统计表。夏季月最高底座板板中温度与月最高气温接近，其余月份底座板月最高温度均低于气温。

大气温度与底座板温度月最值统计表　　　　　表 9-4

月　份	月最高气温(℃)			月最高板温(℃)			月最高道床板温度与月最高气温温差(℃)	
	2015 年	2016 年	2017 年	2015 年	2016 年	2017 年	2016 年	2017 年
1 月	—	19.6	26.9	—	16.0	17.2	-3.6	-9.7
2 月	—	29.0	32.2	—	20.2	19.9	-8.8	-12.3
3 月	—	32.6	30.2	—	21.0	20.8	-11.6	-9.4
4 月	35.8	37.5	38.2	25.9	21.8	22.7	-15.7	-15.5
5 月	35.4	39.6	39.2	28.0	27.4	34.0	-12.2	-5.2
6 月	36.6	40.3	40.3	—	36.0	30.1	-4.3	-10.2
7 月	39.8	40.3	40.3	—	40.4	41.1	0.1	0.8
8 月	40.1	40.3	40.2	—	40.2	36.3	-0.1	-3.9
9 月	38.9	40.3	40.2	—	35.6	36.9	-4.7	-3.3
10 月	—	36.1	40.2	—	28.8	34.8	-7.3	-5.4
11 月	—	31.5	32.2	—	25.1	27.3	-6.4	-4.9
12 月	16.7	24.7	21.1	15.1	18.0	17.6	-6.7	-3.5

二、温度变形监测数据分析

1. 钢轨与道床板纵向位移

图 9-5 为钢轨—道床板纵向位移与气温变化曲线。从图中可知,钢轨—道床板纵向位移(岔前)与气温的变化趋势正好相反。2016 年气温的年变化量为 44.3℃,位移变化量为 12.2mm,位移与气温的比为 0.275mm/℃;2017 年气温的年变化量为 37.3℃,位移变化量为 10.7mm,位移与气温的比为 0.287mm/℃。因此可以初步得出钢轨—道床板纵向位移(岔前)与气温变化的比值为 0.28mm/℃。

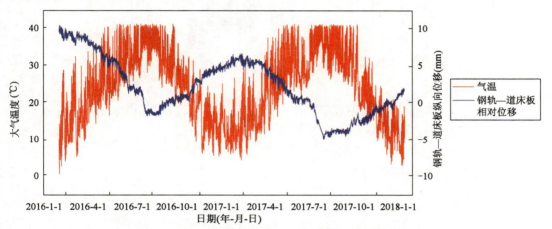

图 9-5　钢轨—道床板纵向位移与气温变化曲线

图 9-6 为道岔区钢轨与道床板纵向位移随时间变化曲线。岔前和岔尾钢轨—道床板纵向位移的变化趋势基本一致;2016 年岔前的钢轨—道床板纵向位移变化量为 12.2mm,岔尾的钢轨—道床板纵向位移变化量为 4.3mm;2017 年岔前的钢轨—道床板纵向位移变化量为 10.7mm,岔尾的钢轨—道床板纵向位移变化量为 5.7mm。

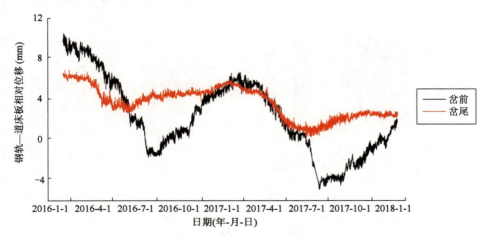

图 9-6　钢轨与道床板纵向位移随时间变化曲线

2. 道床板—底座板纵向位移

图9-7为道床板与底座板的纵向相对位移随时间变化曲线。2015年道床板与底座板的纵向相对位移变化量为8.8mm,2016年道床板与底座板的纵向相对位移变化量为10.1mm,2017年道床板与底座板的纵向相对位移变化量为9.3mm。

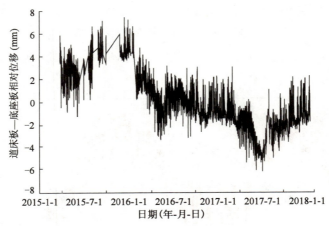

图9-7 道床板与轨道板纵向位移随时间变化曲线

三、温度应力监测数据分析

1. 钢轨应力

图9-8为桥上不同位置钢轨应力随时间变化曲线。道岔岔头位置全年钢轨应力的变化范围为 −56.9 ~ 24.4MPa,应力变化量为81.3MPa；道岔岔中位置全年钢轨应力的变化范围为 −47.6 ~ 35.5MPa,应力变化量为83.1MPa；道岔岔尾位置全年钢轨应力的变化范围为 −36.9 ~ 33.0MPa,应力变化量为69.9MPa；岔后正常轨道区段全年钢轨应力的变化范围为 −40.6 ~ 17.6MPa,应力变化量为58.2MPa。

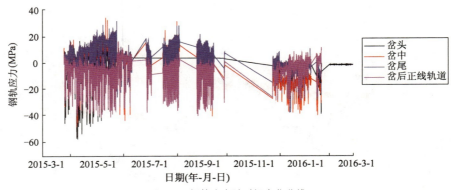

图9-8 钢轨应力随时间变化曲线

2. 道床板钢筋应力

图9-9为桥上不同位置道床板应力随时间变化曲线。道岔岔头位置全年道床板钢筋应力

的变化范围为 1.3~3.3MPa,应力变化量为 2.0MPa;道岔岔中位置全年道床板钢筋应力的变化范围为 1.3~2.9MPa,应力变化量为 1.6MPa;道岔岔尾位置全年钢轨应力的变化范围为 1.3~3.1MPa,应力变化量为 1.8MPa。通过分析可知,道床板内钢筋应力在温度荷载作用下较小。

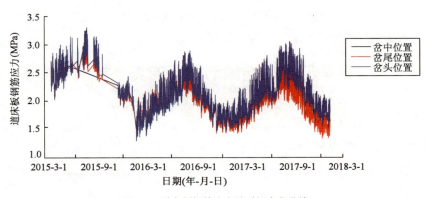

图 9-9　道床板钢筋应力随时间变化曲线

四、小结

通过对某高速铁路特大桥桥上道岔区轨道结构 2015 年 3 月—2017 年 12 月的监测数据进行分析,主要结论如下:

(1)大气温度和道床板温度均随时间呈周期性变化。监测周期内的最高气温为 40.3℃,最高板温为 51.3℃;最低气温为 -4℃,最低板温为 -3.7℃。夏季月最高道床板板中温度与月最高气温的差值在 11℃。

(2)大气温度和底座板温度均随时间呈周期性变化。监测周期内的最高气温为 40.3℃,最高板温为 41.1℃;最低气温为 -4℃,最低板温为 -5.9℃。夏季月最高底座板板中温度与月最高气温接近,其余月份底座板月最高温度均低于气温。

(3)钢轨—道床板纵向位移(岔前)与气温的变化趋势正好相反:2016 年气温的年变化量为 44.3℃,位移变化量为 12.2mm,位移与气温的比值为 0.275mm/℃;2017 年气温的年变化量为 37.3℃,位移变化量为 10.7mm,位移与气温的比值为 0.287mm/℃。因此可以初步得出钢轨—道床板纵向位移(岔前)与气温变化的比值为 0.28mm/℃。

(4)岔前和岔尾钢轨—道床板纵向位移的变化趋势基本一致:2016 年岔前的钢轨—道床板纵向位移变化量为 12.2mm,岔尾的钢轨—道床板纵向位移变化量为 4.3mm;2017 年岔前的钢轨—道床板纵向位移变化量为 10.7mm,岔尾的钢轨—道床板纵向位移变化量为 5.7mm。

(5)2015 年道床板与底座板的纵向相对位移变化量为 8.8mm;2016 年道床板与底座板的纵向相对位移变化量为 10.1mm;2017 年道床板与底座板的纵向相对位移变化量为 9.3mm。

(6)道岔岔头位置全年钢轨应力的变化范围为 -56.9~24.4MPa,应力变化量为 81.3MPa;道岔岔中位置全年钢轨应力的变化范围为 -47.6~35.5MPa,应力变化量为 83.1MPa;道岔岔尾位置全年钢轨应力的变化范围为 -36.9~33.0MPa,应力变化量为 69.9MPa;岔后正常轨道区段全年钢轨应力的变化范围为 -40.6~17.6MPa,应力变化量为 58.2MPa。

(7)道岔岔头位置全年道床板钢筋应力的变化范围为 1.3~3.3MPa,应力变化量为 2.0MPa;道岔岔中位置全年道床板钢筋应力的变化范围为 1.3~2.9MPa,应力变化量为 1.6MPa;道岔岔尾位置全年钢轨应力的变化范围为 1.3~3.1MPa,应力变化量为 1.8MPa。通过分析可知,道床板内钢筋应力在温度荷载作用下较小。

第五节　结构动力学仿真分析

一、计算简介

列车通过桥上无缝道岔时为列车、道岔与桥梁三个系统的耦合振动,为评价列车直侧向通过桥上无缝道岔时的安全性与舒适性,本项目建立了列车—道岔—桥梁系统的竖向与横向耦合振动分析模型,其主要特点如下。

1. 列车系统

考虑整列车通过桥上无缝道岔的情形,列车编组从 1 至 100 辆车不等,计算过程中考虑第一列车从左桥台路基上桥,直到驶过道岔至右桥台止。车辆为整体模型,考虑车体的竖向、横向、点头、侧滚运动,前后转向架的竖向、横向、点头、侧滚及摇头运动,每一轮对的竖向、横向、侧滚及摇头运动。暂不考虑车辆及其之间的纵向运动。列车模型中可考虑提速客车、货车,时速 250km、350km 的动车组。

2. 道岔系统

只考虑一组道岔位于桥梁上的情况,咽喉区两组道岔视为对称结构,单渡线道岔分上下行分别予以考虑,最不利情况视为两线同时行车。根据道岔的结构特点,考虑每一根钢轨、每一根岔枕的竖向与横向参振,考虑限位器、间隔铁、顶铁等次一级零部件的传力作用,考虑牵引点处转辙连杆、锁闭机构的传力作用,考虑尖轨、心轨等可动部件的振动特性。道岔前后视为普通轨道结构,一直延伸至桥梁左右桥台的路基上,为消除边界效应,路基上轨道长度不短于车辆长度。道岔模型中可考虑有砟轨道、无砟轨道,可考虑可动心轨辙叉与固定辙叉,可考虑中国自主研发、德国 BWG 及法国 COGIFER 高速道岔,可考虑 12、18、30、42 等不同侧向速度的道岔。

3. 桥梁系统

只考虑铺设有道岔的桥梁振动,指道岔范围内及其前后区间轨道下的连续梁,或道岔范围内的简支梁等,桥梁视为可发生竖向及横向变形的空间梁单元,考虑桥梁墩台的竖向及横向支承作用,连续刚构梁还考虑墩台对梁体的扭转约束作用。多线桥梁考虑多线同时行车的最不利情况,计算中只考虑道岔一线(直线或侧线)下的桥梁。桥梁模型可考虑简支梁、连续梁、连续刚构等梁型,可考虑等截面与变截面、等宽与变宽等结构,可考虑整体桥面与分片梁等结构。

4. 轮轨关系

轮轨关系考虑竖向及横向两类接触关系，竖向上考虑尖轨及心轨的顶面降低、顶面的渐宽、轮载的过渡及轮轨间的多点接触（车轮与基本轨、尖轨或翼轨、心轨的两点同时接触），横向上考虑轮缘与基本轨、尖轨或翼轨、心轨的接触，轮背与护轨的接触，根据轮轨的廓形及位移确定其接触点位置及相对压缩变形量等。

5. 岔桥关系

道岔钢轨与岔枕、无砟轨道基础间通过扣件系统进行竖向、横向连接，岔枕、无砟轨道通过有砟道床、混凝土底座板等进行竖向和横向连接；对于可简化为空间弹性梁的桥梁，将列车、道岔与桥梁视为一个整体系统进行振动分析；对于只能简化为空间杆系及板壳单元的其他桥梁结构，将桥梁变形视为列车、道岔系统的激励输入，将轮轨间的竖向、横向作用力视为桥梁的激励输入，通过建立岔桥间的作用力与位移协调条件，迭代求解列车、道岔及桥梁系统的振动响应。

6. 系统激励

该车岔桥振动系统中，系统激励可分为道岔的几何不平顺、道岔各部件的不密贴状态、道岔尖轨与心轨的结构不平顺、墩台的不均匀沉降等。由于目前尚无道岔区内的轨道谱（因道岔铺设与养护维修条件明显严于区间轨道，不宜直接应用区间轨道谱）、道岔各部件不密贴状态为随机分布（只有控制标准而无计算模式）、墩台的不均匀沉降无具体的测试值，暂时只考虑道岔的设计结构不平顺，并与路基上的道岔仿真计算结果比较而进行桥上无缝道岔的分析研究。

7. 振动方程的建立与求解

采用有限单元法建立列车、道岔及桥梁系统的振动方程组，应用子结构、缩减自由度、数值积分等方法求解该系统的振动响应。

二、计算参数

设计区段旅客列车速度为 240km/h，铁路等级为客运专线，正线数目为双线，正线线间距为 5.0m，牵引种类为电力，机车类型为电动车组，列车运行方式为自动控制，行车指挥方式为调度集中。

（1）列车计算参数

采用 CRH3 动车组相关参数，列车长度取为 8 车辆动车组。

（2）道岔计算参数

采用中国自主研发的客运专线 18 号道岔计算参数，道岔结构参见相应的结构设计图，前长为 31.729m，后长 37.271m，无砟道岔扣件系统竖向刚度为 25kN/mm，有砟道岔扣件系统竖向刚度为 50kN/mm。直尖顶面降低值为：顶宽 3mm 处降低 14mm、顶宽 15mm 处降低 3mm、顶宽 40mm 处降低 0mm，心轨顶面降低值为：尖端降低 16mm、顶宽 22.5mm 处降低 4mm、顶宽 50mm 处降低 0mm，心轨水平藏尖 9mm。列车走行形成的结构不平顺曲线如图 9-10 所示。

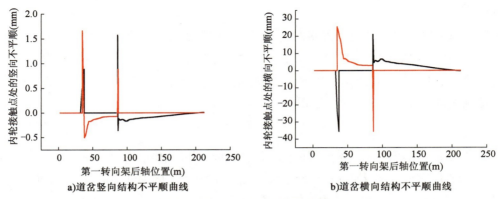

a) 道岔竖向结构不平顺曲线　　　　　　　b) 道岔横向结构不平顺曲线

图 9-10　道岔竖向、横向结构不平顺曲线

(3) 桥梁计算参数

图 9-11 为桥梁结构布置示意图，九龙大道立交大桥主跨为跨径 102m 的系杆拱，采用 4 跨连续梁拱形式，跨径为 (32 + 32 + 32 + 102) m。该连续梁拱桥 A34 号墩 ~ A38 号墩里程分别为 DK569 + 651.930、DK569 + 684.680、DK569 + 717.380、DK569 + 750.080 和 DK569 + 850.080。32m 跨梁体采用单箱单室连续梁，102m 系杆拱梁体采用单箱双室连续梁。材料方面，梁部为 C55 混凝土，弹性模量为 3.55×10^4 MPa，梁部混凝土重度为 26.5kN/m^3。

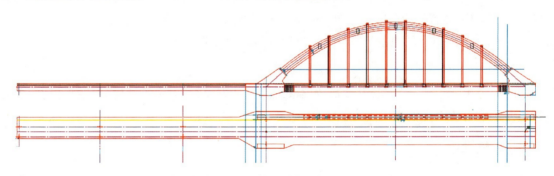

图 9-11　桥梁结构布置示意图

大跨系杆拱梁上布置一组 18 号客运专线无砟渡线道岔，205 号、207 号岔心里程分别为 DK569 + 704.929、DK569 + 794.932。

(4) 验算项目与标准

① 轮轴横向力 H(kN)：$H \leqslant 10 + \dfrac{P_0}{3}$。

② 脱轨系数 Q/P：$Q/P \leqslant 0.8$（瞬间冲击脱轨系数不大于 1.2，持续时间小于 0.01s）。

③ 减载率 $\Delta P/\overline{P}$：$\Delta P/\overline{P} \leqslant 0.8$（瞬间冲击减载率不大于 1.0，持续时间小于 0.01s）。

④ 横向平稳性指标 ≤ 2.5（列车直向和侧向通过道岔及邻近线路）。

⑤ 垂向平稳性指标 ≤ 2.5（列车直向和侧向通过道岔及邻近线路）。

⑥ 车体垂向加速度 ≤ 2.0m/s^2（列车直向和侧向通过道岔）。

⑦车体横向加速度≤1.5m/s²(列车直向和侧向通过道岔)。
⑧轨道竖向位移≤±3mm(列车直向和侧向通过道岔)。
⑨钢轨件横向弹性位移≤±1.5mm(指通过道岔直向)。
⑩尖轨和心轨动态开口量不大于4.0mm。
⑪尖轨及心轨动应力(U71MnK 钢轨)≤385MPa。
⑫护轨横向冲击力≤120kN。
⑬列车动轮载≤300kN。
⑭桥梁的竖向振动加速度≤0.35g(g为重力加速度)。
⑮桥梁的横向振动加速度≤0.14g。
⑯桥梁的横向振幅≤$L/16000$(mm)。
⑰梁端竖向折角≤2‰。
⑱梁端水平折角≤1‰。

三、桥梁结构自由振动分析

桥梁跨径布置为(32 + 32.7 + 32.7 + 102)m,结构形式为连续梁拱结构。用 midas Civil 软件生成的桥梁结构动力分析模型如图 9-12 所示,模型中考虑了结构的剪切变形。

图 9-12　桥梁动力分析几何模型

主桥左边三跨沿用现有 6×32m 道岔梁设计形式;主拱肋采用双肋等截面钢筋混凝土平行拱结构,拱肋轴线采用二次抛物线,拱肋横截面采用工字形钢筋混凝土截面;吊杆采用 PES7-109 双吊杆,线路单侧吊杆总面积为 8390mm²。

用 midas Civil 软件计算结构的自由振动特性,自振频率和振型见表 9-5,振型图见图 9-13。

桥梁特征值分析结果　　　　　　　　　表 9-5

振型序号	频率(Hz)	振 型
1	0.53	拱肋一阶横弯
2	1.28	拱肋二阶横弯
3	2.23	连续梁、拱肋竖弯(反对称)
4	2.39	连续梁一阶横弯
5	2.56	拱肋三阶横弯
6	2.85	连续梁、拱肋竖弯(对称)

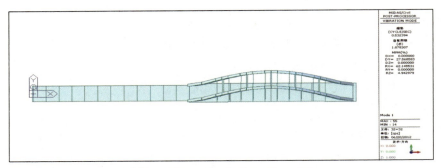

a) 第1阶振型：拱肋一阶横弯（频率：0.53Hz）

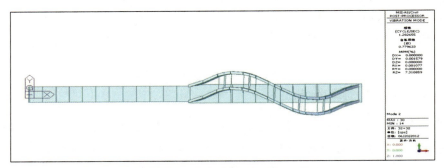

b) 第2阶振型：拱肋二阶横弯（频率：1.28Hz）

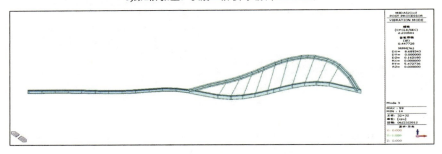

c) 第3阶振型：连续梁、拱肋竖弯（反对称）（频率：2.22Hz）

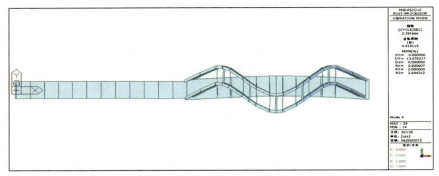

d) 第4阶振型：连续梁一阶横弯（频率：2.39Hz）

图 9-13

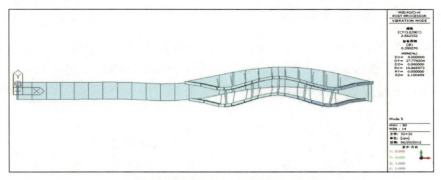

e) 第5阶振型：拱肋三阶横弯（频率：2.56Hz）

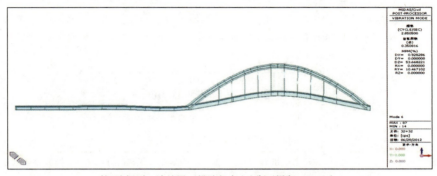

f) 第6阶振型：连续梁、拱肋竖弯（对称）（频率：2.85Hz）

图 9-13　桥梁第 1~6 阶振型图

四、桥梁结构挠度

在下列位置加 100kN 竖向力，提取这些位置处的挠度，计算结果见表 9-6。

桥梁结构挠度计算结果　　　　　　　　　　　　　　　　表 9-6

序　号	距梁左端距离（m）	位　　置	挠度（mm）
1	8.65	第1跨1/4处	0.073
2	16.65	第1跨1/2处	0.113
3	24.65	第1跨3/4处	0.059
4	40.82	第2跨1/4处	0.055
5	49.00	第2跨1/2处	0.094
6	57.18	第2跨3/4处	0.054
7	73.52	第3跨1/4处	0.052
8	81.70	第3跨1/2处	0.085
9	89.87	第3跨3/4处	0.046
10	123.55	第4跨1/4处	0.148
11	149.05	第4跨1/2处	0.158
12	174.55	第4跨3/4处	0.167

注：计算模型中考虑了结构的剪切变形。

五、桥梁换算梁体每延米重量

将连续梁拱桥等效为连续梁桥,计算换算后梁体的每延米重量。这里的重量仅包括梁体自重和拱的自重,不包括桥面二期恒载的重量。混凝土重度$25kN/m^3$,钢材重度$76.98kN/m^3$。换算梁体每延米重量分布图和分布表见图9-14、表9-7。

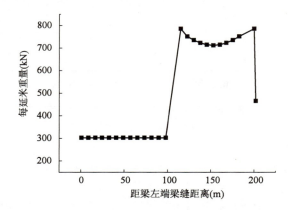

图9-14 换算梁体每延米重量分布图

换算梁体每延米重量分布表 表9-7

距梁左端距离(m)	换算每延米重量(kN/m)	距梁左端距离(m)	换算每延米重量(kN/m)
0.65	303.0	115.30	785.7
8.65	303.0	122.80	751.0
16.65	303.0	130.30	734.4
24.65	303.0	137.80	722.1
32.65	303.0	145.30	714.1
40.82	303.0	152.80	711.7
49.00	303.0	160.30	714.1
57.18	303.0	167.80	722.1
65.35	303.0	175.30	734.4
73.52	303.0	182.80	751.0
81.70	303.0	200.05	785.7
89.88	303.0	202.05	465.5
98.05	303.0		

六、时速250km动车组连续梁拱桥上205号道岔动力仿真分析

1. 动轮载分布

以左桥台为坐标原点,第一辆动车组转向架前轴内轮动轮载分布如图9-15a)所示。因桥梁的参振,动轮载的波动明显,这主要是由于在桥梁振动及道岔结构不平顺的共同作用下,轮

对的竖向位移变化加剧所致,如图9-15b)所示。辙叉部分最大动轮载约为128.3kN,在容许限度以内。

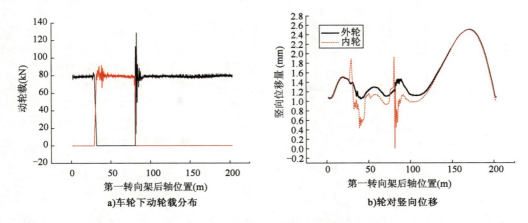

a)车轮下动轮载分布

b)轮对竖向位移

图9-15 车轮下动轮载分布和轮对竖向位移

2. 轮缘力分布

轮轴内侧车轮与尖轨、心轨在较短范围内发生接触,轮缘力分布如图9-16所示。转辙器部分轮缘力最大值为51.5kN,辙叉部分瞬间横向冲击力最大值约为37.4kN。

3. 轮对与转向架横移

前转向架前轴、后轴及构架横移分布如图9-17所示,前轴最大横移量约为7.36mm。

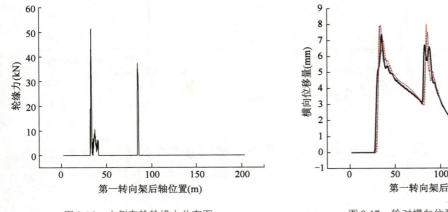

图9-16 内侧车轮轮缘力分布图

图9-17 轮对横向位移量变化曲线

4. 脱轨系数

各车轮上的脱轨系数为轮轨间横向力之和与动轮载的比值,分布如图9-18所示。前轴在转辙器、辙叉部分的脱轨系数最大值分别为0.22、0.24,后轴在转辙器、辙叉部分的脱轨系数最大值分别为0.52、0.76,均在安全限度内。

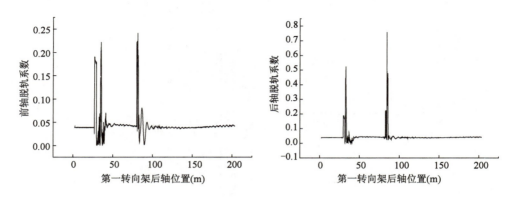

图 9-18　车轮脱轨系数分布图

5. 减载率

各车轮上的减载率为动轮载的减载量与静轮重的比值,分布如图 9-19 所示。前轴内轮在转辙器部分及辙叉部分的减载率分别为 0.23、0.78;后轴内轮在转辙器部分及辙叉部分的减载率分别为 0.31、0.79。

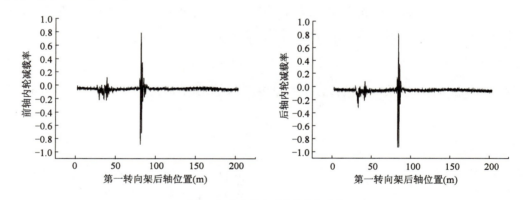

图 9-19　各车轮上减载率变化曲线

6. 车体运行平稳性

车体竖向及横向振动加速度如图 9-20 所示,转辙器部分横向振动加速度最大值约为 $0.036g$,在容许限度内。

7. 钢轨动应力

钢轨动应力如图 9-21 所示,转辙器部分尖轨的冲击动应力约为 180.5MPa,辙叉部分心轨的冲击动应力约为 82.5MPa,均在容许限度内。

8. 尖轨及心轨开口量

尖轨及心轨开口量如图 9-22、图 9-23 所示,尖轨、心轨开口量分别约为 0.49、0.018mm,均在容许限度内。

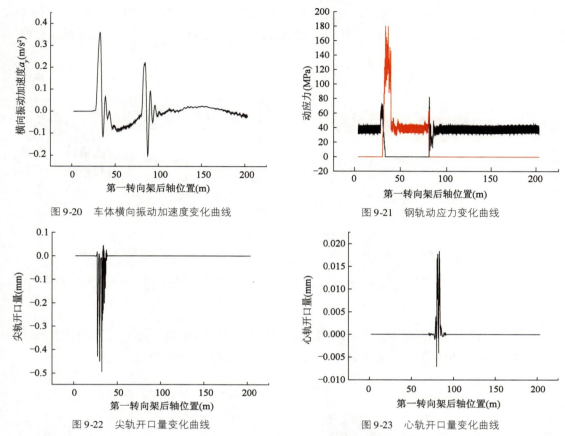

图 9-20　车体横向振动加速度变化曲线

图 9-21　钢轨动应力变化曲线

图 9-22　尖轨开口量变化曲线

图 9-23　心轨开口量变化曲线

9. 桥梁位移

前轴下桥梁竖向动位移及桥梁挠曲变化率与减载率的关系曲线如图 9-24 所示,从图中可见,在动车组荷载作用下,102m 梁跨的最大动位移约为 2.53mm,而左侧 32m 跨最大动位移约为 0.76mm。辙叉位置处动挠度较小而挠曲变化率较大,岔桥相对位置并不理想。前轴下桥梁横向动位移如图 9-25 所示,仅在道岔结构不平顺的作用下,桥梁横向动位移较小,未超过 0.11mm。

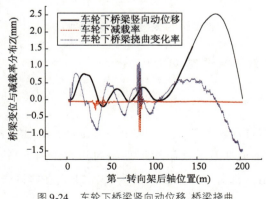

图 9-24　车轮下桥梁竖向动位移、桥梁挠曲
　　　　　变化率与减载率的关系曲线

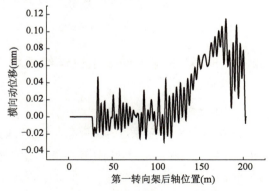

图 9-25　车轮下桥梁横向动位移曲线

102m 梁右边跨支座处的竖向转角分布如图 9-26 所示，最大动转角约为 0.14‰。中间梁跨支座处的水平转角分布如图 9-27 所示，最大动转角约为 0.0034‰。各项位移指标均在容许限度内。

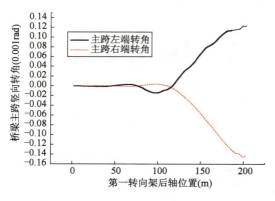

图 9-26　右边跨支座处竖向转角分布曲线　　　图 9-27　右边跨支座处水平转角分布曲线

10. 桥梁振动加速度

车轮下连续梁主跨的竖向及横向振动加速度如图 9-28、图 9-29 所示。竖向振动加速度最大值约为 $0.044g$，横向振动加速度最大值约为 $0.011g$，均在容许限度内。

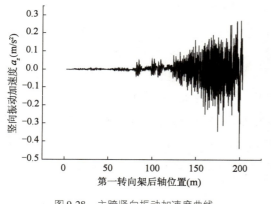
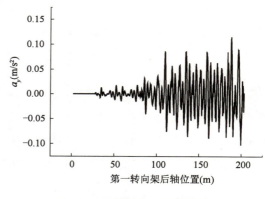

图 9-28　主跨竖向振动加速度曲线　　　图 9-29　主跨横向振动加速度曲线

七、时速 250km 动车组过连续梁拱桥上 207 号道岔动力仿真分析

1. 动轮载分布

以左桥台为坐标原点，第一辆动车组转向架前轴内轮动轮载分布如图 9-30a) 所示。因桥梁的参振，动轮载的波动明显，这主要是由于在桥梁振动及道岔结构不平顺的共同作用下，轮对的竖向位移变化加剧所致，如图 9-30b) 所示。辙叉部分最大动轮载约为 132.7kN，在容许限度以内。

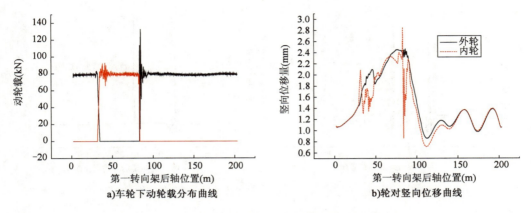

图 9-30 车轮下动轮载分布曲线和轮对竖向位移曲线

2. 轮缘力分布

轮轴内侧车轮与尖轨、心轨在较短范围内发生接触,轮缘力分布如图 9-31 所示。转辙器部分轮缘力最大值为 51.0kN,辙叉部分瞬间横向冲击力最大值约为 44.0kN。

3. 轮对与转向架横移

前转向架前轴、后轴及构架横移分布如图 9-32 所示,前轴最大横移量约为 7.43mm。

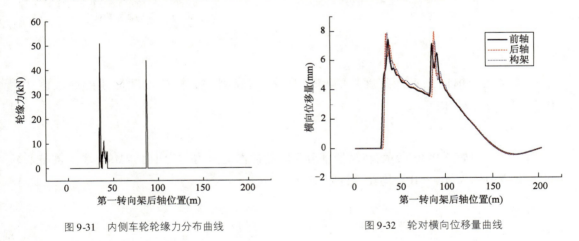

图 9-31 内侧车轮轮缘力分布曲线　　　　图 9-32 轮对横向位移量曲线

4. 脱轨系数

各车轮上的脱轨系数为轮轨间横向力之和与动轮载的比值,分布如图 9-33 所示。前轴在转辙器、辙叉部分的脱轨系数最大值分别为 0.20、0.22,后轴在转辙器、辙叉部分的脱轨系数最大值分别为 0.52、0.67。

5. 减载率

各车轮上的减载率为动轮载的减载量与静轮重的比值,分布如图 9-34 所示。前轴内轮在转辙器部分及辙叉部分的减载率分别为 0.24、0.78;后轴内轮在转辙器部分及辙叉部分的减载率分别为 0.31、0.77。

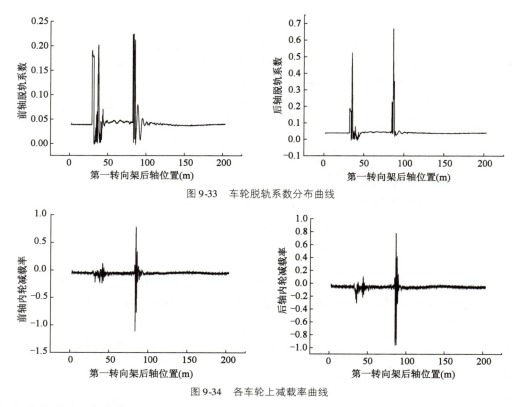

图 9-33 车轮脱轨系数分布曲线

图 9-34 各车轮上减载率曲线

6. 车体运行平稳性

车体竖向及横向振动加速度如图 9-35 所示,转辙器部分横向振动加速度最大值约为 $0.035g$,在容许限度内。

7. 钢轨动应力

钢轨动应力如图 9-36 所示,转辙器部分尖轨的冲击动应力约为 181.7MPa,辙叉部分心轨的冲击动应力约为 83.8MPa,均在容许限度内。

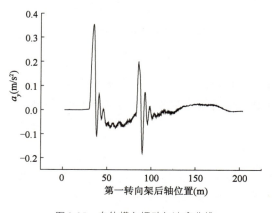

图 9-35 车体横向振动加速度曲线

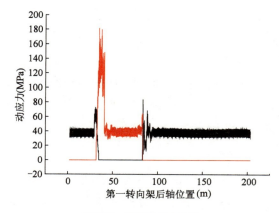

图 9-36 钢轨动应力曲线

8. 尖轨及心轨开口量

尖轨及心轨开口量如图 9-37、图 9-38 所示,尖轨、心轨开口量分别约为 0.53mm、0.019mm,均在容许限度内。

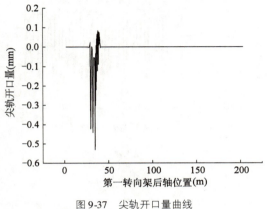

图 9-37　尖轨开口量曲线　　　　　　　　　图 9-38　心轨开口量曲线

9. 桥梁位移

前轴下桥梁竖向动位移及桥梁挠曲变化率与减载率的对应关系如图 9-39 所示。在动车组荷载作用下,102m 梁跨的最大动位移约为 2.42mm,而 32m 跨的最大动位移约为 0.58mm。前轴下桥梁横向动位移如图 9-40 所示,仅在道岔结构不平顺的作用下,桥梁横向动位移较小,未超过 0.12mm。

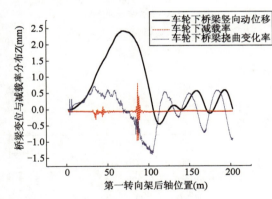
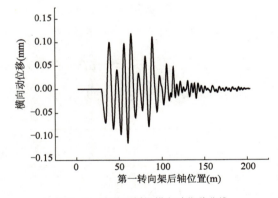

图 9-39　车轮下桥梁竖向动位移及桥梁挠曲　　　图 9-40　车轮下桥梁横向动位移曲线
　　　　　变化率与减载率关系曲线

102m 梁跨支座处的竖向转角分布如图 9-41 所示,最大动转角约为 0.144‰。102m 跨支座处的水平转角分布如图 9-42 所示,最大动转角约为 0.0036‰。各项位移指标均在容许限度内。

10. 桥梁振动加速度

车轮下连续梁 102m 跨的竖向及横向振动加速度如图 9-43、图 9-44 所示。竖向振动加速

度最大值约为 $0.069g$，横向振动加速度最大值约为 $0.049g$，均在容许限度内。

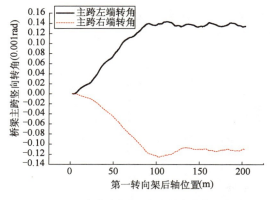

图 9-41　右边跨支座处竖向转角分布曲线

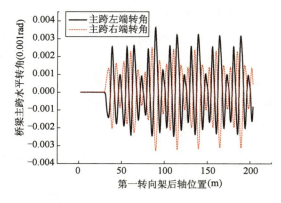

图 9-42　右边跨支座处水平转角分布曲线

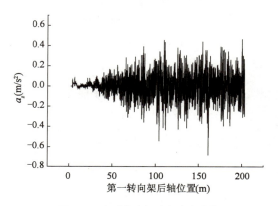

图 9-43　主跨竖向振动加速度曲线

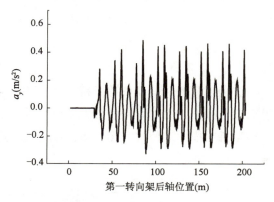

图 9-44　主跨横向振动加速度曲线

八、大跨连续梁拱车—岔—桥动力仿真结果

计算结果最大值汇总见表 9-8。

计算结果最大值汇总　　　　　　　　表 9-8

道岔编号	205 号				207 号			
过岔速度(km/h)	200	220	230	250	200	220	230	250
最大动轮载(kN)	123.5	126.4	128.1	128.3	130.9	132.6	133.4	132.7
转辙器部分最大轮缘力(kN)	52.4	51.5	48.6	51.5	52.0	51.6	46.9	51.0
辙叉部分最大轮缘力(kN)	53.6	51.3	45.9	37.4	49.9	49.6	47.6	44.0
前轴在转辙器部分脱轨系数	0.28	0.29	0.24	0.22	0.26	0.22	0.24	0.20
前轴在辙叉部分脱轨系数	0.23	0.23	0.23	0.24	0.23	0.24	0.22	0.22
后轴在转辙器部分脱轨系数	0.53	0.53	0.53	0.52	0.53	0.53	0.51	0.52
后轴在辙叉部分脱轨系数	0.65	0.70	0.74	0.76	0.57	0.64	0.65	0.67
前轴在转辙器部分最大减载率	0.22	0.23	0.25	0.23	0.22	0.24	0.26	0.24
前轴在辙叉部分最大减载率	0.72	0.75	0.77	0.78	0.71	0.75	0.78	0.78
后轴在转辙器部分最大减载率	0.30	0.27	0.28	0.31	0.31	0.27	0.28	0.31

续上表

道岔编号	205 号				207 号			
后轴在辙叉部分最大减载率	0.67	0.75	0.78	0.79	0.60	0.68	0.76	0.77
车体横向最大振动加速度	$0.035g$	$0.035g$	$0.036g$	$0.036g$	$0.034g$	$0.035g$	$0.035g$	$0.035g$
尖轨最大动应力(MPa)	175.5	174.6	177.9	180.5	173.0	172.9	182.3	181.7
心轨最大动应力(MPa)	79.7	81.0	81.5	82.5	80.4	80.9	81.9	83.8
尖轨最大开口量(mm)	0.47	0.53	0.49	0.49	0.52	0.53	0.51	0.53
心轨最大开口量(mm)	0.020	0.020	0.019	0.018	0.020	0.020	0.019	0.019
桥梁竖向最大动位移(mm)	2.48	2.49	2.41	2.53	2.42	2.43	2.42	2.42
桥梁横向最大动位移(mm)	0.08	0.09	0.06	0.11	0.16	0.15	0.13	0.12
主跨桥梁竖向振动加速度	$0.033g$	$0.039g$	$0.033g$	$0.044g$	$0.054g$	$0.061g$	$0.057g$	$0.069g$
主跨桥梁横向振动加速度	$0.009g$	$0.010g$	$0.007g$	$0.011g$	$0.054g$	$0.056g$	$0.050g$	$0.049g$

注：g 为重力加速度。

从表 9-8 的计算结果可以看出，车辆与道岔的多项动力响应与列车桥上过岔速度强相关，随过岔速度的提高系统内各项动力响应幅值增大。根据动力学仿真计算结果，动车组以 250km/h 的速度通过该岔桥系统时的各项动力响应均在相应允许限值以内，可以满足行车安全性、舒适性以及岔桥结构安全使用的要求。当动车组速度达到 250km/h 时，205 号道岔区段内的轮重减载率最大值为 0.79，207 号道岔区段内的轮重减载率为 0.78，基本上能满足车岔桥系统动力验算标准的限值要求。因此，可以认为该方案桥上所铺设的无缝道岔基本满足动车组以 250km/h 的速度通过 18 号高速道岔时的行车安全性与平稳性要求。

九、小结

（1）桥上 18 号渡线道岔居中对称布置的动力学仿真分析结果表明，道岔位于桥梁上时，固有的结构不平顺将进一步激扰桥梁的振动，因而列车、道岔、桥梁形成一个耦合的振动系统，各项动力响应有所增大。建议道岔选用轮轨关系经优化、弹性合理的客专 350km/h 高速道岔，缓解车—岔—桥耦合作用。

（2）解决本例中所涉及的大跨连续梁拱上铺设无缝道岔的受力和变形问题，需要根据道岔、桥梁的结构和布置形式，进行综合系统分析。

（3）仿真分析结果表明，适当提高桥梁结构竖向刚度，可有效减缓车—岔—桥耦合振动，对桥上道岔工作状态的保持和运营后的养护维修有利。

第六节 大跨度桥梁无缝道岔监测经验总结

本项目现场施工历时 3 个月（天窗时间安装），于 2015 年 3 月投入使用，目前监测系统现场服役时间已经接近 5 年，是国内铺设无砟轨道无缝道岔的最大跨度桥梁。结合现场施工、系统养护维修、数据分析等的相关经验，形成以下几方面结论和建议。

一、监测技术

该工点验证了光纤光栅传感技术测量精度高,抗电磁干扰,长期使用性能稳定,满足高速铁路长期监测的需要。本项目的实践经验同样表明,光纤光栅传感设备只要养护得当,可以满足高速铁路线路 5 年以上的监测需求。

二、现场监测设备安装

结合本次工程应用的现场安装情况,后续开展类似监测项目时应重点关注以下几点:

(1)轨道结构钢筋应力传感器和混凝土应力传感器应在轨道结构浇筑前埋设。

(2)安装钢轨—轨道板相对位移传感器时,应考虑传感器的绝缘,禁止将钢轨与轨道板连通;同时钢轨—轨道板相对位移传感器不能设置在线路内侧。

(3)传感器外侧应采用黑色的不锈钢保护罩进行保护,保护罩需要牢固固定在轨道结构表面,位于两轨间的固定在轨道板表面的保护罩其高度不应大于 8cm。

(4)机柜不得侵入限界。安装于桥梁梁面上时,机柜应布置在桥梁防撞墙外侧的走行道上,避开桥梁伸缩梁缝,机柜宽度不应大于走行道宽度,高度不宜高于 800mm,并预留走行位置,不妨碍作业人员通过。安装于路基上时,机柜应固定在路肩防水层区域。

(5)机柜表面应进行防锈处理,喷涂监测系统管理单位名称和联系方式。若机柜数量较多,为方便后期管理,还应进行编号。

(6)机柜的开门方向应该与列车运行方向相反,防止列车风吹开柜门。

(7)线缆表面宜标注"××监测专用"等字样,方便与线缆槽内其他线缆进行区分。

(8)敷设于线路表面的线缆必须牢固固定,并采取防松措施。若线缆存在过轨的情况,需要用 PVC 管或橡胶管做绝缘处理,两轨间的不锈钢卡扣个数不应少于 5 个。

三、监测数据分析

通过分析 2015 年 3 月—2017 年 12 月的现场监测数据,可以得出大跨度桥梁上道岔区无砟轨道结构的受力变形规律。

(1)钢轨—道床板纵向位移(岔前)与气温的变化趋势正好相反。2016 年位移与气温的比值为 0.275mm/℃,2017 年位移与气温的比值为 0.287mm/℃,因此可以初步得出钢轨—道床板纵向位移(岔前)与气温变化的比值为 0.28mm/℃。

(2)2016 年岔前的钢轨—道床板纵向位移变化量为 12.2mm,岔尾的钢轨—道床板纵向位移变化量为 4.3mm;2017 年岔前的钢轨—道床板纵向位移变化量为 10.7mm,岔尾的钢轨—道床板纵向位移变化量为 5.7mm。

(3)2015 年道床板与底座板的纵向相对位移变化量为 8.8mm;2016 年道床板与底座板的纵向相对位移变化量为 10.1mm;2017 年道床板与底座板的纵向相对位移变化量为 9.3mm。

(4)道岔岔头位置全年钢轨应力变化量为81.3MPa;道岔岔中位置全年钢轨应力变化量为83.1MPa;道岔岔尾位置全年钢轨应力变化量为69.9MPa;岔后正常轨道区段全年钢轨应力变化量为58.2MPa。

(5)道岔岔头位置全年道床板钢筋应力变化量为2.0MPa;道岔岔中位置全年道床板钢筋应力变化量为1.6MPa;道岔岔尾位置全年钢轨应力变化量为1.8MPa。通过分析可知,道床板内钢筋应力在温度荷载作用下较小。

展望

铁路是国民经济大动脉、关键基础设施和重大民生工程,是综合交通运输体系的骨干和主要运输方式之一,在我国经济社会发展中的地位和作用至关重要。加强现代化铁路建设,对扩大铁路运输有效供给,构建现代综合交通运输体系,建设交通强国,实现"两个一百年"奋斗目标和中华民族伟大复兴的中国梦,具有十分重要的意义。

目前高速铁路已经成为我国对外交流合作的新名片和共建"一带一路"的重要领域之一。我国《铁路"十三五"规划》中提出了"加强信息化智能化建设、提升安全监测自动化水平"的发展要求,即进一步健全完善高速铁路、普速铁路检测、监测和修理技术装备体系,提高检测养护机械装备水平,全面提升基础保障能力;构建覆盖全路主要干线基于卫星定位的测量控制网络,进一步完善高速铁路、城际铁路和重要干线路基沉降及轨道变形监测系统。因此,在目前完善我国既有高速铁路动车运行安全监控系统的同时,并行建立以轨道结构为对象的安全服役监控系统,对进一步保障高速铁路安全运营具有重要意义。

智能感知和智能运营维护是今后高速铁路轨道结构安全监测的两个重要发展方向。随着网络规模的逐渐扩大、运行速度的不断提高,高速铁路安全监控系统已经从保障高速铁路安全高效运行,拓展到多层域状态智能感知、服役状态安全评估、大数据融合与智能维护等前沿领域。以京张高速铁路、福厦高速铁路为代表的一批智能高速铁路项目的启动与实施,搭载着云计算、物联网、大数据、北斗定位、第五代移动通信技术(5G通信技术)、人工智能等先进技术迅猛发展,标志着中国高速铁路进入智能化发展新阶段。

在智能感知方面,目前光纤传感技术、视觉测量技术已经逐步应用成熟,高速铁路轨道结构监测方法从接触式监测逐渐过渡到非接触式监测。下一步轨道结构服役状态监测方法将紧跟激光测距、北斗测量、无人机航测等非接触式测量新技术,结合5G通信技术,最终建立一套以轨道结构作为主要对象、全天候、线路全覆盖的高速铁路轨道安全监控系统。

在智能运营维护方面,结合海量监测数据,开展基于本构—数据混合驱动的高速铁路无砟轨道服役状态智能评估理论研究。对多源监测数据进行持续跟踪和关联分析,及时发现轨道的异常状态,实现轨道隐患提前发现、病害位置精确定位。依托大数据的优势,实现轨道结构的健康管理和动态养护,当轨道结构即将达到维修周期或出现劣化趋势时,及时提醒维护人员进行维护;同时可采用可视化分析、数据挖掘算法、预测分析等大数据分析方法进行数据分析,综合运用基于本构模型、数据驱动以及基于两者融合的故障预测技术进行故障预测。

  智能、绿色是人类社会发展的必然趋势,由于高速铁路具有天然的环保特征,智能高速铁路必将在第四次工业革命中占据重要地位。2035年中国将率先建成发达完善的以高速铁路为骨干的现代化铁路网,为实现社会主义现代化强国提供强大运输保障。高速铁路将向基于"智能感知"和"智能运营维护"的全天候、全过程、线路全覆盖的高度智能化方向发展,高速铁路将会更加安全、更加舒适、更加环保,在交通强国建设中独树一帜,并引领世界高速铁路发展。

参 考 文 献

[1] 中铁第四勘察设计院集团有限公司.武广客运专线雷大桥特大桥道岔区板式无砟轨道试验研究[R].武汉,2011.

[2] 中铁第四勘察设计院集团有限公司.杭长客运专线大跨系杆拱桥与无缝道岔静态、动态相互作用综合研究[R].武汉,2012.

[3] 中铁第四勘察设计院集团有限公司.高速铁路钢轨质量及无缝线路安全评估之二——高速铁路无缝线路安全评估[R].武汉,2014.

[4] 中铁第四勘察设计院集团有限公司.CRTSⅡ型板式无砟轨道温度场及温度变形观测研究[R].武汉,2015.

[5] 中铁第四勘察设计院集团有限公司.CRTSⅠ型板式和双块式无砟轨道温度场和温度变形监测研究[R].武汉,2015.

[6] 中铁第四勘察设计院集团有限公司.广深港高速铁路无砟轨道服役状态监测及减振效果评估技术研究[R].武汉,2015.

[7] 中铁第四勘察设计院集团有限公司.高速铁路CRTSⅢ型板式无砟轨道成套施工技术及运营监测技术深化研究[R].武汉,2016.

[8] 中铁第四勘察设计院集团有限公司.高速铁路无砟轨道服役状态及安全评估[R].武汉,2017.

[9] 中铁第四勘察设计院集团有限公司.高速铁路钢轨伸缩调节器区轨道安全监控技术研究[R].武汉,2018.

[10] 中铁第四勘察设计院集团有限公司.高速铁路轨道安全服役关键技术与应用[R].武汉,2019.

[11] 王森荣,孙立,李秋义,等.无砟轨道轨道板温度测量与温度应力分析[J].铁道工程学报,2009,2:52-55.

[12] 朱彬.小半径曲线桥上CRTSⅡ型板式无砟轨道侧向挡块受力分析[J].交通科技,2011,3:59-62.

[13] 韩志刚,孙立.CRTSⅡ型板式轨道轨道板温度测量与变形分析[J].铁道标准设计,2011,10:41-44.

[14] 潘建军.光纤传感轨道状态监测的研究与应用[D].武汉:武汉理工大学,2012.

[15] 王玉泽,王森荣.高速铁路无砟轨道监测技术[J].铁道标准设计,2015,8:1-9.

[16] 孙立.不同区域无砟轨道适应性研究[J].铁道建筑,2016,5:39-42.

[17] 林超.持续高温对CRTSⅡ型板式无砟轨道温度场影响的试验研究[J].铁道建筑,2016,

5:15-18.

[18] 张政.光纤光栅传感技术在高速铁路轨道状态监测中的应用[J].铁道建筑,2016,5:77-81.

[19] 赵虎.高速铁路CRTSⅡ型板式无砟轨道高温变形及损伤机理研究[J].铁道标准设计,2017,9:46-50.

[20] 何力杰.北斗/GPS位移实时监测技术研究[D].北京:中国地质大学(北京),2017.

[21] 王森荣.大跨度桥上钢轨伸缩调节器区轨道病害分析与监测研究[J].铁道标准设计,2018,1:18-22.

[22] 王同军.智能铁路总体框架与发展展望[J].铁路计算机应用,2018,27(7):1-8.

[23] 赵虎.温度作用下层间离缝对纵连板式无砟轨道稳定性的影响[J].石家庄铁道大学学报(自然科学版),2019,3:7-12.

[24] 宁滨,莫志松,李开成.高速铁路信号系统智能技术应用及发展[J].铁道学报,2019,3:1-9.

[25] 林超.京福高速铁路小半径曲线轨道服役状态监测试验研究[J].北京交通大学学报,2019,6:1-6.

[26] 孙立,贾望博.有砟轨道钢轨伸缩调节器基本轨伸缩变形量监测装置及方法:ZL201610012720.9[P].2017.

[27] 王森荣,孙立,朱彬,等.有砟轨道钢轨伸缩调节器区轨枕歪斜监测装置及方法:ZL201610012726.6[P].2017.

[28] 林超,孙立,王森荣,等.铁路双连杆梁端伸缩装置的变形监测装置及方法:ZL201610011583.7[P].2017.

[29] 孙立,王森荣,李秋义,等.铁路单连杆梁端伸缩装置的变形监测装置及方法:ZL201610011582.2[P].2018.

[30] 王森荣,付杰,孙立,等.铁路构件位移监测系统和方法:ZL201610012730.2[P].2018.

[31] 林超,孙立,秦文悦,等.高速铁路钢轨伸缩调节器位移识别牌:ZL201721796612.1[P].2018.

[32] 孙立,王森荣,林超,等.高速铁路有砟轨道钢轨伸缩调节器监测系统:ZL201721802530.3[P].2018.

[33] 李宏男,任亮.结构健康监测光纤光栅传感技术[M].北京:中国建筑工业出版社,2008.

[34] 杨锦园.基于数据仓库的桥梁健康监测数据分析与处理系统研究[D].武汉:武汉理工大学,2006.

[35] 单德山,付春雨,郭珊.机器学习视角的结构健康监测[M].北京:科学出版社,2019.

[36] 徐德,谭明,李原.机器人视觉测量与控制[M].北京:国防工业出版社,2017.

[37] 周志华.机器学习[M].北京:清华大学出版社,2016.